U0807979

国家级实验教学示范中心

基础医学实验教学系列教材

医学形态学实验

第2版

主　审　高英茂

主　编　马保华　郝　晶　丁兆习　韩　博

副主编　董为人　和新盈　潘爱华

编　者　(以姓氏笔画为序)

丁兆习　马思敏　马保华　王富武　韦新荣
邢子英　刘志艳　刘　凯　刘　真　李文婷
李劲松　李振华　郇鲁军　肖　玲　张立平
张庆莉　张庆慧　张艳敏　武玉玲　和新盈
孟海伟　郝爱军　郝　晶　高　青　高英茂
郭晓霞　康　敏　董为人　韩　博　甄军晖
潘爱华

科学出版社

北　京

· 版权所有 侵权必究 ·

举报电话:010-64030229;010-64034315;13501151303(打假办)

内 容 简 介

医学是一门应用性很强的科学,这就决定了实验教学在医学教育中的重要地位。在实验教学改革的大潮中,科学出版社于2007年出版了《医学形态学实验》。这是一本由人体解剖学、组织学与胚胎学、病理学3门形态学科组成的三位一体融合型的实验教材,改革的幅度较大。经过5年多的应用,收到了很好的教学效果,但也发现了一些需要进一步改进的地方。此次出版的第2版《医学形态学实验》承接了第1版教材的改革思路,仍由基本实验、融合实验和创新实验3篇组成。第一篇为3个学科的基本实验,分为3章,重在培养学生理论联系实际和实践动手的能力;第二篇为融合实验,重在培养学生运用所学知识综合分析、解决问题的能力;第三篇为创新实验,重在培养学生的独立思考和创新能力。与第1版相比,第2版教材增加了精美的图片,图随文走,图文并茂;进一步强化了实验教学的实践功能和创新功能;适度增加了基本实验、融合实验和创新实验的数量,从而拓宽了可供选择和自学参考的空间,不同的院校和不同的学生可根据自己的实际情况选用不同的实验。

图书在版编目(CIP)数据

医学形态学实验 / 马保华等主编. —2版. —北京:科学出版社,2013.8
国家级实验教学示范中心·基础医学实验教学系列教材
ISBN 978-7-03-038286-3

Ⅰ.医… Ⅱ.马 Ⅲ.人体形态学-实验-医学院校-教材 Ⅳ.R32-33

中国版本图书馆CIP数据核字(2013)第181904号

责任编辑:胡治国 / 责任校对:赵桂芬
责任印制:徐晓晨 / 封面设计:范璧合

版权所有,违者必究。未经本社许可,数字图书馆不得使用

科学出版社 出版
北京东黄城根北街16号
邮政编码:100717
http://www.sciencep.com

北京虎彩文化传播有限公司 印刷

科学出版社发行 各地新华书店经销

*

2007年8月第 一 版 开本:787×1092 1/16
2013年8月第 二 版 印张:16
2019年9月第五次印刷 字数:374 000

定价:75.00元

(如有印装质量问题,我社负责调换)

第 2 版前言

医学是一门应用性很强的科学，因而实验教学在医学教育中占有特别重要的地位。传统的实践教学多为验证性实验。尽管这些实验在深化学生对理论知识的理解、强化学生对重要知识点的记忆和提高学生的实践动手能力方面有着非常重要的作用，但在传统的实验教学中缺少启发性和综合性的创新思维。基于改变这种状况、创新实验教学的意愿，随着实验教学改革的深入发展，我们编写出版了涵盖人体解剖学、组织胚胎学、病理学 3 个学科的《医学形态学实验》，经过 5 年多的使用，收到了预期的效果，受到了教师和学生的好评。但在使用中也发现了一些值得改进的问题，例如，只有文字描述，没有相应的图片，这对于一本形态学实验教材来说显然是一个大缺陷。在总结经验和不足的基础上，我们山东大学医学院、北京协和医学院、中南大学湘雅医学院、首都医科大学、南方医科大学、西安交通大学医学院、新疆医科大学、西安医学院等全国七所医学院校的从事多年实验教学的 31 位教师对第 1 版的形态学实验教材进行了修订。修订后的第 2 版教材承接了第 1 版教材的改革思想和编排顺序，新添了 322 副精美图片，图随文走，图文并茂，大大提升了全书的视觉效果；文字描述更加简明，增强了融合性实验和创新性实验的数量，提高了质量，进一步强化了实验教学的实践功能和创新功能。新版教材中的基本实验和融合、创新实验的数量都比目前各校的规定课时数多，供不同院校根据不同学制和本校的设备条件选择使用。融合实验和创新实验的设计是本实验教材的一个改革视点，也是一大难点，书中推出的融合实验和创新实验有的已经付诸使用，有的还未应用，在科学性、融合性、创新性和可操作性上还需要认真推敲和进一步提高。衷心希望国内同行不惜赐教。

本书在编写过程中得到了参编单位和科学出版社的大力支持，书中有些图片承蒙作者同意取自刘执玉教授主编的《系统解剖学》及山东易创电子有限公司的《组织学》和《病理学》数字切片库，在此一并感谢。

高英茂

2013 年 5 月

第 1 版前言

多年来的教学实践使我们体会到，实验教学是培养创新型人才的重要环节；实验教学完全依附于理论教学的传统模式不利于创新人才的培养；改革这种传统模式，构建实验教学既与理论教学密切结合，又不依附于理论教学，重在培养学生实践能力和创新精神的新模式势在必行。我们按照山东大学教学改革的统一部署，将基础医学中学科内容相关、实验手段相近的三级学科的实验教学融合为一个实验平台，共构建了 5 个实验平台，即由人体解剖学、组织学与胚胎学和病理学融合而成的医学形态学实验平台；由生理学、药理学、病理生理学、医学心理学和神经生物学融合而成的医学机能学实验平台；由医学免疫学、医学微生物学和人体寄生虫学融合而成的医学免疫学与病原生物学实验平台；由医学细胞生物学、医学生物化学与分子生物学、医学遗传学融合而成的医学细胞分子生物学实验平台；由诊断学、手术学、实验核医学及临床技能培训中心融合而成的临床技能实验平台。每个实验教学平台都是一个独立的教学单位，独立开设实验课程，独立考核、考试、记学分。

多少年来，实验教学的功能只是验证理论和加深对理论的理解，实验教学的内容也千篇一律、多年一贯。随着实验教学模式的改革，我们对实验教学的内容也进行了深层次的更新，新添了融合性和创新性实验，强化了实验教学的实践和创新功能。每个实验平台都包含 3 个层面的实验，即基本实验、融合实验和创新实验。基本实验与相应学科的理论课同步进行，开设一些经典的验证实验，以巩固理论知识和培养学生的实践动手能力；融合实验是融合了相关学科的知识而设计的一些实验，以培养学生综合运用所学知识、分析和解决问题的能力；创新实验是由教师提出问题并在教师引导下由学生自行设计和完成的一些实验，以培养学生的创新能力。融合实验和创新实验在几个相关学科的理论教学全部完成后进行。在医学院的统一领导下，我们组织了各相关学科的学术带头人和骨干教师，编写了与 5 个实验教学平台相对应的 5 本实验教材，每本教材都分为 3 篇，即基本实验篇、融合实验篇和创新实验篇。

这套实验教学系列教材涵盖了基础医学各学科的全部实验内容，版面字数近百万，内容丰富，文字简明，图表清晰，适用面广。但由于实验教学改革还处于探索阶段，编写这样的改革教材尚无经验可循，加之我们的水平所限，教材中不足之处在所难免，恳请同行专家和同学们批评指正。

高英茂
2007 年 5 月于济南

目　　录

第一篇　基本实验

第二篇 融合实验

第三篇 创新实验

第一篇　基本实验

第一章　系统解剖学基本实验

实验一　绪论、骨学总论、躯干骨

【目的要求】

1. 绪论

（1）了解人体解剖学的定义、发展简史和分科。

（2）了解学习人体解剖学的基本方法。

（3）掌握常用的解剖学术语。掌握人体解剖学姿势、方位术语、人体的轴与面的概念。

（4）熟悉人体器官的组成及系统划分。

（5）了解体型、变异与畸形的概念。

2. 骨学总论

（1）掌握骨的形态分类、构造和功能。

（2）了解骨的化学成分和物理性质。

3. 躯干骨

（1）掌握躯干骨的组成。

（2）掌握椎骨的一般形态和各部椎骨的主要特征。

（3）掌握胸骨的形态、分部及胸骨角的临床意义。

（4）掌握肋的一般形态和分类。了解第1肋、第11～12肋的形态特征。

（5）掌握躯干骨的体表标志。

【实验内容】

1. 骨学总论

（1）在骨架标本上确认长骨、短骨、扁骨和不规则骨，观察各类骨的特点和主要分布，考虑一下这样分布的原因（图1-1-1）。

（2）观察长骨和短骨断面标本：辨认骨表面致密的骨密质和内部海绵状的骨松质，

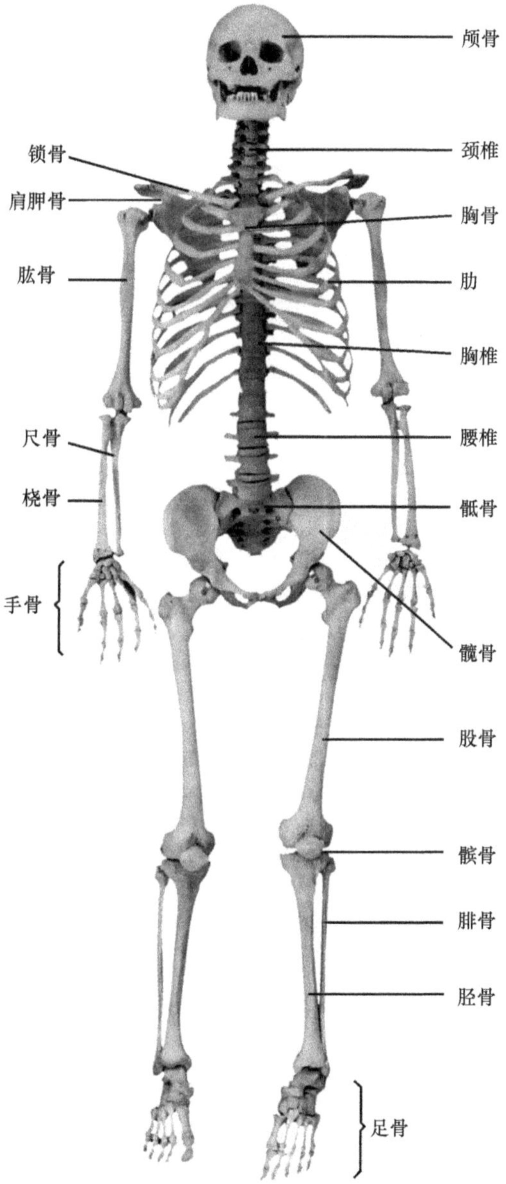

图1-1-1　全身骨骼

观察长骨体内面的骨髓腔。在锯开的颅盖骨上确认外板、内板和板障。

(3) 观察新鲜骨标本:在关节面表面可见覆盖着白色而光滑的关节软骨,在关节面以外骨表面可见覆盖着骨膜。在胎儿和幼儿长骨纵切面标本上可看到骨髓腔内含有红骨髓(5岁以上者变为黄骨髓),干骺端及其他骨的骨松质内均为红骨髓。

(4) 观察煅烧骨和脱钙骨:煅烧骨去掉了有机质,脆而易碎。脱钙骨去掉了无机质,柔软而有弹性。结合年龄变化,理解骨的化学成分和物理性质。

2. 椎骨 取一块椎骨,确认前方短圆柱状的椎体和后方板状的椎弓以及两者围成的椎孔。辨认椎弓根及椎上切迹、椎下切迹,椎弓板以及从上面发出的向上的上关节突、向下的下关节突、向两侧的横突和向后的棘突。在骨架标本上观察椎间孔的位置(图 1-1-2,图 1-1-3)。

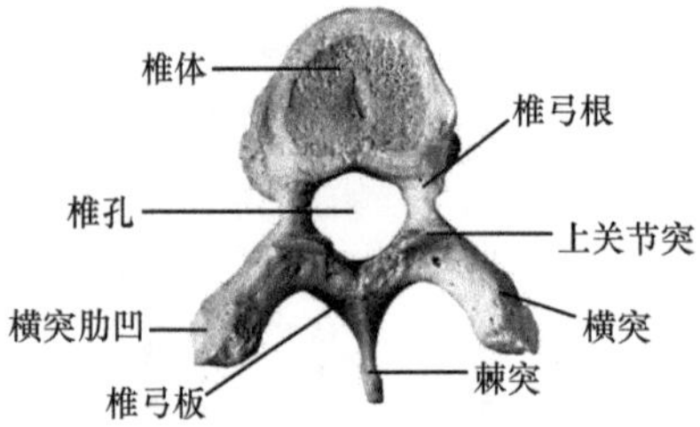

图 1-1-2 胸椎上面观

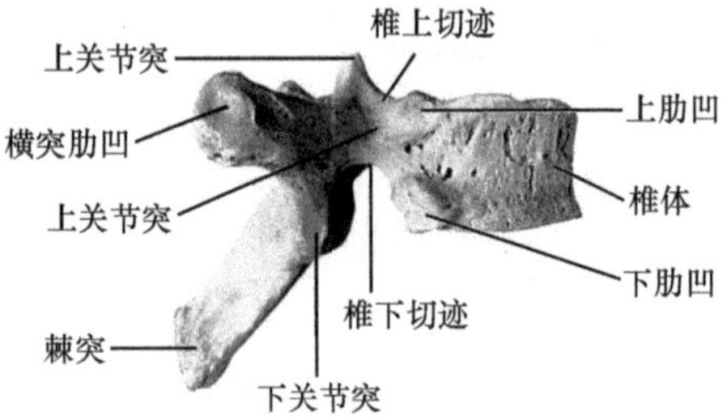

图 1-1-3 胸椎侧面观

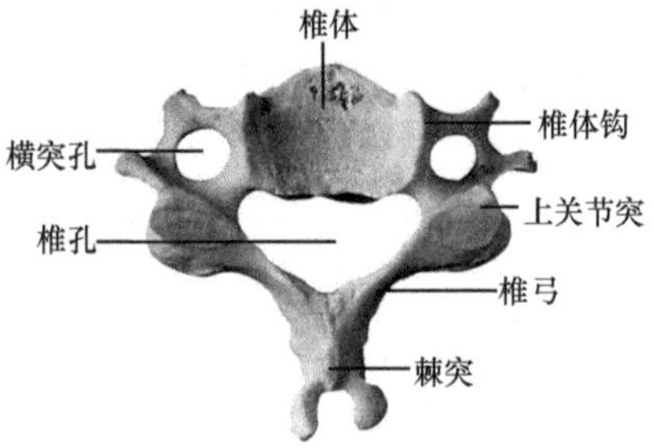

图 1-1-4 颈椎上面观

(1) 颈椎的特点:椎体较小,横断面呈椭圆形;椎孔较大,呈三角形,横突上有横突孔,关节突的关节面几乎呈水平位(图 1-1-4)。

第 1 颈椎由前弓、后弓和侧块组成,无椎体、棘突和关节突。侧块上面有椭圆形关节面和枕髁相关节,下面有圆形关节面。前弓后面正中有齿突凹,后弓上面有椎动脉沟(图 1-1-5)。第 2 颈椎的椎体向上伸出齿突(图 1-1-6)。第 7 颈椎的棘突特别长,末端不分叉,称隆椎。

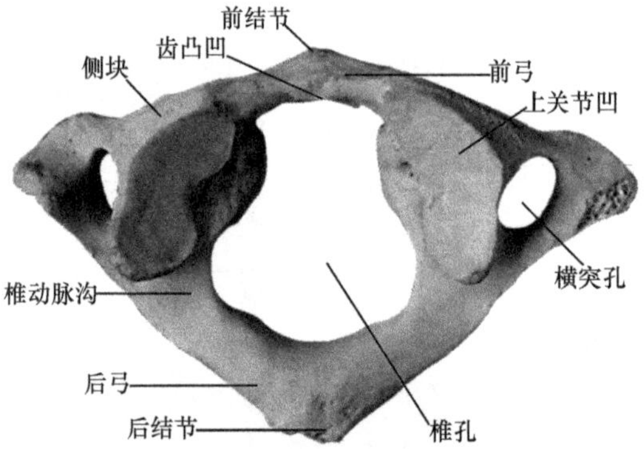

图 1-1-5 第一颈椎(寰椎)上面观

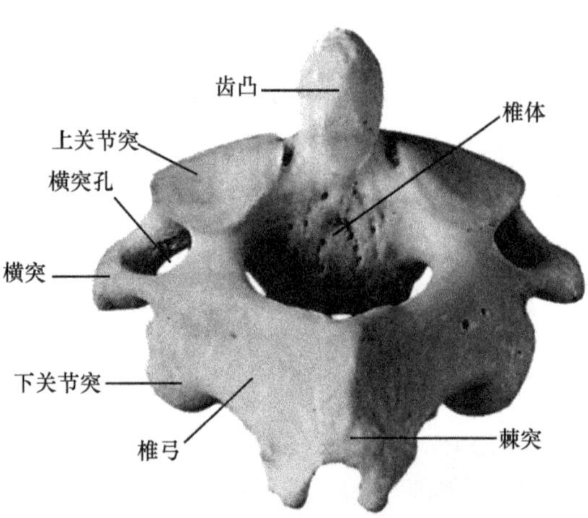

图 1-1-6 第二颈椎(枢椎)后面观

(2) 胸椎的特点:椎体横断面呈心形,其侧面上、下缘后份有上、下肋凹,横突末端有横突肋凹,分别和肋头、肋结节相关节。关节突的关节面几乎呈冠状位。棘突较长,斜向后下方,呈叠瓦状排列(图 1-1-3,图 1-1-4)。

(3) 腰椎的特点:椎体粗壮,其横断面呈肾形。关节突的关节面几乎呈矢状位,棘突呈板状,水平后伸。

3. 骶骨 骶骨由 5 块骶椎愈合而成,呈倒三角形。骶骨上缘中份向前隆突称岬;骶骨前面(盆面)平滑凹陷,有 4 对骶前孔;背面粗糙隆凸,正中线上有骶正中嵴,两侧为 4 对骶后孔;骶骨中央有纵行的骶管,下端的裂孔称骶管裂孔,裂孔两侧可摸到向下突出的骶角。

4. 胸骨 自上而下确认胸骨柄、胸骨体和剑突 3 部分。在柄上缘中份可摸到凹陷的颈静脉切迹,在柄体结合部可摸到微向前突的胸骨角。

5. 肋 在骨架标本上观察全部肋骨的形态,确认第 1 ~ 7 肋为真肋、第 8 ~ 10 肋为假肋、第 11、12 肋为浮肋。

(1) 典型肋骨:确认肋头、肋颈、肋结节、肋体、肋沟和肋角。

(2) 第一肋骨:扁宽而短,无肋角和肋沟。确认其上面的前斜角肌结节,在其前、后方辨认锁骨下静脉沟和锁骨下动脉沟。

6. 体表标志 在活体上触摸以下标志:颈静脉切迹、胸骨角、肋弓、骶角、第 7 颈椎棘突。

【实验准备】

1. 标本

(1) 骨学总论标本:骨架、各种类型骨的断面标本(长骨、短骨和颅盖骨)、新鲜骨、煅烧骨、脱钙骨。

(2) 颈椎(包括寰椎、枢椎和第 7 颈椎)、胸椎、腰椎、骶骨、胸骨、典型肋骨、第一肋。

2. 挂图 躯干骨挂图。

【思考题】

(1) 骨的构造及各部的功能。

(2) 椎骨的一般形态和各部椎骨的特征。

(3) 在体表可以摸到躯干骨上哪些重要的骨性标志。

(4) 应用解剖知识,分析不同年龄段人员发生骨折的特点。

(文:李文婷 丁兆习 图:李文婷)

实验二 附 肢 骨

【目的要求】

(1) 掌握上肢骨的组成、分部及排列。

(2) 掌握锁骨、肩胛骨、肱骨、尺骨和桡骨的形态结构。

(3) 掌握手骨的组成和腕骨的排列顺序。

(4) 掌握上肢骨的体表标志。

(5) 掌握下肢骨的组成、分部及排列。

(6) 掌握髋骨、股骨、胫骨和腓骨的形态结构。

(7) 掌握足骨的组成及跗骨的排列顺序。

(8) 掌握下肢骨的体表标志。

【实验内容】

1. 上肢骨 在整体骨架上观察锁骨、肩胛骨和自由上肢骨的配布。

(1) 锁骨:呈“S”形,确认内侧的胸骨端和外侧的肩峰端。

(2) 肩胛骨:呈三角形板状。腹侧面为肩胛下窝;背侧面横行的骨嵴称肩胛冈,其向外侧延伸为肩峰;肩胛冈上下为冈上窝和冈下窝;上缘外侧份有肩胛切迹和指状突起的喙突;外侧角增厚成关节盂,辨认盂上结节和盂下结节(图 1-1-7,图 1-1-8)。

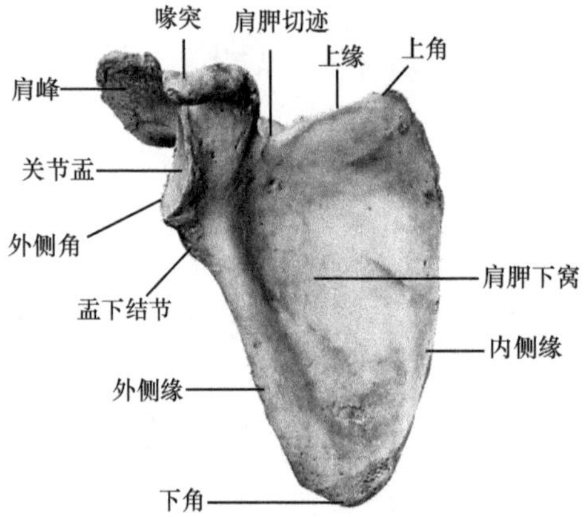

图 1-1-7　肩胛骨前面观

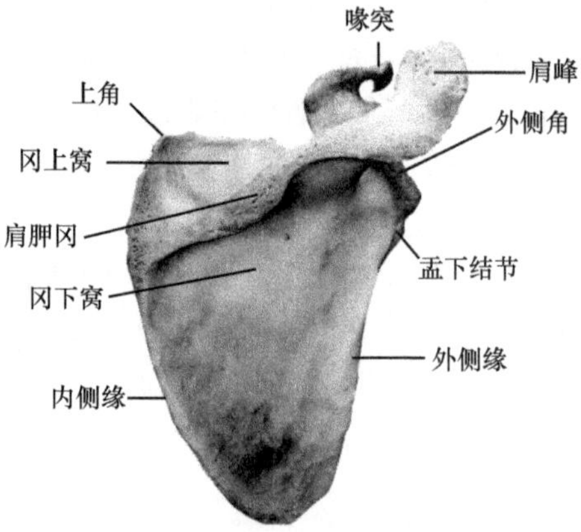

图 1-1-8　肩胛骨后面观

(3) 肱骨:肱骨上端向上后内为半球形的肱骨头,其周围环形的浅沟为解剖颈;在头的外侧和前方辨认大结节和小结节及两者之间的结节间沟和向下延伸的大结节嵴和小结节嵴;上端与体移行处缩细的部位称外科颈,易骨折;在肱骨体中部外侧份确认三角肌粗隆,后面确认桡神经沟;在肱骨下端外侧部确认肱骨小头、内侧部确认肱骨滑车以及其前面和后面上方的冠状窝和鹰嘴窝;在肱骨下端内外侧可摸到突起的内上髁和外上髁,内上髁后面有尺神经沟(图 1-1-9)。

(4) 桡骨:上端膨大为桡骨头,头下方缩细为桡骨颈,颈内下侧的突起称桡骨粗隆;在桡骨下端外侧可摸到向下突起的桡骨茎突,内侧有尺切迹,远端凹陷为腕关节面(图 1-1-10)。

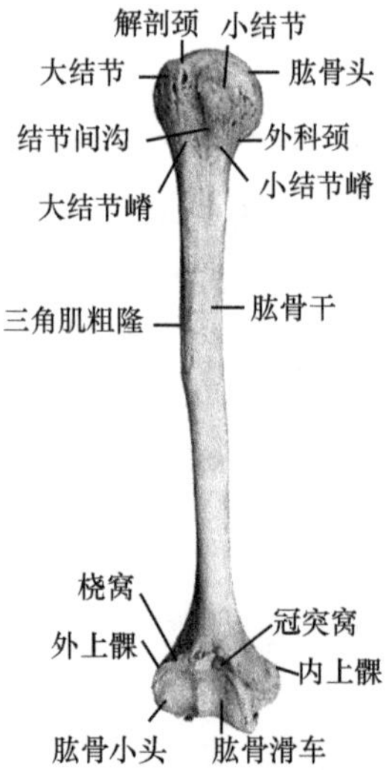

图 1-1-9　肱骨前面观

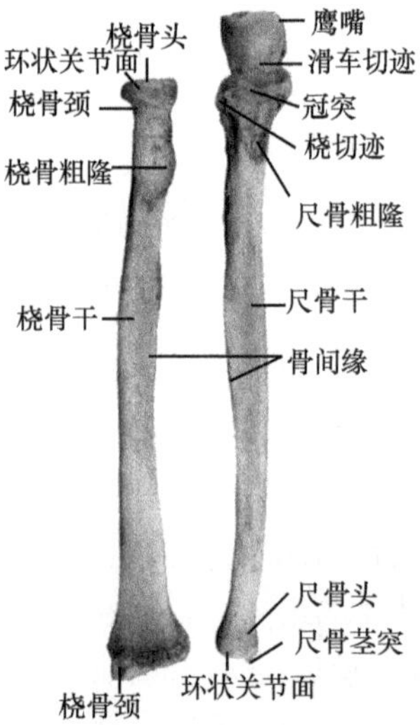

图 1-1-10　尺桡骨前面观

(5) 尺骨：尺骨上端前面的半圆形深凹为滑车切迹，切迹后上方和前下方的突起为鹰嘴和冠突；冠突外侧有桡切迹，下方为尺骨粗隆；尺骨下端为尺骨头，后内侧的锥形隆起为尺骨茎突(图1-1-11)。

(6) 手骨：确认腕骨排列方式，近侧列自外侧向内侧为手舟骨、月骨、三角骨和豌豆骨；远侧列自外侧向内侧为大多角骨、小多角骨、头状骨和钩骨。确认掌骨底、掌骨体和掌骨头；确认指骨底、指骨体和指骨滑车。

(7) 活体触摸下列结构：肩胛冈、肩峰、喙突、肩胛下角、肱骨内上髁、肱骨外上髁、桡骨头、鹰嘴、尺骨茎突、桡骨茎突。

2. 下肢骨

(1) 髋骨：由上部的髂骨、下部的坐骨和前下部的耻骨组成，各骨的体在中部汇合处形成朝向外下的深窝，称髋臼。窝内周边为光滑的关节面(月状面)，中央非关节面的凹陷为髋臼窝，前下壁的缺口为髋臼切迹(图1-1-11，图1-1-12)。

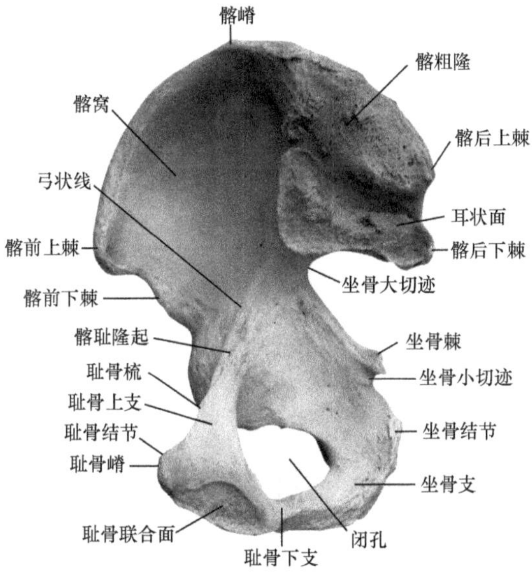

图1-1-11　髋骨内侧面观

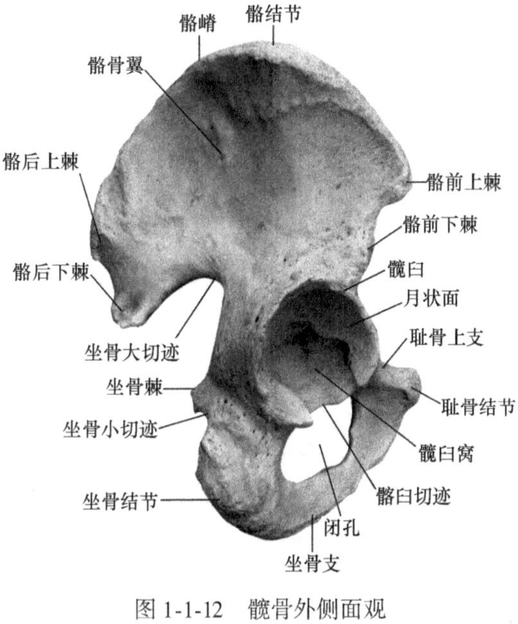

图1-1-12　髋骨外侧面观

确认肥厚的髂骨体和扁阔的髂骨翼。翼的上缘肥厚成弓形的髂嵴；在髂嵴的前端和后端分别辨认髂前上棘、髂前下棘和髂后上棘、髂后下棘；在髂前上棘后方5～7cm处髂嵴向外突起称髂结节；髂后下棘下方深陷称坐骨大切迹；髂骨翼内面的浅窝称髂窝，后下方有粗糙的耳状面。髂骨翼下界以圆钝骨嵴弓状线与体分界。

确认坐骨体和坐骨支。体后缘的尖形突起为坐骨棘，棘下方有坐骨小切迹；体向下后延伸称坐骨支，移行处的后部粗糙的隆起为坐骨结节。

确认耻骨体和耻骨上、下支。髂、耻体部结合处形成粗糙的髂耻隆起，向前移行为耻骨上支、耻骨下支；上支上面有一锐嵴，称耻骨梳，其向前移行为耻骨结节，向后移行为弓状线；上下支移行处内侧面形成椭圆形粗糙的耻骨联合面。辨认耻骨嵴和闭孔。

在整体骨架上观察髋骨与骶骨、髋骨与股骨的连接关系。

(2) 股骨：股骨上端朝向内上的球状膨大为股骨头，其中央有股骨头凹，下外缩细部为股骨颈；在颈体结合处外上和内下方可摸到隆起的大转子和小转子，两者之间前面为转子间线,后面为转子间嵴。在股骨体后面确认纵行的粗线,线上端分叉向外上延续于粗糙的臀肌粗隆,向内延伸为耻骨肌线,线下端也分开形成腘面。股骨下端内、外侧向后膨大形成内侧髁、外侧髁以及之间的髁间窝,两髁外侧面的最突起处称内上髁和外上髁,辨认内上髁上的收肌结节(图 1-1-13)。

(3) 胫骨:辨认膨大的胫骨上端以及其向两侧突出的内侧髁、外侧髁和中间的髁间隆起,确认上端前面的胫骨粗隆,外侧髁后下方的腓关节面。辨认胫骨体的骨间缘和后面的比目鱼肌线。在胫骨下端确认向内下方突起的内踝和外侧的腓切迹(图 1-1-14)。

(4) 腓骨:在腓骨上端确认腓骨头、腓骨颈;在腓骨下端确认外踝(图 1-1-14)。

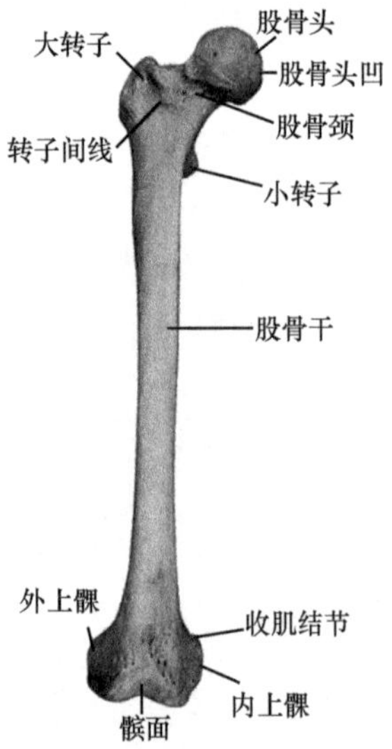

图 1-1-13 股骨前面观

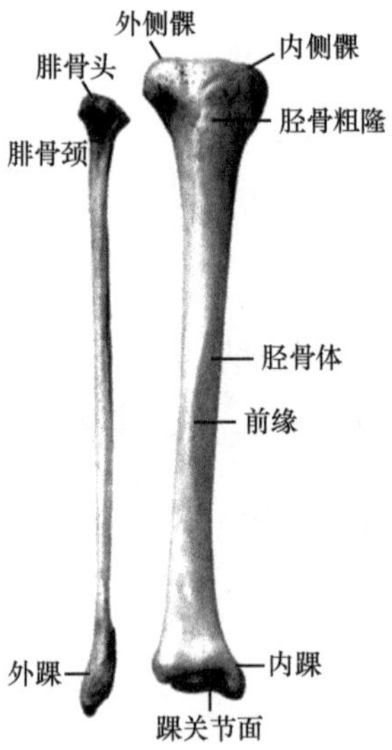

图 1-1-14 胫腓骨前面观

(5) 髌骨:区分髌骨粗糙的前面和光滑的后面。

(6) 足骨:确认距骨、跟骨、足舟骨、3 块楔骨、骰骨的位置,辨认距骨滑车、跟骨结节和舟骨粗隆。确认跖骨底、跖骨体、跖骨头和第 5 跖骨粗隆。观察趾骨的形态特征。

(7) 体表标志:在活体上触摸以下结构:髂嵴、髂前上棘、髂后上棘、髂结节、坐骨结节、股骨大转子、股骨内上髁、股骨外上髁、髌骨、胫骨内侧髁、胫骨外侧髁、胫骨粗隆、内踝、外踝、腓骨头、跟骨结节、舟骨粗隆、第 5 跖骨粗隆。

【实验准备】

1. 标本 骨架、锁骨、肩胛骨、肱骨、桡骨、尺骨、完整手骨标本,髋骨、完整骨盆标本,股骨、髌骨、胫骨、腓骨、完整足骨标本。

2. 挂图 上、下肢骨挂图。

【思考题】

(1) 描述以下各骨的主要形态结构:锁骨、肩胛骨、肱骨、尺骨、桡骨、髋骨、股骨、胫骨。

(2) 解释以下结构及意义:肱骨解剖颈、肱骨外科颈、桡神经沟、尺神经沟、桡骨茎突、尺骨茎突、股骨颈、腓骨颈。

(3) 在体表可以摸到四肢骨上哪些重要的骨性标志?

(文:李文婷 丁兆习 图:李文婷)

实验三　颅　　骨

【目的要求】

(1) 掌握颅的组成、分部及脑颅和面颅诸骨名称。

(2) 掌握下颌骨的形态结构。

(3) 了解颅顶面观、后面观、颅盖内面观。

(4) 掌握颅底内面3个颅窝的境界和重要结构。了解颅底外面观。

(5) 了解颅的侧面观。掌握翼点的位置及临床意义。了解颞窝、颞下窝、翼腭窝的位置。

(6) 了解眶的构成、形态及孔裂。掌握眶上切迹、眶下孔的位置。

(7) 掌握骨性鼻腔的构成、鼻旁窦的位置和开口部位。

(8) 了解新生儿颅的特征及生后变化。

(9) 掌握颅的重要体表标志。

【实验内容】

注意事项:整颅标本的眶腔内侧壁非常脆薄,严禁用手指伸入眶内捏拿此处。观察全颅时,应用手掌托住颅骨。颅正中矢状切面标本在鼻腔外侧壁的骨质十分薄而脆,注意勿损坏。

1. 颅的组成

(1) 脑颅骨:确认额骨、顶骨、颞骨、枕骨、蝶骨和筛骨。

(2) 面颅骨:以上颌骨为中心,确认鼻骨、泪骨、下颌骨、颧骨、下鼻甲、犁骨、腭骨和舌骨。

2. 下颌骨　由前方弓板状的下颌体和后端方形板样向上突起的下颌支组成。在下颌骨体前面正中确认突向前方的颏隆凸及其外侧的颏孔,在内面正中确认颏棘及其下外方的二腹肌窝。下颌支上缘前方的突起为冠突,后方的突起为髁突,两者之间的凹陷为下颌切迹;辨认髁突上端膨大的下颌头和下方缩细的下颌颈。触摸下颌支后缘和下颌底相交处形成的下颌角。辨认下颌支内面的下颌孔和下颌小舌。在骨架标本观察下颌头与颞骨下颌窝及关节结节的关系。

3. 颅的整体观

(1) 颅顶面观:确认额顶骨之间的冠状缝、左右顶骨之间的矢状缝、顶枕骨之间的人字缝。

(2) 颅后面观:确认枕鳞中央部向后突出形成的枕外隆凸以及自此向两侧形成的骨嵴,即上项线和下项线。

(3) 颅内面观:观察颅盖内面,确认上矢状窦沟、颗粒小凹和树枝状动脉沟。在颅底内面标本上观察颅前窝、颅中窝和颅后窝(图1-1-15)。

1) 颅前窝:由额骨眶部、筛骨筛板和蝶骨小翼构成。在中线上由前向后确认额嵴、盲孔和鸡冠。鸡冠两侧为筛板,上有筛孔。

2) 颅中窝:由蝶骨体及大翼、颞骨岩部构成。中间为蝶骨体,上面可见垂体窝,窝的前外侧为视神经管和前床突,窝的前方为前结节,窝的后方为鞍背和后床突。垂体窝和鞍背合称蝶鞍,两侧有颈动脉沟,向前通眶上裂,后端有破裂孔,有颈动脉管内口开口于此。蝶鞍外侧自前

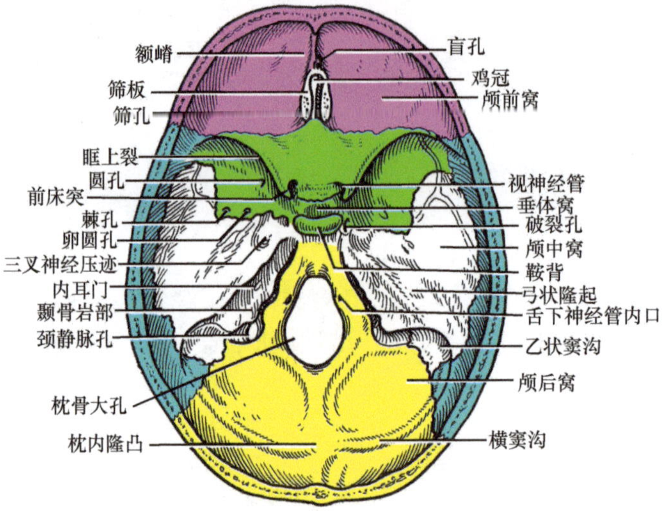

图 1-1-15 颅底内面观

向后依次有圆孔、卵圆孔和棘孔。辨认脑膜中动脉沟、三叉神经压迹、弓状隆起和鼓室盖。

3）颅后窝：主要由枕骨和颞骨岩部后面构成。确认窝中央的枕骨大孔，孔前方平坦的斜坡、孔前外侧缘上的舌下神经管内口、孔后上方的枕内隆凸；追踪枕内隆凸向两侧续于横窦沟，继而转向下内为乙状窦沟，并移行于颈静脉孔。在颞骨岩部后面确认内耳门和内耳道。

（4）颅底外面观：通过两侧关节结节作一连线，将其分为前、后两区。在前区确认牙槽弓、骨腭、腭中缝及其前端的切牙孔和通连的切牙管，在骨腭近后缘两侧确认腭大孔，在骨腭后上方确认鼻后孔及其两侧的翼突内、外侧板，在翼突外侧板根部后方寻找卵圆孔和棘孔。在后区中央可见枕骨大孔，孔两侧为椭圆形的枕髁，其前外侧上方有舌下神经管外口，其外侧可见不规则的颈静脉孔。颈静脉孔的前方可见圆形的颈动脉管外口，外侧有细长的茎突及茎突根部的茎乳孔。在颧弓根部后方可见下颌窝及其前方的关节结节。辨认颞骨岩部尖处的破裂孔（图 1-1-16）。

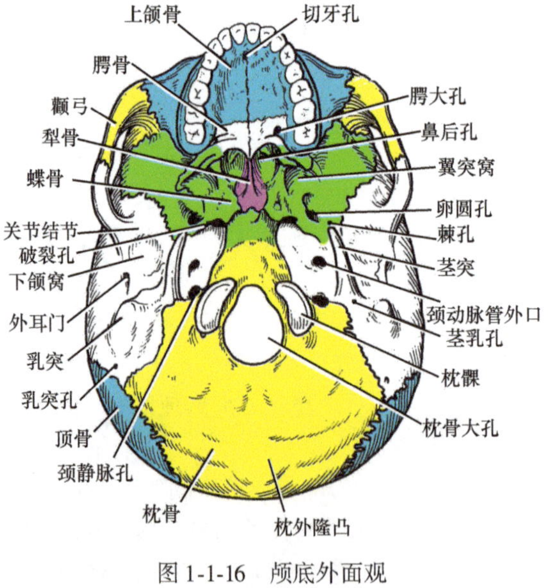

图 1-1-16 颅底外面观

(5) 颅侧面观：在颅侧面的中部找出外耳门，确认其后方的乳突及其前方的颧弓。颧弓上方为颞窝，下方为颞下窝。颞窝的上界为颞线，前下部为额、顶、颞、蝶骨会合处，形成“H”形的翼点，最为薄弱，内面有脑膜中动脉前支通过。颞下窝向内上借翼上颌裂通翼腭窝，观察其他交通(图 1-1-17)。

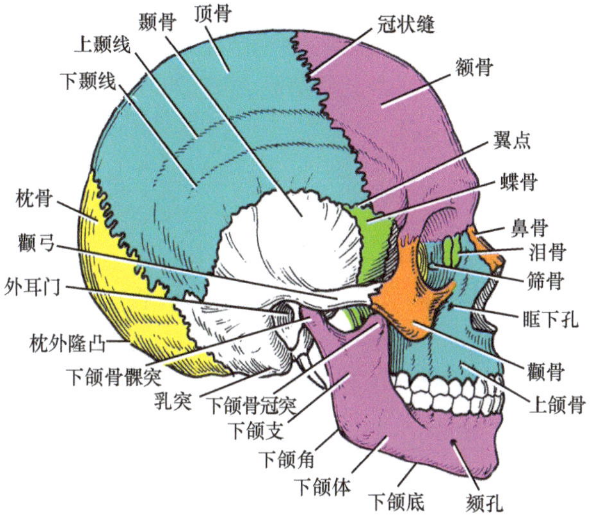

图 1-1-17　颅的侧面观

(6) 颅前面观：可分为额区、眶、骨性鼻腔和骨性口腔(图 1-1-18)。

1) 在额区确认额结节、眉弓和眉间。

2) 眶：呈四面锥体型，包括四壁、眶底和眶尖。在眶上缘中内 1/3 交界处找出眶上孔(或眶上切迹)，在眶下缘中份下方找出眶下孔。在眶尖处找出视神经管，观察其通向颅中窝。在眶上壁前外侧份找出泪腺窝。在内侧壁前下份找出泪囊窝，观察其经鼻泪管向下通至鼻腔。在下壁和外侧壁交界处后份找出眶下裂，在下壁中部找出眶下沟和眶下管，可见其与眶下孔交通。在外侧壁与上壁交界处找出眶上裂。

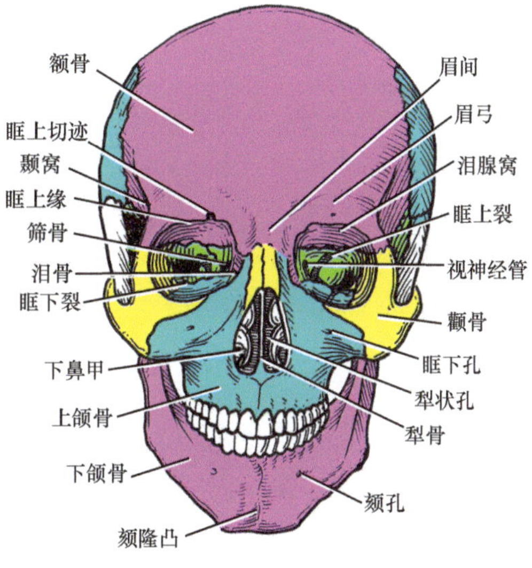

图 1-1-18　颅的前面观

3) 骨性鼻腔：前方的开口为梨状孔，后方的开口为鼻后孔，顶为筛板，底为骨腭，被鼻中隔分为左右两半。

取颅正中矢状切面标本或模型，在骨性鼻腔外侧壁上自上而下确认 3 个弯曲的骨片，即上、中、下鼻甲，每个鼻甲下方为相应的上、中、下鼻道。上鼻甲后方与蝶骨之间的间隙为蝶筛隐窝，中鼻甲后方有蝶腭孔。

取颅骨断面标本和鼻旁窦模型，重点观察鼻旁窦的位置，包括额窦、上颌窦、蝶窦和筛窦；借助探针观察鼻旁窦与鼻道的交通关系。

在保留了鼻中隔的颅矢状切面上观察犁骨和筛骨垂直板。

4. 新生儿颅的特征 观察新生儿颅与成年颅有何不同，确认新生儿颅骨缝之间的纤维组织膜在多骨连接处变大称颅囟，在额骨和两侧顶骨之间辨认前囟，在枕骨和两侧顶骨之间辨认后囟。

5. 体表标志 在活体上触摸以下结构：眉弓、眉间、眶上切迹、眶下孔、颏孔、颧弓、翼点、乳突、枕外隆突、上项线、下颌角。

【实验准备】

1. 标本 整颅、颅底、颅盖、颅正中矢状切面、下颌骨、舌骨、新生儿颅。

2. 模型 颅骨模型，鼻旁窦模型。

3. 挂图 颅骨挂图。

【思考题】

(1) 构成颅的骨有哪些？各位于何处？

(2) 颅底内侧面主要有哪些沟、管、裂孔，各有何结构通过？

(3) 鼻旁窦有哪些？各开口于何处？

(4) 在体表可以摸到颅骨上哪些重要的骨性标志？

（文：李文婷　丁兆习　图：李文婷）

实验四　关节学总论及中轴骨连结

【目的要求】

1. 关节学总论

(1) 了解关节的分类。了解纤维连结、软骨连结和骨性结合的基本结构。

(2) 掌握关节的基本结构和辅助结构。了解关节的运动和分类。

2. 中轴骨连结

(1) 掌握椎间盘的形态结构，前纵韧带、后纵韧带的位置和功能。了解椎弓间的连结概况。掌握黄韧带的位置和功能。了解其他韧带的名称和位置。

(2) 掌握脊柱的构成、分部和功能。了解脊柱的整体观。掌握脊柱的生理性弯曲及运动。

(3) 了解肋与胸骨和胸椎的连结。

(4) 掌握胸廓的构成、胸廓上口和胸廓下口的形态及围成。了解骨性胸廓的整体观、运动及年龄变化和性别差异。

(5) 了解颅骨连结的主要形式。掌握颞下颌关节的组成、结构特点及运动。

【实验内容】

1. 躯干骨的连接

(1) 椎体间的连结：连接在相邻两椎体之间的纤维软骨板为椎间盘，从横断面上辨认其周围呈同心圆排列的纤维环和中央部呈胶状物的髓核；纵行连接在椎体前面的纤维束为前纵韧带，纵行连接在椎体后面的纤维束为后纵韧带。

(2) 椎弓间的连结：在椎弓间连结的标本上重点确认连结相邻椎弓板的黄韧带。辨认连于相邻椎骨棘突间的棘间韧带、连接各棘突末端的棘上韧带。在椎骨间连结的模型上确认横突间韧带、关节突关节和项韧带(图 1-1-19)。

(3) 脊柱整体观:通过骨架标本,从前、后和侧面观察脊柱。重点从侧面观察颈、胸、腰、骶4个生理性弯曲。并做一下脊柱屈、伸、侧屈、旋转和环转运动(图1-1-20)。

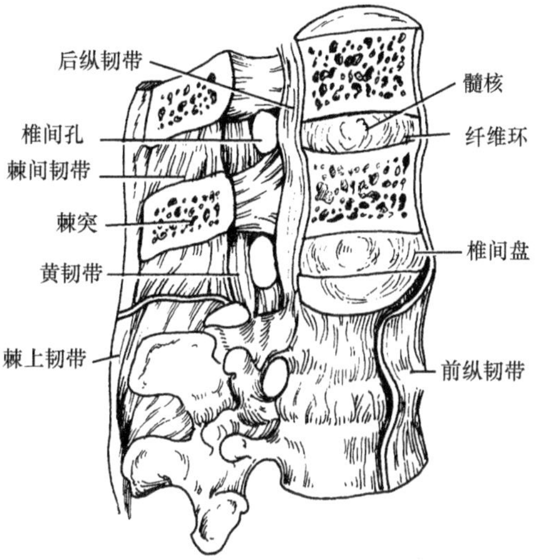

图1-1-19　椎骨的连结

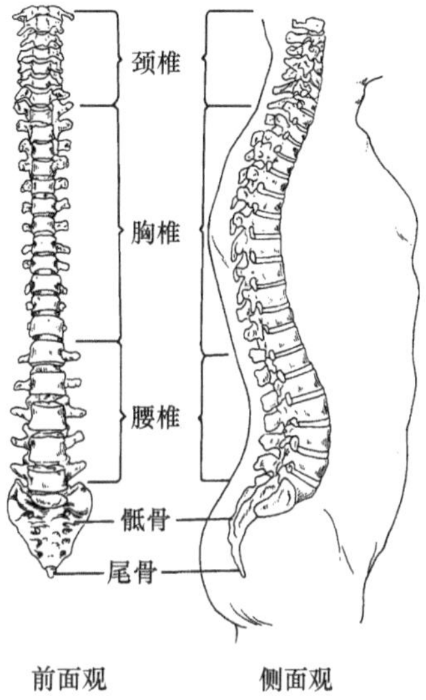

图1-1-20　脊柱的连结

(4) 肋椎关节和胸肋关节:在骨架上观察由肋头关节面与相应胸椎椎体的肋凹构成的肋头关节及由肋结节关节面与相应的横突肋凹构成的肋横突关节。第2~7肋软骨与胸骨及相应的肋切迹构成胸肋关节,第8~10肋软骨前端与上位肋软骨借软骨间关节相连构成肋弓。

(5) 在骨架上观察胸廓的构成及形态,辨认围成胸廓上、下口的结构。思考胸廓的运动与呼吸的关系。

2. 颅骨的连结

(1) 取整颅标本,观察各颅盖骨间形成的缝。

(2) 取颞下颌关节标本观察:颞下颌关节由下颌骨的下颌头与颞骨的下颌窝及关节结节构成。关节囊内有纤维软骨构成的关节盘将关节腔分为上、下两部。关节盘前凹后凸,与关节结节和下颌窝的形态相对应。取颞下颌关节模型,观察从颧弓根部至下颌颈的外侧韧带。

【实验准备】

1. 标本　骨架、椎体间连结标本(显示椎间盘、前纵韧带和后纵韧带)、椎弓间连结标本(显示黄韧带、棘上韧带和棘间韧带)、颞下颌关节标本。

2. 模型　椎骨间连接模型(显示项韧带)。

3. 挂图　躯干骨连结和颅骨连结挂图。

【思考题】

(1) 滑膜关节的基本结构和辅助结构有哪些?

(2) 椎骨是如何连结的? 脊柱的组成和形态。

(3) 描述胸廓的构成和形态。

(4) 应用所学知识,解释椎间盘脱出的机制和容易发生的部位。

(文:李文婷　丁兆习　图:李文婷)

实验五　附肢骨连结

【目的要求】

(1) 掌握胸锁关节、肩关节、肘关节、桡腕关节的组成、结构特点及运动。

(2) 了解腕掌关节、掌指关节和指间关节的组成、结构特点及运动。特别理解拇指腕掌关节的结构特点及运动。

(3) 掌握骨盆的组成、分部，骨盆上、下口的围成。了解骨盆的性别差异。掌握坐骨大、小孔的围成。

(4) 掌握髋关节、膝关节、距小腿关节的组成、结构特点和运动。

(5) 了解骶髂关节、跗骨间关节、跗跖关节、跖趾关节和趾间关节的组成和运动。

(6) 掌握足弓的构成及功能。

【实验内容】

1. 上肢骨连结

(1) 胸锁关节和肩锁关节：胸锁关节由锁骨的胸骨端与胸骨锁切迹及第一肋软骨的上面构成，关节囊较坚韧，周围有韧带加强，囊内有纤维软骨构成的关节盘将关节腔分为外上及内下两部分。

肩锁关节由锁骨的肩峰端与肩峰的关节面构成。喙突与肩峰之间有喙肩韧带连结，三者构成喙肩弓。

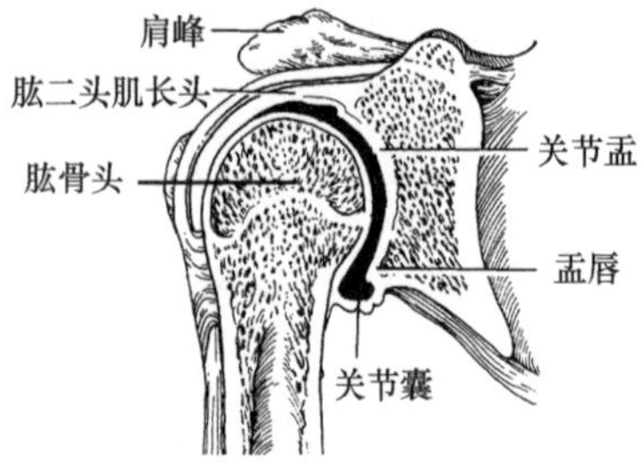

图 1-1-21　肩关节(冠状切面)

(2) 肩关节：由肱骨头和肩胛骨关节盂构成。关节囊薄而松弛，上壁有连结喙突至肱骨大结节的喙肱韧带增强，上、前和后壁均有周围肌腱的纤维编入关节囊的纤维层，以增加关节的稳固性，但囊的下壁相对最为薄弱，故肩关节以前下方脱位最为常见。

观察打开肩关节囊的标本，可见在关节盂周缘有纤维软骨构成的盂唇。肱二头肌长头经结节间沟穿出关节囊，有稳定肩关节的作用(图 1-1-21)。

(3) 肘关节：由三个关节共同包于一个关节囊内组成。肱尺关节由肱骨滑车和尺骨滑车切迹构成；肱桡关节由肱骨小头和桡骨头的关节凹构成；桡尺近侧关节由桡骨环状关节面和尺骨桡切迹构成(图 1-1-22)。

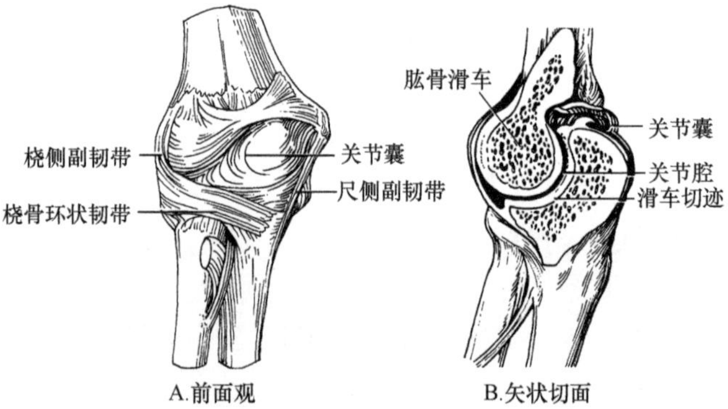

图 1-1-22　肘关节

肘关节囊的前、后壁薄而松弛，后壁最薄弱，故常见桡骨与尺骨向后脱位，并移向肱骨的后上方。关节囊的两侧壁厚而紧张，并有韧带加强：桡侧副韧带起自肱骨外上髁，向下止于桡骨环状韧带；尺侧副韧带起自内上髁，向下呈扇形止于尺骨滑车切迹内侧缘。桡骨环状韧带两端附着于尺骨桡切迹的前、后缘，与该切迹共同围成一上口大、下口小的骨纤维环，容纳桡骨头。

（4）前臂骨连结：包括前臂骨间膜、桡尺近侧关节和桡尺远侧关节。前臂骨间膜位于尺、桡骨的骨间缘之间，当前臂处于半旋前时，两骨距离最大，骨间膜也最紧张。因此，半旋前位是前臂的功能位，处理前臂骨折时，应将前臂固定于该位置，以防骨间膜挛缩，影响愈后前臂的旋转功能。

在尺、桡骨的远端可见由尺骨头环状关节面与桡骨尺切迹及自下缘至尺骨茎突根部的关节盘共同构成的桡尺远侧关节。

（5）手关节：从手关节冠状切标本上观察。

1）桡腕关节：由桡骨腕关节面和尺骨头下方的关节盘构成关节窝，手舟骨、月骨、三角骨的近侧关节面构成关节头，是典型的椭圆关节。

2）腕骨间关节：相邻各腕骨的关节面之间构成的关节。

3）腕掌关节：由远侧列腕骨与掌骨底构成。其中拇指腕掌关节由大多角骨与第1掌骨底构成，是典型的鞍状关节，为人类和灵长目所特有，可做屈、伸、展、收、环转和对掌运动。由于第1掌骨底的位置向内侧旋转了近90°，因而拇指的屈、伸运动发生在冠状面上，展、收运动发生在矢状面上。对掌运动是拇指掌侧面指尖与其余四个指的掌侧面指尖相接触的运动，该运动加深了手掌的凹陷，是进行握持和精细操作时所必需的主要动作。

4）掌指关节；由掌骨头与相应的近节指骨底构成。

5）指骨间关节：包括近侧和远侧指骨间关节，由各相邻两节指骨的底与滑车构成。

2. 下肢骨连结

（1）骨盆：由骶骨、尾骨和两侧的髋骨借骶髂关节、耻骨联合及韧带等构成。骶髂关节由骶骨和髂骨的耳状面构成，关节囊紧张，前后面有骶髂前、后韧带加强。耻骨联合由两侧的耻骨联合面借纤维软骨构成的耻骨间盘连接而成。髂腰韧带强韧肥厚，连接第5腰椎横突与髂嵴。骶结节韧带呈扇形，起自骶、尾骨的后外侧分，集中止于坐骨结节内侧缘。骶棘韧带呈三角形，起于骶、尾骨侧缘，集中止于坐骨棘。骶棘韧带与坐骨大切迹围成坐骨大孔，骶棘韧带、骶结节韧带和坐骨小切迹围成坐骨小孔。闭孔由闭孔膜封闭，膜的上部与闭孔沟围成闭膜管。

确认构成骨盆上、下口（界线）的结构：骨盆上口由骶骨岬、弓状线、耻骨梳、耻骨结节至耻骨联合上缘的连线构成；骨盆下口由尾骨尖、骶结节韧带、坐骨结节、坐骨支、耻骨下支和耻骨联合下缘围成。两侧坐骨支和耻骨下支连成耻骨弓，它们之间的夹角称耻骨下角。比较男、女性骨盆有哪些差异。

（2）髋关节：髋关节由股骨头与髋臼构成。关节囊紧张坚韧，上方附于髋臼周围及髋臼横韧带，下方附于股骨颈，前面达转子间线，但后面仅包裹股骨颈的内侧2/3。观察打开关节囊的髋关节标本，可见髋臼较深，周缘附有纤维软骨构成髋臼唇，髋臼切迹被髋臼横韧带封闭。股骨头韧带连于股骨头凹和髋臼横韧带之间（图1-1-23）。

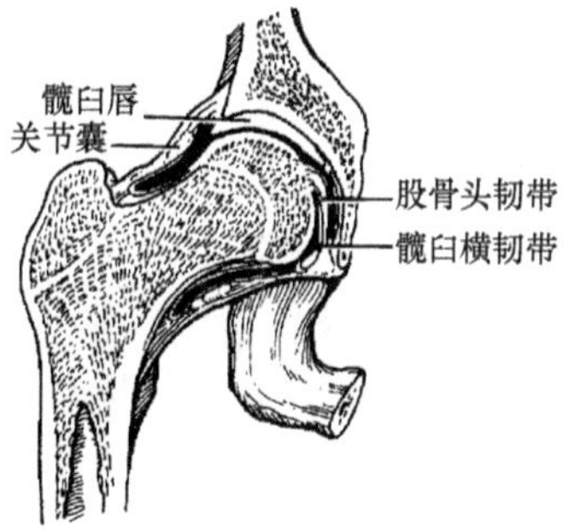

图1-1-23　髋关节（冠状切面）

（3）膝关节：膝关节由股骨下端、胫骨上端及髌骨构成。在股骨内、外侧髁与胫骨内、外侧髁关节面之间垫有外缘肥厚、内缘锐薄的半月板，内侧半月板较大，呈“C”形，外侧半月板较小，近似“O”形。关节囊的前壁有股四头肌腱，髌骨及髌韧带加强；囊的外侧有连于股骨外上髁和腓骨头的腓侧副韧带；囊的内侧有连于股骨内上髁和胫骨内侧髁的胫侧副韧带，该韧带与关节囊和内侧半月板紧密结合；囊的后壁有腘斜韧带。关节囊内有前交叉韧带和后交叉韧带，分别起于胫骨髁间隆起的前、后方，止于股骨外侧髁的内侧面及内侧髁的外侧面（图 1-1-24，图 1-1-25）。

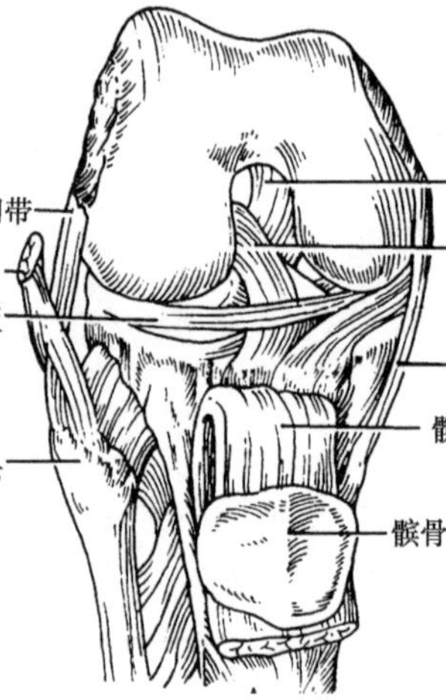

图 1-1-24　膝关节

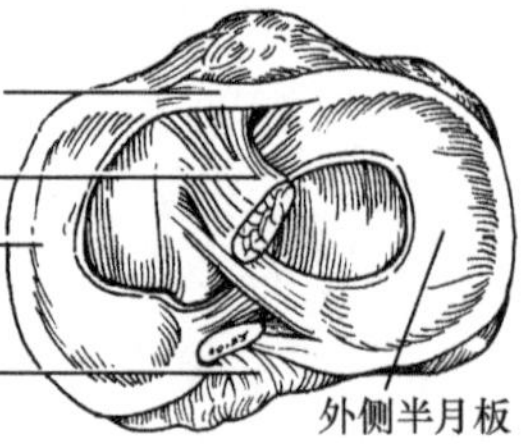

图 1-1-25　膝关节半月板（上面观）

观察膝关节矢状切标本，可见滑膜延伸至髌骨上缘以上、股四头肌腱深面形成髌上囊；在髌骨下方，滑膜层突向关节腔内，形成翼状襞及位于髌韧带与胫骨上端之间的髌下深囊。

（4）胫、腓骨连结：包括两骨干之间的小腿骨间膜、上端的胫腓关节和下端的胫腓前、后韧带。

（5）距小腿关节（踝关节）：距小腿关节由胫、腓骨下端与距骨滑车构成。关节囊前、后壁薄，两侧有韧带加强。内侧韧带（三角韧带）起自内踝尖，向下呈扇形止于足舟骨、距骨和跟骨。外侧韧带由距腓前韧带、跟腓韧带和距腓后韧带组成，三条韧带均起自外踝，分别向前、向下、向后内止于距骨和跟骨。

（6）足关节：在足水平断面标本上辨认距跟关节、距跟舟关节、跟骰关节、跖趾关节及趾骨间关节。

（7）足弓：内侧纵弓由跟骨、距骨、舟骨、3 块楔骨及内侧 3 块跖骨构成，弓的最高点为距骨头。外侧纵弓由跟骨、骰骨和外侧 2 块跖骨构成，弓的最高点在骰骨。横弓由骰骨、3 块楔骨和跖骨构成，弓的最高点在中间楔骨。

【实验准备】

1. 标本

（1）上肢骨连结标本：胸锁关节（一侧切开，显示关节盘）、肩关节整体标本及打开关节囊的标本（显示盂唇），肘关节标本及打开关节囊的标本（显示桡、尺侧副韧带和桡骨环状韧带），桡腕关节整体标本及打开关节囊的标本（显示尺骨头下方的关节盘），手关节冠状切面标本，上肢骨连结整体标本。

（2）下肢骨连结标本：男、女性骨盆标本，髋关节整体标本及打开关节囊的标本（显示髋臼唇、股骨头韧带和髋臼横韧带），膝关节标本（显示半月板和韧带）及膝关节矢状切标本（显示髌上囊、翼状襞），距小腿关节（踝关节）标本，足关节水平切标本，下肢骨连结整体标本，足弓标本。

2. 挂图　上、下肢骨连结挂图。

【思考题】

（1）描述以下关节的构成、结构特点和运动方式：肩关节、肘关节、桡腕关节、髋关节、膝关节、距小腿关节。

（2）骨盆是如何构成的？男女骨盆有何主要差异？

（文：李文婷　丁兆习　图：李文婷）

实验六　肌学总论、头肌、颈肌和躯干肌

【目的要求】

1. 肌学总论

（1）掌握肌的形态和构造。

（2）了解肌的起止、配布、作用和命名法。

（3）了解肌的辅助装置。

2. 头肌、颈肌和躯干肌

（1）了解面肌的组成、分布特点。掌握咀嚼肌的组成及咬肌、颞肌的位置和作用。

（2）了解颈肌的分群及各群的组成和作用。掌握胸锁乳突肌的起止、作用。掌握斜角肌间隙的围成及通过结构。

（3）了解背肌的分群及各肌群的组成、作用。掌握斜方肌、背阔肌的起止和作用。掌握竖脊肌的位置和作用。了解胸腰筋膜的位置及层次。

（4）掌握胸肌的组成。掌握胸大肌的起止、作用。掌握肋间肌的名称、位置和作用。

（5）掌握膈的位置、形态、作用和三个裂孔的位置及通过的主要结构。了解膈薄弱区的位置及临床意义。

（6）掌握腹肌的组成。掌握腹肌前外侧群的位置、层次、肌纤维方向、形成结构及作用。掌握腹直肌鞘、弓状线、白线的构成和特点。掌握腹股沟管、海氏三角的构成和特点及其临床意义。

【实验内容】

1. 头肌

（1）面肌：枕额肌、眼轮匝肌、口轮匝肌、颊肌。

（2）咀嚼肌：确认位于下颌支外面的咬肌、颞窝内的颞肌、下颌支内面的翼外肌和翼内肌，思考其作用。

2. 颈肌　在颈部两侧浅层为胸锁乳突肌。在颈前部舌骨上、下辨认舌骨上肌群和舌骨下肌群（胸骨舌骨肌、肩胛舌骨肌、胸骨甲状肌和甲状舌骨肌）。

在颈部两侧深层辨认位于脊柱颈段两侧的前斜角肌、中斜角肌和后斜角肌，它们均起自颈椎横突。前、中斜角肌分别止于第1肋上面内侧缘和外侧缘，与第1肋骨之间围成斜角肌间隙，其内有臂丛和锁骨下动脉通过。

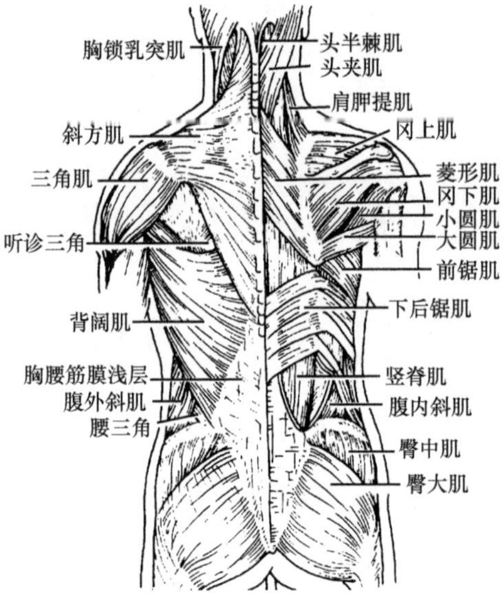

图 1-1-26　背肌

3. 背肌　在背部上份浅层可见三角形的斜方肌，下份浅层可见全身面积最大的背阔肌。在背部深层脊柱两侧可见纵行的竖脊肌。观察各肌的起止点，思考其作用。观察肩胛提肌、菱形肌、夹肌及胸腰筋膜（图 1-1-26）。

4. 胸肌　可分为胸上肢肌和胸固有肌。在胸前壁上份辨认胸大肌，起自锁骨内侧半、胸骨和第 1～6 肋软骨处，止于肱骨大结节嵴。在胸大肌深面辨认三角形的胸小肌；在胸侧壁辨认宽扁的前锯肌。在肋间隙内由浅入深辨认肋间外肌和肋间内肌。肋间外肌起自肋骨下缘，止于下一个肋骨的上缘，肌束斜向前下；肋间内肌起自下一个肋骨的上缘，止于上一个肋骨的下缘，肌束斜向内上。思考以上各肌的作用。

5. 膈肌　在胸腹腔之间观察凸向上的穹隆形的膈肌，区分其胸骨部（起自剑突后面）、肋部（起自下 6 对肋）和腰部（起自第 1～3 腰椎），注意各部肌纤维向中央移行为中心腱，思考膈肌舒缩时胸腔内压力的变化及其与呼吸的关系。在膈肌上辨认主动脉裂孔、食管裂孔和腔静脉孔，分别有主动脉和胸导管、食管和迷走神经、下腔静脉通过。

6. 腹肌　在腹前壁正中线两侧确认纵行的腹直肌，包被在腹直肌鞘内，注意观察腹直肌鞘前层与腱划结合紧密，腹直肌鞘后层下份缺如，形成下缘游离的弓状线。在腹前外侧壁由浅入深辨认腹外斜肌、腹内斜肌和腹横肌，注意观察 3 层肌的纤维分别是向前下、内上和前内走行，其肌纤维在接近腹直肌外侧缘时均移行为腱膜并包裹腹直肌形成腹直肌鞘。辨认腹外斜肌腱膜在耻骨结节外上方形成的三角形裂孔（即腹股沟管浅环）和在髂前上棘与耻骨结节之间卷曲增厚形成的腹股沟韧带，辨认腹内斜肌和腹横肌下部的纤维向前下内越过精索止于耻骨梳内侧端和耻骨结节附近形成腹股沟镰（联合腱），部分纤维随精索向下移行为提睾肌。观察腹白线、腔隙韧带、耻骨梳韧带、腹股沟管的位置和穿过的精索或子宫圆韧带等。思考腹肌前外侧群的作用。观察腰方肌和腰大肌的位置（图 1-1-27）。

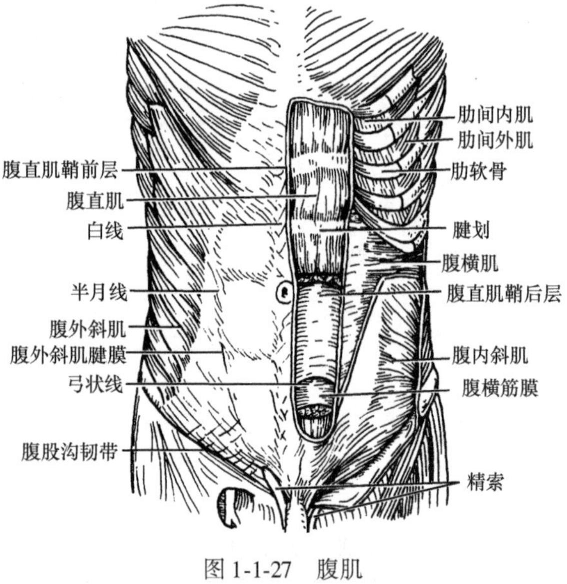

图 1-1-27　腹肌

【实验准备】

1. 标本

（1）面肌（显示枕额肌、颊肌、眼口轮匝肌等）；咀嚼肌（显示翼内肌、翼外肌、颞肌、咬肌）。

（2）颈肌（显示舌骨上和下肌群、颈阔肌、胸锁乳突肌等）；颈深肌（显示前斜角肌、中斜角肌、斜角肌间隙等)。

(3) 背肌(显示斜方肌、背阔肌、菱形肌、肩胛提肌、竖脊肌和胸腰筋膜)。

(4) 胸肌(显示胸大肌、胸小肌、前锯肌、肋间外肌、肋间内肌、胸横肌)。

(5) 膈肌(显示膈肌的3个起部、3个孔和中心腱)。

(6) 腹肌(显示腹外斜肌、腹内斜肌、腹横肌、股直肌、股直肌鞘)。

2. 模型　面肌、颈肌、咀嚼肌。

3. 挂图　头肌、颈肌、躯干肌挂图。

【思考题】

(1) 描述以下各肌的位置和作用:胸锁乳突肌、胸大肌、斜方肌、背阔肌、竖脊肌、肋间外肌和肋间内肌、腹直肌、腹外斜肌、腹内斜肌、腹横肌、膈肌。

(2) 参与呼吸的肌肉主要有哪些?分析其运动与呼吸的关系。

(3) 咀嚼肌有哪些?各有何作用?

(文:李文婷　丁兆习　图:李文婷)

实验七　四　肢　肌

【目的要求】

(1) 掌握上肢带肌的组成。掌握三角肌的起止、作用。

(2) 掌握臂肌的分群及各肌群的组成、作用。掌握肱二头肌、肱三头肌的起止、作用。

(3) 掌握前臂肌的分群及各肌群的组成、作用。掌握旋前圆肌、旋后肌的位置、作用。

(4) 了解手肌的分群及中间群各肌的名称及作用。

(5) 了解上肢局部结构:腋窝、肘窝及腕管的位置、构成和内容。

(6) 了解髋肌的分群及各肌群的组成、作用。掌握臀大肌、髂腰肌、梨状肌的起止、作用。

(7) 掌握大腿肌的分群及各肌群的组成、作用。掌握股四头肌、缝匠肌的起止、作用。

(8) 掌握小腿肌的分群及各肌群的组成、作用。掌握胫骨前肌、胫骨后肌、小腿三头肌的起止、作用。

(9) 了解下肢局部结构:股三角、收肌管及腘窝的位置、构成和内容。

【实验内容】

1. 上肢肌

(1) 上肢带肌:观察上肢带肌在肩关节周围的配布,确认肩部的三角肌、冈上窝内的冈上肌、冈下窝内的冈下肌及其下方的小圆肌和大圆肌,在肩胛窝内辨认肩胛下肌。重点观察三角肌和大圆肌的起止,思考其作用。

(2) 臂肌:在臂部前面辨认臂肌前群,包括肱二头肌及其深面的喙肱肌和肱肌。确认肱二头肌借长、短两头分别起自盂上结节和喙突,借肱二头肌肌腱止于桡骨粗隆,思考其作用。在臂后面辨认臂肌后群,即肱三头肌,确认长头起自盂下结节、内外侧头分别起自肱骨桡神经沟内上方和外下方,止于尺骨鹰嘴,思考其作用(图1-1-28,图1-1-29)。

(3) 前臂肌

1) 前臂前群肌:共9块。第1层由外向内辨认肱桡肌、旋前圆肌、桡侧腕屈肌、掌长肌、尺侧腕屈肌,除肱桡肌起自肱骨外上髁的上方外,其他4块以屈肌总腱起自肱骨内上髁以及前臂深筋膜,其中旋前圆肌止于桡骨外侧面中部。第2层为指浅屈肌,该肌向下分成4条肌腱止于第 2 ~5 指中节指骨体两侧。第 3 层为外侧的拇长屈肌和内侧的指深屈肌,分别止于拇指和第 2 ~5 指远节指骨底。第 4 层为紧贴尺桡骨远端前面的旋前方肌。思考各肌的作用及哪些肌肉可使前臂旋前(图 1-1-28,图 1-1-30)。

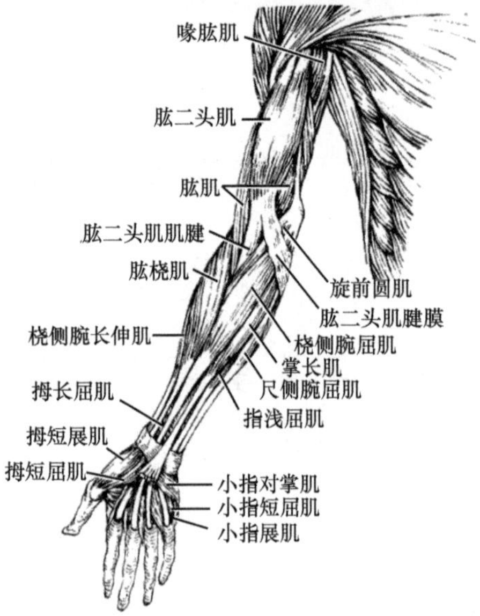

图 1-1-28　上肢肌(前面观)

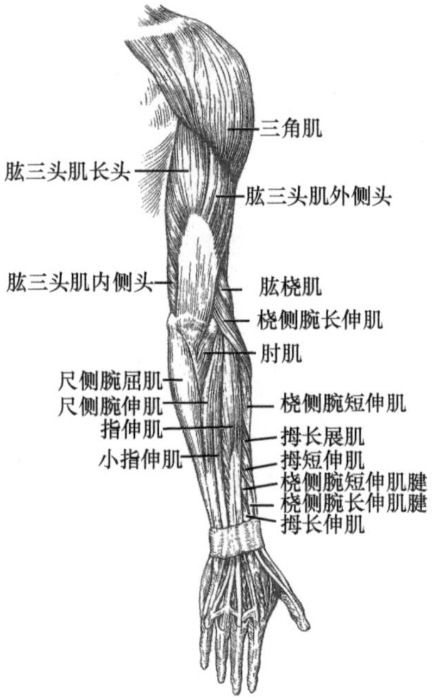

图 1-1-29　上肢肌(后面观)

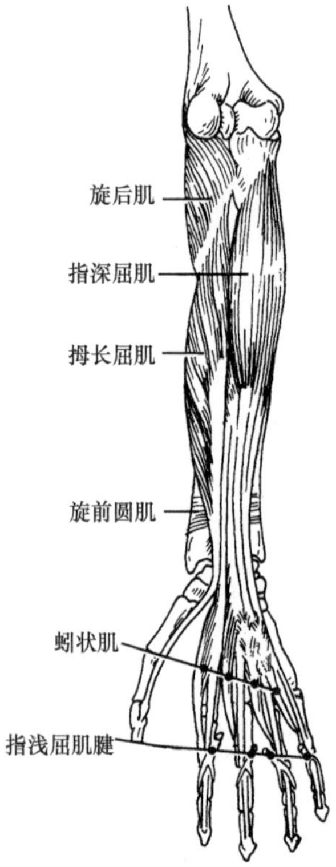

图 1-1-30　前臂前群肌(深层)

2) 前臂后群肌:共 10 块。浅层 5 块以共同的伸肌总腱起自肱骨外上髁及邻近的深筋膜,由外向内排列依次为:桡侧腕长伸肌、桡侧腕短伸肌、指伸肌、小指伸肌和尺侧腕伸肌。深层从上外向下内依次为:旋后肌、拇长展肌、拇短伸肌、拇长伸肌和示指伸肌。思考各肌的作用(图 1-1-29,图 1-1-31)。

(4) 手肌:位于手的掌侧,外侧群在手掌外侧形成的肌隆起称鱼际,有 4 块(拇短展肌、拇短屈肌、拇指对掌肌及拇收肌),使拇指展、屈和对掌。内侧群在手掌内侧形成的肌隆起称小鱼际,有 3 块(小指展肌、小指短屈肌及小指对掌肌),使小指展、屈和对掌。中间群位于掌心,包括 4 块蚓状肌和 7 块骨间肌(4 块骨间背侧肌,3 块骨间掌侧肌)。

2. 下肢肌

(1) 髋肌:分前后 2 群。前群包括髂腰肌和阔筋膜张肌,髂腰肌由起自腰椎两侧的腰大肌和髂窝内的髂肌构成,止于股骨小转子。后群包括浅层的臀大肌,中层自上而下排列的臀中肌、梨状肌、闭孔内肌、股方肌以及深层的臀小肌和闭孔外肌。梨状肌起自骶骨前面,肌束经坐骨大孔出盆腔达臀部,止于股骨大转子。思考各肌的作用(图 1-1-32 ~ 图 1-1-34)。

(2) 大腿肌:分前、后、内侧群。大腿肌前群包括缝匠肌和股四头肌。缝匠肌全身最长，呈条带状，起自髂前上棘，斜向内下止于胫骨上段内侧面。股四头肌包括股直肌、股外侧肌、股内侧肌和股中间肌，除股直肌起自髂前下棘外，其余均起自股骨体，4 个头向下形成 1 条肌腱，包绕髌骨，继续向下续于髌韧带，止于胫骨粗隆。大腿肌后群包括股二头肌、半腱肌和半膜肌，均起自坐骨结节，其中股二头肌长、短头汇合以长腱止于腓骨头；半腱肌和半膜肌止于胫骨内侧髁的内侧和后面。大腿肌内侧群包括耻骨肌、长收肌、短收肌、大收肌和股薄肌，均起自闭孔周围骨面，其中耻骨肌和长收肌居浅层自上而下排列，两者深面为短收肌，内侧为股薄肌，大收肌居各肌深面，除股薄肌止于胫骨上端内侧外，其余各肌均止于股骨粗线。思考股前群、后群各肌及内侧群肌的作用（图 1-1-32）。

（3）小腿肌：分前、后、外侧群。在胫、腓骨前方由内侧向外侧依次辨认胫骨前肌、拇长伸肌和趾长伸肌，各肌均起自胫、腓骨和骨间膜前面，其中胫骨前肌止于内侧楔骨内侧面和第一跖骨底。在腓骨外侧由浅入深辨认腓骨长肌和腓骨短肌。思考各肌的作用（图 1-1-32）。

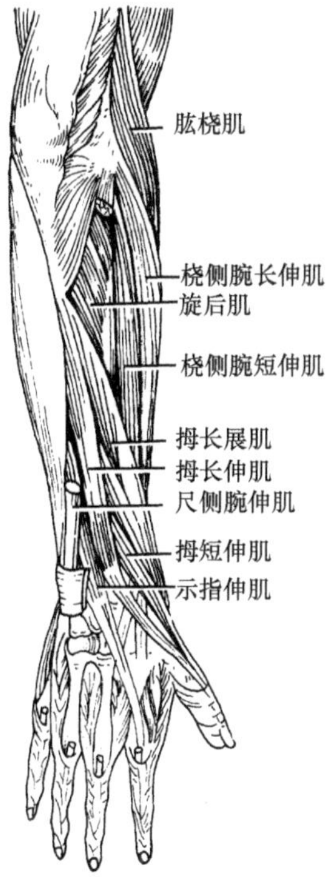

图 1-1-31　前臂后群肌（深层）

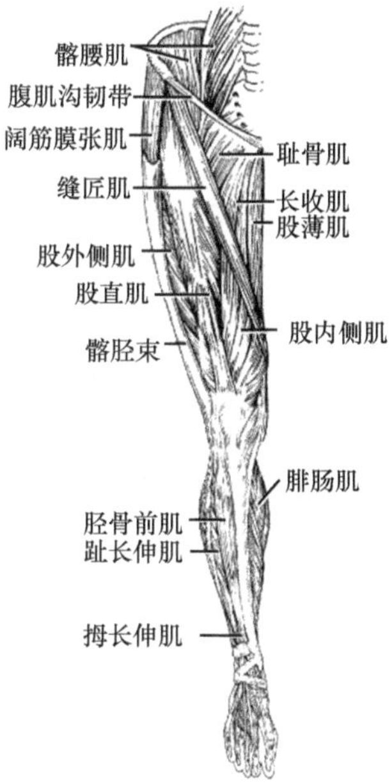

图 1-1-32　下肢肌（前面观）

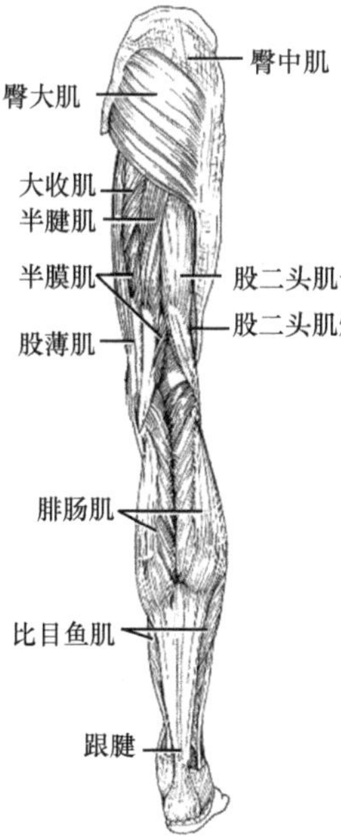

图 1-1-33　下肢肌（后面观）

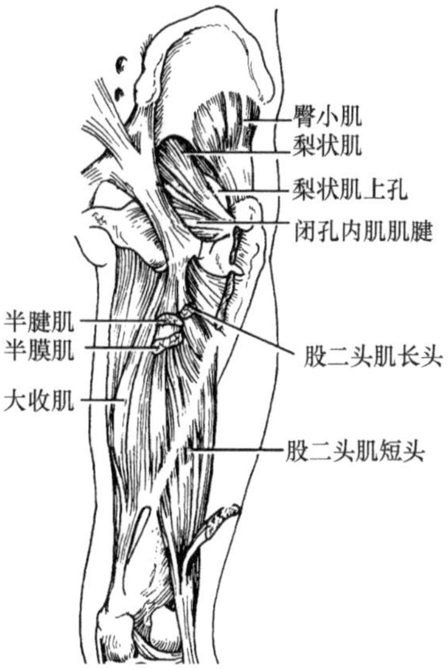

图 1-1-34　臀肌（深层）

在小腿肌后面辨认小腿后群肌。浅层为腓肠肌和比目鱼肌（小腿三头肌），其中腓肠肌起自股骨内外侧髁，向下与比目鱼肌合成跟腱止于跟结节。深层自内向外依次为趾长屈肌、胫骨后肌、拇长屈肌。三肌肌腱经内踝后方至足底，其中胫骨后肌止于足舟骨粗隆。思考小腿后群肌各肌的作用及哪些肌肉可使足内翻和足外翻（图 1-1-33，图 1-1-35）。

图 1-1-35　小腿后群肌(深层)

3. 足肌　分为足底肌和足背肌,足底肌的配布和手掌肌相似,也分为内侧群、外侧群和中间群。

【实验准备】

1. 标本

(1) 上肢带肌标本(显示三角肌、冈上肌、冈下肌、小圆肌、大圆肌和肩胛下肌)。

(2) 臂肌标本(显示肱二头肌、喙肱肌、肱肌和肱三头肌)。

(3) 前臂肌标本(显示肱桡肌、旋前圆肌、桡侧腕屈肌、掌长肌、尺侧腕屈肌、指浅屈肌、指深屈肌、拇长屈肌、旋前方肌、桡侧腕长伸肌、桡侧腕短伸肌、指伸肌、小指伸肌、尺侧腕伸肌、旋后肌、拇长展肌、拇短伸肌、拇长伸肌和示指伸肌)。

(4) 手肌标本(显示鱼际肌、小鱼际肌、蚓状肌和骨间肌)。

(5) 髋肌标本(显示髂腰肌、阔筋膜张肌、臀大肌、臀中肌、臀小肌、梨状肌、闭孔内肌、股方肌和闭孔外肌)。

(6) 大腿肌标本(显示缝匠肌和股四头肌、股二头肌、半腱肌、半膜肌、耻骨肌、长收肌、短收肌、大收肌和股薄肌)。

(7) 小腿肌标本(显示胫骨前肌、踇长伸肌、趾长伸肌、腓骨长肌、腓骨短肌、腓肠肌、比目鱼肌、趾长屈肌、胫骨后肌、踇长屈肌)。

2. 模型　手肌模型、髋肌模型。

3. 挂图　上、下肢肌挂图。

【思考题】

(1) 描述上肢肌和下肢肌的分群及各群肌的组成。

(2) 描述以下各肌的位置和作用:三角肌、肱二头肌、肱三头肌、旋前圆肌、旋后肌、髂腰肌、臀大肌、梨状肌、股四头肌、缝匠肌、股二头肌、半腱肌、半膜肌、胫骨前肌、腓骨长肌和腓骨短肌、胫骨后肌。

(3) 应用所学知识,分析参与前臂旋前和旋后,足内翻和足外翻的肌肉有哪些?

(文:李文婷　丁兆习　图:李文婷)

实验八　内脏学总论、消化系统

【目的要求】

1. 内脏学总论

(1) 了解内脏的概念、组成和一般结构特点。

(2) 掌握胸部的标志线和腹部分区。

2. 消化系统

(1) 掌握口腔的分部及界域。

(2) 掌握腮腺、下颌下腺和舌下腺的位置及导管的开口部位。

（3）掌握舌的分部、颏舌肌的起止和作用。

（4）掌握牙的形态和构造，熟悉牙的附属结构、乳牙和恒牙的萌出、排列及记录方式。

（5）掌握软腭所形成的结构及咽峡的构成。

（6）掌握咽的分部、各部形态结构。掌握腭扁桃体位置。掌握咽淋巴环的概念及组成。了解咽肌的种类和功能。

（7）掌握食管的位置、分部。

（8）掌握胃的形态、分部。

（9）掌握十二指肠的形态、分部及各部的位置、特征。

（10）掌握空、回肠的位置、形态及两者的差异。

（11）掌握大肠的分部、各部位置、分界，掌握盲肠、结肠的共同结构特征。

（12）掌握直肠、肛管的结构及齿状线和肛管直肠环的概念。

（13）了解肝的血管，掌握肝的形态、位置和肝外胆道的组成及结构特点，熟悉胆囊的形态、位置，了解胆汁的排泄途径。

（14）掌握胰的形态、位置及结构特点。

【实验内容】

首先在大体标本上指出组成消化系统的各器官结构（图 1-1-36）。

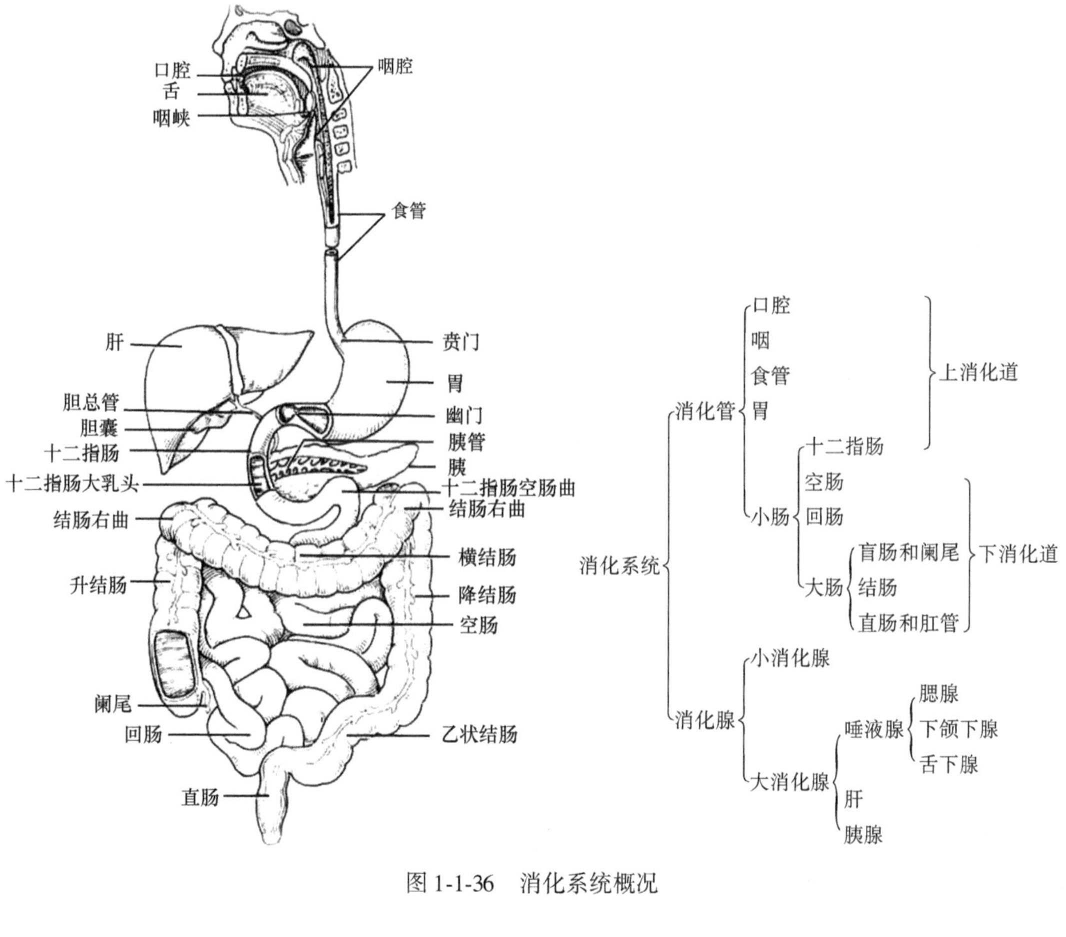

图 1-1-36　消化系统概况

1. 口腔

（1）口腔各壁：这部分内容以 2 个学生为 1 组，进行活体观察。在活体上利用压舌板观察口腔的前壁、外侧壁、上壁和口底。注意辨认腭帆、腭垂、腭舌弓、腭咽弓和腭扁桃体。腭帆为软腭后部游离的部分，腭垂为腭帆后缘中央向后下方的突起。自腭帆向两侧延伸的两条弓形皱襞，前面的称腭舌弓，后面的称腭咽弓，两者之间的隐窝称扁桃体窝，腭扁桃体位于其间。

（2）舌及口底：在活体上观察舌背面，在舌前 2/3 与舌后 1/3 交界处可见“∧”形的界沟，沟的尖端有舌盲孔，沿界沟前方排列有 7～11 个轮廓乳头，呈圆形突起，周围有环状沟。在舌背面辨认其他舌乳头：丝状乳头、菌状乳头和叶状乳头。丝状乳头司一般感觉，其他乳头内含有味蕾。舌根部黏膜内有淋巴组织使其表面出现许多大小不等的泡状突起，称舌扁桃体。将舌尖向上抬起，辨认舌下面正中线上纵行的黏膜皱襞舌系带、舌系带根部两侧小圆形隆起的舌下阜和其外侧的横行黏膜皱襞舌下襞。

在头面部的正中矢状切面、舌的冠状切面上观察舌肌。颏舌肌起于下颌骨颏棘，止于舌体和根部的中线。

（3）牙：在活体、模型及标本上观察。在活体口腔内可见牙的排列及各类牙的特点。

1）牙的形态和构造：确认牙暴露在口腔内的部分为牙冠，嵌入牙槽内的部分为牙根，介于牙冠和牙根之间缩细的部分为牙颈。牙冠内有牙冠腔，牙根内有牙根管，容纳牙髓。

2）牙组织及牙周结构：区分牙釉质、牙本质、牙骨质和牙髓。牙周围的牙周膜、牙槽骨和牙龈称为牙周组织。

3）牙的种类、排列及记录方式：人的一生中，先后有乳牙和恒牙 2 套牙发生。根据牙的形状和功能，乳牙和恒牙均可分为切牙、尖牙和磨牙 3 种，但恒牙又有磨牙和前磨牙之分。

临床上为了记录牙的位置，常以被检者的方位为准，以“十”记号划分 4 个区表示上、下颌左、右侧的牙位。通常以罗马数字表示乳牙，以阿拉伯数字表示恒牙。如“6|”表示右上颌第一磨牙。“|Ⅲ”表示左上颌乳尖牙。

（4）大唾液腺

1）腮腺：在耳廓前下方和咬肌后缘辨认腮腺，寻找自腮腺前部发出的腮腺管，其在颧弓下一横指处向前横过咬肌表面，穿颊肌开口于上颌第二磨牙相对的颊黏膜，开口处称腮腺管乳头。

2）下颌下腺：位于下颌骨下缘与二腹肌围成的下颌下三角内。其导管经口腔底黏膜深面前行，开口于舌下阜。

3）舌下腺：位于舌下襞深面，舌下腺大管开口于舌下阜，多条舌下腺小管开口于舌下襞（难以辨识）。

2. 咽

（1）在头颈部正中矢状切面上观察咽，可见其上起颅底，下至第 6 颈椎下缘续食管。软腭水平以上为鼻咽，软腭与会厌上缘之间为口咽，会厌上缘与环状软骨下缘之间为喉咽。辨认鼻咽部侧壁上的咽鼓管圆枕、咽鼓管咽口和咽隐窝。

（2）在切开咽后壁的标本上确认舌会厌正中襞、会厌谷及喉口两侧的梨状隐窝。

（3）在特制的标本上观察，可见咽缩肌自下而上呈叠瓦状排列。咽提肌起于茎突、咽鼓管、腭等处，止于咽喉侧壁。

3. 食管　在完整尸体上观察食管各部，注意其行程和各部的毗邻关系。食管在颈段行于气管和第7颈椎之间；在胸段首先位于气管和脊柱之间，而后从主动脉弓、左主支气管后方通过，再在左心房后方向左下方斜跨胸主动脉，在第10胸椎水平穿膈肌；腹段很短续胃贲门。结合X线观察食管的3个狭窄，除穿膈肌处狭窄较明显外，起始部和与左支气管交叉处的狭窄都不明显。

4. 胃

（1）胃的位置、形态及分部：在完整尸体上观察。胃大部分位于左季肋区，小部分位于腹上区。仅胃的前壁小部分与腹前壁相邻，胃小弯邻肝左叶，胃大弯邻膈、脾脏，胃后壁邻胰腺。利用游离胃标本观察：胃小弯为其右侧缘或上缘；胃大弯为其左侧缘或下缘；入口处为贲门，用手捏因无明显括约肌而较柔软；出口处为幽门，有较厚的环形括约肌，捏之较硬。

近贲门处为胃的贲门部；自贲门水平向上突出的部分为胃底部；中间大部分为胃体部；近幽门的部分为幽门部，幽门部左侧较为扩大称幽门窦，右侧呈管状为幽门管。各部并无明显分界，但组织学上有结构差异。角切迹为小弯侧的最低点急弯处，可认为是胃体部与幽门部的分界标志。

（2）胃壁的结构：在剖开胃标本上观察胃黏膜的外形及结构，注意小弯侧黏膜皱襞的走行规律。在模型上观察胃的肌层，注意各层肌纤维的走行。

5. 小肠

（1）十二指肠：在模型、标本上观察十二指肠的分部以及与胰腺的关系，在完整尸体上观察其位置和毗邻。

1）上部：紧接幽门，位于肝的下方。从前上走向右后下，长约4cm。

2）降部：沿脊柱右侧肾门前下降，在第3腰椎水平向左移行为水平部。在剖开的标本上观察其内侧缘的十二指肠大、小乳头及黏膜皱襞。

3）水平部：从右至左横过下腔静脉及第3腰椎。

4）升部：在主动脉前方斜向左上方行走至第2腰椎水平，移行为十二指肠空肠曲。注意拉动十二指肠空肠曲，辨认十二指肠悬肌，该肌主要由结缔组织构成，将十二指肠空肠曲固定在腹后壁，此肌为手术中确认空肠起始的重要标志。

（2）空肠与回肠：在完整尸体上观察空、回肠的位置、起止点。空肠主要位于左上腹部，起于十二指肠空肠曲；回肠主要位于右下腹部，止于回盲部，两者并无明显分界，都屈曲盘旋于腹腔，似乎没有规律性，但轻轻提起肠管，探查其肠系膜根部即可发现它从左上腹行向右髂窝，放回肠管时勿让系膜扭转。

在游离标本上观察空、回肠壁的厚薄、黏膜皱襞稀疏及高度。取一小段肠壁剪开后对光观察，见到许多散在的芝麻大小不透光的结节即为孤立淋巴滤泡，成片的椭圆形不透光区即为集合淋巴滤泡。注意总结空、回肠的结构差异。肠壁颜色只在活体时才有区别。

6. 大肠

（1）盲肠与阑尾：在回肠进入大肠水平以下的一小段肠管为盲肠，呈盲囊状，位于右髂窝内盲肠内下方伸出的小突起为阑尾，一般呈卷曲状。阑尾与盲肠的位置关系变化多端、因人而异。利用游离标本剪开观察回盲瓣的形态。在完整尸体的腹壁上学会如何确定阑尾的体表投影。

（2）结肠：首先辨认结肠带、结肠袋和肠脂垂，并与回肠进行比较。在完整尸体上向盲肠方向追踪3条结肠带，找到它们在盲肠盲端的汇合点，注意与阑尾的关系。结肠分升结肠、横结肠、降结肠和乙状结肠4部。升结肠在右侧腹向上行走；横结肠从肝下方向左侧横行;降结肠从脾的下方向左髂窝下行;乙状结肠位于左髂窝呈弯曲状,于第 3 骶椎前方移行为直肠。因横结肠和乙状结肠的肠系膜较长,它们的活动度较大,位置的个体差异也大。其余两部相对比较固定。注意结肠左曲、结肠右曲的位置和毗邻关系。

(3) 直肠:在正中矢状切面的盆腔标本上观察直肠的位置和前后弯曲,骶曲凹向前,尾曲(会阴曲)凹向后。注意观察男女性直肠前面的毗邻关系,男性直肠前邻膀胱底、精囊、输精管壶腹、前列腺。女性直肠前邻子宫、阴道上部。在游离标本上观察剖开的直肠。注意直肠壶腹的 3 个横瓣是否完整(图 1-1-37)。

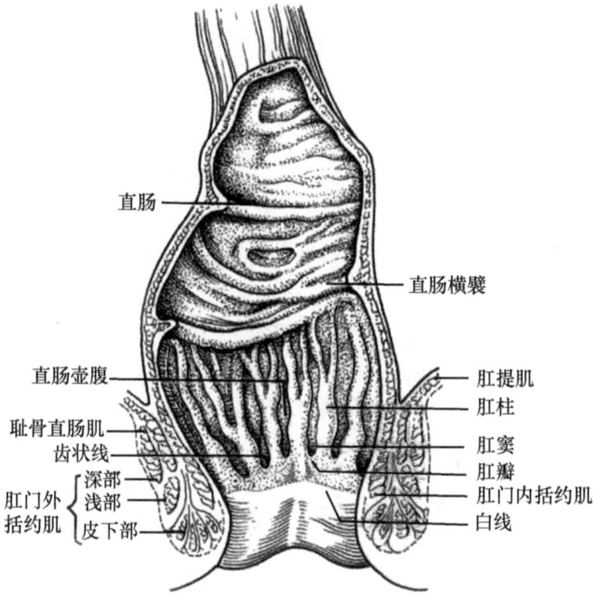

图 1-1-37 直肠和肛管的内面观

(4) 肛管:在剖开之游离标本上观察内面的 6～10 条纵行的黏膜皱襞即肛柱,相邻两肛柱下端的小横瓣为肛瓣。肛窦为相邻两肛柱下端和肛瓣共同围成的开口向上的小囊袋。肛柱下端、肛瓣相互连接,在肛门上方形成一圈锯齿状的黏膜皱襞环,称之为齿状线。肛梳、白线均位于齿状线的下方,标本上难于辨认。用特制的标本观察肛管直肠环(图 1-1-37)。

7. 肝

(1) 肝脏:用离体的肝脏标本、肝模型配合观察。外形及分叶:肝脏是一个不规则的楔形实质器官,它的上面接触膈肌称膈面,下面与其他脏器接触称脏面。在脏面的中部有几个沟和窝,它们大致排列成"H"形,包含 2 个纵沟 1 个横沟。左纵沟的前半容纳肝圆韧带(由脐静脉闭锁而成,即脐静脉索,向前离开此沟后即被包裹在镰状韧带的游离缘中,连至脐),左纵沟的后半容纳静脉韧带(静脉导管闭锁而成)。右纵沟的前半为一浅窝,容纳胆囊,称为胆囊窝,后半由一深而长的窝构成,称为腔静脉沟,内有下腔静脉。两纵沟之间的横沟称为肝门,是肝固有动脉左、右支,肝左、右管,肝门静脉左、右支以及神经和淋巴管进出的门户,这些进出肝门的结构称肝蒂。由此"H"形沟裂,可以把肝脏分成四叶,右纵沟右侧的区域为右叶,左纵沟左侧的区域为左叶。左右纵沟之间,横沟以前的区域称方叶;左右纵沟之间,横沟以后的区域叫尾状叶(图 1-1-38)。

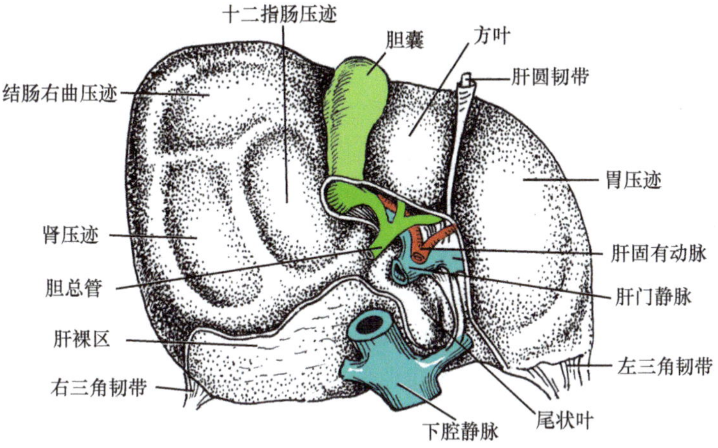

图 1-1-38　肝的脏面

(2) 肝外胆道：胆囊位于胆囊窝内，呈梨形。胆囊管弯曲，向下行至小网膜右缘内，与肝总管汇合成胆总管。循胆总管向肝门方面追索，可见肝总管分左、右肝管入肝；向下方追索，可见胆总管经十二指肠降部与胰头之间，在十二指肠降部中点斜穿肠壁开口于十二指肠大乳头。

8. 胰　利用胰腺及十二指肠模型，并结合完整尸体观察。胰腺位于腹后壁，平对第 1、2 腰椎体。大致可分为头、体、尾 3 部。胰头被十二指肠包绕。胰体占胰的大部，胰体的左端就是胰尾，较细，与脾接触。

胰腺导管：剥除胰腺体前面一部分组织，可见一条与胰腺长轴平行的白色细管，此导管从左走向右，沿途收纳许多小管。在胰头与十二指肠降部之间与胆总管汇合成肝胰壶腹，共同开口于十二指肠乳头。

【实验准备】

1. 标本　消化系统全套游离标本，包括牙、舌、舌的冠状切面、大唾液腺、胃、胃的剖面（显示幽门瓣和幽门括约肌）、十二指肠和胰腺（降部切开，显示十二指肠大乳头）、空回肠（剖开）、直肠与肛管、肝（显示肝门的结构）及肝外胆道标本、胰标本。头颈正中矢状切标本（示鼻、口、咽、喉）、切开咽后壁标本（显示梨状隐窝）、胸腹腔脏器（显示食管、胃、小肠和大肠）、盆腔正中矢状切面（显示直肠 2 个弯曲及毗邻）。

2. 模型　牙的剖面模型、大唾液腺模型、头颈正中矢状切模型、胃、肝、十二指肠和胰、肛管、盆腔正中矢状切面模型。

3. 挂图　消化系统挂图。

【思考题】

(1) 胰头癌患者，可能出现什么症状？

(2) 试述平常情况与进食后，胆汁排泄途径？

(3) 唾液腺有哪几对，其导管开口于何处？

(4) 试述胃的位置、形态、分部、重要毗邻。

(5) 插胃管时要经过哪些部位及狭窄？

（文：潘爱华　丁兆习　图：潘爱华）

实验九　呼 吸 系 统

【目的要求】

(1) 掌握鼻腔的分部及各部的形态结构。

(2) 掌握鼻旁窦的位置、开口。

(3) 了解外鼻的形态结构。

(4) 掌握喉的位置和喉腔的分部及各部的形态结构。

(5) 了解喉的软骨、连结、喉肌及其功能。

(6) 掌握气管的位置,支气管形态学上的区别及临床意义;了解气管、支气管的构造。

(7) 掌握胸膜、胸膜腔及胸膜窦的概念。

(8) 掌握肺的形态、位置和分叶。了解肺段的概念。

(9) 熟悉纵隔的概念及分部。

【实验内容】 观察呼吸系统整体标本和模型及挂图(图 1-1-39)。

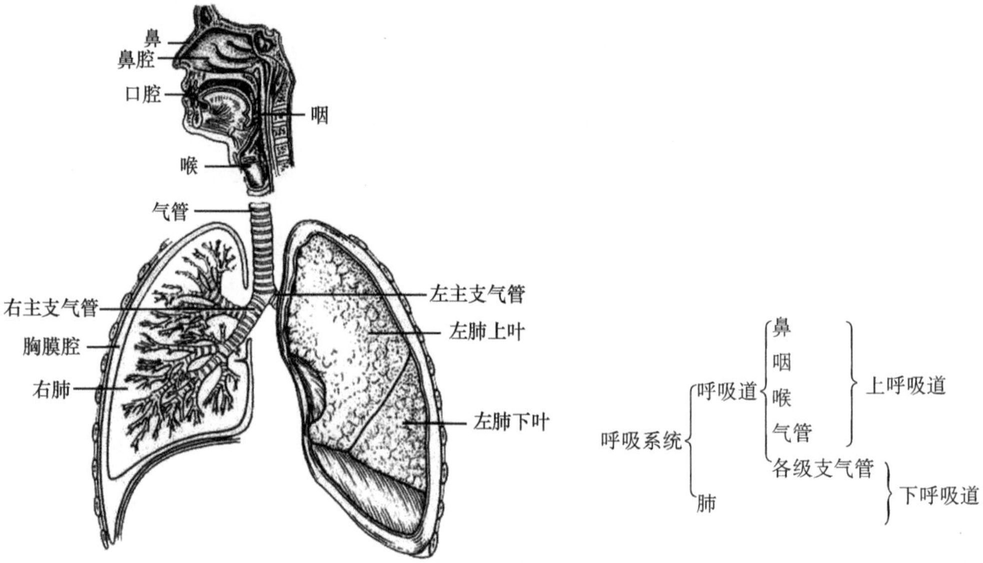

图 1-1-39　呼吸系统概况

1. 鼻　活体观察外鼻,确认鼻根、鼻背、鼻尖和鼻翼。观察头部正矢状切面标本,可见鼻阈的前下方为鼻前庭,生有鼻毛,后上方为固有鼻腔。自上而下辨认鼻腔外侧壁上的上、中、下鼻甲和上、中、下鼻道。在上鼻甲后上方找到蝶筛隐窝。在切除中鼻甲的标本上辨认半月裂孔,筛漏斗和筛泡。

在鼻旁窦标本和模型上辨认额窦、蝶窦、筛窦和上颌窦,观察各窦的开口部位。

2. 喉

(1) 观察喉软骨模型,辨认甲状软骨、环状软骨、杓状软骨和会厌软骨的形态结构,确认喉结、甲状软骨上角、下角,环状软骨板、环状软骨弓、杓状软骨的肌突和声带突。辨认环甲关节、环杓关节、弹性圆锥、环甲正中韧带、声韧带、方形膜、前庭韧带、甲状舌骨膜、环状软骨气管韧带。辨认环甲肌、环杓后肌、环杓侧肌、甲杓肌、杓横肌、杓斜肌。

(2) 观察喉腔标本和模型,辨认围成喉口的诸结构和喉腔的分部。喉口由会厌上缘、杓状会厌襞、杓间切迹围成。

在喉腔内侧壁上,辨认 2 对黏膜皱襞:上方的黏膜皱襞称前庭襞,下方的黏膜皱襞称声襞。两侧前庭襞之间的裂隙称前庭裂。两侧声襞及杓状软骨基底部之间的裂隙,称声门裂,是喉腔最狭窄部,其前 3/5 为膜间部,后 2/5 为软骨间部(图 1-1-40)。

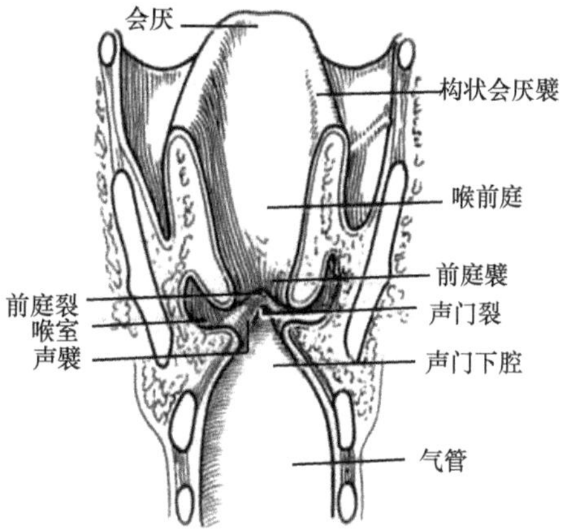

图 1-1-40　喉腔(冠状切面)

喉口至前庭襞之间的部分称喉前庭,前壁中央下份有会厌结节;前庭襞至声襞之间的部分称喉中间腔,其两侧突入前庭襞与声襞之间的隐窝称喉室;声襞至环状软骨下缘的部分称声门下腔,黏膜下组织疏松,易水肿。

声带:由声襞及其覆盖的声韧带和声带肌 3 部分构成。

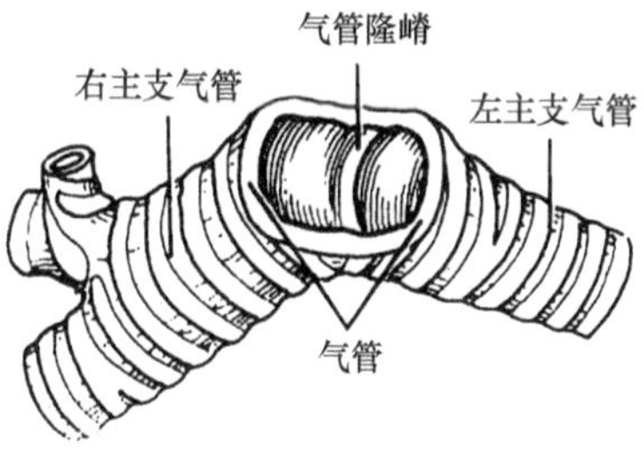

图 1-1-41　气管隆嵴

3. 气管和支气管　观察气管、支气管标本,可见气管由 14 ~ 17 个"C"形软骨环构成,后壁由平滑肌和结缔组织膜构成的膜壁封闭。平胸骨角水平分为左、右主支气管,分叉处称气管杈,辨认气管杈内面凸向上的气管隆嵴。左主支气细、长、斜行;右主支气管粗、短、较垂直,气管异物易进入右主支气管(图 1-1-41)。

4. 肺　观察肺标本和模型,可见左肺狭长,右肺略宽短。肺有 1 尖、1 底、2 面和 3 缘。肺尖呈圆锥形,高出锁骨内侧 1/3 上方 2. 5cm;肺底稍向上凹,称膈面;肋面(外侧面)圆凸,贴近肋和肋间肌;纵隔面(内侧面)中部有长圆形凹陷为肺门,辨认出入肺门的主支气管、肺动脉、肺静脉。这些出入肺门的结构构成肺根,其排列位置是:从前向后为上肺静脉、肺动脉、主支气管;从上向下,左肺根为肺动脉、主支气管、下肺静脉;右肺根为上叶支气管、肺动脉、肺静脉。肺的前缘锐薄,左肺前缘有心切迹,切迹下方为左肺小舌;后缘钝圆;下缘较锐。左肺被斜裂分为上、下 2 叶,右肺被斜裂和水平裂分为上、中、下 3 叶。

观察肺段铸型标本,可见左、右肺各有 10 个肺段(图 1-1-42)。

5. 胸膜　观察胸膜标本,辨认壁胸膜和脏胸膜。壁胸膜分为 4 部分:肋胸膜衬贴于胸壁内面,膈胸膜覆盖于膈上面,纵隔胸膜衬贴在纵隔两侧面,在中部包绕肺根移行于脏胸膜。胸膜顶覆盖于肺尖上方,高出锁骨内侧 1/3 段上方 2 ~ 3cm。探查肋胸膜和膈胸膜转折处形成的肋膈隐窝。

观察纵隔的标本和模型,辨认上纵隔、下纵隔及前、中、后纵隔。

【实验准备】

1. 标本　头颈正中矢状切(示鼻、咽、喉)标本,喉(整体及切开,显示喉软骨和喉腔的结构)、气管及左支气管、右支气管(整体及切开,显示气管隆嵴)、左肺、右肺、肺段铸型标本,胸膜、纵隔标本。

2. 模型　鼻旁窦、喉软骨、喉肌、气管、肺、纵隔模型。

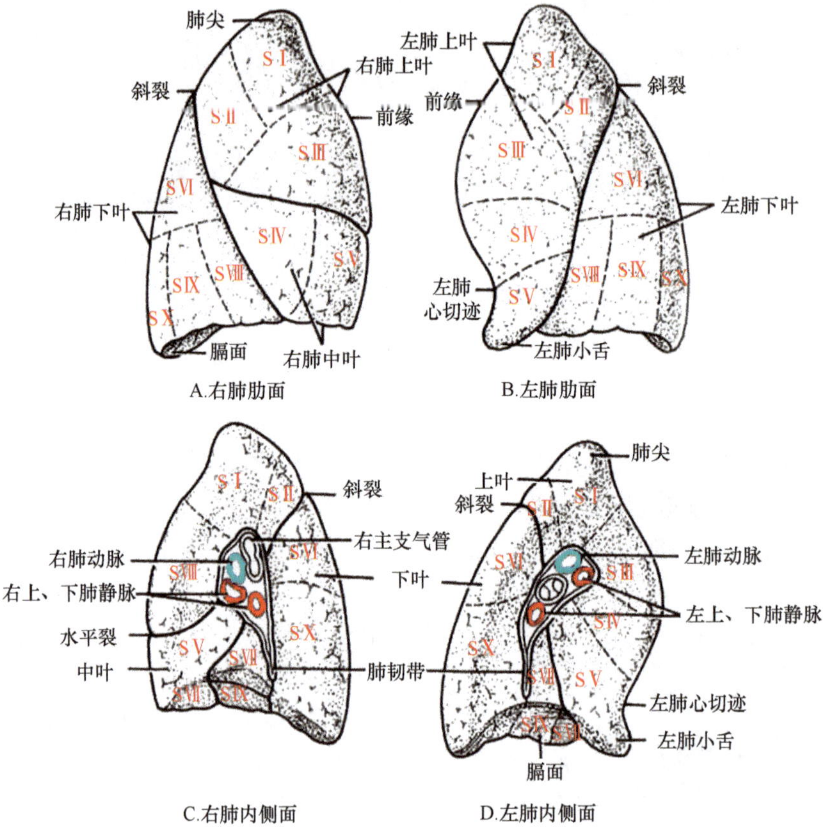

图 1-1-42 肺段

3. 挂图 呼吸系统挂图。

【思考题】

(1) 喉镜检查可见到哪些结构?

(2) 应用解剖学知识,分析气管异物易落入哪一侧支气管?

(3) 法医工作者如何鉴别新生儿肺与成人肺?

(4) 胸腔积液与积气的特点、位置及如何处理?

(文:潘爱华 丁兆习 图:潘爱华)

实验十 泌尿系统

【目的要求】

(1) 掌握泌尿系统的组成。

(2) 掌握肾的形态、位置、被膜、体表投影和肾冠状切面上的结构(肾窦、肾盏、肾盂)。了解肾段血管、肾段的概念。

(3) 掌握输尿管的分部、各部的位置和 3 个狭窄部的位置。

(4) 掌握膀胱的形态分部、位置、毗邻,膀胱三角的位置及黏膜特点。

(5) 掌握女性尿道的形态特点和开口部位。

(6) 熟悉肾、输尿管、膀胱和尿道的毗邻和主要血管供应。

【实验内容】

泌尿系统由肾、输尿管、膀胱和尿道组成(图1-1-43)。

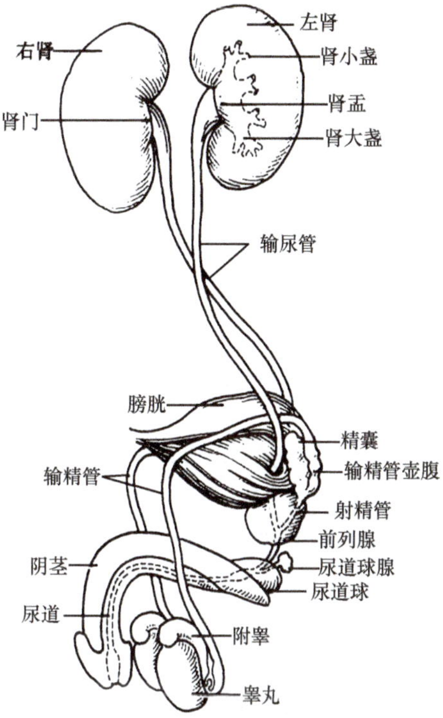

图 1-1-43　男性泌尿、生殖系统概况

1. 肾　观察肾标本和模型,可见肾的上端宽而薄,下端窄而厚,前面较凸,后面较平,外侧缘隆凸,内侧缘的中部凹陷,有肾血管、淋巴管、神经和肾盂出入,称肾门。出入肾门的结构被结缔组织包裹在一起合称肾蒂。辨认肾蒂结构的排列关系,由前向后依次为肾静脉、肾动脉、肾盂;从上向下依次为:肾动脉、肾静脉和肾盂。

观察肾冠状剖面标本,辨认肾皮质、肾柱、肾锥体、肾乳头、肾小盏、肾大盏和肾盂。观察肾窦的组成和内容(图 1-1-44)。

在腹后壁标本和模型上观察肾的位置:肾位于腹膜后隙内,脊柱两侧,左肾在第 11 胸椎下缘至第 2 ~ 3 腰椎间盘之间;右肾在第 12 胸椎体上缘至第 3 腰椎体上缘之间。第 12 肋分别斜过左肾后方的中部和右肾后方的上部。

观察肾的被膜,自内向外依次为纤维囊、脂肪囊和肾筋膜(图 1-1-45)。

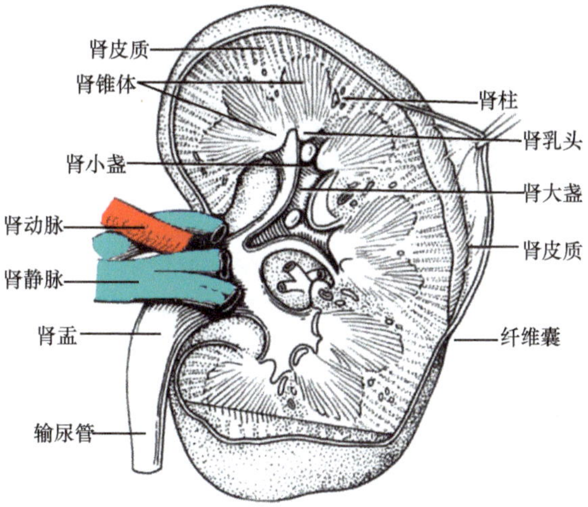

图 1-1-44　肾的构造

2. 输尿管　在腹膜后隙标本和模型上观察输尿管,输尿管按行径可分为腹段、盆段和壁内段 3 部分。输尿管的管腔全长有 3 处狭窄:①肾盂与输尿管移行处;②与髂血管交叉处;③斜穿膀胱壁处。

3. 膀胱　膀胱空虚时呈锥体形,辨认膀胱尖、膀胱体、膀胱底和膀胱颈。重点观察膀胱三角,该三角位于膀胱底内面、两侧两输尿管口与尿道内口之间。在盆腔矢状切标本和模

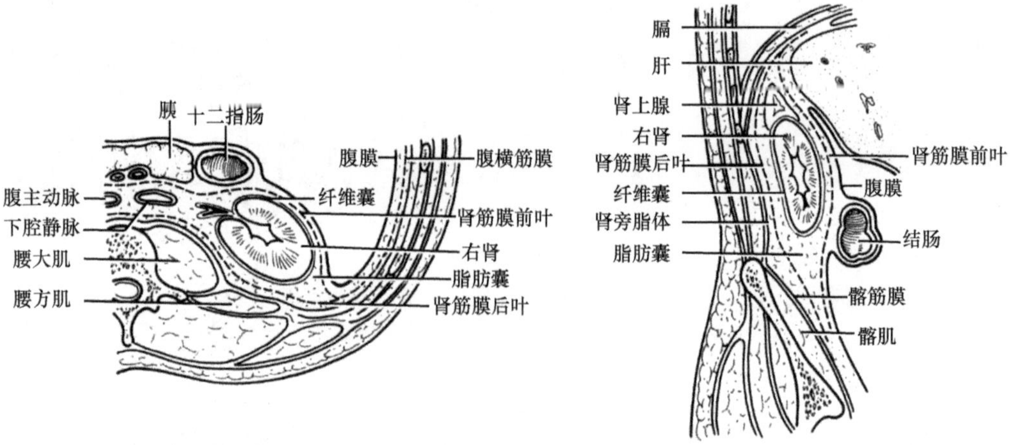

A.水平切面(平第1腰椎，上面观)　　B.矢状切面(经右肾，右面观)

图 1-1-45　肾的被膜

型上观察膀胱的位置,成人空虚的膀胱位于小骨盆腔的前部,前方邻耻骨联合,膀胱底的后方在男性邻精囊(精囊腺)、输精管壶腹和直肠;在女性后方邻子宫和阴道。膀胱颈在男性下邻前列腺。膀胱上面有腹膜覆盖,隔腹膜与乙状结肠和回肠相邻。

4. 女性尿道　在盆腔矢状切标本和模型上观察女性尿道的特点:短、宽、直。起于膀胱颈部的尿道内口,经阴道前方行向前下方,穿经尿生殖膈,开口于阴道前庭的尿道外口。

【实验准备】

1. 标本　泌尿系标本(肾、输尿管、膀胱)、肾冠状剖面标本,膀胱标本(显示膀胱三角),男、女性盆腔矢状切标本(显示膀胱、尿道),腹膜后隙标本(显示肾、肾的被膜、输尿管)。

2. 模型　肾、膀胱、男女性盆腔矢状切、腹膜后隙模型。

3. 挂图　泌尿系统挂图。

【思考题】

(1) 肾位于何处? 肾与椎体和第 12 肋的关系? 患有肾病时,在何处可有压痛?

(2) 肾下垂的解剖学依据?

(3) 应用解剖学知识,分析泌尿系统结石容易引起疼痛的原因?

(4) 输尿管镜和膀胱镜检查时有哪些注意事项,如何定位?

(文:潘爱华　丁兆习　图:潘爱华)

实验十一　男性生殖系统

【目的要求】

(1) 掌握男性生殖系统的组成,了解各器官的一般功能。

(2) 掌握睾丸和附睾的形态位置和功能。

(3) 掌握输精管的行程、分部和形态特征,了解射精管的合成、行径及开口。

(4) 掌握前列腺的形态、位置及主要毗邻,了解前列腺的分叶。

(5) 掌握精索的组成、位置。

(6) 掌握阴茎的分部和构成,了解海绵体的构造。

(7) 掌握男性尿道的分部及各部的结构特点,3 个狭窄和 2 个弯曲及临床意义。

(8) 了解阴囊的构成,睾丸和精索 3 层被膜与腹前壁各层的延续关系。

【实验内容】

取男性生殖系标本,观察男性生殖系的组成(图 1-1-43)。

男性生殖器：
- 内生殖器：
  - 生殖腺：睾丸(产生精子,分泌男性激素)
  - 输送管道：附睾、输精管、射精管、男尿道(储、输、排精)。
  - 附属腺体：精囊腺、前列腺、尿道球腺(分泌精液)
- 外生殖器：阴囊、阴茎

1. 睾丸　观察睾丸标本可见其呈卵圆形,表面光滑,其上端及后缘紧贴着附睾。纵行切开睾丸,可见表层较厚的为睾丸白膜。白膜在睾丸后缘增厚并突入睾丸内,形成睾丸纵隔,从纵隔发出许多睾丸小隔,将睾丸实质分隔为许多锥体形的睾丸小叶,每个睾丸小叶内含 2～4 条盘曲的精曲小管(图 1-1-46)。

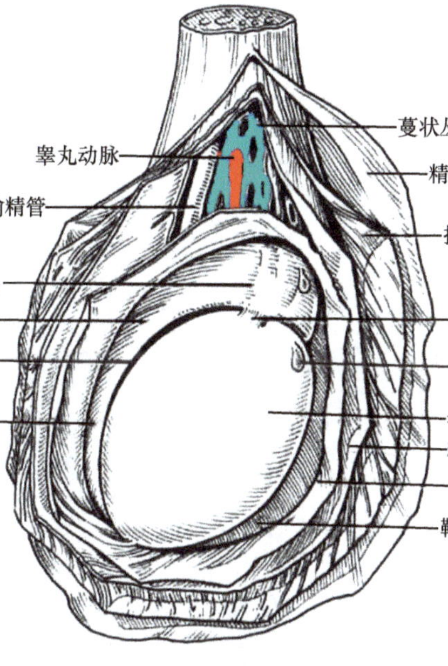

图 1-1-46　睾丸和附睾

2. 附睾　观察附睾标本,可见其上端膨大为附睾头,贴附于睾丸上端。中部扁圆为附睾体,连于睾丸后缘。下端变细为附睾尾,附睾尾向内上弯曲移行为输精管(图 1-1-46)。

3. 输精管　输精管的管壁厚,肌层发达,管腔细小,用手触摸时呈圆索状,有一定的坚实感。观察男性盆腔矢状切标本或模型,辨认输精管的 4 部:①睾丸部,位于睾丸后缘,自附睾尾端,沿附睾内侧上行。②精索部,介于睾丸上端至腹股沟管浅环之间,此部位置浅表,易于触知,是输精管结扎的良好部位。③腹股沟管部,位于腹股沟管的精索内。④盆部,是输精管最长的一段,自腹股沟管深环出来后,沿盆侧壁行向后下至膀胱底的后面,在此输精管扩大成输精管壶腹。输精管末端变细,与精囊腺的排泄管汇合成射精管(图 1-1-47)。

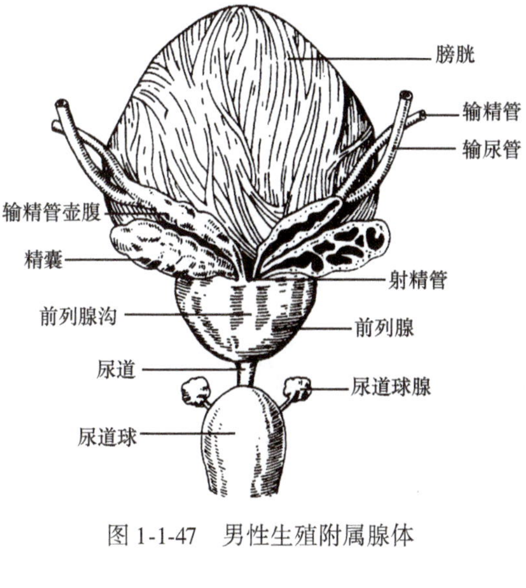

图 1-1-47　男性生殖附属腺体

观察精索,精索为 1 对柔软的圆索状结构,自腹股沟管的腹环延至睾丸的上端。提起精索,用两指轻轻一捏,可感觉到其内有 1 条细的圆索状结构,有坚实感,这就是输精管。除输精管外,精索内还有睾丸血管、输精管血管、神经、静脉丛、淋巴管和鞘韧带等结构。

4. 精囊 观察男性生殖标本或模型，可见精囊为成对长椭圆形的囊状器官，位于膀胱底后方，输精管壶腹外侧（图 1-1-47）。

5. 前列腺 观察男性生殖标本或模型，可见前列腺位于膀胱颈下方和尿生殖膈之间，前方为耻骨联合，后方为直肠，呈前后稍扁的栗子形，辨认前列腺底、前列腺尖和前列腺体。在前列腺体后面正中找出前列腺沟（图 1-1-47，图 1-1-48）。

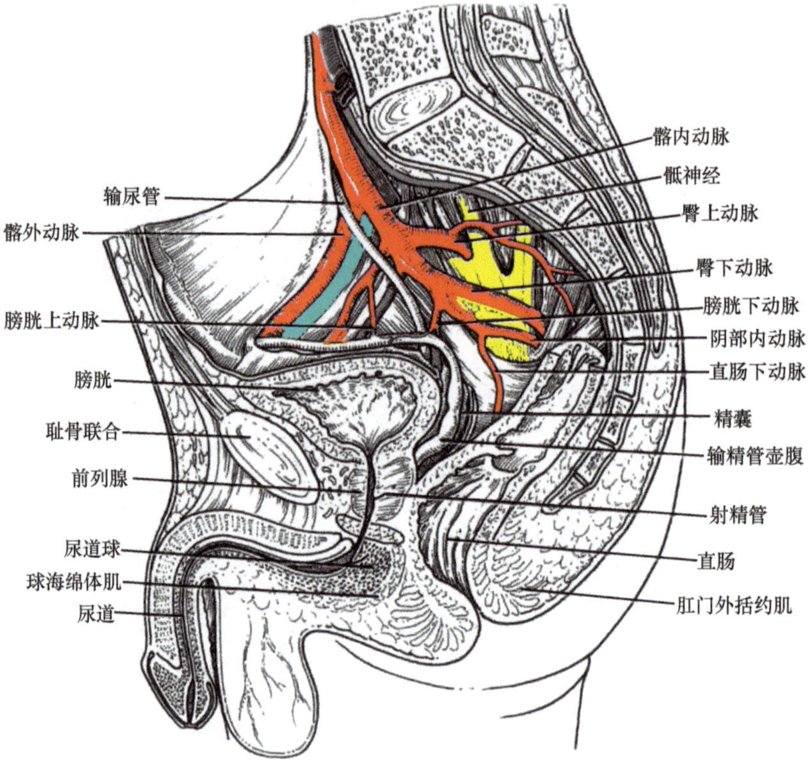

图 1-1-48 男性盆腔矢状切面

6. 阴茎 观察男性生殖标本或模型，可见阴茎由两个阴茎海绵体和一个尿道海绵体构成，外包以皮肤和筋膜，可分为头、体、根三部分。尿道海绵体位于阴茎海绵体腹侧，尿道贯穿全长，前端膨大为阴茎头，后端膨大称尿道球。阴茎皮肤薄而柔软，在阴茎颈处反折游离，形成包绕阴茎头的双层皮肤皱襞，称阴茎包皮。在阴茎头腹侧，辨认连于尿道外口下端与包皮之间的包皮系带。

7. 阴囊 观察男性生殖标本或模型，由浅入深可见皮肤、浅筋膜（肉膜）、精索外筋膜、提睾肌、精索内筋膜、睾丸鞘膜（脏、壁层间有鞘膜腔）。阴囊被中隔（肉膜形成）分为左、右两侧囊腔，分别容纳睾丸和附睾。

8. 男性尿道 观察男性盆腔正中矢状切标本及模型，可见男性尿道起自膀胱的尿道内口，向下穿经前列腺、尿生殖膈和阴茎海绵体，终于尿道外口。辨认男性尿道的前列腺部、膜部和海绵体部。观察男性尿道的三个狭窄：即尿道内口、膜部和尿道外口。三个扩大：即尿道前列腺部、尿道球部和尿道舟状窝。两个弯曲：耻骨下弯和耻骨前弯（图 1-1-48）。

观察切除尿道前列腺部前壁的标本，辨认尿道嵴、精阜、前列腺小囊。

【实验准备】

1. 标本 男性内生殖器标本(显示睾丸、附睾、输精管、精囊、前列腺)、纵行切开的睾丸标本、男性盆腔矢状切标本(显示输精管的分部、精索的构成)、男性外生殖器标本、切开尿道前列腺部前壁的尿道标本(显示尿道嵴、精阜、前列腺小囊)。

2. 模型 男性盆腔矢状切模型,精囊、前列腺模型。

3. 挂图 男性生殖系统挂图。

【思考题】

(1) 精子产生于何处?经哪些管道排出体外?

(2) 试述前列腺的形态、位置和主要毗邻。

(文:潘爱华 丁兆习 图:潘爱华)

实验十二 女性生殖系统

【目的要求】

(1) 掌握女性生殖系统的组成和功能。

(2) 掌握卵巢的形态、位置及固定装置,了解其年龄变化。

(3) 掌握输卵管的位置、分部和各部的形态特点。了解输卵管结扎的部位。

(4) 掌握子宫的形态、位置及其固定装置。

(5) 掌握阴道的位置、形态;阴道后穹与直肠子宫陷凹的关系,了解其临床意义。

(6) 了解前庭大腺的位置及女性外生殖器的组成。

【实验内容】

取女性生殖系标本,观察女性生殖系的组成(图 1-1-49)。

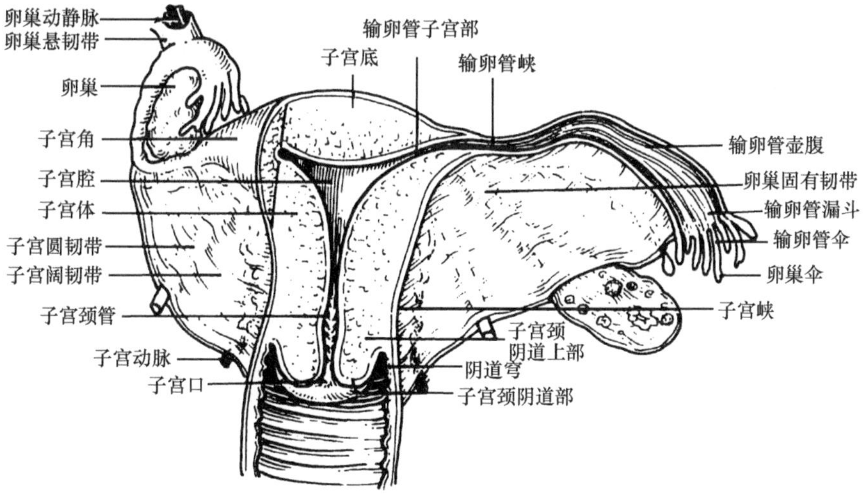

图 1-1-49 女性生殖系统概况

- 女性生殖器
  - 内生殖器
    - 生殖腺：卵巢（产生卵子，分泌女性激素）
    - 输送管道：输卵管、子宫、阴道
    - 附属腺体：前庭大腺
  - 外生殖器：女阴

1. 卵巢 观察女性内生殖器标本、女性盆腔矢状切标本或模型，在盆腔侧壁的卵巢窝内找出卵巢，可见卵巢呈扁卵圆形，内侧面稍凸朝向盆腔，外侧面平坦贴盆壁，借卵巢系膜与子宫阔韧带相连，其中部为卵巢门，是卵巢动、静脉，淋巴管和神经等出入之处。后缘游离，称独立缘。上端与输卵管末端接触，又称输卵管端，由腹膜形成的卵巢悬韧带自盆壁向下止于卵巢上端，内含卵巢血管、淋巴、神经等。下端称子宫端，借卵巢固有韧带与子宫相连（图 1-1-49，图 1-1-50）。

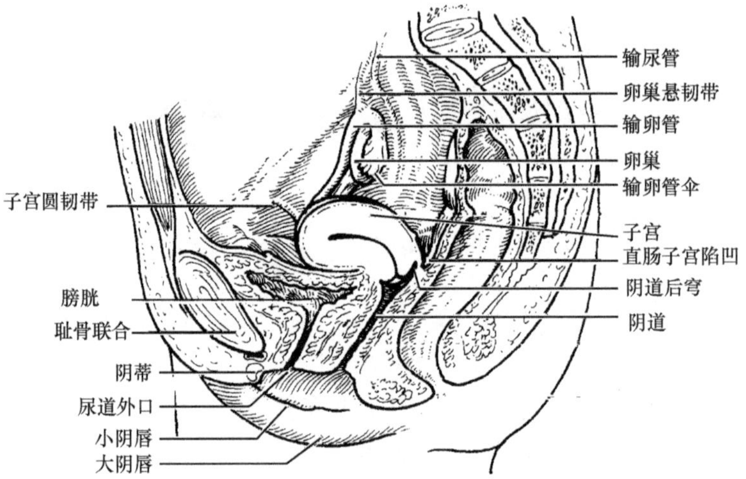

图 1-1-50 女性盆腔矢状切面

2. 输卵管 在子宫阔韧带的上缘找到输卵管，观察输卵管由内向外分为 4 部分：①输卵管子宫部为输卵管穿过子宫的部分，管腔最细。②输卵管峡短而直，是输卵管结扎术的常选部位。③输卵管壶腹粗而弯曲，是卵子受精的部位。④输卵管漏斗，为输卵管外侧端呈漏斗状膨大的部分，辨认其末端周缘呈指状突起的输卵管伞（图 1-1-49，图 1-1-50）。

3. 子宫 观察子宫标本或模型，确认子宫底、子宫体和子宫颈。子宫颈的下段突入阴道内，称为子宫颈阴道部；其上段位于阴道以上，称为子宫颈阴道上部。在子宫冠状切面标本或模型上观察子宫腔和子宫颈管（图 1-1-49）。

观察女性盆腔标本或模型，可见子宫位于骨盆腔的中央、膀胱与直肠之间，呈轻度前倾前屈位（图 1-1-50）。

观察子宫的韧带：辨认子宫阔韧带、子宫圆韧带、子宫主韧带和骶子宫韧带。

4. 阴道 观察女性盆腔矢状切标本或模型，可见阴道是前后扁的肌性管道，阴道上端包绕子宫颈阴道部，在两者之间的环行凹陷，称阴道穹，分前部、后部和侧部，以后部最深，与直肠子宫陷凹相邻。

5. 女性外生殖器 观察会阴标本或模型，女阴由阴阜、大阴唇、小阴唇、阴蒂、阴道前庭组成。阴道前庭前部有较小的尿道外口，后部有较大的阴道口。前庭大腺位于阴道口的两侧、前庭球后端的深面，形如豌豆，导管向内开口于阴道前庭。

6. 乳房 观察乳房标本或模型，可见乳房由皮肤、纤维组织、脂肪组织和乳腺等构成。

乳腺由15～20个乳腺叶构成，每个乳腺叶又可分为若干个乳腺小叶，各乳腺小叶的排泄管在乳腺叶内汇成1条总排泄管，称为输乳管，行向乳头，在近乳头处扩大成为输乳管窦，其末端变细，开口于输乳孔。乳腺周围的纤维束连于深面的胸筋膜或浅面的皮肤，此纤维束称为乳房悬韧带（图1-1-51）。

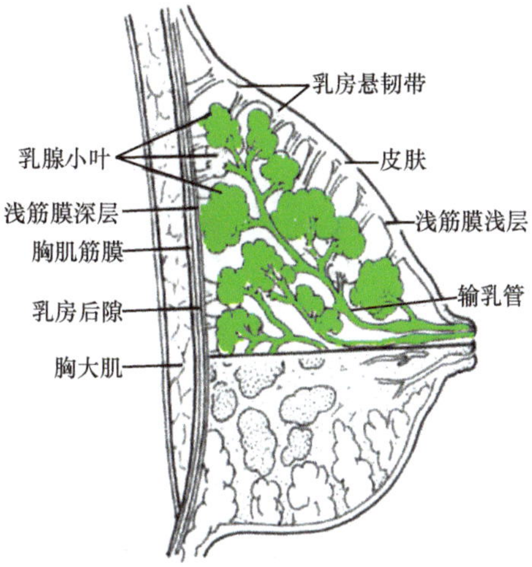

图1-1-51　女性乳房矢状切面

【实验准备】

1. 标本　女性内生殖器标本（显示卵巢、输卵管、子宫和阴道）、女性盆腔矢状切标本（显示卵巢、输卵管和子宫的位置、阴道穹）、女性会阴标本。

2. 模型　女性内生殖器模型、女性盆腔矢状切模型、女性会阴模型、乳腺模型。

3. 挂图　女性生殖系统挂图。

【思考题】

（1）试述子宫的形态、位置和固定装置。

（2）试述卵子、受精卵排出及正常胎儿娩出途径。

（3）应用解剖学知识，解释乳腺癌早期引起的橘皮征？

（4）应用解剖学知识，分析宫外孕的常见部位。

（文：潘爱华　丁兆习　图：潘爱华）

实验十三　腹　　膜

【目的要求】

（1）掌握腹膜和腹膜腔的概念。掌握腹膜与腹、盆腔脏器的关系。了解腹膜的功能。

（2）掌握小网膜的位置与分部、大网膜的位置与构成及网膜囊和网膜孔的位置。

（3）掌握肝、脾和胃的韧带名称和位置。了解各系膜的名称、位置和附着。

（4）掌握腹膜陷凹的名称和位置。了解腹膜皱襞和隐窝。

【实验内容】

1. 腹膜的配布和移行　观察腹、盆矢状切面和腹腔横切面模型，理解腹膜的配布和移行情况。仔细查看腹膜在胃、肝、脾、肾、肠等各脏器间形成的韧带、网膜和系膜。在腹盆矢状切面模型上重点观察小网膜、大网膜、横结肠系膜的位置和网膜囊的位置。观察腹腔横切面模型，辨认胃脾韧带和脾肾韧带（图1-1-52～图1-1-54）。

2. 大、小网膜　观察腹膜标本，辨认腹膜从肝门移行至胃小弯及十二指肠上部之间形成的小网膜（可分为肝胃韧带和肝十二指肠韧带）和从胃大弯移行至横结肠之间形成的大网膜，在小网膜游离的右缘后方可探查到网膜孔，向左可通向小网膜后方的网膜囊部分。

3. 系膜　观察腹膜标本，辨认腹膜自腹后壁移行至部分肠管形成的双层腹膜结构——肠系膜、阑尾系膜、横结肠系膜和乙状结肠系膜。

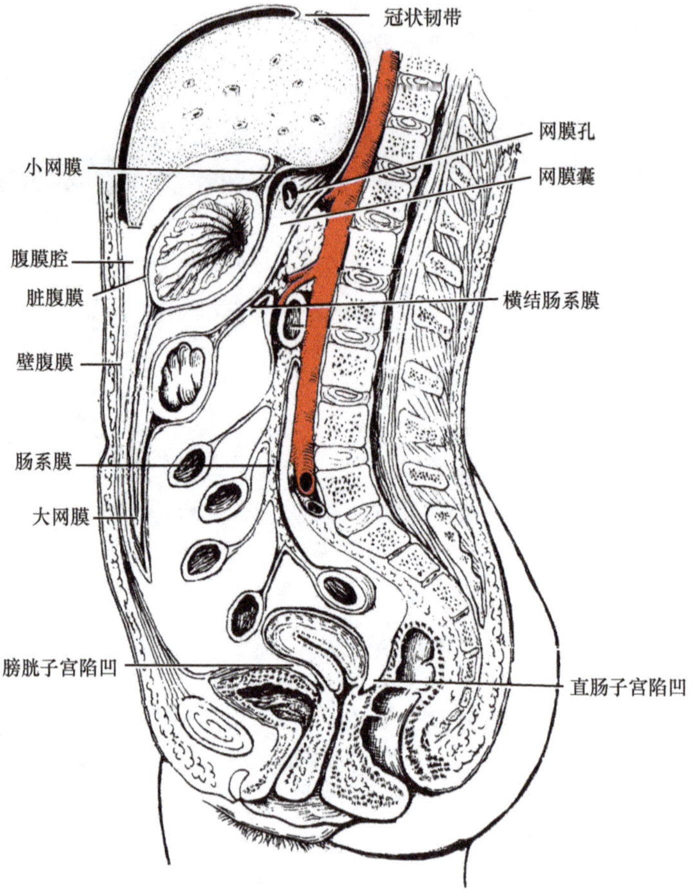

图 1-1-52　腹、盆腔正中矢状切面

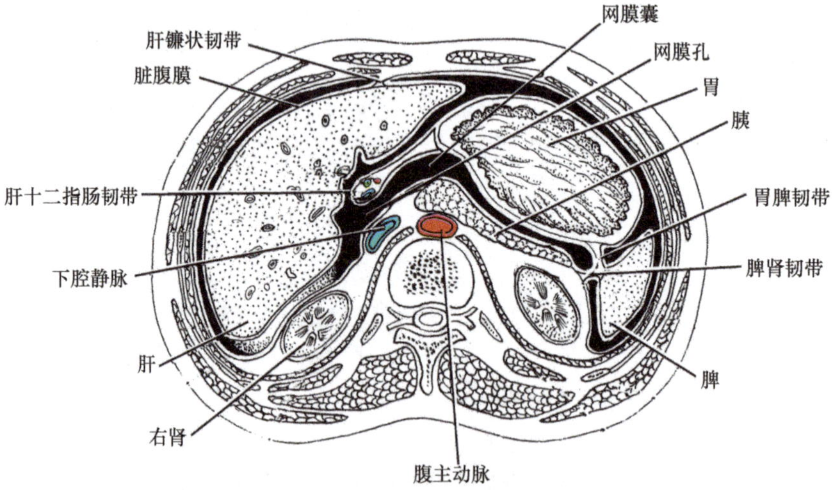

图 1-1-53　腹腔横切面

4. 韧带　观察腹膜标本,辨认肝的韧带有肝胃韧带、肝十二指肠韧带、镰状韧带、肝圆韧带、冠状韧带和左、右三角韧带等;胃的韧带有胃结肠韧带、脾胃韧带、胃膈韧带。脾的韧

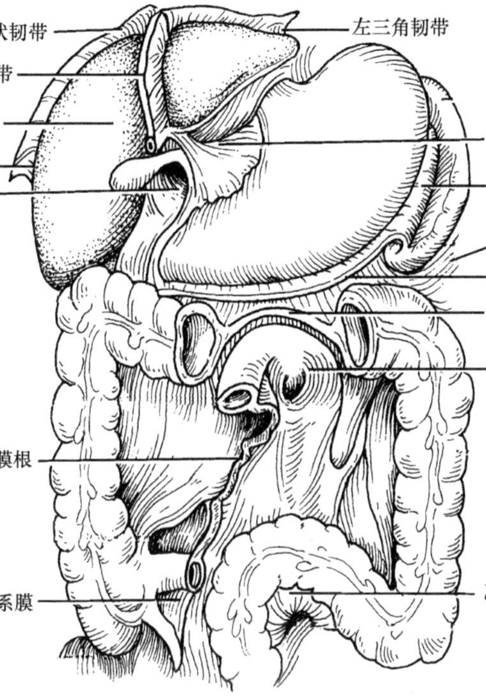

图 1-1-54　腹膜形成的结构

带有脾肾韧带、膈脾韧带等。

5. 腹膜移行时形成的陷凹　观察男性骨盆矢状切的标本和模型，辨认腹膜在盆腔脏器之间移行时形成的直肠膀胱陷凹；观察女性骨盆矢状切的标本和模型，辨认膀胱子宫陷凹和直肠子宫陷凹。

【实验准备】

1. 标本　腹膜标本（显示小网膜，网膜孔，大网膜，肠系膜，阑尾系膜，横结肠系膜和乙状结肠系膜，镰状韧带，肝圆韧带，冠状韧带，左、右三角韧带），男、女性骨盆矢状切的标本。

2. 模型　腹盆矢状切面模型，腹腔横切面模型，男、女性骨盆矢状切模型。

3. 挂图　腹膜挂图。

【思考题】

（1）胃溃疡后壁穿孔与急性阑尾炎从解剖学角度有何差异？

（2）手术进入网膜囊的方法有哪些？最佳途径是哪一个？

（文：潘爱华　丁兆习　图：潘爱华）

实验十四　心

【目的要求】

（1）掌握脉管系统的组成。

（2）掌握心血管系统的组成、体循环和肺循环的概念。

（3）掌握心的位置与外形。

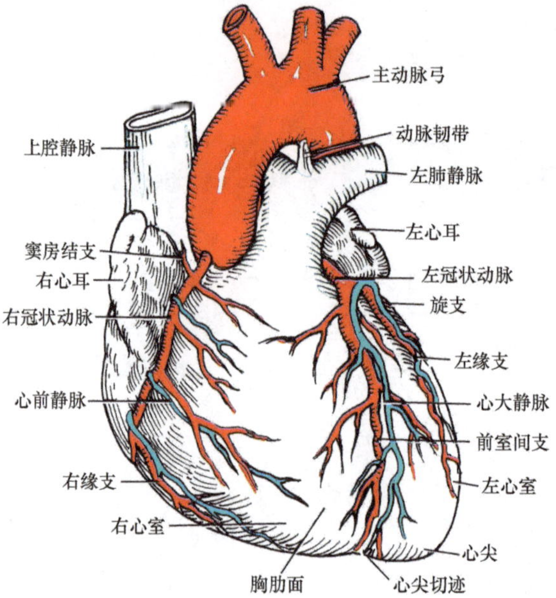

图 1-1-55 心脏的外形和血管(前面观)

(4) 掌握心各腔的形态结构。

(5) 掌握房间隔与室间隔的形态结构。

(6) 掌握心传导系统的组成、位置和功能。

(7) 掌握左、右冠状动脉的起始、行径、主要分支及分布。

(8) 掌握冠状窦的位置及其主要属支。

(9) 掌握心包的构成、心包横窦和心包斜窦的位置及临床意义。

【实验内容】

1. 心的位置、外形 观察打开胸前壁及心包的标本,查看心的位置。心位于中纵隔内,心约 2/3 位于正中线的左侧,1/3 位于正中线的右侧,前方对向胸骨体和第 2 ~ 6 肋软骨,后方平对第 5 ~ 8 胸椎,两侧与胸膜腔和肺相邻,上方连接出入心的大血管,下方邻膈。

观察心标本(图 1-1-55,图 1-1-56),辨认:

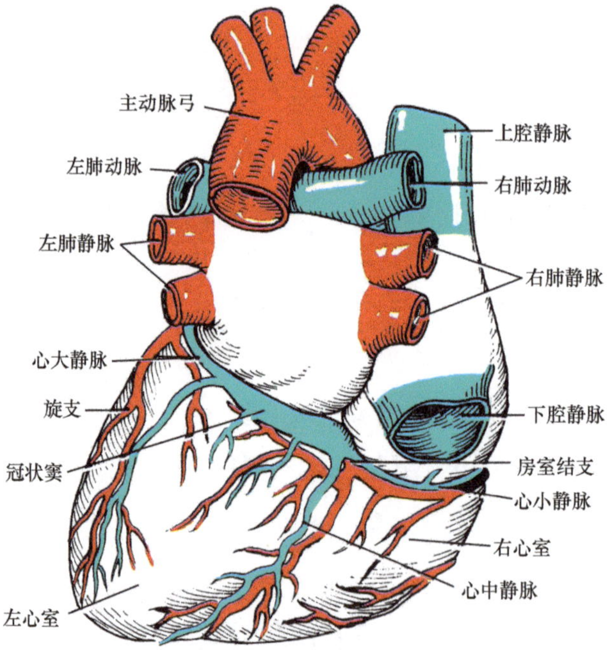

图 1-1-56 心脏的外形和血管(后下面观)

(1) 心尖:朝向左前下,由左心室构成。

(2) 心底:朝向右后上,大部分由左心房、小部分由右心房组成。找出与左心房相连的左、右肺静脉。

(3) 胸肋面：朝向胸骨和肋，大部分由右心室和右心房、小部分由左心室构成。膈面：朝向膈，大部分由左心室、小部分由右心室构成。

(4) 下缘：较锐利，由右心室和心尖构成。左缘：圆钝，绝大部分由左心室构成，仅上方一小部分有左心耳参与。右缘：由右心房构成。

(5) 心表面的 4 条沟：冠状沟是心房和心室在心表面的分界，呈冠状位。前室间沟和后室间沟是左右心室在心表面的分界，前、后室间沟在心尖右侧的汇合处稍凹陷，为心尖切迹。后房间沟是左右心房在心底表面的分界。后房间沟、后室间沟与冠状沟的相交处为房室交点。

2. 心腔　观察已打开心腔的标本，辨认心各腔内的重要结构。

(1) 右心房：右心房有 3 个入口（上腔静脉口、下腔静脉口和冠状窦口）和 1 个出口（右房室口）。上腔静脉口位于腔静脉窦的上部，下腔静脉口位于腔静脉窦的下部，冠状窦口位于下腔静脉口与右房室口之间。右心房被界沟和腔面的界嵴分成后方的腔静脉窦和前方的固有心房。在固有心房壁内面可见梳状肌，在房间隔上可见卵圆窝（图 1-1-57）。

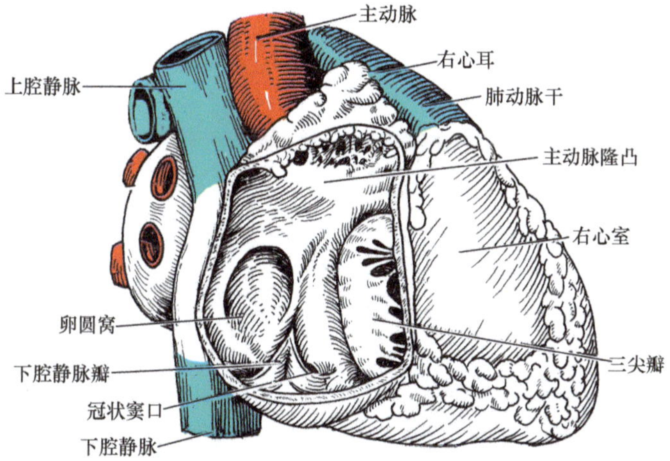

图 1-1-57　右心房

(2) 右心室：右心室入口为右房室口，出口为肺动脉口。右心室被室上嵴分成后下方的右心室流入道（窦部、固有心腔）和前上方的流出道（漏斗部、动脉圆锥）。右心室流入道内有乳头肌，分为前、后和隔侧 3 群。前乳头肌根部有 1 条肌束横过室腔至室间隔的下部，称隔缘肉柱（节制索）。三尖瓣（右房室瓣）附着于右房室口周围的三尖瓣环上，分为前尖、后尖和隔侧尖。三尖瓣的游离缘借腱索连于乳头肌。三尖瓣环、瓣尖、腱索和乳头肌称三尖瓣复合体。肺动脉口有 3 个半月形的肺动脉瓣，肺动脉瓣与肺动脉壁之间为肺动脉窦（图 1-1-58）。

(3) 左心房：左心房入口为左、右肺上、下静脉开口，出口为左房室口。左心房分为前部的左心耳和后部的左心房窦（右心房）。左心耳内壁有梳状肌（图 1-1-59）。

(4) 左心室：左心室入口为左房室口，出口为主动脉口。左心室以二尖瓣前尖为界，分为左后方的左心室流入道（窦部）和右前方的左心室流出道（主动脉前庭、主动脉圆锥、主动脉下窦）。左心室壁厚，有前、后 2 组乳头肌，二尖瓣（左房室瓣）附着于左房室口周围的二尖瓣环上，分为前尖和后尖。二尖瓣环、瓣尖、腱索和乳头肌称二尖瓣复合体。主动脉口有 3 个半月形的主动脉瓣，主动脉瓣和主动脉壁之间为主动脉窦，左、右冠状动脉开口于主动

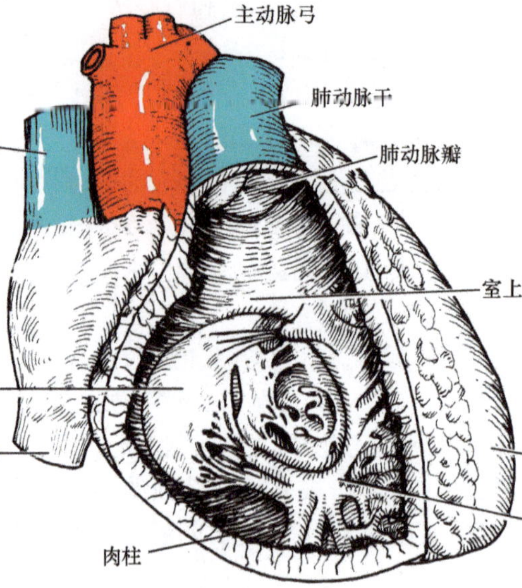

图 1-1-58　右心室

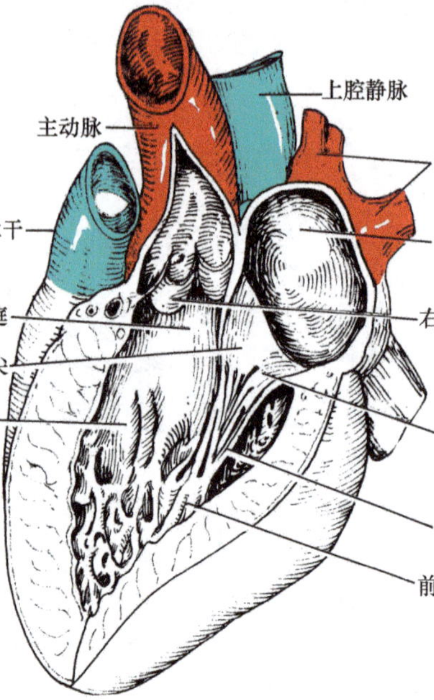

图 1-1-59　左心房和左心室

脉窦(图 1-1-59)。

3. 心的构造

(1) 对照图谱和去除心房、主动脉和肺动脉的心,观察以下结构:房室口和动脉周围的4个瓣膜纤维环(肺动脉瓣环、主动脉瓣环、二尖瓣环和三尖瓣环),左、右纤维三角,室间隔膜部和瓣膜间隔等。

(2) 在打开心腔的心上观察:房间隔和室间隔,区分室间隔肌部和膜部。

4. 心的传导系　在牛心标本上观察用墨汁示踪的以下结构:位于界沟上份的窦房结,

位于 Koch 三角深面的房室结、房室束和室间隔两侧心内膜深面的左、右束支及浦肯野纤维。

5. 心的血管 在离体心或模型上观察心的血管(图 1-1-55,图 1-1-56)。

(1) 心的动脉

1) 左冠状动脉及其分支:左冠状动脉起于主动脉左冠状动脉窦,主干很短,向左行于左心耳和肺动脉干之间,分为前室间支(前降支)和旋支。

2) 右冠状动脉及其分支:右冠状动脉起于主动脉右冠状动脉窦,行于右心耳和肺动脉干之间,再沿冠状沟右行,绕心下缘至膈面的冠状沟内。一般在房室交点附近或右侧分为后室间支和右旋支。

(2) 心的静脉:冠状窦位于心膈面左心房和左心室之间的冠状沟内。主要属支有心大静脉、心中静脉、心小静脉。

6. 心包 心包是包裹心和出入心的大血管根部的圆锥形纤维浆膜囊,分为外层的纤维心包和内层的浆膜心包。浆膜心包又分为脏层和壁层。两层之间的潜在的腔隙为心包腔。心包腔内,浆膜心包脏、壁两层返折处的间隙,称心包窦,主要有心包横窦、心包斜窦和心包前下窦。在打开心包的标本上观察纤维心包和浆膜心包,区分浆膜心包壁层和脏层,探查心包腔和心包窦。

【实验准备】

1. 标本 打开胸前壁的完整尸体:打开胸前壁,显示心的位置、心包;游离心(包括完整的、打开各心腔的、显示心血管和墨汁显示心传导系的心)。

2. 模型 心的组合模型。

3. 挂图 心的位置、外形、内腔、心壁结构、血管、心传导系及心包。

【思考题】

(1) 二尖瓣复合体和三尖瓣复合体有何功能?

(2) 心包窦的位置在哪? 有何临床意义?

(3) 冠状动脉各主要分支狭窄或阻塞时会引起哪些部位的心肌缺血?

(文:刘 真 李振华 图:刘 真)

实验十五 动 脉

【目的要求】

(1) 掌握肺动脉干的行径。掌握动脉韧带的位置。

(2) 掌握主动脉的起止。掌握主动脉升部的起止和分支名称。掌握主动脉弓的起止及分支名称。

(3) 掌握左、右颈总动脉的起止部位,掌握颈动脉窦和颈动脉小球的位置与功能。颈外动脉主要分支的名称和分布。

(4) 掌握锁骨下动脉、腋动脉、桡动脉、尺动脉的起止。掌握掌浅弓、掌深弓的组成。

(5) 掌握胸主动脉的起止。

(6) 掌握腹主动脉的起止、分支名称。腹腔干的分支、分布,肠系膜上、下动脉的分支、分布。掌握肾动脉、睾丸动脉和卵巢动脉的分布。

（7）掌握髂总动脉的起止位置。掌握子宫动脉的行径和分布。

（8）掌握髂外动脉、股动脉、腘动脉、胫前动脉、胫后动脉、足背动脉的起止。

【实验内容】

1. 肺动脉干　观察心标本或模型，辨认肺动脉干及左、右肺动脉和动脉韧带。肺动脉干起自右心室，在主动脉弓下方分为左、右肺动脉。动脉韧带自肺动脉干分叉处稍左侧连于主动脉弓下缘，是胚胎时期动脉导管闭锁后的遗迹。

2. 主动脉　在胸腹腔血管标本上观察主动脉的延续关系：升主动脉、主动脉弓、胸主动脉、腹主动脉。升主动脉起自左心室，在右侧第 2 胸肋关节高度移行为主动脉弓，主动脉弓弓形向左后跨越至脊柱左前方下行，在第 4 胸椎体下缘处移行为胸主动脉，在第 12 胸椎高度穿膈的主动脉裂孔，移行为腹主动脉，至第 4 腰椎体下缘处分为左、右髂总动脉（图 1-1-60，图 1-1-61）。

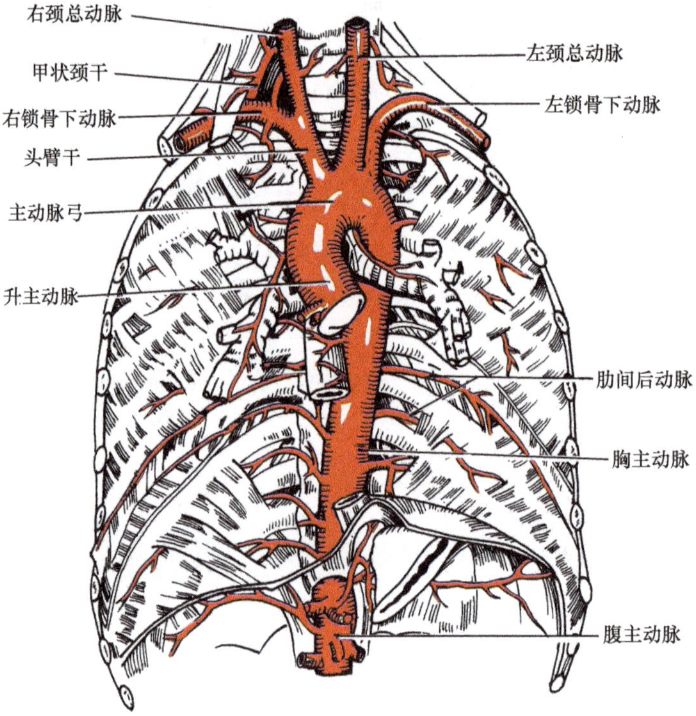

图 1-1-60　主动脉弓和胸主动脉及其分支

（1）升主动脉：观察心标本，辨认升主动脉及自起始部发出的分支（左、右冠状动脉）。

（2）主动脉弓：观察心标本，辨认主动脉弓及自其上缘由右向左发出的 3 个分支：头臂干、左颈总动脉和左锁骨下动脉。头臂干升至右胸锁关节后方分为右颈总动脉和右锁骨下动脉（图 1-1-60）。

1）颈总动脉：右颈总动脉发自头臂干，左颈总动脉直接发自主动脉弓。在颈部两侧向上追踪颈总动脉，可见其在甲状软骨上缘水平分为颈内动脉和颈外动脉。在颈总动脉末端和颈内动脉起始部辨认膨大的颈动脉窦，为压力感受器；在颈总动脉分叉处后方辨认颈动脉小球，为化学感受器。

观察颈外动脉，辨认其主要分支（甲状腺上动脉、舌动脉、面动脉、枕动脉、耳后动脉、咽

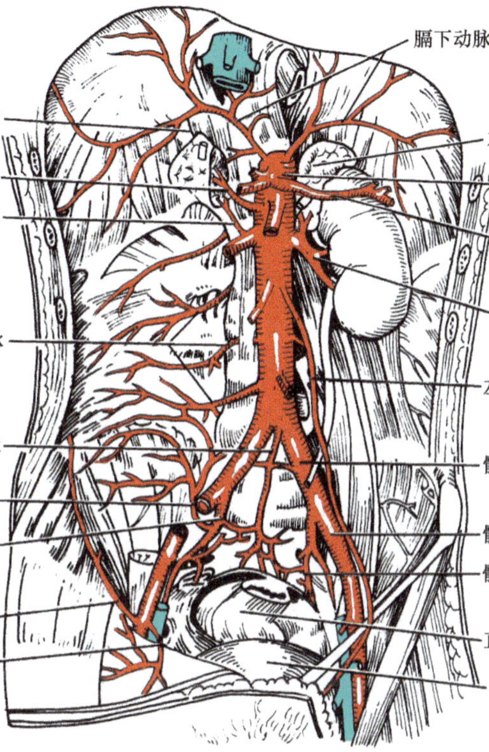

图 1-1-61 腹主动脉及其分支

升动脉、颞浅动脉和上颌动脉）。在除去下颌支的标本上观察上颌动脉及其分支——脑膜中动脉，可见其穿棘孔进入颅腔。

2）锁骨下动脉：右锁骨下动脉起自头臂干，左锁骨下动脉直接起自主动脉弓，穿斜角肌间隙至腋窝，移行为腋动脉。在头颈和上肢血管标本上观察锁骨下动脉及其分支（椎动脉、胸廓内动脉、甲状颈干）（图 1-1-62）。

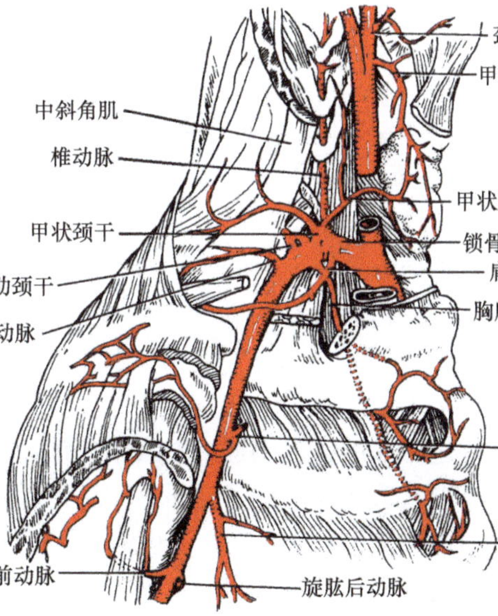

图 1-1-62 锁骨下动脉及其分支

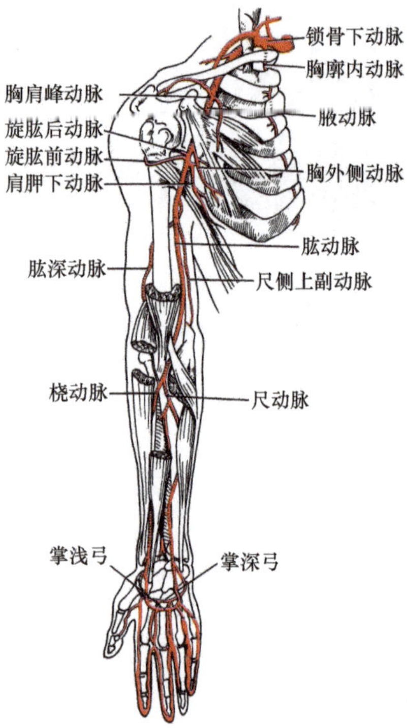

图 1-1-63　上肢的动脉

3）上肢的动脉：腋动脉自第 1 肋外侧缘续于锁骨下动脉，至大圆肌下缘移行为肱动脉。肱动脉沿肱二头肌内侧下行至肘窝，平桡骨茎高度分为桡动脉和尺动脉。在肱动脉起始部寻找伴桡神经走行于桡神经沟内的肱深动脉。在肱桡肌和旋前圆肌、桡侧腕屈肌肌腱之间追踪下行的桡动脉至桡骨茎突前方，在尺侧腕屈肌和指浅屈肌之间向下追踪尺动脉至豌豆骨外侧进入手掌（图 1-1-63）。

掌浅弓和掌深弓：在显示掌浅弓和掌深弓的标本上，于掌腱膜深面观察由尺动脉末端与桡动脉的掌浅支相吻合成的掌浅弓。在指深屈肌腱深面可见由桡动脉末端与尺动脉的掌深支相吻合成的掌深弓（图 1-1-63）。

（3）胸主动脉：观察胸部血管标本，辨认胸主动脉的壁支 9 对肋间后动脉（走行于第 3 ~ 11 肋间）和 1 对肋下动脉。第 1 ~ 2 对肋间后动脉来自锁骨下动脉的肋颈干。

（4）腹主动脉：观察腹腔血管标本，在脊柱左前方找到腹主动脉，向下追踪至其分为左、右髂总动脉。

辨认自腹主动脉发出的壁支（腰动脉、膈下动脉、骶正中动脉）和脏支。腹主动脉成对的脏支有肾动脉、睾丸动脉（男性）和卵巢动脉（女性）、肾上腺中动脉。腹主动脉不成对的脏支有腹腔干、肠系膜上动脉和肠系膜下动脉（图 1-1-61）。

1）腹腔干：在第 12 胸椎平面寻找腹腔干，一般可见有 3 大分支。①胃左动脉：沿胃小弯自左向右走行。②脾动脉：沿胰的上缘左行，经脾门入脾。脾动脉沿途发出胰支、胃网膜左动脉、胃短动脉、胃后动脉等。③肝总动脉：向右朝肝门方向走行，分出肝固有动脉和胃十二指肠动脉。肝固有动脉先分出胃右动脉达胃小弯向左行，本干分左、右支经肝门入肝。胃十二指肠动脉在幽门后方下行，至十二指肠上部的下缘分为胃网膜右动脉和胰十二指肠上动脉。

2）肠系膜上动脉：将小肠翻向左下方，可见肠系膜上动脉自十二指肠水平部和胰头之间穿出进入小肠系膜根，斜向右髂窝，其左侧壁发出 13 ~ 18 支空肠动脉、回肠动脉；右侧壁发出回结肠动脉、右结肠动脉和中结肠动脉。

3）肠系膜下动脉：将小肠翻向右上方，辨认自腹主动脉第 3 腰椎水平起始的肠系膜下动脉，向左下走行并分出左结肠动脉、乙状结肠动脉和直肠上动脉。

（5）髂总动脉：观察盆部血管标本，辨认髂总动脉、髂外动脉和髂内动脉。髂总动脉在骶髂关节处分为髂内动脉和髂外动脉。

1）髂内动脉：沿盆腔侧壁进入盆腔，辨认其壁支（闭孔动脉、臀上动脉、臀下动脉、髂腰动脉、骶外侧动脉）及脏支（膀胱上动脉和膀胱下动脉、直肠下动脉、阴部内动脉）。在女性标本上观察子宫动脉，注意其在子宫颈外侧约 2cm 处从输尿管前上方跨过。

2）髂外动脉：沿腰大肌内侧缘下行，经腹股沟韧带深面进入股部，在末端分出腹壁下动脉和旋髂深动脉。

(6) 下肢的动脉:股动脉是髂外动脉的直接延续,在股三角内下行,经收肌管穿收肌腱裂孔入腘窝移行为腘动脉,股动脉在腹股沟韧带下方发出股深动脉。腘动脉至腘肌下缘分为胫前动脉和胫后动脉。胫前动脉穿小腿骨间膜至小腿前肌群之间下行,至踝关节前方移行为足背动脉;胫后动脉沿小腿后面浅深肌群之间下行,经内踝后方转至足底,移行为足底内、外侧动脉(图 1-1-64,图 1-1-65)。

【实验准备】

1. 标本　心标本(连带大血管),颈部、上肢、胸部、腹部、盆部及下肢的血管标本。

2. 模型　心的模型、头颈部动脉模型。

3. 挂图　全身动脉挂图。

【思考题】

(1) 腹主动脉有哪些分支,分布到哪些范围?

(2) 体表可触及动脉搏动处有哪些?

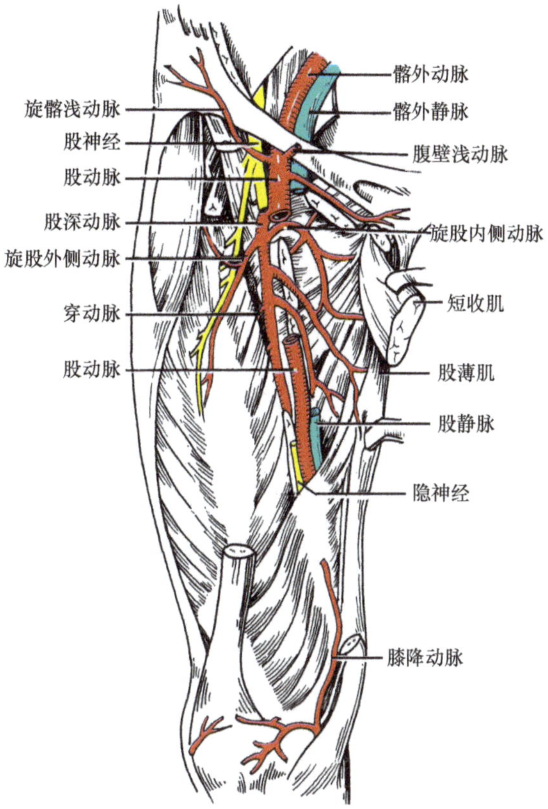

图 1-1-64　股动脉及其分支

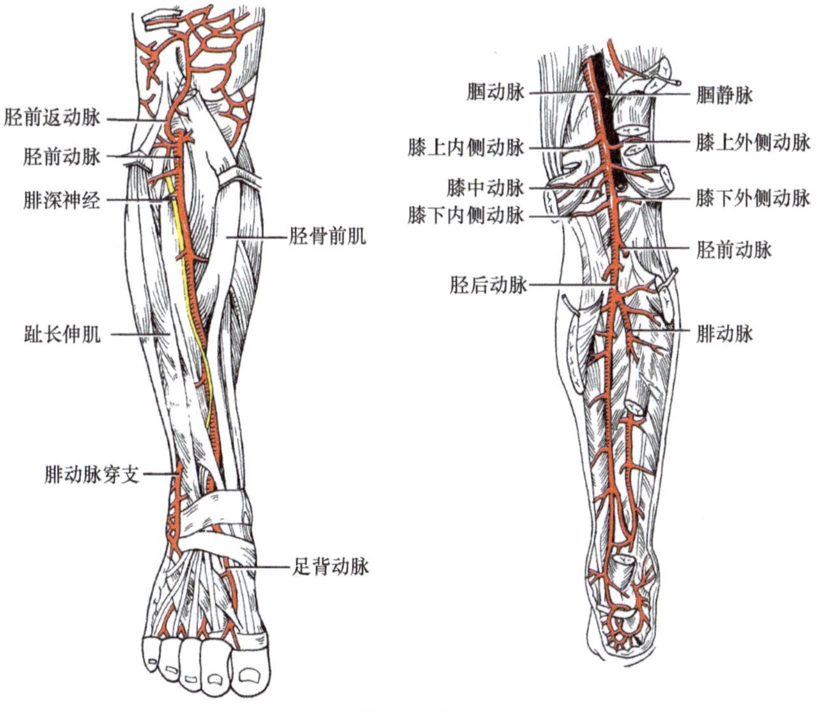

图 1-1-65　胫前动脉和胫后动脉

(文:刘　真　李振华　图:刘　真)

实验十六 静 脉

【目的要求】

(1) 掌握上腔静脉的组成、起止、收纳范围。

(2) 掌握头臂静脉的组成。

(3) 掌握颈内静脉的起止,掌握面静脉的特点和交通,掌握颈外静脉的位置。

(4) 掌握头静脉、贵要静脉的起止。掌握肘正中静脉的位置。

(5) 掌握奇静脉的起止、收纳范围。

(6) 掌握下腔静脉系的组成、主要属支及收纳范围。

(7) 掌握肾静脉和睾丸静脉(或卵巢静脉)的行径。

(8) 掌握大、小隐静脉的起始和行径及注入部位。

(9) 掌握肝门静脉的组成、分支和属支。肝门静脉系与上、下腔静脉系间的交通部位。

【实验内容】

1. 在标本上观察静脉 静脉的特点:①腔大、壁薄、数量多、变异多;②有静脉瓣,可防止血液逆流;③体循环的静脉分为浅、深2类,浅静脉位于皮下,不与动脉伴行,深静脉多与动脉伴行;④吻合丰富,浅静脉互相吻合成网,深静脉互相吻合成丛。

在观察静脉时应主要注意较大的浅静脉以及深静脉中不与动脉同名的静脉。

2. 上腔静脉系 上腔静脉系由上腔静脉及其属支组成,收集头颈部、上肢和胸部(心和肺除外)等上半身的静脉血。

(1) 头颈部的静脉:观察头颈部血管标本辨认,①颈外静脉:为浅静脉,在胸锁乳突肌表面下行,向上可见其在下颌角后方由耳后静脉和下颌后静脉后支、枕静脉汇合而成,向下在锁骨上方穿深筋膜注入锁骨下静脉或静脉角。②颈内静脉:为深静脉,伴颈内动脉、颈总动脉和迷走神经下行,向上起自颈静脉孔,向下在胸锁关节后方和锁骨下静脉汇合成头臂静脉。辨认其主要属支(面静脉,下颌后静脉,甲状腺上、中静脉)(图1-1-66)。

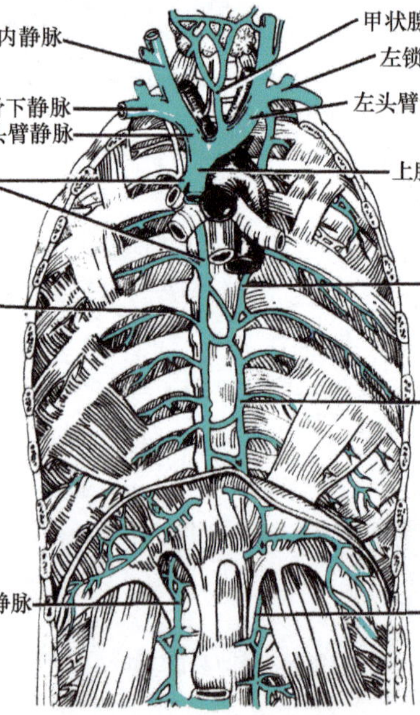

图1-1-66 上腔静脉及其属支

（2）上肢的静脉：可分为浅、深2组。在上肢血管标本上观察：

1）上肢的浅静脉：①头静脉：起自手背静脉网桡侧，上行在前臂和肘窝的桡侧、肱二头肌外侧沟、三角肌胸大肌间沟内，至锁骨下窝穿深筋膜注入腋静脉或锁骨下静脉；②贵要静脉：起自手背静脉网桡侧，走行在前臂和肘窝的尺侧、肱二头肌内侧沟，达臂中份注入肱静脉；③肘正中静脉：位于肘窝，连接头静脉和贵要静脉（图1-1-67）。

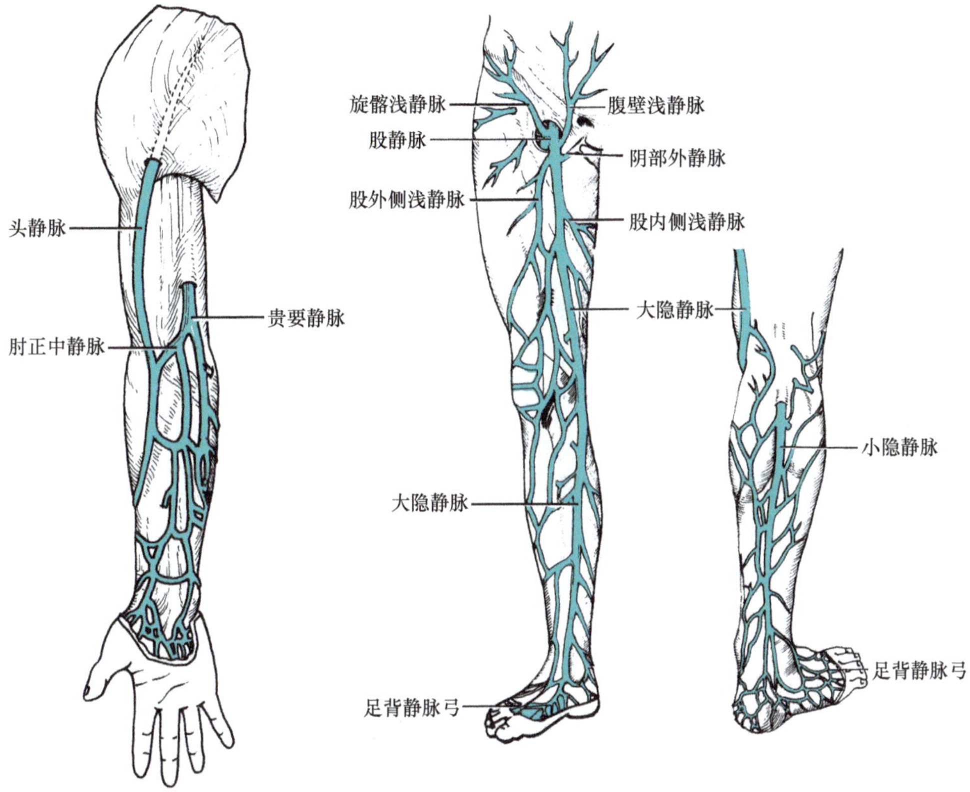

图1-1-67　上肢和下肢的浅静脉

2）上肢的深静脉：上肢的深静脉与同名动脉伴行，多为2条。辨认锁骨下静脉、腋静脉、肱静脉、尺静脉和桡静脉。

（3）胸部的静脉

1）观察纵隔标本，辨认左、右头臂静脉。头臂静脉由颈内静脉和锁骨下静脉在胸锁关节后方汇合而成，颈内静脉和锁骨下静脉汇合处所成的夹角称为静脉角。右头臂静脉短而垂直；左头臂静脉长而斜向右下。查看上腔静脉，上腔静脉由左、右头臂静脉汇合而成，注入右心房。注入前有奇静脉汇入（图1-1-66）。

2）在胸后壁标本上观察位于肋间的肋间后静脉及脊柱右侧上行的奇静脉、脊柱左侧的半奇静脉和副半奇静脉；在胸骨两侧缘后方辨认胸廓内静脉（图1-1-66）。

3. 下腔静脉系　下腔静脉系由下腔静脉及其属支组成，收集下半身的静脉血。

（1）腹部的静脉：在脊柱右前方找到下腔静脉，向下追踪，可见其由左、右髂总静脉在第4或5腰椎体右前方汇合成，向上穿腔静脉孔注入右心房。辨认下腔静脉的以下属支：

1）壁支：左、右髂总静脉，膈下静脉和腰静脉。

2）脏支：肾静脉、右睾丸静脉（或卵巢静脉）、右肾上腺静脉和肝静脉。注意左睾丸静脉(或卵巢静脉)、左肾上腺静脉注入左肾静脉(图 1-1-68)。

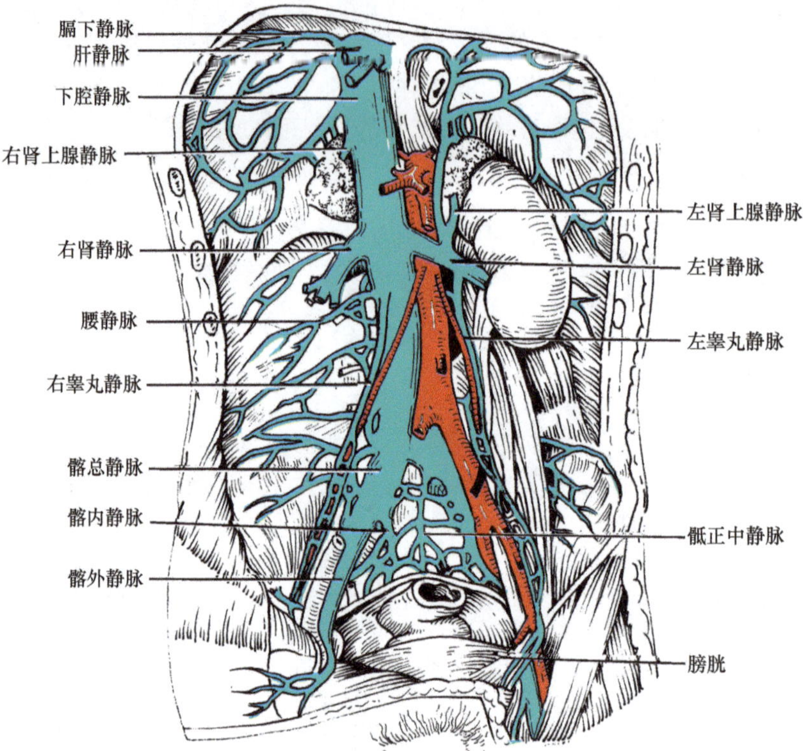

图 1-1-68　上腔静脉及其属支

(2) 盆部的静脉:在盆部血管标本上观察髂总静脉及其属支髂内静脉和髂外静脉。追踪髂内静脉的属支,与同名动脉伴行(图 1-1-68)。

(3) 下肢的静脉:可分为浅、深 2 组。在下肢血管标本上辨认:

1) 下肢浅静脉:①大隐静脉:在足背内侧缘起自足背静脉弓,向上经内踝前方、小腿前内侧、膝关节内后方、大腿内侧面上行,至耻骨结节外下方 3 ~ 4cm 处穿隐静脉裂孔注入股静脉。辨认大隐静脉注入股静脉之前的 5 条属支:股内侧浅静脉、股外侧浅静脉、腹壁浅静脉、旋髂浅静脉和阴部外静脉。②小隐静脉:在足背外侧缘起自足背静脉弓,沿外踝后方、小腿后面上行至腘窝,注入腘静脉(图 1-1-67)。

2) 下肢深静脉:与同名动脉伴行,均为 2 条。

(4) 肝门静脉系:由肝门静脉及其属支组成,收集腹盆部消化道(食管腹段至齿状线以上肛管)、脾、胰和胆囊的静脉血。肝门静脉多由肠系膜上静脉和脾静脉在胰头和胰体交界处的后方汇合而成。辨认肝门静脉及其属支(肠系膜上静脉、脾静脉、肠系膜下静脉、胃左静脉、胃右静脉、附脐静脉、胆囊静脉)(图 1-1-69)。

【实验准备】

1. 标本　头颈、胸、腹部深静脉标本,全身浅静脉标本。

2. 模型　浅静脉模型。

3. 挂图　静脉系统挂图。

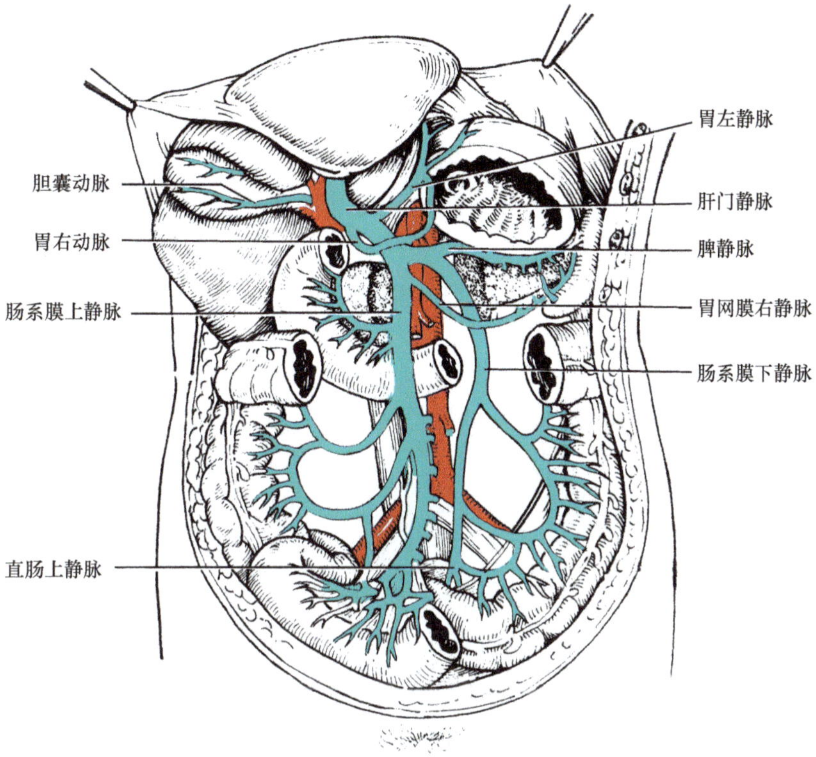

图 1-1-69　肝门静脉及其属支

【思考题】

(1) 面部“危险三角”是哪个部位？为何称之为“危险三角”？

(2) 肝门静脉系与上、下腔静脉系之间有哪些交通途径？

(3) 应用解剖学知识，分析肝硬化患者容易出现消化道大出血的原因。

（文：刘　真　李振华　图：刘　真）

实验十七　淋巴系统

【目的要求】

(1) 掌握淋巴系统的组成。

(2) 掌握全身 9 条淋巴干的名称、来源、收纳范围及注流关系。

(3) 掌握右淋巴导管与胸导管的合成、注入部位及引流范围。

(4) 掌握下颌下淋巴结、颈外侧浅淋巴结和颈外侧深淋巴结的位置及引流范围。

(5) 掌握腋淋巴结的分群和各群的位置及引流范围。

(6) 掌握支气管肺淋巴结、气管旁淋巴结的位置及收纳范围。

(7) 掌握腰淋巴结、腹腔淋巴结、肠系膜上淋巴结、肠系膜下淋巴结的位置及引流范围。

(8) 掌握髂总淋巴结的位置及收纳范围。

(9) 掌握腹股沟浅淋巴结的位置及收纳范围。

（10）掌握脾的形态、位置。

（11）掌握胸腺的形态、位置。

【实验内容】

1. 胸导管 在标本上观察胸导管，在食管胸段后方，胸主动脉和奇静脉之间找到胸导管，向下追踪至其起始部——乳糜池（乳糜池由左、右腰干和肠干汇合成，位于第 1 腰椎体前方），向上追踪至左侧颈根部注入左静脉角。

胸导管在注入静脉之前，接受左颈干、左锁骨下干和左支气管纵隔干。胸导管引流下肢、盆部、腹部、左上肢、左胸部和左头颈部的淋巴（图 1-1-70）。

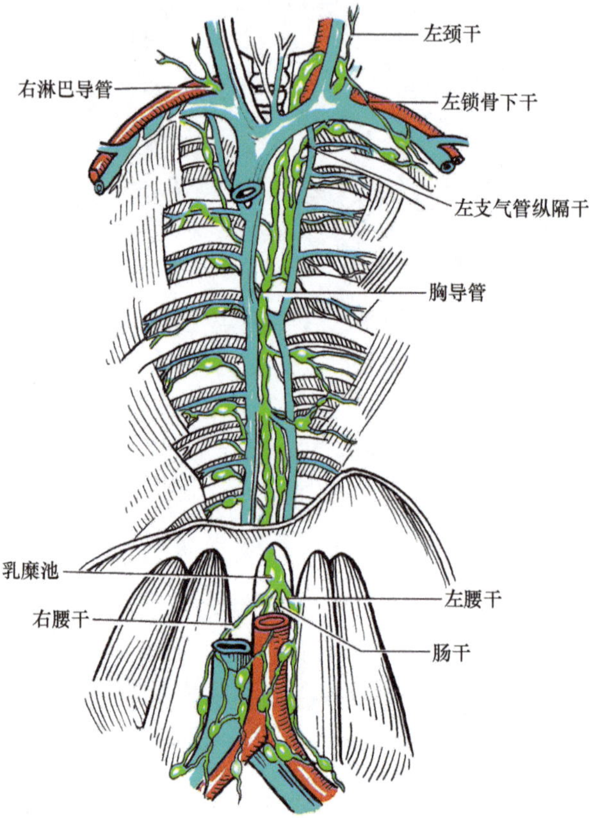

图 1-1-70 淋巴导管

2. 右淋巴导管 在标本上右静脉角处，寻找右淋巴导管。右淋巴导管收纳右颈干、右锁骨下干及右支气管纵隔干，开口于右静脉角处，引流右上肢、右胸部和右头颈部的淋巴（图 1-1-70）。

3. 全身各部主要淋巴结群 在示踪染色的标本上或模型上观察淋巴结群和淋巴管。

（1）颈外侧浅淋巴结：沿颈外静脉排列。

（2）颈外侧深淋巴结：沿颈内静脉排列。

（3）腋淋巴结：按其位置辨认以下 5 群，胸肌淋巴结、外侧淋巴结、肩胛下淋巴结、中央淋巴结和尖淋巴结。

（4）支气管肺淋巴结：位于肺门处，肺血管和支气管之间。

（5）腹股沟淋巴结：分浅、深 2 群，腹股沟浅淋巴结位于腹股沟韧带下方和大隐静脉周围。腹股沟深淋巴结位于股静脉内侧。

(6) 髂淋巴结:位于髂血管周围,有髂内淋巴结、髂外淋巴结和髂总淋巴结。

(7) 腰淋巴结:位于腹主动脉和下腔静脉周围。

(8) 肠系膜上淋巴结、肠系膜下淋巴结和腹腔淋巴结:均位于同名动脉的根部或周围。

4. 脾 观察游离的脾标本,确认脾的膈面和脏面、前端和后端、上缘和下缘。在脏面寻找脾门,在上缘寻找脾切迹,脾切迹是触诊脾的标志(图 1-1-71)。

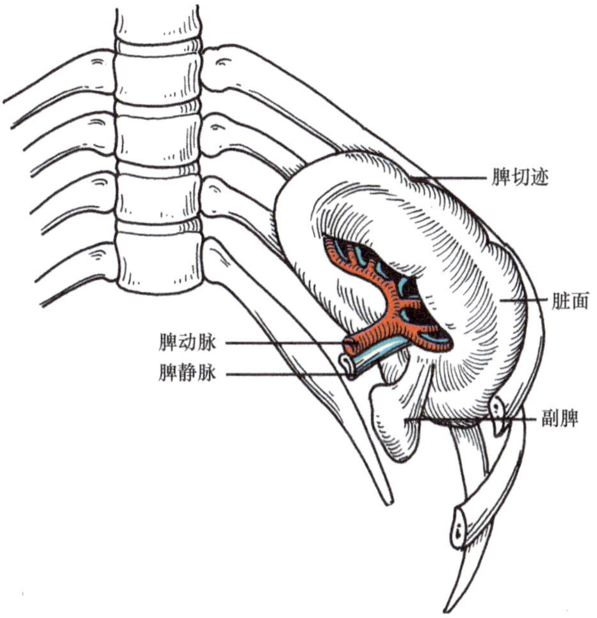

图 1-1-71 脾

【实验准备】

1. 标本 显示淋巴管、淋巴结及胸导管的标本,脾。

2. 模型 淋巴系统模型。

3. 挂图 淋巴系统挂图。

【思考题】

(1) 9 条淋巴干分别是怎样汇合而成的?

(2) 胸导管的起始、走行、注入和收纳部位。

(3) 局部淋巴结有怎样的临床意义?

(文:刘 真 李振华 图:刘 真)

实验十八 视 器

【目的要求】

(1) 掌握眼球壁各层的形态、结构和功能。

(2) 掌握眼球内容物的组成、眼房的位置、房水产生部位与循环途径。

(3) 掌握晶状体和玻璃体的形态、位置。

(4) 掌握结膜的形态、分部。

(5) 掌握泪腺的位置、泪道的组成及开口部位。

(6) 掌握眼球外肌的名称、作用。

【实验内容】

1. 眼球 对照眼球模型和图谱,解剖新鲜的牛眼球,观察眼球结构。眼球由眼球壁和内容物构成(图 1-1-72)。

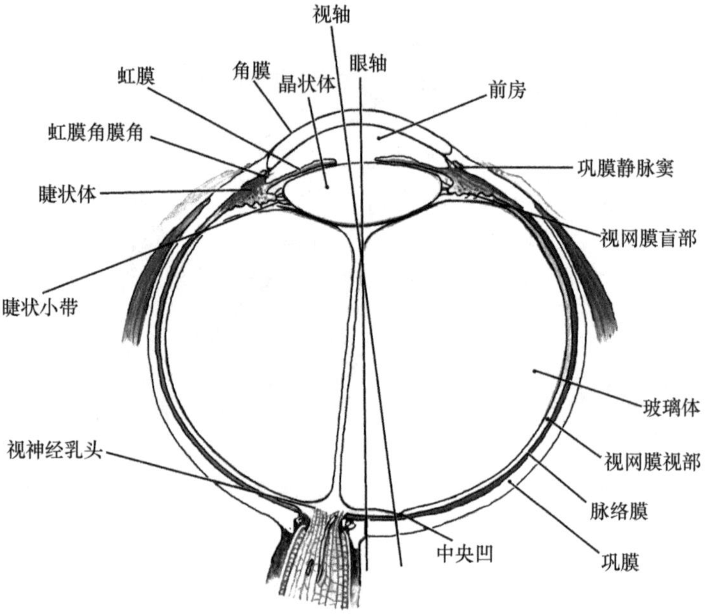

图 1-1-72 眼球的水平切面

(1) 眼球壁:由外而内可分 3 层,分别为:纤维膜、血管膜和视网膜。

1) 纤维膜:纤维膜前 1/6 为透明的角膜和后 5/6 为不透明的巩膜。注意在眼球后极稍内侧有视神经从巩膜穿出。

2) 血管膜:血管膜由前向后为虹膜、睫状体和脉络膜 3 部分。结合模型,观察位于角膜后方圆盘状的虹膜,其中央为瞳孔,内有瞳孔括约肌和瞳孔开大肌。睫状体位于角膜和巩膜交界处的内面,是增厚的血管膜,观察睫状环、睫状突及睫状肌。脉络膜位于后方、巩膜的内面。

3) 视网膜:视网膜自后向前为脉络膜部(视部)、睫状体部和虹膜部。结合图谱,在标本上观察视神经乳头、黄斑和中央凹。视神经乳头在视神经起始处,中央有视神经和视网膜中央动、静脉穿过,无感光细胞,黄斑在视神经乳头的颞侧稍偏下方约 3.5mm 处,无血管,其中央凹陷称中央凹,感光最敏锐。注意视网膜的神经层易与外层的色素上皮层剥脱(图 1-1-73)。

(2) 眼球的内容物:包括房水、晶状体和玻璃体,均无色透明。房水是充填于角膜和晶状体之间眼房内的液体。晶状体位于虹膜后方、玻璃体前方,呈双凸透镜状,借睫状小带悬于睫状突,晶状体富有弹性,可调节屈光。玻璃体为胶状物质,充满于晶状体与视网膜之间。

2. 眼副器

(1) 眼睑:在活体上观察上睑、下睑及其相关结构(睑缘、睫毛、睑裂、内眦及外眦、泪

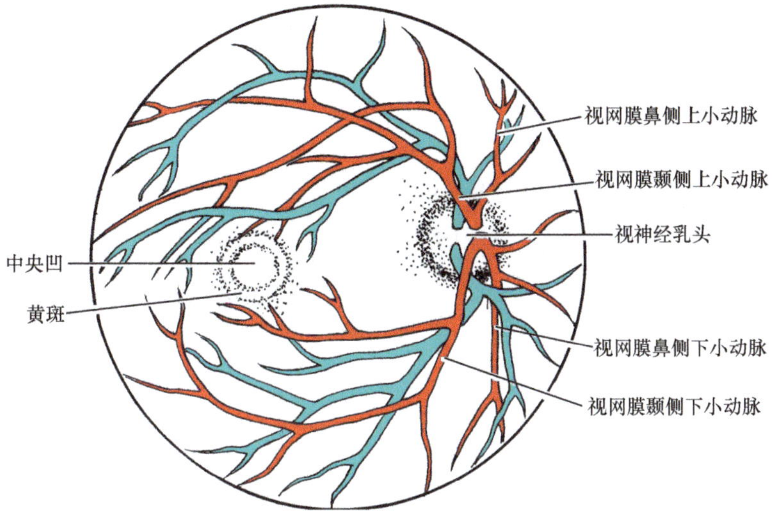

图 1-1-73　眼底

湖、泪阜)。注意上睑皮肤较其他处皮肤细薄,皮下组织疏松,液体易于淤滞而水肿。

(2) 结膜:在活体上区分睑结膜、球结膜和穹隆结膜。3 部分结膜之间所形成的囊状空隙,称为结膜囊。

(3) 泪器:结合标本和图谱观察泪腺和泪道——泪点、泪小管、泪囊和鼻泪管(图 1-1-74)。

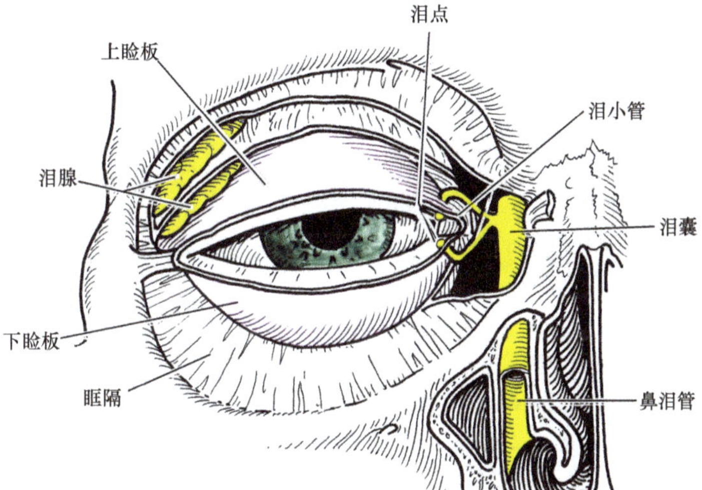

图 1-1-74　泪器

(4) 眼球外肌:在标本上辨认运动眼睑的上睑提肌和运动眼球的 6 块肌。4 块直肌(即上直肌、下直肌、内直肌、外直肌)和上斜肌均起于视神经管周围的总腱环,下斜肌起自眼眶底壁的前内侧(图 1-1-75)。

(5) 眶脂体和眶筋膜:在标本上观察填充于眼球、眼球外肌与眶骨膜之间的眶脂体和眶脂体与眼球之间的眼球筋膜鞘及包绕眼球外肌的眼肌筋膜鞘。

3. 眼球、眼眶的血管和神经　在标本和模型上观察眼动脉及其分支:视网膜中央动脉,

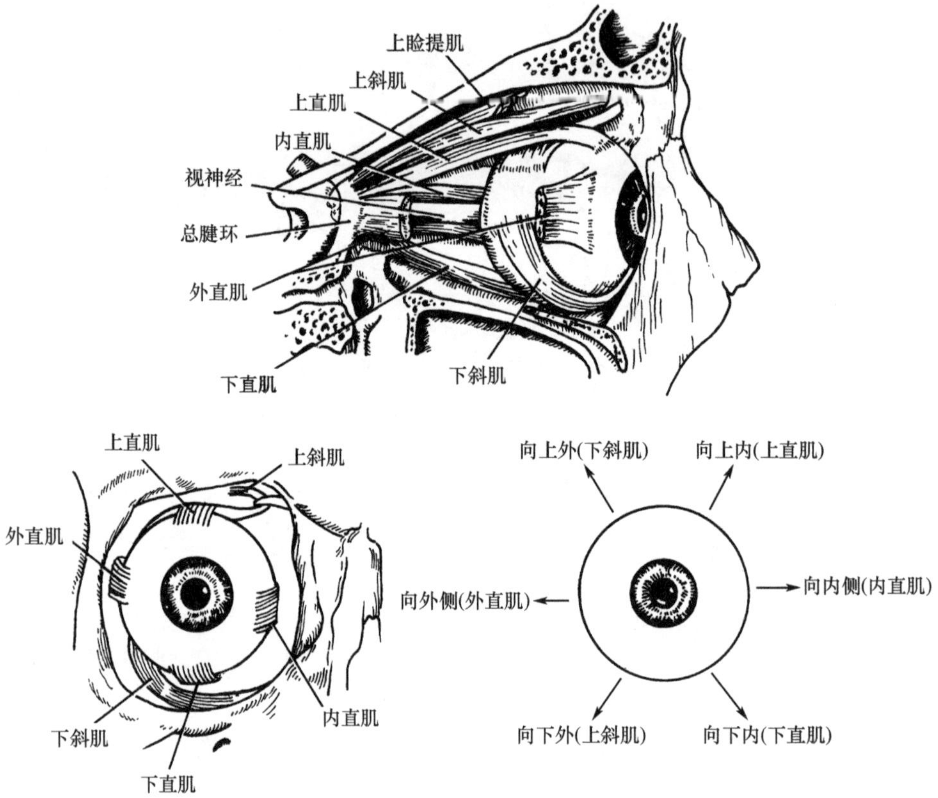

图 1-1-75　眼球外肌

泪腺动脉,睫状后长、短动脉。

【实验准备】

1. 标本　牛眼,眼肌标本,眼的血管标本。

2. 模型　眼球模型,眼外肌模型。

3. 挂图　视器挂图。

【思考题】

(1) 眼球壁的层次结构和分部?

(2) 房水是如何产生和循环的?

(3) 泪液是如何产生和排出的?

(4) 眼球外肌是如何运动眼球的?

(文:刘　真　李振华　图:刘　真)

实验十九　前 庭 蜗 器

【目的要求】

(1) 掌握外耳道的位置、形态、分部和婴儿外耳道的特点。

(2) 掌握鼓膜的形态、位置和分部。

(3) 掌握中耳的组成。掌握鼓室的位置、6 个壁的主要形态结构及毗邻。

（4）掌握咽鼓管的位置、分部、开口部位和作用，幼儿咽鼓管的特点。

（5）掌握乳突窦和乳突小房的位置。

（6）掌握内耳的位置和分部。

（7）掌握骨迷路的分部、各部的形态以及骨迷路与膜迷路的位置关系。

（8）掌握听觉和位置觉感受器的位置与功能。

【实验内容】

1. 外耳

（1）耳廓：参照图谱和活体，辨认其形态结构。

（2）外耳道：在标本上观察外耳道由外侧的软骨部和内侧的骨性部分组成。注意其向内侧走行的方向是先向前上，继而稍向后，然后弯向前下（图 1-1-76）。

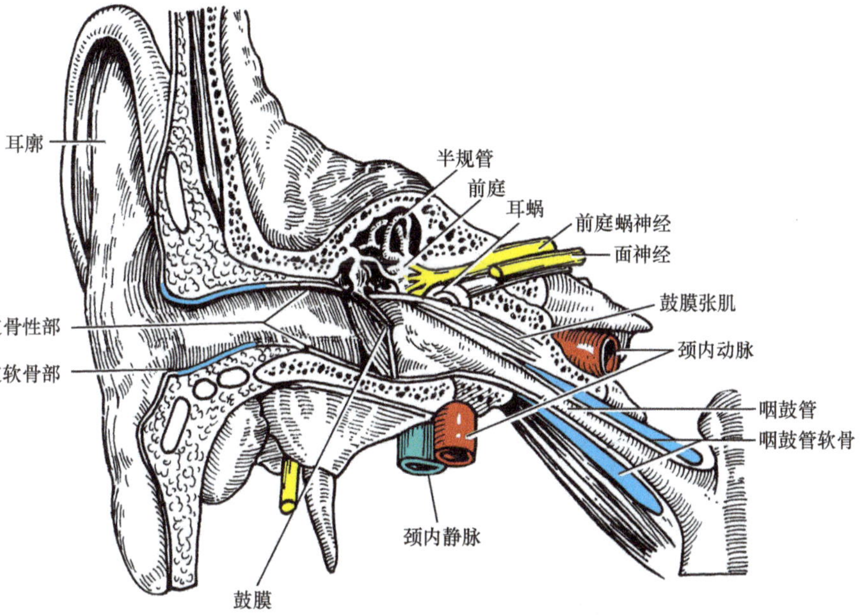

图 1-1-76 前庭蜗器

（3）鼓膜：在模型上观察鼓膜的位置及形态，辨认位于中央凹陷的鼓膜脐和其前下方隆起的光锥（图 1-1-77）。

2. 中耳 在模型及锯开的颞骨标本上对照观察，辨认鼓室、咽鼓管、乳突窦及乳突小房的位置和形态。

（1）辨认鼓室的 6 个壁及有关结构。

1）上壁：盖壁，由鼓室盖构成，分隔鼓室和颅中窝。

2）下壁：颈静脉壁，分隔鼓室和颈静脉窝内的颈静脉球。

3）前壁：颈动脉壁，即颈动脉管的后壁，此壁上部有鼓膜张肌半管口和咽鼓管

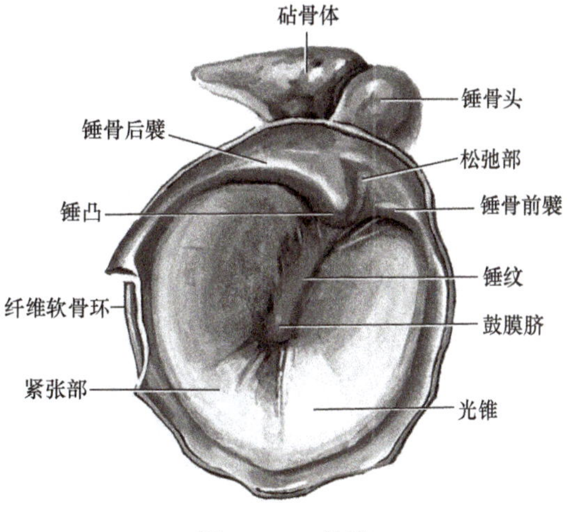

图 1-1-77 鼓膜

鼓室口。

4）后壁：乳突壁，上部有乳突窦入口。乳突窦入口的下方有锥隆起，内藏镫骨肌。

5）外侧壁：鼓膜壁，大部分是鼓膜，分隔鼓室和外耳道（图 1-1-76）。

6）内侧壁：迷路壁，中部为岬，岬的后上方有前庭窗，岬的后下方有蜗窗。前庭窗后上方有面神经管凸（图 1-1-78）。

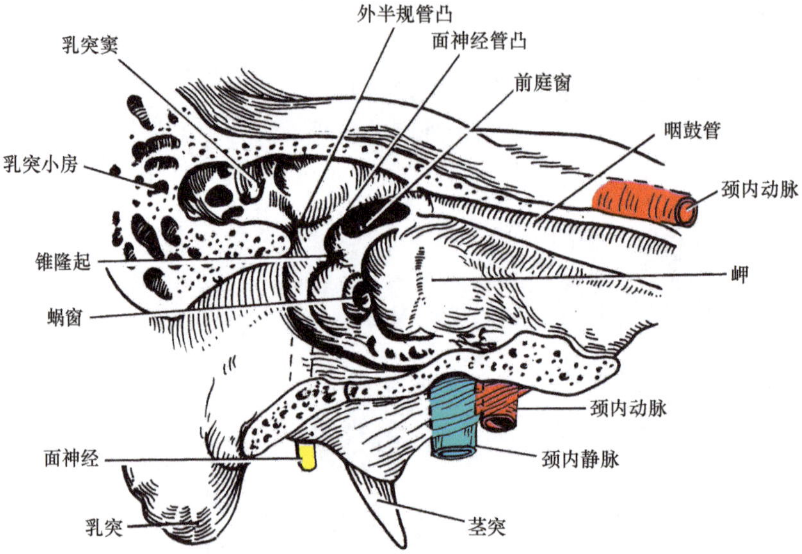

图 1-1-78　鼓室内侧壁

结合标本和模型观察鼓室的内容：3 块听小骨（锤骨、砧骨及镫骨）和 2 块运动听小骨的肌（鼓膜张肌和镫骨肌）。

（2）结合标本和图谱辨认咽鼓管、乳突窦和乳突小房。咽鼓管连通鼻咽部和鼓室。在鼻咽部侧壁寻找咽鼓管咽口。

3. 内耳　内耳由骨迷路和膜迷路组成。结合图谱和模型，在标本上区分骨迷路和膜迷路（图 1-1-79，图 1-1-80）。

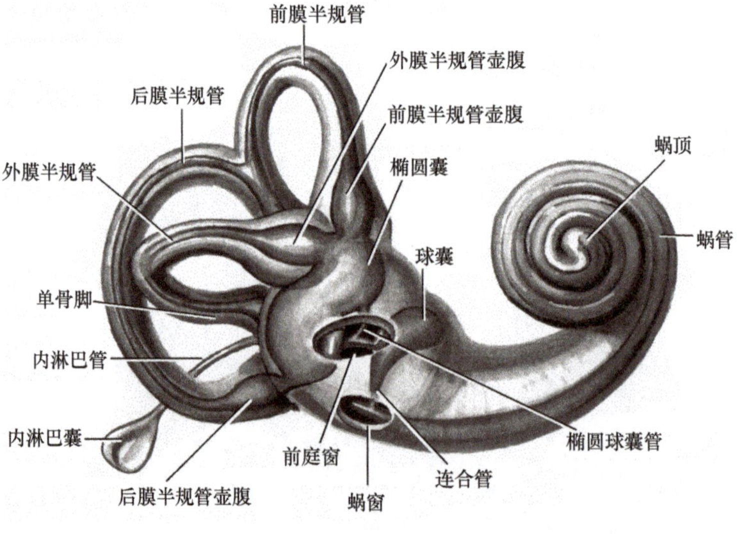

图 1-1-79　内耳

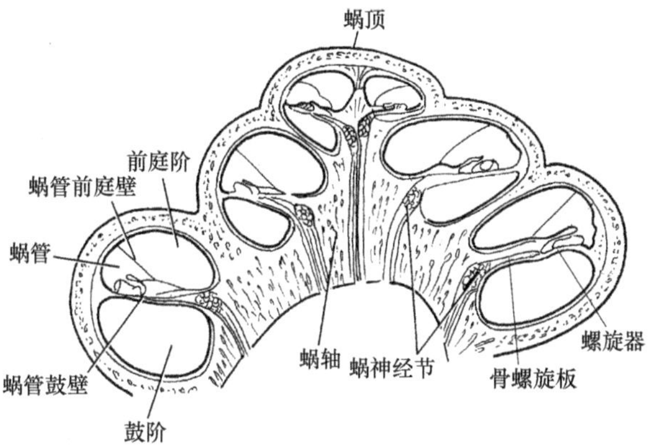

图 1-1-80 耳蜗轴切面

(1) 骨迷路:由骨密质围成,从前内侧向后外侧沿颞骨岩部长轴排列,分为耳蜗、前庭和骨半规管。辨认前庭、骨半规管和耳蜗。辨认前骨半规管、后骨半规管和外骨半规管及壶腹骨脚和单骨脚。

(2) 膜迷路:是套在骨迷路内封闭的膜性管或囊,包括椭圆囊和球囊、膜半规管和蜗管。椭圆囊内的椭圆囊斑、球囊内的球囊斑和膜壶腹上的壶腹嵴是位觉感受器,蜗管下壁的基底膜上的螺旋器是听觉感受器。在模型上辨认膜半规管、椭圆囊、球囊和蜗管。

【实验准备】

1. 标本 颞骨岩部示鼓室 6 壁标本、内耳迷路标本。

2. 模型 耳模型。

3. 挂图 前庭蜗器挂图。

【思考题】

(1) 听觉感受器和位置觉感受器的名称和位置。

(2) 咽鼓管有何作用? 应用解剖学知识,分析为什么小儿容易患中耳炎?

(3) 声波是如何向耳传导的?

(文:刘 真 李振华 图:刘 真)

实验二十 脊 髓

【目的要求】

(1) 了解神经系统在机体内的作用和地位。掌握神经系统的区分。了解神经元的形态结构及分类。

(2) 了解神经系统的基本活动方式。了解反射弧的组成。

(3) 掌握神经系统的常用术语。

(4) 掌握脊髓的位置、外形特点、脊髓节段及其与椎骨的对应关系。

(5) 掌握脊髓横切面上灰、白质的配布及各部的名称。

(6) 掌握脊髓灰质的主要核团的位置及功能性质。了解脊髓灰质的板层构筑。

(7) 掌握脊髓主要上行纤维束(薄束、楔束、脊髓丘脑束)和下行纤维束(皮质脊髓束)

的位置和功能。了解其他上、下行纤维束和固有束的位置及功能。

(8) 了解脊髓的功能。了解脊髓损伤后的临床表现。

【实验内容】

1. 脊髓的外形 结合模型和离体脊髓,确认以下结构:脊髓上份梭形的膨大称颈膨大;下份梭形的膨大称腰骶膨大;脊髓末端逐渐变细,称脊髓圆锥;脊髓表面的纵行沟裂(前面正中较深的前正中裂,后面正中较浅的后正中沟,两侧的前外侧沟和后外侧沟),观察前、后外侧沟内分别附着的脊神经前、后根的根丝。和一对脊神经根丝相连的一段脊髓即为一个脊髓节,共有 31 个脊髓节段。脊髓圆锥向下借细长的无神经组织终丝连至尾骨;在脊髓圆锥以下,脊神经根丝围绕终丝成束,形成马尾(图 1-1-81)。

2. 脊髓的位置 在切除椎管后壁的脊髓标本上,可见脊髓上端在枕骨大孔处与延髓相连,下端成人平对第 1 腰椎下缘(新生儿脊髓下端平对第 3 腰椎)(图 1-1-82)。

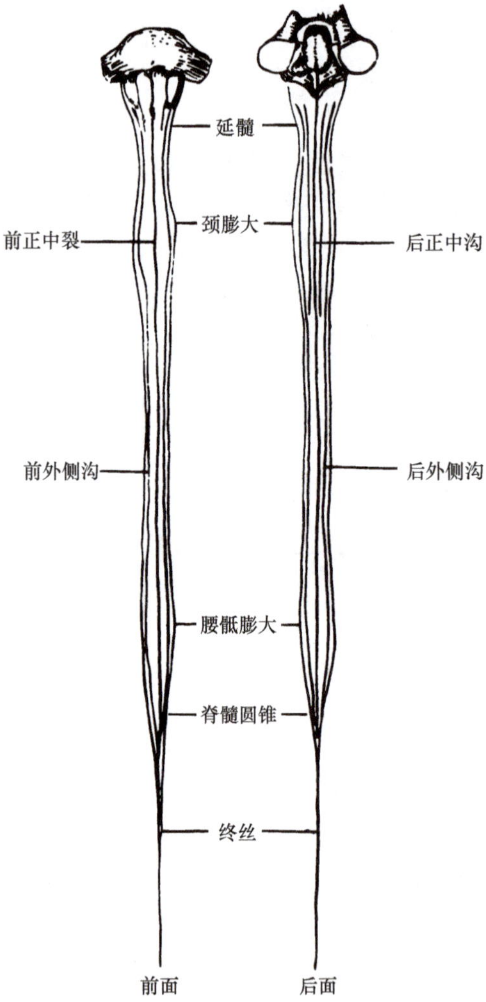

图 1-1-81 脊髓的外形

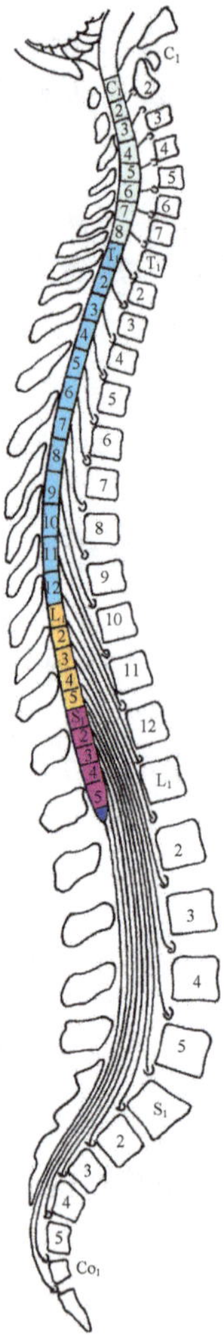

图 1-1-82 脊髓的位置和节段

3. 脊髓的内部结构 在染色的脊髓横切标本上观察脊髓的内部结构。切面上中份颜色较浅的部分是灰质,周围颜色较深的部分是白质(在新鲜标本上灰质颜色灰暗,白质鲜亮发白)，中央部可见细小的中央管(图 1-1-83)。

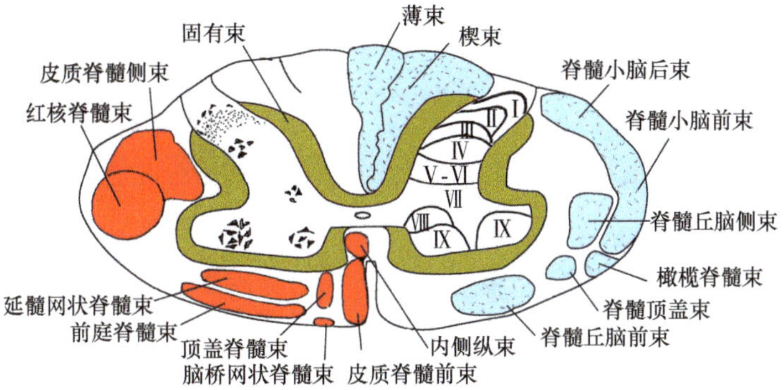

图 1-1-83　脊髓的内部结构(横断面)

(1) 脊髓灰质：脊髓灰质前部扩大的部分为前角，后部狭细的部分为后角，前后角之间的部分为中间带；在脊髓第 8 颈节到第 3 腰节，中间带向外侧突出形成侧角，为交感神经的低级中枢；连接两侧灰质的部分称灰质连合，辨认中央管前后的灰质前、后连合。结合图谱复习灰质内的主要核团(表 1-1-1)。

表 1-1-1　脊髓灰质内的主要核团

名称	位置	功能
后角边缘核	后角	传递伤害性刺激
胶状质	后角	传递浅感觉
后角固有核	后角	传递浅感觉
中间内侧核	中间带	传递内脏感觉
中间外侧核	中间带(T_1 ~ L_3)	传递内脏运动
骶副交感核	中间带($S_{2\sim4}$)	传递内脏运动
前角内侧核	前角	传递骨骼肌运动
前角外侧核	前角	传递骨骼肌运动

(2) 脊髓白质：确认脊髓白质的 3 个部分。前正中裂和前外侧沟之间的部分为前索，前后外侧沟之间的部分为外侧索，后正中沟和后外侧沟之间的部分为后索。结合模型辨认联络脑的长纤维和联系脊髓不同节段的短纤维(固有束)(表 1-1-2，表 1-1-3)。

表 1-1-2　脊髓内主要的上行传导束

名称	位置	起源	终止	功能
薄束	后索(T_5 以上仅占内侧部)	T_5 以下脊神经节	同侧薄束核	同侧 T_5 平面以下肢体本体感觉、精细触觉
楔束	后索(仅见于 T_4 以上外侧部)	T_4 以上脊神经节	同侧楔束核	同侧 T_4 平面以上肢体本体感觉、精细触觉
脊髓小脑后束	外侧索后部	同侧胸核	小脑	同侧胸部以下非意识性本体感觉
脊髓小脑前束	外侧索前部	对侧灰质板层Ⅴ ~ Ⅶ	小脑	同侧胸部以下非意识性本体感觉
脊髓丘脑束	前索	对侧灰质板层Ⅰ、Ⅳ ~ Ⅶ	背侧丘脑	对侧躯干和四肢的痛温觉及粗略的触压觉

表 1-1-3　脊髓内主要的下行传导束

名称	位置	起源	终止	功能
脊髓皮质侧束	外侧索	对侧大脑皮质运动区	脊髓灰质板层Ⅳ ~ Ⅸ，前角运动神经元	躯干和四肢的骨骼肌随意运动
脊髓皮质前束	前索	同侧大脑皮质运动区		
红核脊髓束	外侧索	红核	脊髓灰质板层Ⅶ ~ Ⅷ	兴奋屈肌

续表

名称	位置	起源	终止	功能
前庭脊髓束	前索	前庭神经核	脊髓灰质板层Ⅶ～Ⅷ	兴奋伸肌
网状脊髓束	前索和外侧索	脑干网状结构	脊髓灰质板层Ⅶ～Ⅷ	调节骨骼肌运动
内侧纵束	前索	前庭神经核	脊髓灰质板层Ⅶ～Ⅷ	协调头眼运动
顶盖脊髓束	前索	上丘	脊髓灰质板层Ⅵ～Ⅷ	协调头眼运动

【实验准备】

1. 标本 打开椎管后壁的脊髓、离体脊髓、脊髓横断染色薄片。

2. 模型 脊髓模型。

3. 挂图 脊髓挂图。

【思考题】

(1) 试述脊髓的位置和外形。

(2) 试述下列传导束的起止、功能和在脊髓内的位置(行程):薄束、楔束、脊髓丘脑束、皮质脊髓侧束、皮质脊髓前束。

(3) 应用解剖知识,分析脊髓半切、横断和脊髓灰质炎患者出现的症状。

(文:丁兆习　李振华　图:丁兆习)

实验二十一　脑　　干

【目的要求】

(1) 掌握脑干的组成和外形(包括菱形窝)。

(2) 掌握第四脑室的位置及连通关系。

(3) 掌握脑干内神经核的分类。掌握脑神经核的功能分类、各类脑神经核的名称、位置及其与脑神经的关系和功能。

(4) 掌握薄束核、楔束核的位置和纤维联系,了解脑桥核、红核、黑质、顶盖前区、上丘灰质层、下丘核的位置和纤维联系。

(5) 掌握脑干内锥体束、内侧丘系、脊髓丘系、三叉丘系、外侧丘系的位置与功能。

(6) 了解延髓锥体交叉、内侧丘系交叉、橄榄中部、脑桥下份、脑桥中份、中脑下丘、中脑上丘水平切面的主要结构。

(7) 了解脑干网状结构的位置及功能。了解脑干各部损伤后的临床表现。

【实验内容】

1. 脑干的外形 结合脑干模型及标本,自下而上确认延髓、脑桥和中脑。注意脑干背侧面中份有菱形凹窝称为菱形窝,由延髓上半部和脑桥的背侧共同构成(图1-1-84,图1-1-85,表1-1-4～表1-1-11)。

(1) 延髓腹侧面:上方借一横行的延髓脑桥沟与脑桥分隔;前面正中有前正中裂,裂外侧依次为纵行隆起的锥体、前外侧沟、卵圆形隆起的橄榄和橄榄后沟。锥体的深面为下行的锥体束,橄榄的深面为下橄榄核。注意辨认前正中裂下部内的锥体交叉,锥体与橄榄间的舌下神经根丝,橄榄后沟内由上而下依次排列的舌咽、迷走和副神经根丝。

(2) 脑桥的腹侧面:腹侧面宽阔隆起称基底部,其正中线上的纵行浅沟称基底沟;基底

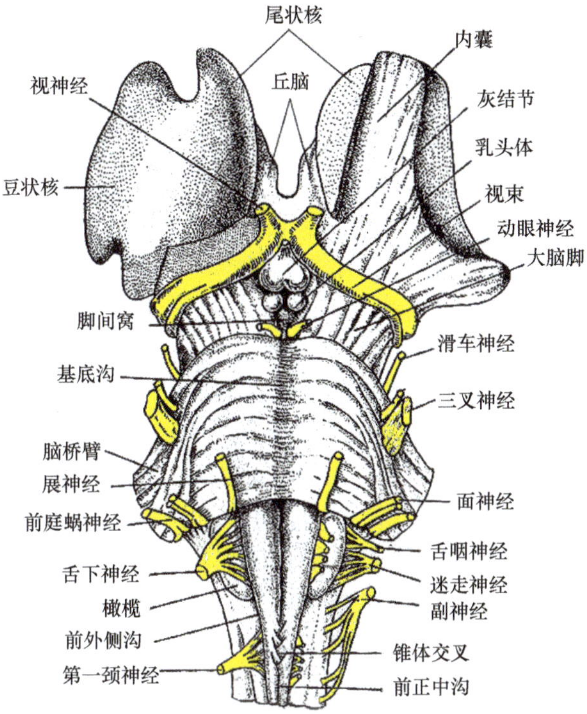

图 1-1-84　脑干的外形(前面观)

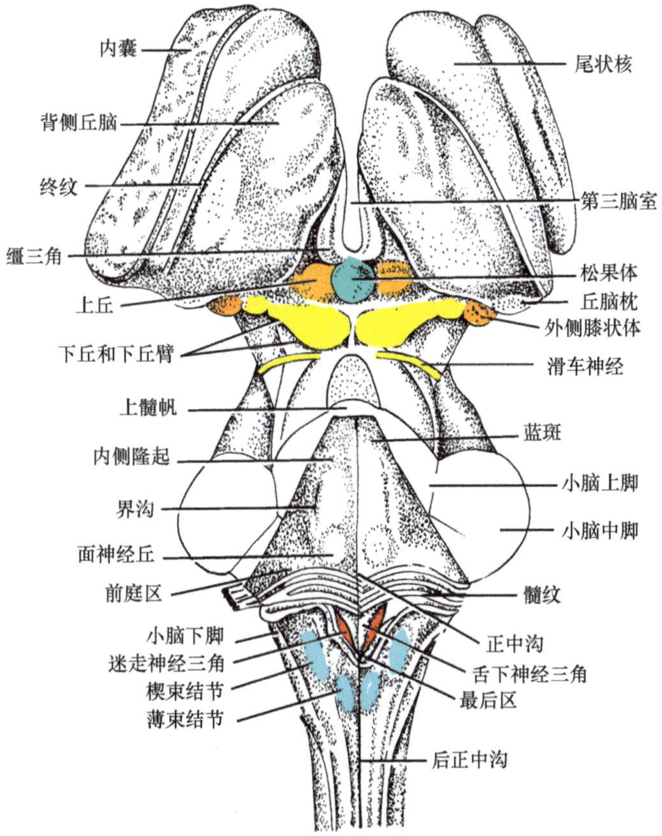

图 1-1-85　脑干的外形(后面观)

部向外后变窄称脑桥臂,也称小脑中脚;两者相连处可见粗大的三叉神经根。在脑桥延髓沟内由内侧向外侧辨认展神经、面神经和前庭蜗神经根,沟的外侧部和小脑结合处称脑桥小脑三角。

(3) 中脑腹侧面:上界表面横向走行的为视束(属于间脑),两侧粗大纵行柱状隆起称大脑脚,其间为脚间窝。观察窝内的动眼神经根。

(4) 延髓背侧面(下份):在标本或模型上确认以下结构,正中线上的后正中沟,沟上端外侧两个膨大分别为薄束结节和楔束结节,其深面分别为薄束核和楔束核。外上方的隆起为小脑下脚。

(5) 菱形窝:即第四脑室的底。确认其边界:两下外侧界是小脑下脚、楔束结节和薄束结节;两上外侧界为小脑上脚,两侧小脑上脚之间的薄白质板叫前髓帆。在菱形窝内辨认以下结构:正中线上纵贯全长的正中沟,外侧依次为微隆起的内侧隆起、纵行的界沟、宽阔的三角形前庭区和外侧角处的听结节。注意观察界沟上端的蓝斑,自正中沟中部走向外侧角的横行纤维束髓纹(延髓和脑桥在背侧面的分界线)。紧靠髓纹上方的内侧隆有明显的圆形隆起称面神经丘,其深面为面神经膝和展神经核;在髓纹以下的内侧隆上辨认内上方的舌下神经三角和外下方的迷走神经三角,其深面分别为舌下神经核和迷走神经背核。

(6) 中脑背侧面:辨认上、下两对圆形的隆起,即上丘和下丘,向外上方分别借条状隆起的上丘臂和下丘臂与间脑的外侧膝状体和内侧膝状体相连。下丘下方的前髓帆内可见到滑车神经根出脑。

2. 第四脑室 结合图谱和标本,辨认第四脑室的底为菱形窝;顶形似帐篷,其前上部为上髓帆,后下部为下髓帆和第四脑室脉络组织。在第四脑室脉络组织上辨认正中孔和两个外侧孔,室内可见第四脑室脉络丛。

3. 脑干内部结构 主要由神经核团、传导束和网状结构组成。神经核团包括脑神经核和非脑神经核。在脑干模型上辨认各核团和主要传导束(图 1-1-86,图 1-1-87,表 1-1-4 ~ 表 1-1-11)。

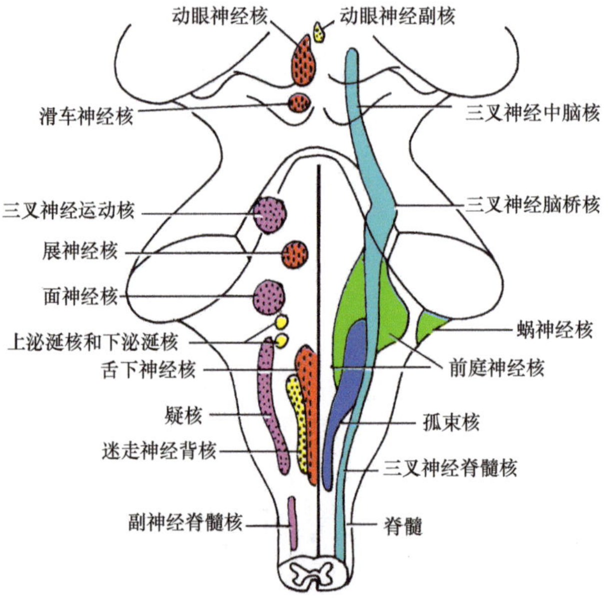

图 1-1-86 脑神经核

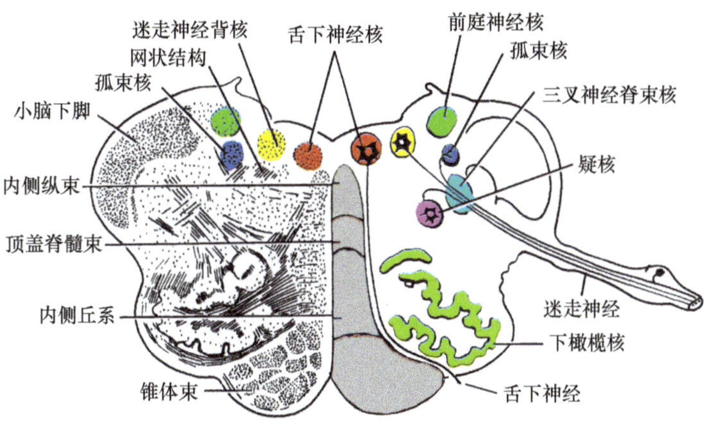

图 1-1-87 脑干横切面(橄榄中部平面)

表 1-1-4 一般躯体运动核

名称	位置	脑神经	功能
动眼神经核	中脑	Ⅲ	支配上睑提肌、上直肌、内直肌、下斜肌、下直肌
滑车神经核	中脑	Ⅳ	支配上斜肌
展神经核	脑桥	Ⅵ	支配外直肌
舌下神经核	延髓	Ⅻ	支配舌肌

表 1-1-5 特殊内脏运动核

名称	位置	脑神经	功能
三叉神经运动核	脑桥	Ⅴ	支配咀嚼肌
面神经核	脑桥	Ⅶ	支配表情肌
疑核	延髓	Ⅸ、Ⅹ、Ⅺ	支配咽喉肌
副神经核	延髓	Ⅺ	支配胸锁乳突肌、斜方肌

表 1-1-6 一般内脏运动核

名称	位置	相连脑神经	功能
动眼神经副核	中脑	Ⅲ	支配睫状肌和瞳孔括约肌
上泌涎核	脑桥	Ⅶ	支配泪腺、舌下腺和下颌下腺
下泌涎核	脑桥	Ⅸ	支配腮腺
迷走神经背核	延髓	Ⅹ	支配颈、胸及大部分腹部脏器

表 1-1-7 一般和特殊内脏感觉核

名称	位置	脑神经	功能
孤束核	延髓脑	Ⅶ、Ⅸ、Ⅹ	味觉及内脏感觉

表 1-1-8　一般躯体感觉核

名称	位置	相连脑神经	功能
三叉神经中脑核	中脑	V	头部本体感觉
三叉神经脑桥核	脑桥	V	头面部触觉
三叉神经脊束核	延髓	V	头面部疼温觉

表 1-1-9　特殊躯体感觉核

名称	位置	相连脑神经	功能
前庭神经核	脑桥	Ⅷ	平衡觉
蜗神经核	脑桥	Ⅷ	听觉

表 1-1-10　非脑神经核

名称	位置	功能	名称	位置	功能
薄束核	延髓(薄束结节深面)	中继本体感觉和精细触觉	黑质	中脑	锥体外系
楔束核	延髓(楔束结节深面)	中继本体感觉和精细触觉	下丘核	下丘	听觉反射中枢
下橄榄核	延髓(橄榄深面)	锥体外系	上丘灰质层	上丘	视觉反射中枢
脑桥核	脑桥	锥体外系	顶盖前区	中脑	瞳孔对光反射中枢
红核	中脑	锥体外系			

表 1-1-11　脑干内的重要传导束

名称	起源	终止	功能
内侧丘系	薄束核、楔束核	背侧丘脑腹后外侧核	躯干和四肢本体感觉和精细触觉
脊丘系	脊髓灰质后角	背侧丘脑腹后外侧核	躯干和四肢浅感觉
三叉丘系	三叉神经脑桥核、脊束核	背侧丘脑腹后内侧核	头面部浅感觉
外侧丘系	蜗神经核、上橄榄核等	内侧膝状体	听觉
锥体束	大脑皮质	脑神经躯体运动核、脊髓前角运动神经元	骨骼肌随意运动

4. 脑干断面　结合图谱、模型,在脑干染色横切片上观察。

(1) 延髓内侧丘系交叉平面:中央管周围灰质内由背侧向腹侧可见孤束核、迷走神经背核、舌下神经核逐渐出现。腹侧前正中裂两侧膨大的锥体内为锥体束(皮质脊髓束),其后方中线两侧由前向后依次为内侧丘系、顶盖脊髓束、内侧纵束,其背外侧边缘处由前向后依次可见脊丘系、脊髓小脑束、三叉神经脊髓束和三叉神经脊束核,其背内侧大部为网状结构,中间可见疑核。后方正中沟两侧膨大的薄束结节和楔束结节深面可见薄束核和楔束核,其轴突向腹侧绕中央管和周围灰质交叉至对侧形成内侧丘系交叉,交叉后的纤维沿中线上升形成内侧丘系。

(2) 延髓橄榄中部平面:该平面的中央管移向背侧扩大为第四脑室,自第四脑室底正中沟向外依次可见舌下神经核、迷走神经背核、孤束核、前庭神经核群。腹侧前正中裂两侧膨大的锥体内为锥体束,其后方中线两侧由前向后依次为内侧丘系、顶盖脊髓束、内侧纵束,其背外侧的膨大为橄榄及深面的下橄榄核。下橄榄核背外侧边缘处由前向后依次可见脊丘系、脊髓小脑前束、三叉神经脊髓束和三叉神经脊束核、小脑下脚,下橄榄核背侧大部为网状结构,中间可见疑核。

(3) 脑桥中部平面:第四脑室逐渐缩小,可见两侧的小脑上脚和顶部的上髓帆。区分脑桥的被盖部和基底部,两者以横行的纤维束-斜方体为界,其内有纵行的内侧丘系。在前方的基底部内有纵行的锥体束、横行的脑桥小脑纤维和散在的脑桥核;在斜方体背侧中线两侧从前向后辨认纵行的顶盖脊髓束、内侧纵束,在斜方体外侧辨认脊丘系、外侧丘系、三叉神经脑桥核和三叉神经运动核。

(4) 中脑上丘平面:位于中脑水管周围的是导水管周围灰质,其腹侧部可见动眼神经核和动眼神经副核,外侧缘可见三叉神经中脑核。导水管周围灰质的背侧为顶盖,腹侧为大脑脚。大脑脚的中份可见横向半月形的黑质,其腹侧为大脑脚脚底,由内向外依次有额桥束、锥体束、顶枕颞桥束下行。黑质的后方称被盖,被盖中央近中线处可见横断面呈圆形的红核,其轴突形成被盖腹侧交叉下行组成红核脊髓束。内侧丘系、脊丘系、三叉丘系由前内向后外侧依次位于红核的背外侧。

5. 网状结构 结合图谱观察脑干各部中央的区域,除明确的神经核团和传导束外,弥散的神经元和纤维即为网状结构。

【实验准备】

1. 标本 完整脑标本、脑干标本、脑干各段横切面标本、脑正中矢状切面标本。

2. 模型 脑模型、脑干模型、脑神经核模型。

3. 挂图 脑干挂图。

【思考题】

(1) 试述各类脑神经核的组成、位置、纤维联系和功能。

(2) 试述脑干内主要上、下行纤维束的名称、位置、纤维联系和功能。

(3) 应用解剖知识,分析脑干不同部位一侧局灶性损伤患者出现的症状。

(文:丁兆习 李振华 图:丁兆习)

实验二十二 小脑和间脑

【目的要求】

(1) 掌握小脑的位置、外形、分叶和功能分区。

(2) 了解小脑核的名称、位置。

(3) 了解小脑的纤维联系与功能。

(4) 掌握间脑的位置、分部及各部的组成和位置。

(5) 掌握第三脑室的位置与连通。

(6) 了解背侧丘脑核团的划分。掌握特异性中继核团的名称、纤维联系和功能(包括后丘脑)。

(7) 掌握下丘脑的主要核团及其与垂体的关系。了解下丘脑的功能。

【实验内容】

1. 小脑

(1) 观察小脑的位置:结合颅骨和脑标本,可见小脑位于颅后窝,脑干背面和端脑枕叶下方。

(2) 小脑的外形和分叶:在游离小脑标本上确认以下结构,两侧膨隆的小脑半球,中间缩窄的小脑蚓,前面连脑干的上、中、下 3 对小脑脚。小脑半球下面的前内侧突出的为小脑扁桃体。在小脑蚓下面自前向后区别小结、蚓垂、蚓锥体和蚓结节(图 1-1-88)。

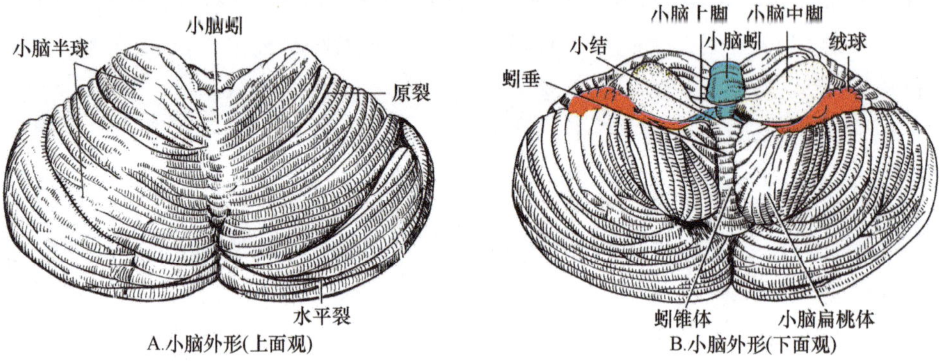

图 1-1-88　小脑的外形

在小脑前面辨认后外侧裂及沟内的绒球和绒球脚,在上面辨认原裂。区分小脑的 3 个叶,即绒球小结叶、前叶和后叶。

(3) 小脑的内部结构:在小脑水平切面或冠状切面标本上观察以下结构,小脑皮质、小脑髓体及位于髓体内的小脑核,自中线向外侧依次为顶核、栓状核、球状核和齿状核。

2. 间脑

(1) 观察间脑的位置:在脑正中矢状面上确认间脑位于中脑和端脑之间,绝大部分为两大脑半球所遮盖。间脑内部的腔为第三脑室。

(2) 间脑外形、分部及各部组成:在间脑模型和标本上区分背侧丘脑、下丘脑、上丘脑、后丘脑和底丘脑 5 部分。底丘脑在外形上看不见。确认以下结构(图 1-1-89)。

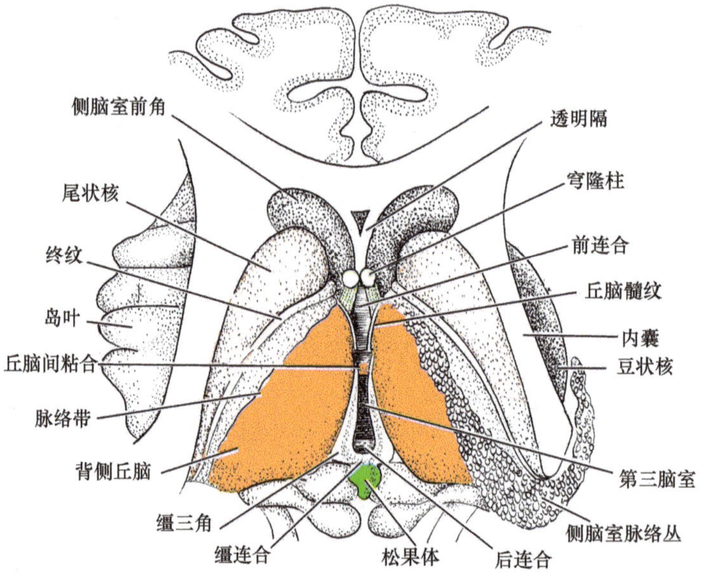

图 1-1-89　间脑(背侧面观)

背侧丘脑:后端膨大称丘脑枕,前端隆凸称丘脑前结节,内侧面和下丘脑之间的浅沟为下丘脑沟。

下丘脑：在脑底面及脑矢状切面标本上从前向后确认视交叉、灰结节和乳头体。视交叉前上方为终板，向后延伸为视束。灰结节向下经漏斗连脑垂体。

上丘脑：在第三脑室顶部周围，自前向后观察丘脑髓纹、缰三角、缰连合和松果体。

后丘脑：在丘脑枕后下方辨认内侧膝状体和外侧膝状体，分别是听觉和视觉中继站。

(3) 间脑内部结构：结合模型及图谱，在间脑横切面标本上确认以下结构。

背侧丘脑：内有垂直的“Y”形白质板称内髓板，借此将其分割成前核群、内侧核群和外侧核群。其中外侧核群腹层的腹前核和腹中间核中转来自齿状核、纹状体和黑质的纤维到大脑运动皮质，腹后内侧核中转三叉丘系、味觉纤维和信息到中央后回下部；腹后外侧核中转内侧丘系和脊髓丘系传入纤维和信息到中央后回中上部和中央旁小叶(图 1-1-90)。

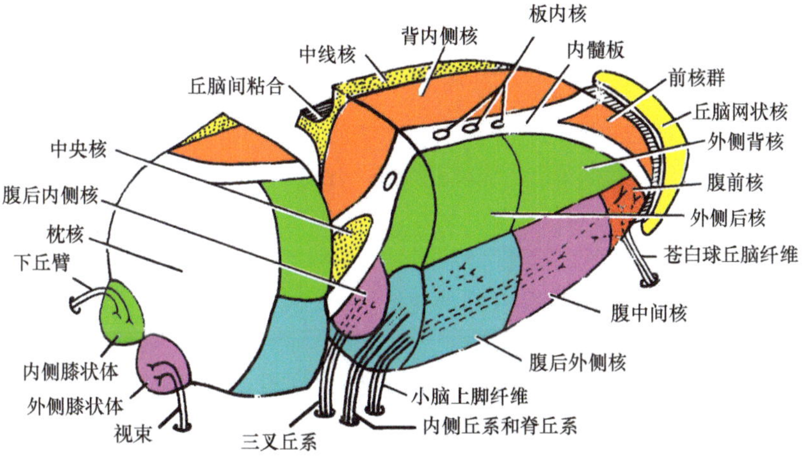

图 1-1-90　背侧丘脑的核团

背侧丘脑核群

- 背侧丘脑核群
  - 前核群
  - 内侧核群
  - 外侧核群
    - 背侧核
      - 外侧背核
      - 外侧后核
      - 枕核
    - 腹侧核
      - 腹前核
      - 腹中间核
      - 腹后核
        - 腹后内侧核
        - 腹后外侧核
  - 其他核群：正中核、网状核、板内核　　非特异性中继核团

外侧背核、外侧后核、枕核、腹前核：**联络性核团**

腹中间核、腹后内侧核、腹后外侧核：**特异性中继核团**

下丘脑：室旁核和视上核、弓状核。

(4) 第三脑室：在脑正中矢状切面标本上确认它的边界，即前界终板，后界松果体隐窝，底由视交叉、灰结节、漏斗、乳头体等构成，向后下与中脑水管连通，前方借室间孔通侧脑室，室内可见有与侧脑室内相延的脉络丛。

【实验准备】

1. 标本　完整脑标本，脑正中矢状切面标本(示下丘脑在脑表面可见的结构)，间脑、小脑和小脑切面标本(示小脑核)，脑的水平切面和冠状切面标本(示间脑的空间位置关系及与大脑的关系)。

2. 模型 间脑和小脑模型。

3. 挂图 小脑、间脑挂图。

【思考题】

(1) 试述间脑特异性中继核团的名称、纤维联系和功能。

(2) 试述下丘脑主要核团与垂体的纤维联系。

(3) 应用解剖知识,分析小脑不同部位(叶)病变后患者出现的症状。

(文:丁兆习 李振华 图:丁兆习)

实验二十三 端 脑

【目的要求】

(1) 掌握大脑半球的主要沟裂、分叶和各叶的主要沟回。

(2) 掌握第Ⅰ躯体运动区、第Ⅰ躯体感觉区、视区、听区的位置及功能定位。掌握语言中枢的位置。

(3) 掌握基底核的组成和位置。

(4) 掌握侧脑室的形态分部和各部的位置。

(5) 了解大脑半球白质纤维的分类。

(6) 掌握内囊的位置、分部及各部所通过的主要纤维束。了解内囊损伤后的临床表现。

(7) 了解嗅脑和边缘系统的组成及功能。

【实验内容】

1. 观察大脑半球的外形及重要的叶、沟和回 在完整端脑标本上观察:左、右两大脑半球、半球间纵行的大脑纵裂及裂底连接两侧半球的胼胝体、大脑和小脑之间的大脑横裂。在正中矢状切开的半球标本上观察每侧大脑半球都分上外侧面、内侧面及底面。在半球上外侧面确认起自半球下面走向后外的外侧沟,自上缘中点稍后方斜向前下的中央沟,在半球内侧面后部确认由前下斜上后上并延伸到上外侧面的顶枕沟,下缘枕极前方的枕前切迹。辨认依据上述沟裂划分的端脑的5个叶:额叶、顶叶、颞叶、枕叶和岛叶。在分叶的基础上,在端脑半球标本或模型上观察各叶的重要沟回。

(1) 半球上外侧面:①额叶:在中央沟前方找到平行走行的中央前沟,两者之间为中央前回,为第Ⅰ躯体运动区;自中央前沟向前与上缘平行走行的两条沟为额上沟和额下沟,分别分隔额上回、额中回和额下回,额中回后部为书写中枢,额下回后部为运动性语言中枢。②顶叶:在中央沟后方找到平行走行的中央后沟,两者之间为中央后回,为第Ⅰ躯体感觉区,其下端为味觉区;中央后沟向后与上缘平行走行的沟称顶内沟,其上方为顶上小叶,下方为顶下小叶,顶下小叶前份包绕外侧沟后端称缘上回,后份包绕颞上沟后端称角回。③颞叶:与外侧沟平行的两条沟为颞上沟和颞下沟,分别分隔颞上回、颞中回和颞下回。颞上回后端为听觉中枢,在其上面可辨认隐藏在外侧沟下壁的颞横回,为听觉中枢(图1-1-91)。

(2) 半球内侧面:中部前后弓形走向的纤维白质板称胼胝体(由前向后区分胼胝体嘴、胼胝体膝、胼胝体干和胼胝体压部),其背面为胼胝体沟,上方与之平行走行的沟为扣带沟,两沟之间为扣带回;扣带沟后端转向背侧称边缘支,其前方为中央前、后回延伸到内侧面的部分,称中央旁小叶(第Ⅰ躯体运动区和感觉区的延续);胼胝体下方的弓形纤维束为穹隆,两者之间为

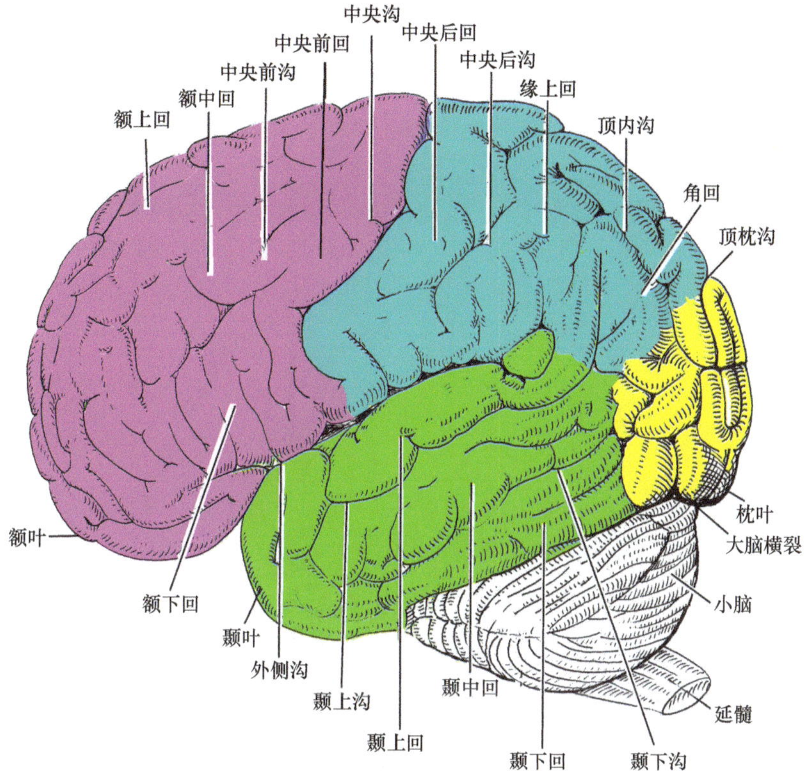

图 1-1-91　大脑半球(外侧面)

透明隔。胼胝体后下方弓形走向枕极的沟为距状沟,其上方为楔叶,下方为舌回,沟两侧皮质为视觉中枢。胼胝体嘴向下依次连接着横行纤维束前连合和终板。注意观察穹隆柱后方与背侧丘脑前端之间的室间孔,它是侧脑室与第三脑室连通的孔道(图 1-1-92)。

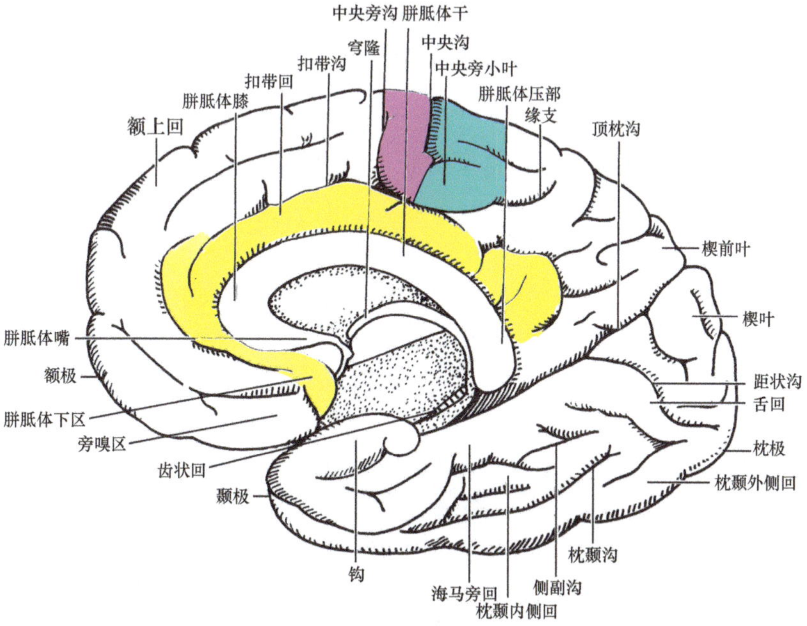

图 1-1-92　大脑半球(内侧面)

(3) 半球底面:半球底面前部由额叶、中部由颞叶、后部由枕叶构成。确认以下结构:①额叶底面纵行的沟称嗅束沟,其内侧部为直回,外侧部统称为眶回,沟内容纳嗅束;嗅束前端膨大为嗅球,后端扩大为嗅三角;嗅三角和视束之间为前穿质。②颞叶底面可见与半球下缘平行的枕颞沟和侧副沟,自外侧向内侧分隔枕颞外侧回、枕颞内侧回和海马旁回;海马旁回前端弯曲称钩,附近皮质为嗅觉区;海马旁回内侧为海马沟,在沟的上方可见锯齿状的窄条皮质称齿状回;打开侧脑室下角,在齿状回外侧确认海马和海马伞(可在海马标本上寻找)(图 1-1-93)。

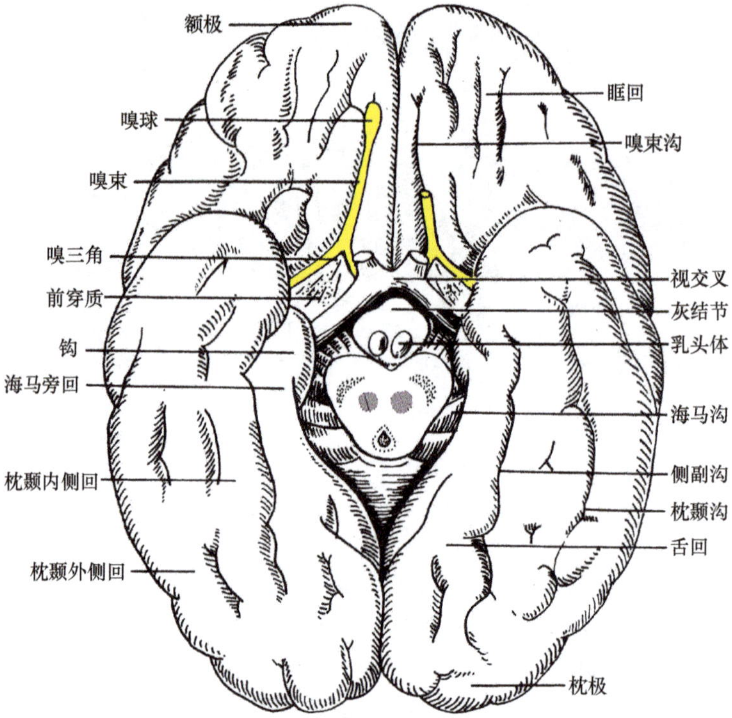

图 1-1-93　大脑半球(下面)

2. 端脑的内部结构　在大脑半球中部的水平切面上,辨认大脑表面深色的皮质和深部浅色的髓质。结合端脑立体模型,辨认髓质中央的基底核,主要有尾状核、豆状核、屏状核和杏仁体,尾状核、豆状核合称纹状体,与运动调节有关。髓质包括联系半球内各部皮质的联络纤维,联系左、右半球皮质的联合纤维和联系大脑皮质与皮质下各中枢间的投射纤维构成。投射纤维大部分经过豆状核与尾状核、背侧丘脑之间,形成尖向内"<"字形的白质板,称内囊(区分内囊前肢、内囊膝和内囊后肢,复习各部的投射纤维)。半球内的裂隙为侧脑室,探查其中央部、前角(额叶内)、后角(枕叶内)、下角(颞叶内)以及其内部的脉络丛(图 1-1-94,图 1-1-95,表 1-1-12)。

表 1-1-12　内囊的投射纤维定位

内囊前肢	丘脑前辐射、额桥束
内囊膝	皮质核束
内囊后肢	皮质脊髓束、红核脊髓束、丘脑中央辐射、视辐射、听辐射、顶枕颞桥束

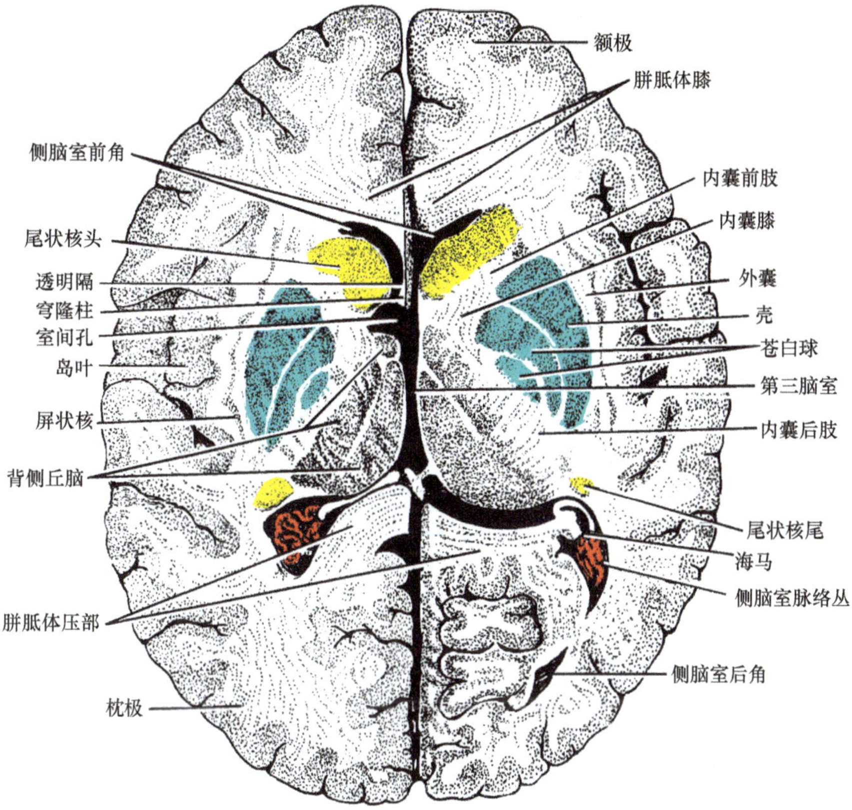

图 1-1-94　大脑半球(横切面)

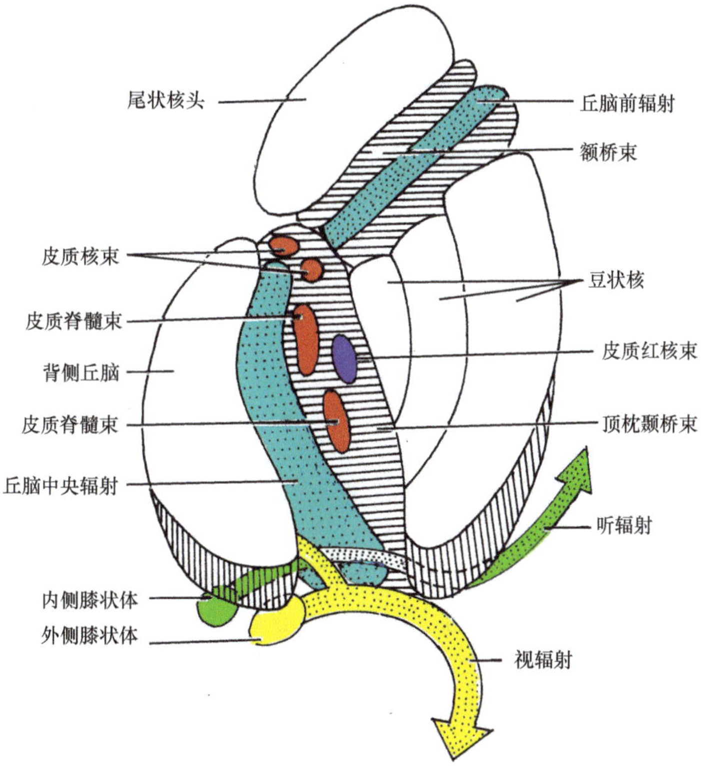

图 1-1-95　内囊(水平切面示意图)

【实验准备】

1. 标本 完整脑标本、大脑正中矢状切面标本、端脑水平切面标本、端脑冠状切面标本、显示侧脑室的标本。

2. 模型 大脑模型、侧脑室模型。

3. 挂图 大脑外形及内部结构挂图。

【思考题】

(1) 试述大脑半球的分叶和各叶的沟回。

(2) 简述大脑皮质的功能定位及特点。

(3) 内囊的位置、分部及各部所含的主要投射纤维束。

(4) 基底核的组成和位置,纹状体的组成和功能。

(5) 应用解剖知识,分析内囊损伤的主要临床表现及原理。

(文:丁兆习　李振华　图:丁兆习)

实验二十四　神经系统的传导通路

【目的要求】

(1) 掌握躯干、四肢意识性本体觉和精细触觉传导通路的组成,各级神经元胞体所在部位,纤维束在中枢各部的位置及向大脑皮质投射的部位。

(2) 了解躯干、四肢非意识性本体感觉传导通路。

(3) 掌握躯干、四肢及头面部痛、温觉和粗触压觉传导通路的组成,各级神经元胞体所在的部位,纤维束在中枢各部的位置及向大脑皮质投射的部位。

(4) 掌握视觉传导通路的组成,各级神经元胞体所在部位,纤维部分交叉(视交叉)的情况,在内囊的位置和向大脑皮质投射的部位。了解视觉传导通路不同部位损伤后的视野变化。掌握瞳孔对光反射的通路,了解该通路不同部位损伤后瞳孔对光反射的变化。

(5) 了解听觉传导通路的组成。

(6) 掌握上、下运动神经元的位置。

(7) 掌握皮质脊髓束的起源、在中枢各部的位置、纤维交叉部位及其与下运动神经元联系的状况。

(8) 掌握皮质核束的起源、在中枢各部的位置及其对脑神经运动核的管理。

(9) 了解上、下运动神经元损伤后的临床表现。

(10) 掌握锥体外系的概念。了解主要的锥体外系通路。

【实验内容】 观察神经系统的传导通路模型,辨认各级神经元的位置、纤维束在中枢各部的位置、交叉部位和投射部位。

1. 躯干和四肢的意识性本体感觉和精细触觉传导通路 第 1 级神经元胞体位于脊神经节内,其中枢突在脊髓后索上升,形成薄束(来自 T_5 以下的脊神经节)和楔束(来自 T_4 以上的脊神经节)。第 2 级神经元为延髓内的薄束核和楔束核,其轴突左右交叉,形成内侧丘系交叉。交叉后的纤维形成内侧丘系。第 3 级神经元为背侧丘脑的腹后外侧核,其轴突组成丘脑中央辐射,经内囊后肢投射到大脑皮质中央后回的中、上部,中央旁小叶后部和中央前回(图 1-1-96)。

2. 躯干和四肢的非意识性本体觉传导通路　第1级神经元胞体位于脊神经节内。第2级神经元为脊髓灰质内的胸核和腰、骶膨大第Ⅴ～Ⅶ层外侧部。胸核的轴突在同侧外侧索组成脊髓小脑后束，向上经小脑下脚进入旧小脑皮质；腰骶膨大第Ⅴ～Ⅶ层外侧部发出的轴突组成对侧和同侧的脊髓小脑前束，向上经小脑上脚进入旧小脑皮质(图1-1-96)。

3. 躯干和四肢的痛、温度和粗略触觉传导通路　第1级神经元胞体位于脊神经节内。第2级神经元胞体主要位于脊髓灰质的第Ⅰ、Ⅳ、Ⅴ层，其轴突交叉至对侧组成脊髓丘脑侧束和脊髓丘脑前束。第3级神经元为丘脑腹后外侧核，其轴突组成丘脑中央辐射，经内囊后肢投射到中央后回的中、上部和中央旁小叶后部(图1-1-97)。

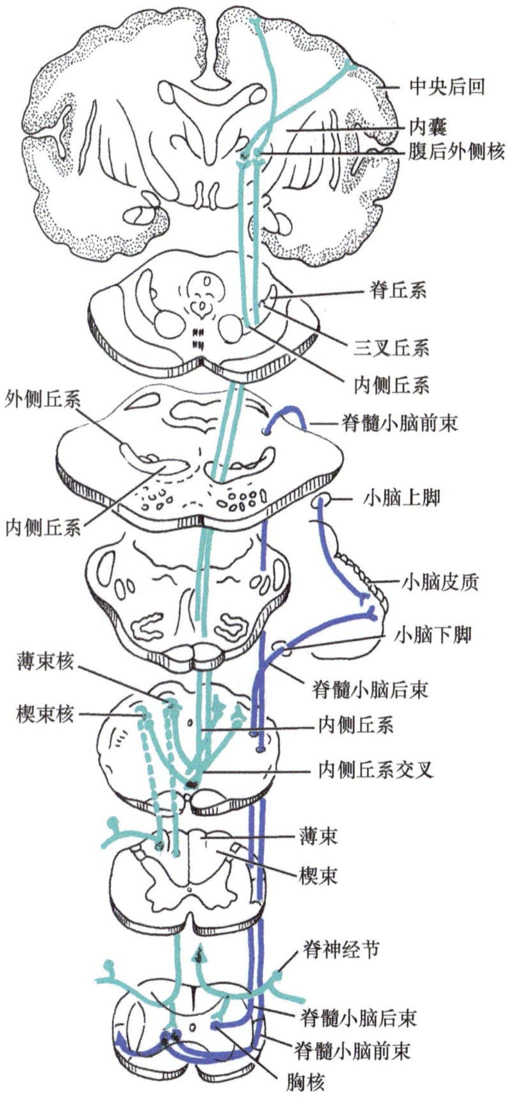

图1-1-96　躯干和四肢深感觉及精细触觉传导路

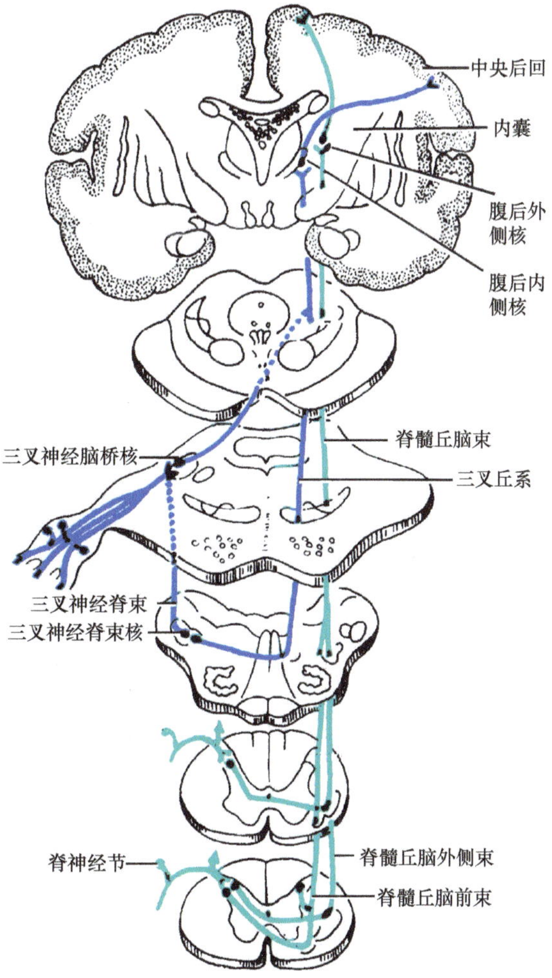

图1-1-97　浅感觉传导路

4. 头面部的痛、温度和触觉传导通路　第1级神经元胞体位于三叉神经节内。第2级神经元为三叉神经脑桥核和脊束核，其轴突大部分交叉至对侧组成三叉丘系。第3级神经元为丘脑腹后内侧核，其轴突经内囊后肢投射到中央后回的下部(图1-1-97)。

5. 视觉传导通路和瞳孔对光反射通路

（1）视觉传导路：第 1 级神经元为眼球视网膜上的双极细胞。第 2 级神经元为节细胞，其轴突构成视神经，经视交叉后延为视束（注意在视交叉中，来自两眼鼻侧半视网膜的纤维交叉；来自颞侧半视网膜的纤维不交叉）。第 3 级神经元的胞体在外侧膝状体内，其轴突组成视辐射，经内囊后肢投射到端脑距状沟周围的视区皮质（图 1-1-98）。

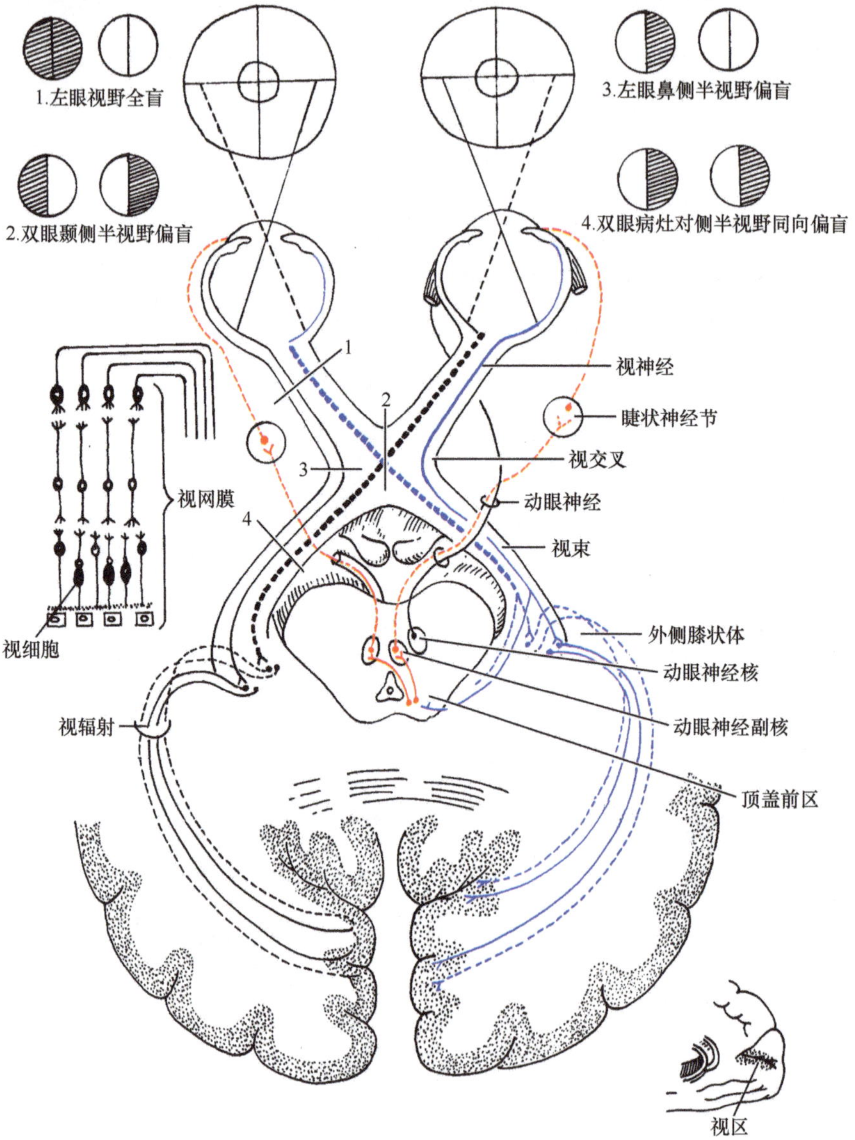

图 1-1-98　视觉传导路

（2）瞳孔对光反射通路：自视网膜始→视神经→视交叉→视束→上丘臂→顶盖前区（瞳孔对光反射中枢）→两侧动眼神经副核→动眼神经→睫状神经节→节后纤维支配瞳孔括约肌和睫状肌。

6. 听觉传导路　第 1 级神经元为位于蜗螺旋神经节内的双极细胞，其中枢突组成蜗神经。第 2 级神经元为蜗神经前、后核，其轴突横行越至对侧构成外侧丘系。第 3 级神经元大部分纤维止于下丘，由下丘发出纤维到达内侧膝状体（第 4 级神经元），自此发出纤维组成听辐射，经内囊后肢投射到颞横回的听区皮质。

7. 运动传导通路

（1）皮质脊髓束：上运动神经元为中央前回上、中部和中央旁小叶前部的巨型锥体细胞和其他类型的锥体细胞以及额、顶叶部分区域的锥体细胞，其轴突组成皮质脊髓束，经内囊、大脑脚底、脑桥基底部和延髓锥体下行，75% ~ 90% 的纤维在锥体交叉处交叉至对侧，形成皮质脊髓侧束，小部分没交叉的纤维称皮质脊髓前束。下运动神经元为脊髓前角细胞，其轴突构成脊神经（图 1-1-99）。

（2）皮质核束：上运动神经元为中央前回下部等处的锥体细胞，其轴突组成皮质核束。下运动神经元为双侧脑神经运动核（注意面神经核下半和舌下神经核只接受对侧皮质核束支配），其轴突构成脑神经（图 1-1-99）。

（3）锥体外系：结合图谱，在模型上确认锥体外系的几个重要环路。

1）皮质—新纹状体—背侧丘脑—皮质。

2）新纹状体—黑质。

3）苍白球—底丘脑。

4）皮质—脑桥—小脑—皮质。

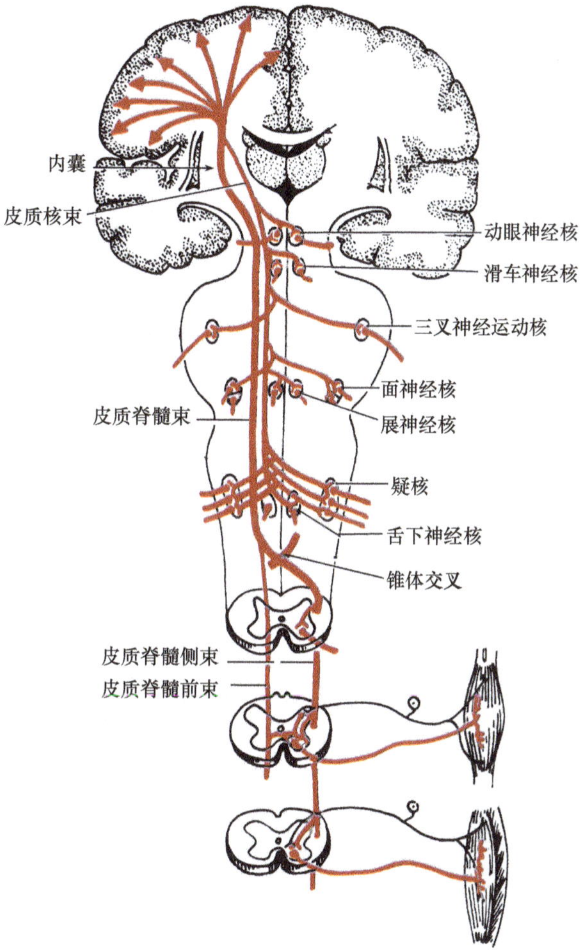

图 1-1-99　运动传导路

【实验准备】

1. 模型　神经传导通路模型。

2. 挂图　神经传导通路挂图。

【思考题】

（1）试述下列神经传导通路神经元的组成（各级神经元胞体所在部位，纤维束在中枢内的位置及向大脑皮质投射的部位）：躯干和四肢本体感觉和精细触觉，躯干和四肢痛、温觉，头面部痛、温觉，视觉，听觉。

（2）皮质脊髓束、皮质核束在中枢各部的位置、交叉部位及其对下运动神经元联系的状况。

（3）应用解剖知识，分析锥体系上、下运动神经元损伤后的不同表现。

（文：丁兆习　李振华　图：丁兆习）

实验二十五　脑和脊髓的被膜、血管及脑脊液

【目的要求】

(1) 掌握硬脊膜的形态特征、硬膜外隙的位置与内容。

(2) 了解脊髓蛛网膜、软脊膜的形态特点。掌握蛛网膜下隙的位置、内容及终池的位置。

(3) 掌握硬脑膜的形态特点。掌握硬脑膜形成的特殊结构(大脑镰、小脑幕、鞍膈)的位置。掌握硬脑膜窦的名称、位置。掌握海绵窦的位置、穿经海绵窦的结构及海绵窦的交通。

(4) 了解脑蛛网膜和软脑膜的结构特点。掌握小脑延髓池的位置。了解其他蛛网膜下池的位置。

(5) 了解颅内、外静脉的交通。

(6) 掌握脑的动脉来源、颈内动脉和椎动脉的行程及其主要分支。大脑前、中、后动脉的发起和分布。

(7) 掌握大脑动脉环的组成和位置。

(8) 了解大脑浅、深静脉的回流概况。

(9) 了解脊髓的动脉和静脉。

(10) 掌握脑脊液的产生部位和循环途径。

【实验内容】

1. 脊髓的被膜　在带被膜的离体脊髓标本和打开椎管的原位脊髓标本上辨认脊髓的3层被膜:由外而内依次为硬脊膜、蛛网膜和软脊膜。注意观察确认:硬脊膜上端附着于枕骨大孔边缘,周围与椎管壁之间的间隙为硬膜外隙,内有结缔组织、脊神经根和椎内静脉丛;蛛网膜与软膜之间的间隙为蛛网膜下隙,内含脑脊液和神经根丝,其在脊髓圆锥以下扩大为终池,内含下行的神经根丝,称马尾。软膜自脊神经前、后根之间向两侧形成齿状韧带连于硬脊膜,自脊髓圆锥向下移行为终丝,连于尾骨(图1-1-100)。

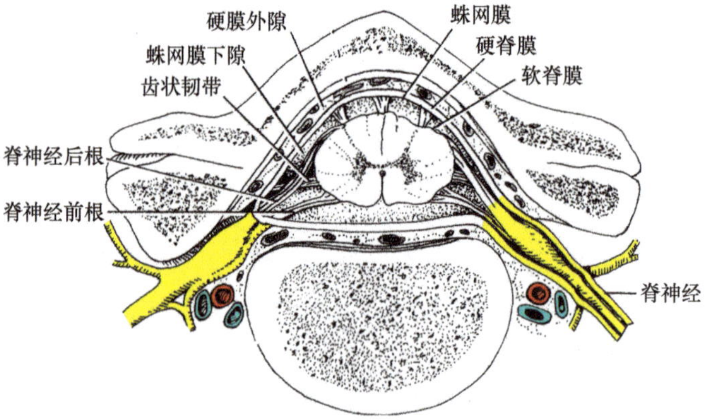

图1-1-100　脊髓的被膜

2. 脑的被膜

(1) 硬脑膜:结合带完整包膜的脑,在已取出脑的颅腔标本上确认硬脑膜及其形成的结构——伸入大脑半球纵裂内的大脑镰、伸入大脑横裂内的小脑幕及其前内缘游离形成的小脑

幕切迹、位于蝶鞍上方的鞍膈以及位于大脑镰上缘的上矢状窦和下缘的下矢状窦、大脑镰和小脑幕连接处的直窦、横窦沟内的横窦、乙状窦沟内的乙状窦、枕内隆凸处的窦汇、颞骨岩部上缘和下缘的岩上窦和岩下窦、蝶鞍两侧的海绵窦。注意海绵窦内有颈内动脉和展神经通过，窦的外侧壁上有动眼神经、滑车神经及三叉神经第一支与第二支经过(图 1-1-101)。

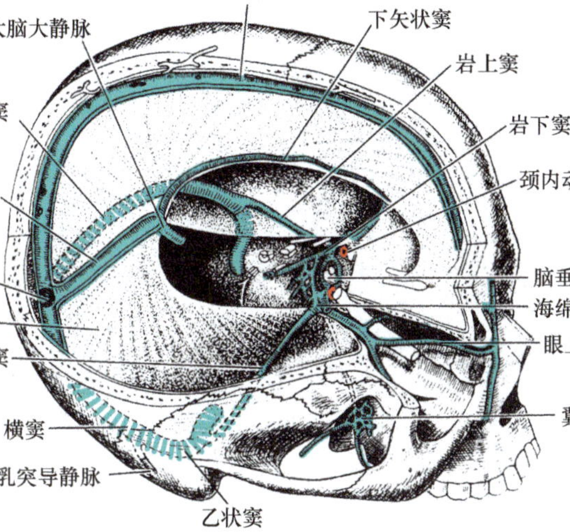

图 1-1-101　硬脑膜和硬脑膜窦

(2) 脑蛛网膜：在保留蛛网膜及软脑膜的完整脑标本上观察蛛网膜颗粒、蛛网膜下隙及蛛网膜下池(脚间池、小脑延髓池、交叉池、桥池等)。

(3) 软脑膜：在剥离部分蛛网膜的脑标本上观察，软脑膜紧贴于脑表面并深入脑沟裂之中。在某些部位软脑膜参与构成脉络组织和脉络丛。取脑室标本观察，可见在侧脑室、第三和第四脑室内，呈长索条葡萄状的细突起即是脉络丛。

3. 脑室和脑脊液　取正中矢状切的脑和带被膜的脊髓标本，观察侧脑室、第三脑室、第四脑室、中脑水管及各脑室内的脉络丛。思考脑脊液的产生部位和循环途径(图 1-1-102)。

4. 脑的血管　在完整的脑和脊髓带血管标本上，观察脑动脉的 2 大来源：椎基底动脉和颈内动脉，确认其分支(图 1-1-103)。

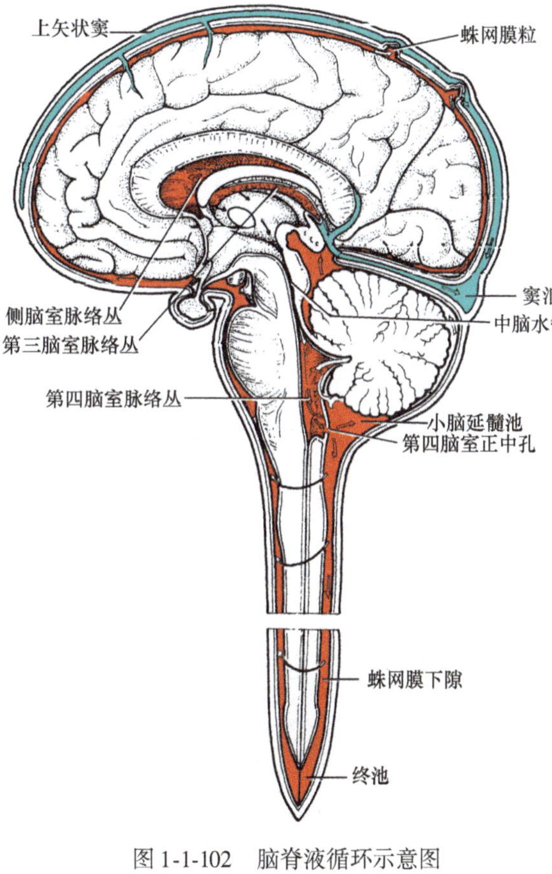

图 1-1-102　脑脊液循环示意图

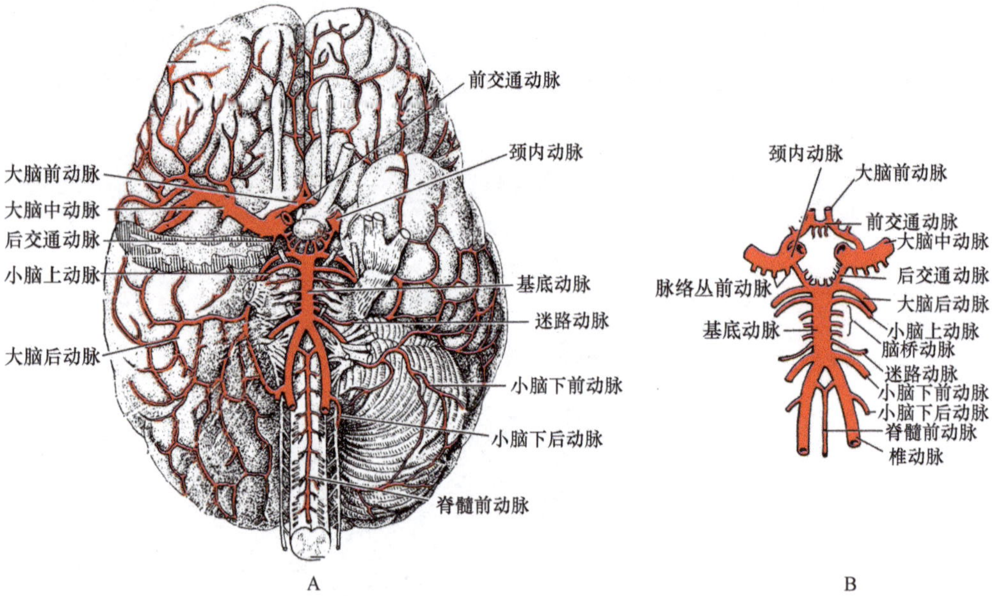

图 1-1-103　脑底的动脉

（1）椎基底动脉及其分支：在延髓前外侧找到自枕骨大孔入颅的椎动脉，一般分出脊髓前动脉和脊髓后动脉、小脑下后动脉。在基底沟内找到基底动脉，其由两侧椎动脉在脑桥延髓交界处汇合而成，一般分出小脑下前动脉、小脑上动脉和大脑后动脉。大脑后动脉绕大脑脚向后，沿海马沟至颞叶和枕叶内侧面向后行。

（2）颈内动脉及其分支：①大脑前动脉，在视神经上方向前内行进入大脑纵裂，然后沿胼胝体沟后行，在起始段与对侧借前交通动脉相连；②大脑中动脉，向外侧进入外侧沟后行；③后交通动脉，在视束下面后行，连接大脑后动脉；④脉络丛前动脉，沿视束下面向后外进入侧脑室下角。

（3）大脑动脉环（Willis 环）：两侧颈内动脉末段、大脑前动脉与大脑后动脉的起始段及前、后交通动脉吻合形成，位于脑底下方，环绕视交叉、灰结节及乳头体周围。

（4）脑的静脉：分浅深 2 部。在胼胝体压部下方，找到深静脉——大脑大静脉，可见它注入直窦。于脑的表面找到浅静脉，均注入附近脑的硬脑膜窦。

5. 脊髓的血管　在打开椎管的原位脊髓标本及完整的脊髓带血管标本上，观察脊髓两大动脉来源——脊髓前、后动脉和不同平面来的节段动脉。

【实验准备】

1. 标本　保留蛛网膜及软脑膜的完整的脑标本、硬脑膜标本、保留被膜的离体脊髓标本和椎管内原位脊髓标本、脑血管标本、脊髓血管标本、端脑水平切面标本、端脑额状切面标本。

2. 模型　脊髓被膜模型、脑血管模型。

3. 挂图　脑和脊髓的被膜、血管及脑脊液循环挂图。

【思考题】

（1）试述脑的动脉供应来源，主要分支和分布。

（2）大脑动脉环（Willis 环）的位置和组成。

(3) 试述脑脊液的产生和循环。

(文:丁兆习 李振华 图:丁兆习)

实验二十六 脊 神 经

【目的要求】

(1) 掌握脊神经的构成、区分、纤维成分、分支及分布概况。

(2) 掌握颈丛的组成、位置。了解颈丛皮支的名称、浅出部位及分布。掌握膈神经的组成及行径。

(3) 掌握臂丛的组成、位置、分支。掌握肌皮神经、正中神经、尺神经、桡神经、腋神经的分支和分布,了解其行径及损伤后的主要表现。了解胸长神经、胸背神经的分布。

(4) 掌握胸神经前支的分布概况及其皮支的分布特点。

(5) 掌握腰丛的组成、位置、主要分支及分布。掌握股神经、闭孔神经的行径、分支和分布。

(6) 掌握骶丛的组成、位置及主要分支。掌握坐骨神经的行径、分支及分布。了解腓总神经、腓深神经、腓浅神经和胫神经的行径,掌握腓深神经、腓浅神经和胫神经的分布。了解损伤后的临床表现。

【实验内容】 在锯开椎管后壁,显露脊髓、脊神经的标本上,确认脊神经前、后根及后根上的脊神经节。注意前、后根在椎间孔处汇合为脊神经。

1. 颈丛 在胸锁乳突肌上份深面找到颈丛,由第1~4颈神经前支组成。在胸锁乳突肌后缘中点附近可见浅出的颈丛皮支(颈横神经、锁骨上神经、耳大神经、枕小神经),沿前斜角肌表面可见下行的膈神经。

2. 臂丛 臂丛由第5~8颈神经前支及第1胸神经前支的大部分组成。臂丛经斜角肌间隙穿出,行于锁骨下动脉后上方,经锁骨后方进入腋窝。臂丛的5个根的神经纤维经过反复交织组合,最后在腋腔内围绕腋动脉构成3束(外侧束、内侧束和后束)。确认臂丛的以下分支:①肌皮神经,起自外侧束,向外斜穿喙肱肌;②正中神经,起自臂丛内、外侧束,沿肱二头肌内侧沟下行至肘窝,穿旋前圆肌至前臂,于指浅、深屈肌之间达腕部,最后经腕管至手掌分为指掌侧总神经;③尺神经,起自内侧束,伴肱动脉内侧至臂中份,继向内后下行入尺神经沟,再向前穿尺侧腕屈肌至其深面伴尺动脉达腕部,经腕管前面至手掌;④腋神经,起自后束,穿四边孔至三角肌深面;⑤桡神经,起自后束,伴肱深动脉沿桡神经沟向外下经肱骨后面至肱骨外上髁前方分为深浅2支,桡神经深支穿旋后肌至前臂后面,桡神经浅支沿桡动脉外侧下行至前臂(图1-1-104~图1-1-106)。

辨认臂丛锁骨上、下部的其他主要分支:臂内侧皮神经及前臂内侧皮神经、胸长神经、胸背神经。

3. 胸神经前支 在显露胸后壁的标本上,于相应的肋间隙内找到肋间神经和肋下神经(第12对胸神经前支)。肋间神经走行于肋间内肌深面,注意下5对肋间神经和肋下神经除分布于相应的肋间肌和皮肤外,还继续向前下行达腹前壁。其皮支在胸腹部的分布具有明显的节段性,即T_2分布区相当于胸骨角平面,T_4相当于乳头平面,T_6相当于剑突平面,T_8相当于肋弓平面,T_{10}相当于脐平面,T_{12}相当于脐耻连线中间平面。

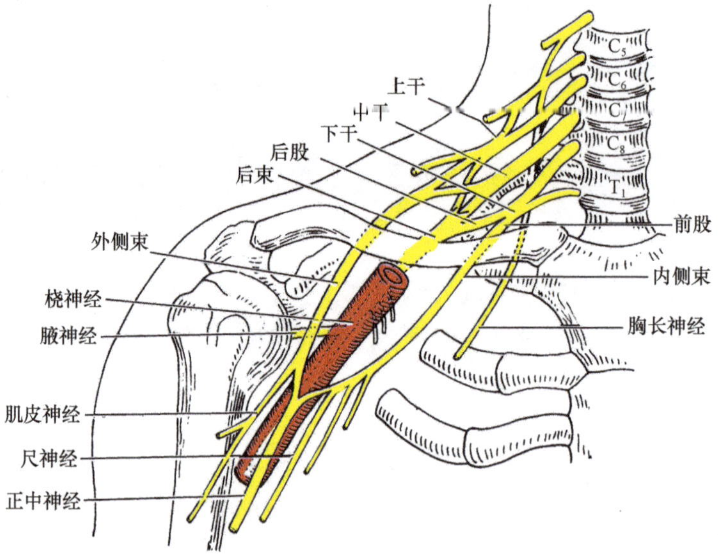

图 1-1-104　臂丛组成和主要分支模式图

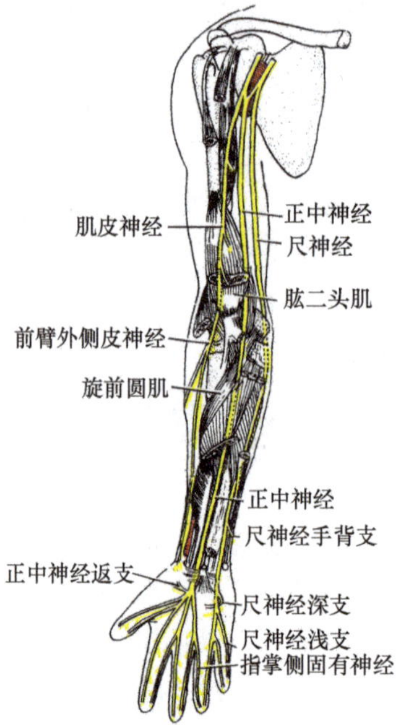

图 1-1-105　上肢的神经(前面观)

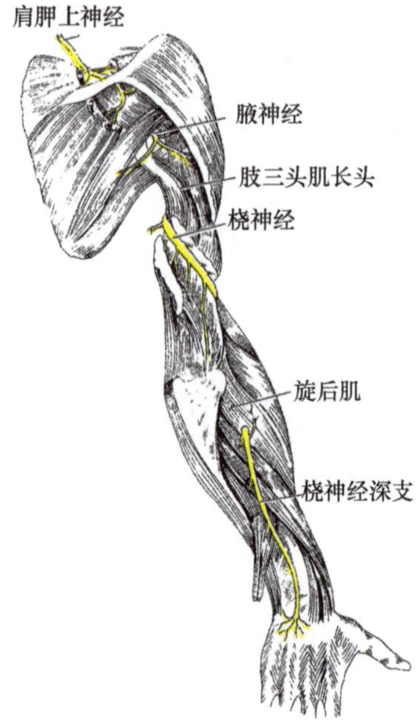

图 1-1-106　上肢的神经(后面观)

4. 腰丛　在腰大肌与腰椎横突前方之间找到腰丛,由第 1 ~3 腰神经前支及第 4 腰神经前支一部分组成。确认腰丛的以下分支:①股神经,沿腰大肌与髂肌之间的沟下降,经腹股沟韧带深面、股动脉的外侧行至股前部,在股部的分支有肌支、前皮支、隐神经。追踪隐神经伴大隐静脉下行至小腿前内侧面,最后达足背内侧缘,分支分布于小腿前内侧面及足内侧缘皮肤。②闭孔神经,与闭孔动脉一起穿闭膜管至大腿内侧,分为前、后 2 支,支配股内侧肌群和闭孔外肌(图 1-1-107,图 1-1-108)。

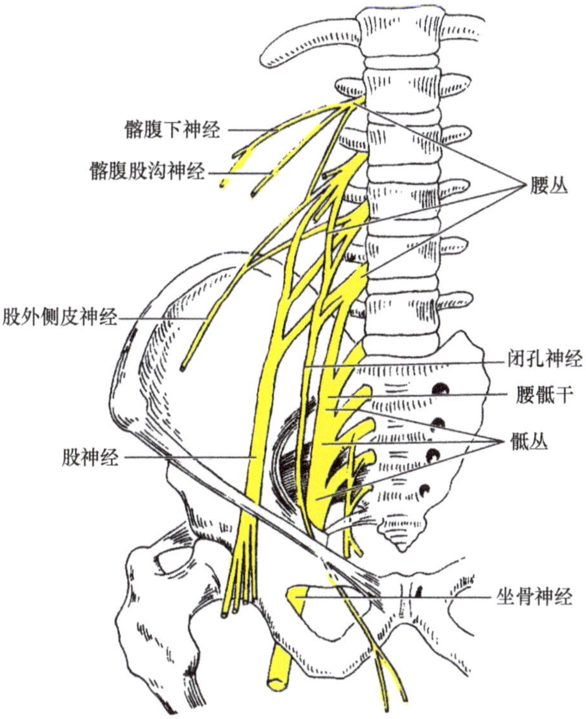

图 1-1-107　腰丛组成和主要分支模式图

辨认腰丛其他主要分支：髂腹下神经、髂腹股沟神经、生殖股神经、股外侧皮神经。

5. 骶丛　在盆腔后壁梨状肌前方找到骶丛，由腰骶干（第 4 腰神经前支一部分和第 5 腰神经前支合成）、第 1～5 骶神经前支和尾神经前支组成。在盆腔矢状切并连有下肢的标本上观察骶丛，并寻找其主要分支：①臀上神经，穿梨状肌上孔至臀中肌和臀小肌之间。②臀下神经，穿梨状肌下孔至臀大肌深面。③阴部神经，与臀下神经同出梨状肌下孔，随后绕过坐骨棘进入坐骨小孔，沿坐骨肛门窝侧壁前行，分支至肛管、会阴部及外生殖器。④股后皮神经，与臀下神经同出梨状肌下孔至臀区，经臀大肌深面至股后部皮肤。⑤坐骨神经，自梨状肌下孔穿出盆腔至臀部，经坐骨结节与股骨大转子之间下行至股后部，发出分支支配大腿后群肌。在腘窝上角处分为 2 终支：胫神经和腓总神经。注意胫神经与胫后动脉伴行，经内踝与跟结节之间进入足底，分为足底内、外侧神经。腓总神经沿股二头肌内侧缘向外下行，绕过腓骨颈外侧，穿腓骨长肌分为腓深和腓浅神经（图 1-1-107，图 1-1-109）。

【实验准备】

1. 标本　锯开椎管后壁，显露脊髓、脊神经组成及其出椎间孔与分支的标本，颈丛、臂丛及上肢神经的标本，显示腰丛、骶丛位置的标本，显示坐骨神经、股神经及其分支的标本，显示阴部神经和闭孔神经（骨盆矢状断面）的标本。

2. 模型　颈丛、臂丛与分支分布的模型，显示肋间神经的模型。

3. 挂图　脊神经组成示意图，颈丛和臂丛分支及分布图，肋间神经和腰丛、骶丛分支及分布挂图。

【思考题】

（1）简述颈丛、臂丛、腰丛、骶丛的神经组成。

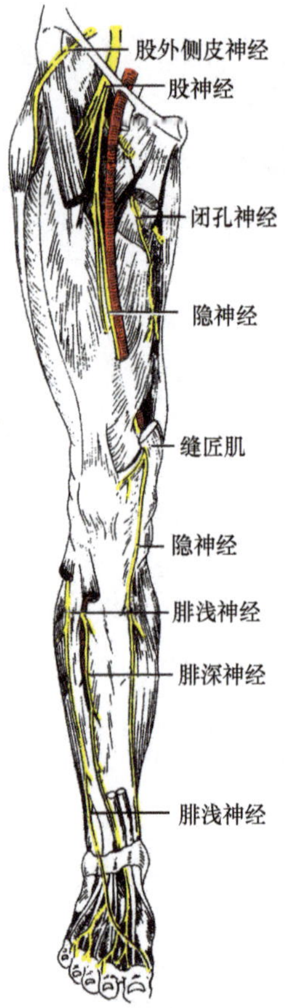

图 1-1-108　下肢的神经(前面观)

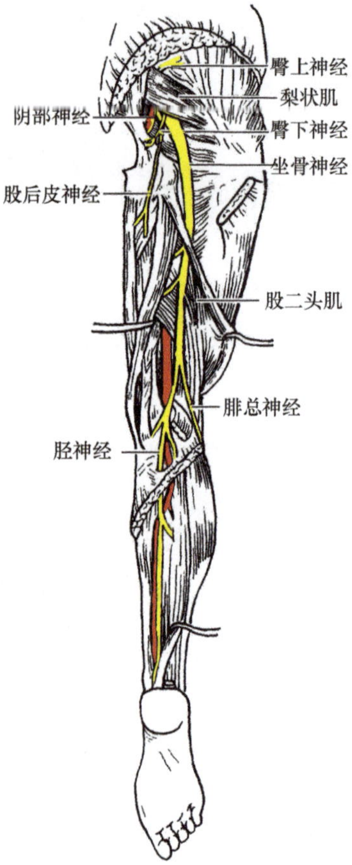

图 1-1-109　下肢的神经(后面观)

(2) 简述胸神经前支皮支分布的节段性。

(3) 简述膈神经、桡神经、正中神经、尺神经、腋神经、肌皮神经、股神经、闭孔神经、坐骨神经、腓总神经和胫神经的起始、行程、分支和分布。

(4) 应用解剖知识,分析以下临床症状的神经损伤机制:马蹄内翻足、钩状足、垂腕、爪形手、猿掌。

(文:丁兆习　李振华　图:丁兆习)

实验二十七　脑　神　经

【目的要求】

(1) 掌握脑神经的名称、性质、连脑部位、进出颅的部位。

(2) 了解嗅神经的功能性质和分布。

(3) 掌握视神经的功能性质、行程及被膜。

(4) 掌握动眼神经的纤维成分、行程及分布。了解睫状神经节的位置与性质。

(5) 掌握滑车神经的分布。

(6) 掌握三叉神经的纤维成分、主要分支和分布概况;三叉神经节的位置与性质。

(7) 掌握展神经的分布。

(8) 掌握面神经的纤维成分、主要分支的分布概况。了解翼腭神经节和下颌下神经节的位置与性质。

(9) 掌握前庭蜗神经的功能性质。

(10) 掌握舌咽神经的纤维成分、主要分支的分布概况。了解耳神经节的位置与性质。

(11) 掌握迷走神经的纤维成分、主干行程、主要分支及分布概况。

(12) 掌握副神经和舌下神经的分布概况。

【实验内容】 在脑神经标本上观察和确认各脑神经的连脑部位、出入颅部位、行程、分支与名称以及分布范围(图 1-1-110)。

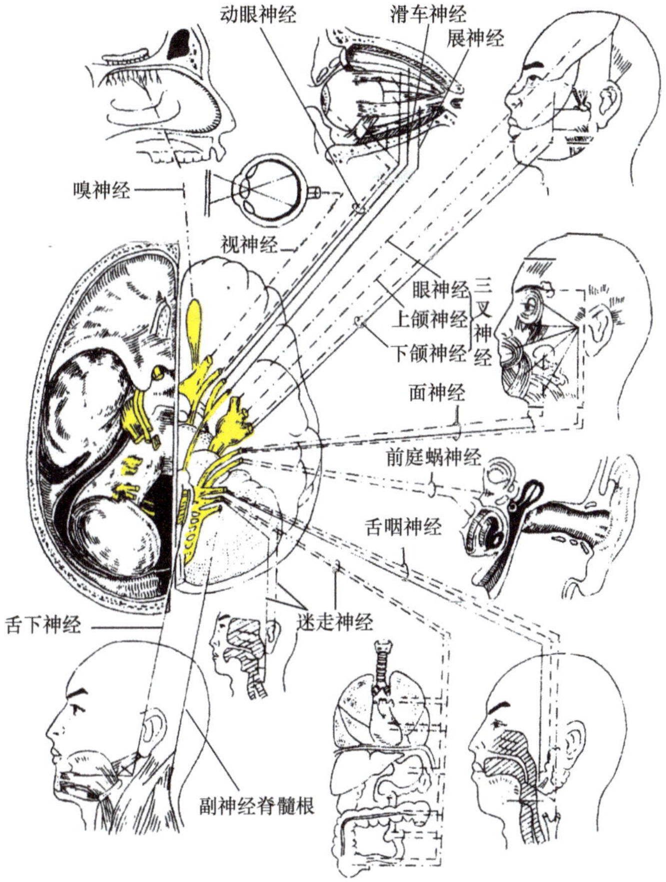

图 1-1-110 脑神经概况

1. 嗅神经 在头部正中矢状切标本上(对照图)进行观察,可见 15 ~ 20 条嗅丝自鼻腔上部黏膜发出,上行穿筛孔,终于嗅球。

2. 视神经 在去除眼眶上壁和外侧壁的标本上,于眼球后极偏内侧可见视神经出眼球,经视神经管入颅腔止于视交叉。

3. 动眼神经 在去除眼眶上壁和外侧壁的标本上,可见动眼神经穿经眶上裂至眼眶内,分支到上睑提肌、上直肌、下直肌、内直肌和下斜肌。在眼球后方于外直肌与视神经之间找到睫状神经节。

4. 滑车神经 在去除眼眶上壁和外侧壁的标本上,找到自眶上裂入眶止于上斜肌的滑车神经。

5. 三叉神经 连于脑桥,根为一粗短干,向前行至颞骨岩部前面近尖端处连膨大的三叉神经节。从节发出3个大支,由前内至后外侧为眼神经、上颌神经、下颌神经。在头面部深层标本上观察三大主干及其分支(图1-1-111)。

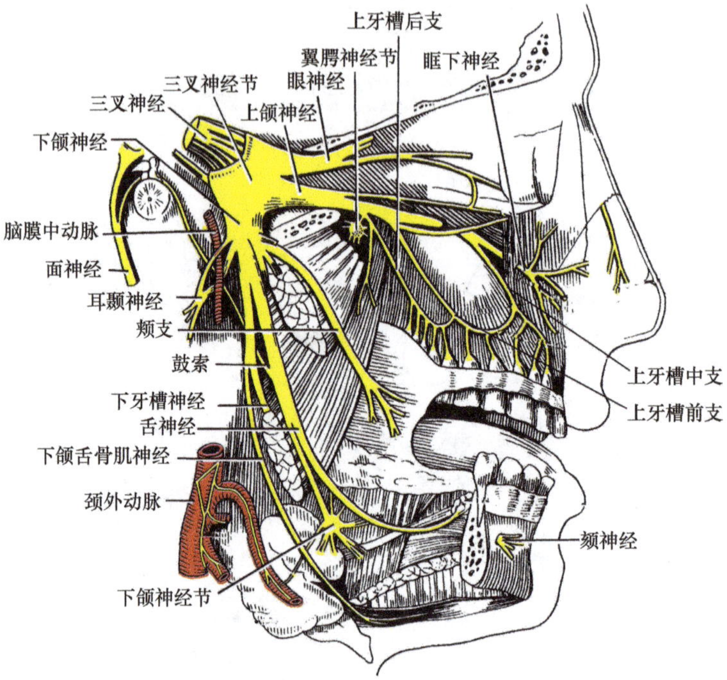

图1-1-111 三叉神经分支

(1) 眼神经:于海绵窦外侧壁前行,经眶上裂入眼眶,分为,①额神经,粗大,穿眶上切迹至额部延续为眶上神经;②泪腺神经,细小,沿外直肌上缘前行达泪腺;③鼻睫神经,斜跨视神经上方至眼眶内侧,分布于鼻腔、筛窦、泪囊和鼻背等。

(2) 上颌神经:于海绵窦外侧壁前行,穿圆孔进入翼腭窝,再由眶下裂入眶至眶下壁,主干向前行经眶下沟、眶下管,出眶下孔达面部延续为眶下神经,沿途分出上牙槽神经与翼腭神经(至翼腭神经节)。

(3) 下颌神经:粗大,由三叉神经节向前下经卵圆孔出颅。在暴露颞下窝的标本上确认下颌神经的前、后干。前干细小,主要分支为运动神经(咀嚼肌神经)和颊神经,后干主要分支有:①耳颞神经,以2个根夹持脑膜中动脉后合成1干经下颌关节后方和颧弓根部后方与颞浅动脉伴行向上至颞部皮肤;②下牙槽神经,下行经下颌孔入下颌管,最后经颏孔穿出下颌骨,易名为颏神经;③舌神经,与下牙槽神经平行,上端有鼓索神经加入,经翼外肌深面下行,达下颌下腺的上方,继沿舌骨舌肌的表面前行至舌尖。舌神经分布于舌前部2/3的黏膜(一般躯体感觉),其中来自鼓索的味觉纤维则分布于舌前2/3的味蕾传导味觉冲动。

6. 展神经 在去除眼眶上壁和外侧壁的标本上,外直肌内侧与肌相连的神经即展神经。

7. 面神经 结合耳模型,在暴露内耳道和迷路的标本上观察,可见面神经在内耳道穿

入颞骨岩部,穿面神经管后进入腮腺实质并分成数个终末支。确认以下分支:

(1) 鼓索神经:在耳模型及暴露颞下窝的标本上可见它在茎乳孔上方自面神经发出,行向前上方,经鼓膜上部内侧,穿岩鼓裂到颞下窝,再向前加入舌神经。

(2) 颅外支:在头面部浅层结构标本上,于腮腺前缘自上而下依次辨认颞支、颧支、颊支、下颌缘支和颈支,分布于表情肌。

注意观察面神经的副交感神经节:①翼腭神经节,位于翼腭窝上部,上颌神经的下方,分支随上颌神经、泪腺神经至泪腺;②下颌下神经节,在下颌下腺的上方、舌神经下方,分支至下颌下腺和舌下腺。

8. 前庭蜗神经 在耳模型上观察,起自内耳螺旋神经节和前庭神经节,此神经与面神经伴行经内耳道入颅。

9. 舌咽神经 在头颈部深层标本上观察,舌咽神经自颈静脉孔出颅,在茎突咽肌下部后缘处找到本干,可观察到舌支和窦支。舌咽神经的舌支分布至舌后 1/3 黏膜及味蕾等。

10. 迷走神经

(1) 迷走神经的行程:在胸颈一体的标本或婴儿尸标本上观察,于颈内、颈总动脉和颈内静脉之间的后方找到迷走神经干,向上追踪可见其经颈静脉孔出颅,注意观察出颅处的下神经节;向下追踪直达颈根部,然后入胸腔。注意左、右迷走神经在胸、腹腔内的行程不同(图 1-1-112)。

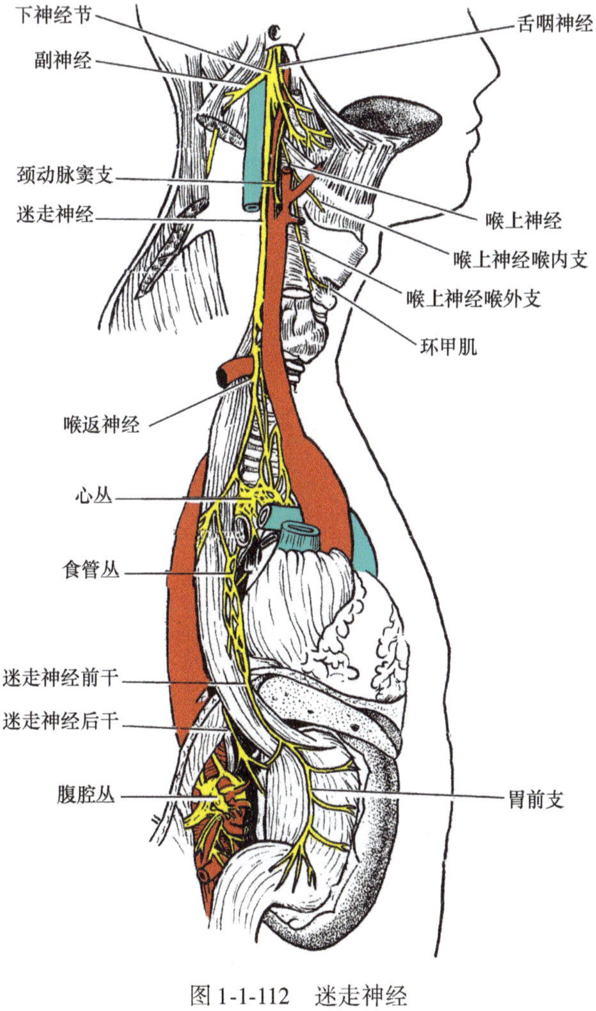

图 1-1-112 迷走神经

1）左迷走神经：经左颈总动脉和左锁骨下动脉之间进入胸腔，然后跨主动脉弓的左前方下行，至左肺根后方，分支参与组成左肺丛后继续向内下至食管的前方，参与组成食管前丛，此丛向下延为迷走神经的前干，穿膈肌食管裂孔进入腹腔，分为胃前支（分布于胃前壁及胃小弯）和肝支（分布于肝脏）。

2）右迷走神经：经右锁骨下动脉与右锁骨下静脉之间进入胸腔，然后沿气管右侧下行达右肺根后方，分支参与组成右肺丛后继续向内下至食管的后面，参与组成食管后丛。此丛向下延为迷走神经后干，经膈肌食管裂孔入腹腔，分为胃后支（分布于胃后壁）和腹腔支（参与组成腹腔丛）。

（2）迷走神经的重要分支：在颈部标本上找到喉上神经，注意其下行至舌骨大角处，分为喉内支和喉外支。内支穿甲状舌骨膜入喉，管理声门裂以上黏膜感觉；外支与甲状腺上动脉伴行向下，支配环甲肌。

在胸颈部标本上找到喉返神经，注意左喉返神经于主动脉弓前方发自左迷走神经，绕过主动脉弓下方，返向后上沿气管和食管之间的沟上升，在咽下缩肌下缘处入喉，移行为喉下神经，分布于喉肌（环甲肌除外）和声门裂以下的喉黏膜。右喉返神经于右迷走神经跨过右锁骨下动脉前方处发出，绕过锁骨下动脉下方，向后上行至食管与气管之间的沟内，其余行程与左侧相似。

11. 副神经 与迷走神经和颈内静脉一起出颈静脉孔，向后下穿胸锁乳突肌深面至斜方肌。

12. 舌下神经 在颈部深层标本上观察。于颈外动脉浅面跨过达舌，支配舌内、外肌。

【实验准备】

1. 标本 保留硬脑膜及脑神经根的颅底标本、眶腔标本（显示眼肌、眼球及Ⅱ、Ⅲ、Ⅳ、Ⅴ、Ⅵ等脑神经）、面侧深区标本（显示三叉神经及其分支分布，包括与之相连的副交感神经节）、面部浅层标本（显露面神经颅外段的分支与分布）、头颈侧面深层标本（显示Ⅸ、Ⅹ、Ⅺ、Ⅻ对脑神经）、显露迷走神经全程标本（喉上和喉返神经、迷走前干、迷走后干、胃前支、胃后支）。

2. 模型 第 1 ~ 12 对脑神经的模型。

3. 挂图 第 1 ~ 12 对脑神经挂图。

【思考题】

（1）试述 12 对脑神经的起止核团、纤维成分和功能、连脑部位、进出颅的位置。

（2）试述三叉神经、面神经、舌咽神经和迷走神经的主要分支和分布。

（3）试述舌和视器的神经分布及功能。

（文：丁兆习　李振华　图：丁兆习）

实验二十八　内脏神经系统

【目的要求】

（1）掌握内脏运动神经与躯体运动神经的主要区别。掌握节前神经元、节前纤维、节后神经元及节后纤维的概念。

（2）掌握交感神经的低级中枢部位。掌握交感干的位置与组成、主要椎前节的位置。

（3）了解灰、白交通支的概念、节前纤维和节后纤维的走行规律。

（4）了解交感神经的分布概况。

（5）了解颈上、中、下神经节的位置及节后纤维的分布概况。

(6) 掌握内脏大神经、内脏小神经的起源、纤维联系及分布概况。

(7) 掌握腰内脏神经的起源、纤维联系。了解节后纤维的分布概况。

(8) 掌握副交感神经的低级中枢部位。

(9) 掌握动眼神经内副交感节前纤维的起始、交换神经元的部位和节后纤维分布概况。

(10) 掌握面神经、舌咽神经内副交感节前纤维的起始、交换神经元的部位和节后纤维的分布概况。

(11) 掌握迷走神经内副交感节前纤维的起始与节后纤维的分布概况。

(12) 掌握盆内脏神经的分布概况。

(13) 掌握交感神经与副交感神经的主要区别。了解内脏神经对器官双重支配的概念。

(14) 了解主要内脏神经丛的位置及分布。

(15) 了解内脏感觉神经传入途径及特点。了解牵涉痛的概念。

【实验内容】 内脏神经按分布部位可分中枢部和周围部,按纤维性质为可分感觉性和运动性。内脏运动神经又分为交感和副交感2部分(图1-1-113)。

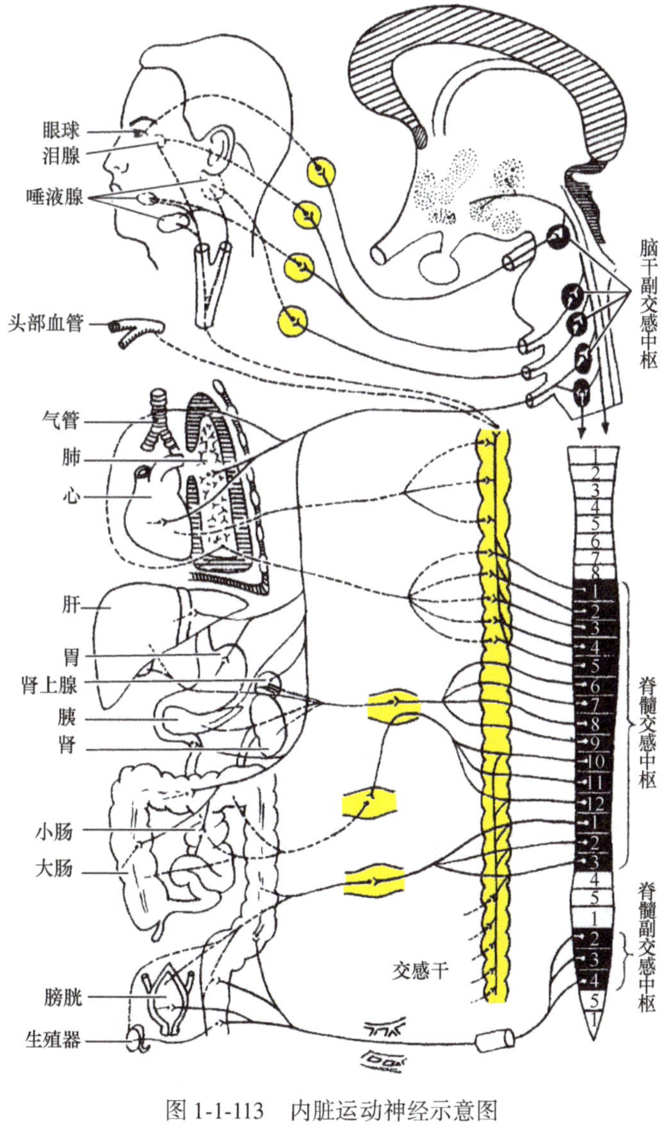

图1-1-113　内脏运动神经示意图

1. 交感神经

(1) 交感神经纤维联系:观察“交感干纤维联系”模型,注意交感低级中枢与交感干的联系(节前纤维去向)、椎前节的位置及节后纤维的去向与分布范围(图 1-1-114)。

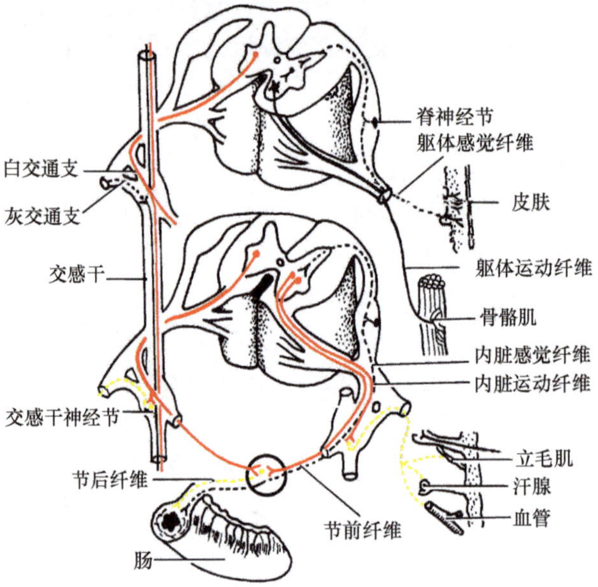

图 1-1-114 交感神经纤维走行示意图

(2) 结合脊髓模型,确认交感神经的低级中枢部位,即 $T_1 \sim L_3$ 脊髓灰质侧角。

(3) 结合脊髓模型和标本,确认交感神经的周围部,包括交感神经节(分椎旁节及椎前节以及由节发出的分支和交感神经丛等)。注意椎旁节借节间支连成交感干。在胸交感干和腰交感干上段,每个交感神经节均有白交通支和灰交通支与脊神经前支相连,其他部位的交感神经节与脊神经之间只有灰交通支。在模型及尸体上观察交感神经干及其分支(图 1-1-113)。

1) 颈交感干:于颈动脉鞘的后方,椎前筋膜深面可见此段交感干,观察其上的颈上、中、下神经节。

2) 胸部交感干:于肋头的前方可见此段交感干,自上穿出内脏大神经和内脏小神经。追踪 2 条神经沿椎体表面下行穿膈脚,主要止于腹腔神节和主动脉肾节。

3) 腰交感干:于腰椎椎体的前外侧,腰大肌内侧缘的深面可见此段交感干。

4) 盆交感干:于骶前孔内侧可见此段交感干,注意两侧交感干向下同时止于尾骨前方的 1 个奇节。

(4) 交感神经节分出的神经与副交感神经分支在胸、腹腔形成很多丛,观察以下几个重要的内脏神经丛:

心丛:可分为心浅丛及深丛。心浅丛位于主动脉弓的下方;心深丛位于气管叉前面。

腹腔丛:在腹后壁标本上观察,可见此丛位于腹主动脉上段的前方,围绕在腹腔干和肠系膜上动脉根部周围,丛内有 1 对形状不规则的腹腔神经节,接受内脏大神经的纤维。

2. 副交感神经

(1) 结合脑干、脊髓模型,确认副交感神经的低级中枢部位,即脑干内的一般内脏运动核和脊髓的骶副交感核(第 $S_{2\sim4}$ 节)(图 1-1-113)。

(2) 结合脑神经和脊神经模型及标本,确认副交感神经的周围部,包括颅部和骶部。颅部副交感神经的节前纤维走在第Ⅲ、Ⅶ、Ⅸ、Ⅹ对脑神经内,随上述4 对脑神经至相应副交感神经节。观察翼腭神经节、下颌下神经节、睫状神经节的位置,并复习它们与各有关脑神经的关系和副交感纤维成分分布情况。

(3) 盆内脏神经:骶副交感核的节前纤维随骶神经出骶前孔,又从骶神经分出构成盆内脏神经,加入盆丛。节后纤维支配结肠左曲以下的消化管、盆腔脏器及外阴。

【实验准备】

1. 标本　交感干标本、迷走神经标本(显示其行程及主要分支)、脑神经标本(示翼腭神经节、下颌下神经节、睫状神经节)。

2. 模型　内脏神经模型、交感干上段的纤维联系模型(示节前纤维和节后纤维的去向)。

3. 挂图　内脏神经挂图。

【思考题】

(1) 试述内脏运动神经和躯体运动神经的区别。

(2) 试述交感神经和副交感神经的低级中枢部位。

(3) 试述交感神经与副交感神经的区别。

(文:丁兆习　李振华　图:丁兆习)

实验二十九　内分泌系统

【目的要求】

(1) 了解内分泌腺的组成、结构特点及功能。

(2) 掌握垂体、甲状腺、甲状旁腺、肾上腺、松果体的形态和位置。

【实验内容】　内分泌系统包括内分泌组织和内分泌腺(图 1-1-115)。

1. 甲状腺　辨认位于喉下部和气管上部两侧的甲状腺左、右侧叶和连接两侧叶的甲状腺峡及锥状叶。注意甲状腺峡位于第 2 ~4 气管软骨环的前方。

2. 甲状旁腺　位于甲状腺侧叶的后面,有上、下 2 对。

3. 垂体　在头部正中矢状切面标本、颅底内面观标本和模型上观察辨认。注意垂体借其上方的漏斗穿过鞍膈连于下丘脑,分为前方的腺垂体和后方的神经垂体 2 部分。

4. 肾上腺　在腹膜后间隙脊柱两侧,于左、右肾的内上方可见左肾上腺较大近似半月形,右肾上腺稍小呈三角形。

5. 松果体　在头部正中矢状切面标本、脑干带松果体的标本和模型观察辨认。注意观察其柄连于第三脑室顶的后部。

6. 胸腺　在新生儿或幼儿尸体上,于胸骨柄后方可见胸腺由左、右 2 叶构成。注意成年后胸腺组织被结缔组织、脂肪等替代。

【实验准备】

1. 标本　新生儿显示内分泌腺的标本、甲状腺的标本、头部正中矢状切面标本。

2. 模型　内分泌腺模型。

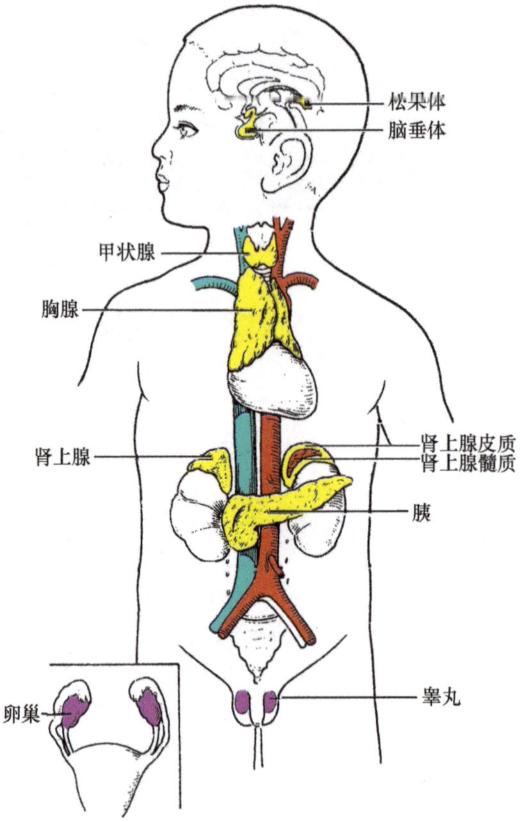

图 1-1-115　内分泌系统示意图

3. 挂图　内分泌系统挂图。

【思考题】　试述脑垂体、肾上腺、甲状腺、甲状旁腺、松果体的形态和位置。

（文：丁兆习　李振华　图：丁兆习）

第二章　组织学与胚胎学基本实验

实验一　绪　　论

组织学与胚胎学和其他医学课程一样,由理论课和实验课两部分组成。实验课的目的是通过在实验过程中的操作和观察,验证和巩固所学的理论知识;加深、扩大对理论知识的理解;培养学生们观察、比较、分析和综合各种客观现象的思维方法和独立思考的能力及实际操作能力,同时培养学生一丝不苟的工作作风和严格尊重客观事实的科学态度。

【实验室规则】

(1) 实验前必须复习相关理论知识,预习实验指导,了解该次实验的目的要求、实验内容和操作方法等。

(2) 必须携带实验指导和绘图文具,如实验报告纸、绘图笔(红蓝铅笔和黑铅笔)、橡皮和直尺。

(3) 按时上、下课,不得迟到、早退,有事须向任课老师请假。

(4) 实验前认真检查所用仪器设备,如显微镜、微机、切片等是否齐备、完好,如有缺损应及时向老师报告。

(5) 保持室内清洁和肃静,不得随地吐痰、吃零食、乱抛纸屑等,不得嬉笑和喧哗,不得从事与实验无关的活动,如听音乐、玩电子游戏等,有问题请教老师须先举手示意。

(6) 实验时要严格遵守实验操作规程,操作应轻柔、仔细、认真;要爱护仪器,不得擅自拆卸、调换,如有损坏应及时报告。

(7) 实验完毕应认真清理仪器、标本及其他实验器具并放回原处;值日生负责清理卫生,关好门窗和水、电后方能离开。

【普通光学显微镜的构造和使用方法】　普通光学显微镜(以下称显微镜)是组织学与胚胎学最主要的研究工具,了解显微镜的构造,正确熟练地使用显微镜是本学科重要的基本技能训练内容。

1. 显微镜的构造　根据目镜数目的不同,显微镜可分为单目显微镜和双目显微镜两种(本实验室所用为双目显微镜),两种显微镜的基本构造相同,都由机械部分和光学部分两部分组成。

(1) 机械部分:主要包括镜座、镜臂、载物台、调焦装置、物镜转换器和镜筒等。

1) 镜座:用以支持整个显微镜,装有反光镜或电光源。

2) 镜臂:用以支持镜筒、载物台、聚光器和调焦装置。

3) 载物台:又称工作台,供安放标本用;其中央有通光孔,使照明光得以通过;台上装有带标尺的标本移动器,可固定、移动标本并能确定标本的位置。

4) 镜筒:上端接目镜,下端通过物镜转换器接物镜。

5) 物镜转换盘:连于镜筒下端,下方装有 3 ~ 4 个物镜,通过旋转更换不同放大倍数的物镜。

6) 调焦装置:包括粗调节螺旋和细调节螺旋通过升降载物台(或镜筒)的高度,调节物镜与载物台之间的距离而聚焦。粗调节螺旋调节幅度大,旋转一圈的调幅大约 10mm;细调节螺旋调节幅度小,旋转一圈的调幅大约 0.1mm。

(2) 光学部分:包括目镜、物镜、聚光器和反光镜等。

1) 目镜:装在镜筒上端,其作用是将物镜形成的初实像进一步放大,在视网膜上形成终实像。目镜的放大倍数一般为 5 倍、10 倍和 15 倍,常用的为 10 倍。

2) 物镜:装在镜筒下端的物镜转换盘上,其作用是形成放大的初实像,物镜有 4 倍、10 倍、40 倍和 100 倍等几种。通常将 4 倍和 10 倍镜头称低倍镜,40 倍镜头称高倍镜;100 倍镜头称油镜,因使用时须在镜头与标本之间滴加香柏油。

3) 聚光器:位于载物台下方,其作用是将光源射来的光线聚集成光束,使之穿透标本并射入物镜。聚光器下方装有虹彩光阑可通过改变光阑口径调节光通量。

4) 反光镜:位于聚光器下方,其作用是将自然光或外置光源的光线反射入聚光器,反光镜为平凹双面镜。平面镜无聚光作用,适用于较强的自然光;凹面镜有聚光作用,适用于较弱的自然光和外置散射光源。反光镜方位可做 360°调节,以获取最明亮而均匀的视野(本实验室现用显微镜均为内置电光源,无反光镜)。

2. 显微镜的主要性能 显微镜的主要性能包括分辨力、放大率、焦点深度和工作距离等。

(1) 分辨力:是物镜分辨被检物体微细结构的能力,即分辨两个物体点之间最小距离的能力。以 R 代表物镜的分辨力,若两个物体点之间的距离大于 R,那么这两个点就会被分辨开;若距离小于 R,那么这两个点就会看为 1 个点,也就是说,这两个点已分辨不清了。所以,R 越小,表示物镜的分辨能力越高。物镜分辨力的计算公式是 $R=0.61\lambda/NA$。式中 λ 代表光波的波长,NA 代表物镜的数值孔径,又称镜口率(放大倍数和 NA 值都标注在物镜上)。4 倍、10 倍、40 倍和 100 倍物镜的 NA 值分别是 0.10μm、0.25μm、0.65μm 和 1.25μm。若射入光线为单色紫光,其波长为 0.43μm,代入公式后,则 4 种物镜的分辨力分别是 2.62μm、1.05μm、0.40μm 和 0.21μm。由此可见,普通光学显微镜的分辨力最高值约为 0.2μm。

(2) 放大倍数:显微镜的总放大倍数等于目镜放大倍数和物镜放大倍数的乘积。若用 10 倍目镜和 40 倍物镜,则总放大倍数为 400 倍。

(3) 焦点深度:又称景深,即能同时看清楚的上下两层图像间的距离。物镜倍数越大,则焦点深度越小,故在使用高倍镜,尤其是使用油镜时,为看清不同层面的物像,往往需要不断调节细调节螺旋。

(4) 工作距离:是指物镜最下面透镜表面与标本之间的距离。物镜放大倍数越大,其工作距离越小。4 倍、10 倍、40 倍和 100 倍物镜的工作距离分别大约是 37.5mm、7.3mm、0.6mm 和 0.2mm。由此可见,使用油镜时,若盖玻片厚度超过 0.2mm,则不会看到物像。

3. 显微镜的使用方法和注意事项

(1) 使用方法

1) 旋转物镜转换器,将低倍镜调至中央,打开虹彩光阑并升高聚光器。

2) 打开电源开关(镜座侧面),通过电位器(镜座侧面)调节内置照明灯的亮度。注意不可太亮,以延长灯泡寿命。若用自然光或外置光源,则需调节反光镜的方位,同时通过目镜观察,直至视野明亮为止。

3) 将载玻片固定在标本移动器的片夹内。裸眼观察下,通过调节标本移动器将载玻片中的标本(即被观察的部分)移至通光孔的正中央。

4) 双眼经目镜观察视野,同时推或拉动目镜间距调节器,使两目镜间距与自己的瞳孔距离一致,此时双目视野合二为一。

5) 裸眼观察下,转动粗调节螺旋,升高载物台,直至物镜距载玻片约 0.5cm 为止,而后在双眼经目镜观察下,缓缓转动粗调节螺旋,降低载物台,直到出现物像为止。缓缓转动细调节螺旋,直至右眼视野物像清晰。缓缓转动左侧目镜上的调焦螺旋,直至左眼视野物像清晰。通过标本移动器(调节螺旋在载物台下方)移动标本,进行观察。

6) 若须用高倍镜观察,应首先在低倍镜下找到欲观察结构并将其调至视野中央。旋转物镜转换器,将高倍镜调至中央。缓缓旋转细调节螺旋,直至物像清晰。必要时,可升高聚光器或开大光阑,以增加视野亮度。

7) 若须用油镜观察,应首先在高倍镜下找到欲观察结构并将其调至视野中央。在盖玻片上加 1 滴香柏油,将油镜头调至中央。调整聚光器高度和光阑口径,提高视野亮度。裸眼观察下,旋转粗调节螺旋,使载物台缓缓上升,直至镜头与油滴接触。缓缓旋转细调节螺旋,直至物像清晰。使用完毕,用拭镜纸蘸取少许二甲苯,揩净镜头和载玻片上的油迹。

(2) 注意事项

1) 每次使用前应检查显微镜各部件是否完好无损,发现问题应及时报告实验指导教师。

2) 不得拆卸、易换显微镜任何部件。

3) 操作应轻柔,避免震动和碰撞。显微镜的位置距桌缘至少 10cm,若需搬动,应一手握镜臂,一手托镜座。

4) 保持显微镜清洁,清洁镜头须用拭镜纸,不可用口吹、手抹或用其他纸、布擦拭,以防损伤镜片。

5) 用完后应将载物台和聚光器下降到低位(势能最低),防止丝杠受损。盖好防尘罩并放回原处。

【切片观察注意事项】

(1) 标本盒正面(有编码的一面)向上,打开盒盖,取出标本片。实验结束后,将标本片放回原位。

(2) 显微镜观察前一般应先用裸眼对标本的大小、外形、颜色等特征进行初步观察,便于镜下对待检目标的寻找。

(3) 显微镜观察应先用低倍镜对标本的构成和一般结构特点进行初步观察,并寻找欲在高倍镜下观察的结构,而后换高倍镜进行观察,必要时再换油镜进行观察。

(4) 需要绘图时,应先选择一结构完整、清晰、典型的部位,按照镜下观察的真实结构绘图。画面应力求正确反映所观察结构的形状、大小比例、位置关系和着色等特征。绘制器官组织应注意画面的方位,习惯上将实质性脏器的外表面和中空性脏器的内表面置于画面上方。绘好图后,应将图中主要结构引出标注线,用铅笔注字,标明结构内容,图下应注明标本号码、标本名称、染色方法和放大倍数。

【普通切片的制作过程和原理】　组织学与胚胎学的研究方法有多种,但主要的研究方法不外以下 2 类,即活体组织观察法和固定组织观察法。

活体组织观察法是经活体染色、组织培养、显微解剖、显微照相等方法,观察细胞、组织和器官在生活状态时的形态、结构及变化情况。此法要求条件严格,操作复杂,而且有许多结构难以看到,标本又不易保存,故应用范围受到限制,一般仅用于科学研究。

固定组织观察法是将细胞、组织或器官的一部分经过一定的处理,做成切片、涂片或铺片并施以各种染色而进行观察的方法。由于折光性和着色反应的不同,各种微细结构在显微镜下会显示出明暗不同、色彩各异的图像,便于观察和分析,而且还能长期保存。这种方法的缺点是不能直接观察细胞、组织和器官生活状态的特征和生理功能,只能根据其形态结构的变化加以推测。实验室所用标本大多为固定组织切片,现将其主要制作过程介绍如下。

1. 取材和固定 切取新鲜的组织块,迅速投入一定浓度的固定剂,如乙醇、福尔马林、铬酸、乙酸、苦味酸或它们的合剂中,使组织中的蛋白质迅速凝固,使组织的形态结构和化学成分保持或接近于生活状态。

2. 脱水和包埋 将固定的组织块充分冲洗后,经梯度乙醇溶液(50% ~100%)处理,以脱去组织内的水分;再经二甲苯处理,以置换组织内的乙醇;而后投入熔化的石蜡中(恒温箱内),使石蜡浸入组织内;最后将浸蜡后的组织块置于熔化石蜡中,在室温下待其凝固。这样,组织即被包埋在蜡块内,组织被赋予了与石蜡相同的硬度,便于切片。

3. 切片 将包有组织的蜡块粘在木块上,将木块固定于切片机上,切成 5 ~8μm 厚的蜡片。将连成带状的蜡片铺展在45℃的水面上,然后捞在涂有黏附剂的载玻片上,置恒温箱烘干。

4. 染色 染色前须用二甲苯将蜡片中的石蜡脱去,用无水乙醇置换二甲苯,再经由高浓度至低浓度乙醇溶液和蒸馏水处理后即可进行染色。常用的染色方法有数种,其中以苏木精-伊红染色法最为常用。

(1) 苏木精-伊红染色(HE 染色):这是一种复合染色法。苏木精是一种碱性染料,可使组织中的酸性物质(嗜碱性物质)如细胞核中的染色质,神经元胞质中的尼氏体等着色,呈现紫蓝色。伊红是一种酸性染料,可使组织中的碱性物质(嗜酸性物质)如多数细胞的细胞质、疏松结缔组织中的胶原纤维等着色,呈现红色。一般先用苏木精染 5 ~10 分钟,经冲洗和分色后,再用伊红染 2 ~5 分钟。

(2) 镀银染色:染料为 0.1% ~1% 的硝酸银溶液,经适当处理,使其在组织内还原出银而附着于神经细胞、神经纤维或网状纤维上,使上述结构呈棕褐色。

(3) 三色或多色染色:是用 3 种或 3 种以上染料配在一起进行染色的方法。Mallory 染色就是一种三色染色法。用该法染色,胰岛中的 A 细胞、B 细胞和 D 细胞中的颗粒分别被染成红色、黄色和蓝色。再如疏松结缔组织铺片也是用三色染色法染成,其中胶原纤维染成蓝色,弹性纤维染成褐色,细胞核染成红色。

(4) 瑞氏(Wright)和姬姆萨(Giemsa)染色:使用的是特殊的复合染料,组织的染色反应与 HE 染色法相似。该法主要用于血涂片和骨髓涂片的染色。

5. 脱水、透明和封固 染好的切片经乙醇脱水、二甲苯透明(提高标本的透明度)后,在标本上加 1 滴树胶,盖上盖玻片,待干后即可进行观察,并可长期保存。

口腔上皮细胞涂片的制作和观察

【目的和要求】

(1) 掌握显微镜的正确使用方法。

(2) 熟悉 HE 染色方法。

【实验内容】

1. 取材 取清洁牙签 1 根,用其一端在自己牙龈或颊黏膜上轻刮几下。将刮取物在载玻片上涂成薄膜状。稍干,在低倍镜下观察,可见一些扁圆形细胞。调低视野亮度,细胞会更清晰,注意是否能看到细胞核。用蜡块在载玻片上画一方框,将标本圈出。

2. 固定　用滴管向标本滴加数滴 10% 的福尔马林,固定 3 ~5 分钟,将固定液倒入废液缸内,然后在标本上滴加蒸馏水数滴,待 1 分钟,将蒸馏水倒入废液缸。

3. 染色　滴加苏木精染液 3 ~4 滴,染 5 分钟,用蒸馏水冲洗,并在低倍镜下检查。若染色适宜,细胞核应呈蓝色。若细胞核着色不好,可用苏木精再染几分钟。加酸乙醇 2 ~3 滴,30 秒钟后用蒸馏水冲洗(酸酒精可退去细胞质的着色)。滴加伊红染液 3 ~4 滴,染 5 分钟,用蒸馏水冲洗干净。若不长期保存,待干后即可进行观察;若长期保持,接下列步骤继续操作。

4. 脱水透明　相继经 70%、80%、90% 和 100% 乙醇溶液各 2 分钟脱水,再经二甲苯透明 2 次,各几分钟。

5. 封片　在载玻片上加 1 滴树胶,盖上盖玻片,进行观察,且可长期保存。

6. 观察　首先用低倍镜观察,可见许多似鳞片样的细胞,即被刮下来的口腔黏膜复层扁平上皮的表层细胞。然后用高倍镜观察,注意细胞的形态、细胞核和细胞质的着色反应。

【实验准备】　准备下列物品:消毒牙签、滴管、载玻片、盖玻片、蒸馏水、废液缸、10% 的福尔马林、苏木精和伊红染液、梯度乙醇溶液、二甲苯、树胶和蜡块等。

(文:刘　凯　郝爱军)

实验二　上 皮 组 织

【目的要求】

(1) 掌握各类被覆上皮的微细结构和分布,光镜下辨认各类被覆上皮。

(2) 掌握浆液性腺泡、黏液性腺泡和混合性腺泡的微细结构,光镜下辨认各种腺泡和腺细胞。

【实验内容】

1. 单层扁平上皮——间皮表面观(动物肠系膜,硝酸银染色)

(1) 肉眼:标本为肠系膜铺片,硝酸银染色呈棕黄色。

(2) 低倍:选择一较薄的区域观察。

(3) 高倍:在制片过程中,由硝酸银还原而成的银颗粒沉积在间皮的细胞间质内,所以间皮细胞的轮廓被显示得很清楚,大多呈不规则多边形,边缘呈锯齿状。间皮细胞的细胞核多呈圆形或椭圆形,居细胞中央,但因未着色,故呈透明状。

2. 单层扁平上皮——间皮侧面观(狗胃底,HE 染色)

(1) 肉眼:标本呈条状,不整齐的一面为内表面,其相对的一面为外表面。

(2) 低倍:在胃的外表面找到间皮。

(3) 高倍:上皮细胞呈扁平状,细胞核呈扁椭圆形。

3. 单层立方上皮(动物肾脏,HE 染色)

(1) 肉眼:标本呈扇形,周边染色深的部位为肾脏皮质,中央染色浅的部位为肾脏髓质。

(2) 低倍:在中央浅染处可见许多由单层立方上皮围成的小管的断面。

(3) 高倍:小管壁由一层立方形的细胞组成,细胞高度和宽度一致,界线清楚,胞核圆,呈紫蓝色,位于细胞中央,细胞质嗜酸性(图 1-2-1)。

4. 单层柱状上皮(动物胆囊,HE 染色)

(1) 肉眼:标本呈长条形,不整齐的一面为胆囊的内表面,呈紫蓝色,此处衬有单层柱状上皮。

(2) 低倍:胆囊内表面有许多皱襞,其表面覆有单层柱状上皮,细胞排列密集。

(3) 高倍:单层柱状上皮细胞呈长方形,细胞排列紧密,高度明显大于宽度,核长椭圆形,靠近细胞基底部。细胞的游离面与基底面很易分辨(图 1-2-2)。

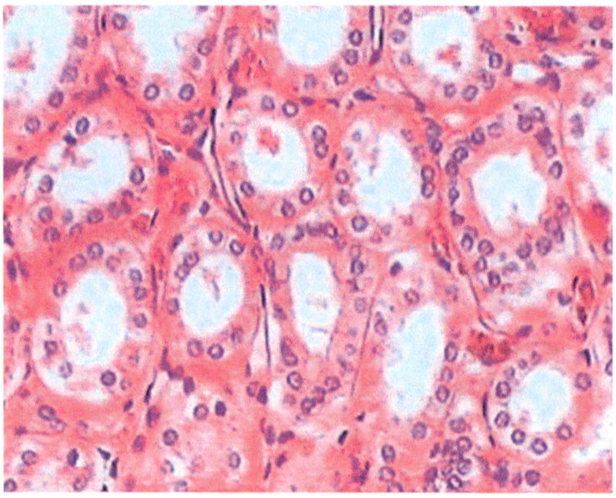

图 1-2-1　单层立方上皮(HE 染色　高倍)

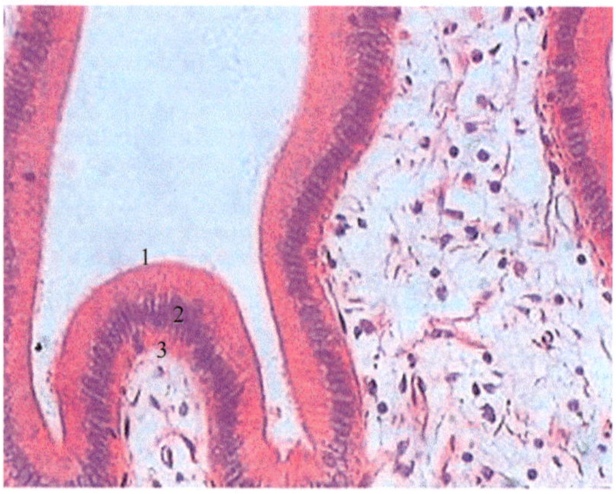

图 1-2-2　单层柱状上皮(HE 染色　高倍)
1. 游离面;2. 柱状细胞、细胞核;3. 基底面

5. 假复层纤毛柱状上皮(狗气管,HE 染色)

(1) 肉眼:标本呈环状,管腔面衬有假复层纤毛柱状上皮。

(2) 低倍:上皮较厚,上皮细胞排列密集,细胞核排列成多层,很像复层上皮。

(3) 高倍:上皮游离面可见染成浅红色的纤毛,上皮细胞排列紧密,细胞界限不清。细胞核排列成多层,位于浅层的为柱状细胞的细胞核,呈卵圆形,着色较浅;位于中间的为梭形细胞的细胞核,呈卵圆形,着色较深;位于基底部的为锥形细胞(基底细胞)的细胞核,呈圆形或卵圆形,着色较深。散在于柱状细胞之间,细胞质呈淡蓝色泡沫状的细胞为杯状细胞,其细胞核呈三角形或扁圆形,染色较深,位于细胞基部(图 1-2-3)。

6. 复层扁平上皮(狗食管,HE 染色)

(1) 肉眼:标本呈扁圆形,管腔面呈紫蓝色的结构即为复层扁平上皮。

(2) 低倍:管腔面上皮由多层细胞组成,上皮基底面凹凸不平,呈波浪状。

(3) 高倍:上皮细胞可大致分为 3 层,基底部为一层立方形或低柱状细胞,细胞界限不清,核呈椭圆形,染色较深。中间为数层多边性细胞。细胞界限清楚,核圆形,位于中央。表层为几层扁平细胞,细胞界限清楚,核呈扁椭圆形(图 1-2-4)。

7. 变移上皮(动物膀胱,HE 染色)

(1) 肉眼:标本呈块状,凹凸不平的一侧是膀胱的内表面,呈紫蓝色,该处衬有变移上皮。

(2) 低倍:处于收缩状态下的变移上皮由 7 ~ 8 层细胞构成,表层细胞较大,基底部较平整。

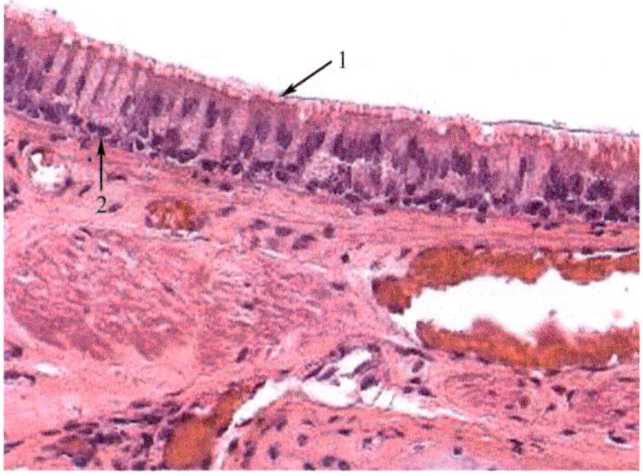

图 1-2-3　假复层纤毛柱状上皮(HE 染色　高倍)

1. 纤毛;2. 杯状细胞

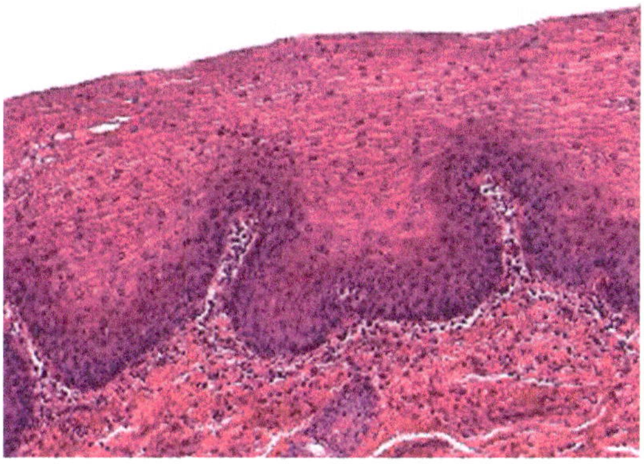

图 1-2-4　复层扁平上皮(HE 染色　高倍)

(3) 高倍:上皮细胞可大致分为 3 层。表层细胞(盖细胞)较大,呈立方形,核圆形,有的细胞有 2 个核;中间为数层多边形或倒梨形细胞,核呈椭圆形;基底为一层立方形或低柱状细胞,细胞界限不清,核呈椭圆形(图 1-2-5)。

8. 腺上皮(动物颌下腺,HE 染色)

(1) 肉眼:标本为不规则的红色结构。

(2) 低倍:腺实质主要由各种腺泡组成,浆液性腺泡着色深,由浆液性腺细胞构成;黏液性腺泡着色浅,由黏液性腺细胞构成;混合型腺泡的主要结构是一个黏液性腺泡,几个浆液性腺细胞附于腺泡末端,形成半月。导管由单层柱状上皮或单层立方上皮构成,管腔明显。

(3) 高倍:浆液性腺细胞呈锥体形或立方形,核圆形,位于细胞基部,顶部胞质含许多嗜酸性颗粒(制片过程中易丢失),基部胞质嗜碱性。黏液性腺细胞呈锥体形或立方形,核扁圆形,紧贴细胞基部,胞质染成浅蓝色,呈泡沫状(图 1-2-6)。

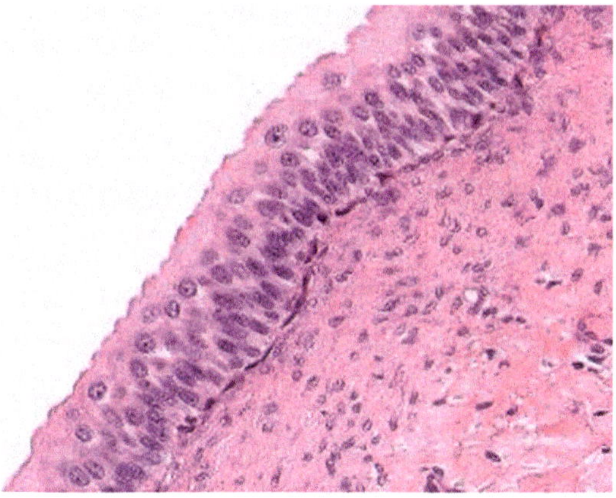

图 1-2-5　变移上皮(HE 染色　高倍)

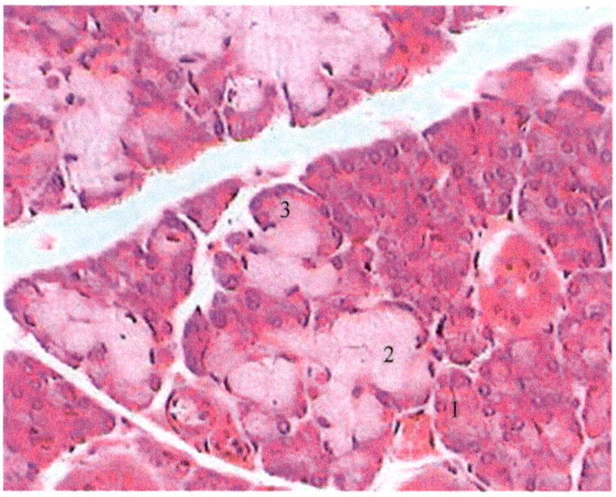

图 1-2-6　腺上皮(HE 染色　高倍)

1. 浆液性腺泡;2. 黏液性腺泡;3. 浆半月

【思考题】

(1) 通过对间皮表面观和侧面观的观察,思考间皮作为单层扁平上皮的结构特点。

(2) 假复层纤毛柱状上皮为什么被称为"假复层"上皮,组成细胞有几种,各种细胞有什么结构特点?

(3) 光镜下如何区分未角化的复层扁平上皮和变移上皮?

(4) 根据膀胱切片中变移上皮形态的观察,判断膀胱处于什么功能状态。

(5) 比较光镜下浆液性和黏液性腺细胞的结构特点。

(6) 如何区分腺体中的腺泡和导管?

(文:刘　凯　郝　晶　图:高　青)

实验三　固有结缔组织、软骨组织和骨组织

【目的要求】

(1) 掌握疏松结缔组织细胞、纤维和基质的组成。光镜下辨认成纤维细胞、巨噬细胞、胶原纤维和弹性纤维。

(2) 光镜下辨认规则致密结缔组织、脂肪组织和网状组织。

(3) 光镜下辨认并掌握透明软骨的微细结构。

(4) 掌握骨组织的结构、长骨骨密质结构、软骨内成骨的过程。光镜下辨认长骨骨密质、骨细胞、成骨细胞和破骨细胞。

【实验内容】

1. 疏松结缔组织铺片(动物皮下组织,特殊染色)　该标本是疏松结缔组织铺片,在制作前首先给动物(大白鼠)腹腔注射一定量的无毒性活体染料锥虫蓝(台盼蓝),次日处死动物,取一小块皮下疏松结缔组织,置于载玻片上,以两枚解剖针向四周牵拉,使之铺展成薄膜状。晾干并固定后,用偶氮焰红和醛品红染色。经脱水、透明、封片而成。

(1) 低倍:选择铺片较薄的部位,可见许多交织分布的细纤维和染色深的细胞核。

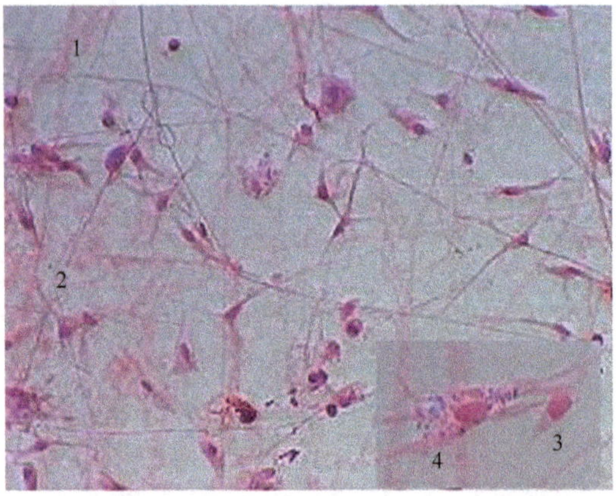

图 1-2-7　疏松结缔组织铺片(特染　高倍)
1. 胶原纤维;2. 弹性纤维;3. 成纤维细胞;4. 巨噬细胞

(2) 高倍:胶原纤维染成粉红色,粗细不等,呈波浪状并相互交织。弹性纤维染成紫褐色,较细而直,也相互交织,断端常卷曲。巨噬细胞常呈不规则形或卵圆形,核小,呈卵圆形;胞质中有蓝色颗粒。成纤维细胞呈扁椭圆形或不规则状,细胞轮廓多不清晰。核较大,卵圆形(图 1-2-7)。

2. 疏松结缔组织和脂肪组织(动物皮下组织切片,HE 染色)

(1) 低倍:可见疏松结缔组织和脂肪组织两种组织,前者着色较深,后者着色较浅。在疏松结缔组织中可看到染成红色的胶原纤维束和弹性纤维束的不同断面,两者交织分布,不易区分。在纤维之间可见到许多深染细胞核,大多属于成纤维细胞。脂肪组织由聚集成群的脂肪细胞和细胞群之间的疏松结缔组织构成。

(2) 高倍:胶原纤维束和弹性纤维束的断面呈不规则的团块或条索状。成纤维细胞多呈长椭圆形,着色较深,胞质和细胞轮廓不明显。脂肪细胞多呈多边形,细胞周边可见染成

浅红色的少量细胞质，中央为一不着色的空泡，细胞核呈扁椭圆形，位于周边部（图 1-2-8，图 1-2-9）。

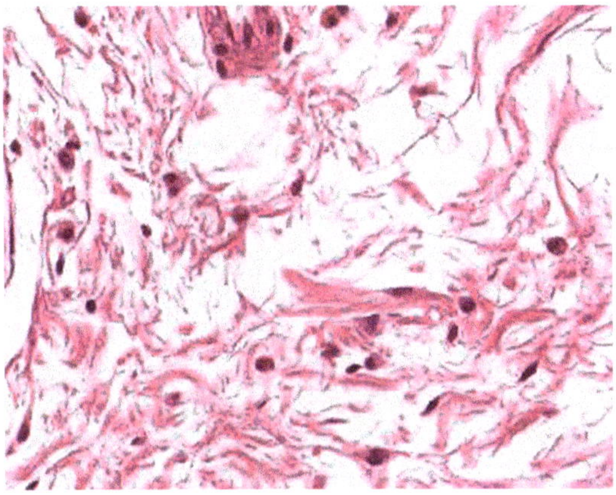

图 1-2-8　疏松结缔组织切片（HE 染色　高倍）

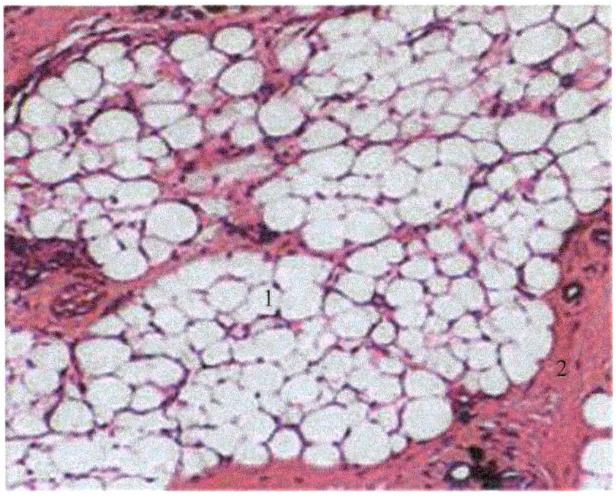

图 1-2-9　脂肪组织（HE 染色　高倍）
1. 脂肪细胞；2. 结缔组织

3. 规则型致密结缔组织（动物肌腱，HE 染色）

（1）肉眼：标本呈长条状，为肌腱的纵断面。

（2）低倍：可见大量染成红色、平行排列的胶原纤维束。纤维束间可见狭长的、呈扁椭圆形的腱细胞的细胞核。

（3）高倍：腱细胞核呈扁椭圆形，胞质着色浅，在该片不易辨认（图 1-2-10）。

4. 网状组织Ⅰ：网状纤维（动物淋巴结，硝酸银染色）

（1）低倍：网状纤维染成黑褐色。

（2）高倍：网状纤维粗细不等、分支并互相连接，颇似枯枝（图 1-2-11）。

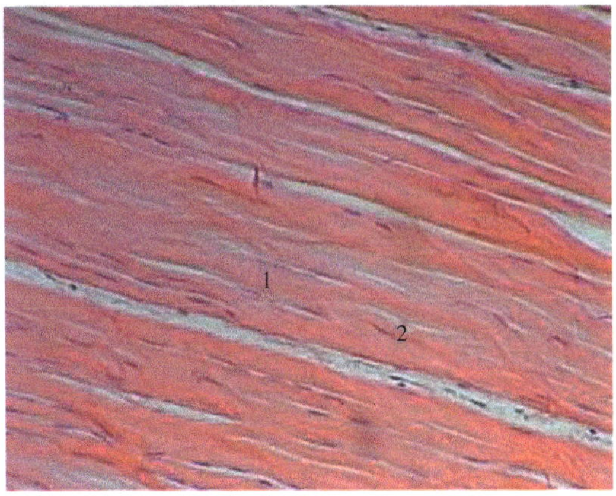

图 1-2-10　规则型致密结缔组织（HE 染色　高倍）
1. 胶原纤维；2. 腱细胞

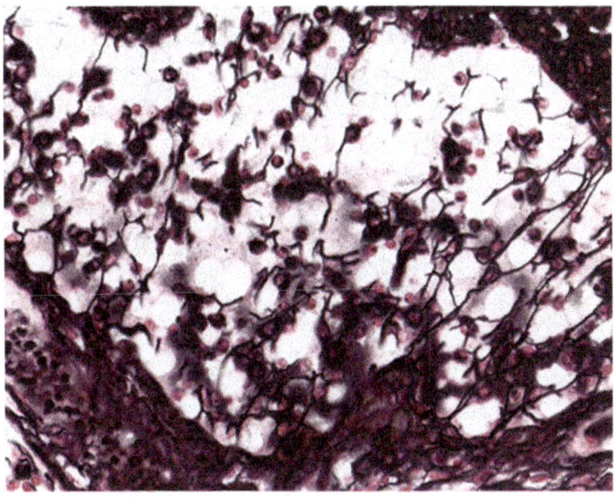

图 1-2-11　网状纤维（银染　高倍）

5. 网状组织Ⅱ：网状细胞（动物淋巴结，HE 染色）

（1）肉眼：淋巴结呈椭圆形，其周边部有染成淡红色的结缔组织被膜。在被膜下方及淋巴结中央，着色较浅的部位是淋巴窦。

（2）低倍：在着色较浅的淋巴窦内寻找网状细胞。

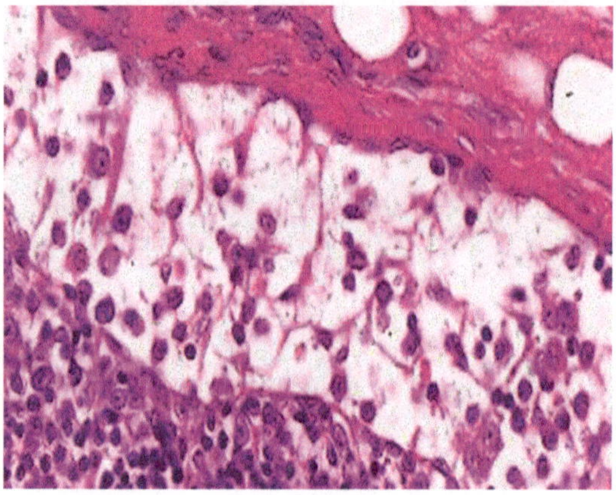

图 1-2-12 网状细胞(HE 染色 高倍)

(3) 高倍:网状细胞呈星状,多突起,相邻细胞的突起互相连接。细胞质呈浅红色,细胞核大,呈圆形或卵圆形,着色浅,核仁清楚(图 1-2-12)。

6. 透明软骨(动物气管,HE 染色)

(1) 肉眼:气管的横切面为圆环状,管壁中染色较深的结构即为透明软骨。

(2) 低倍:在管壁中央有染成浅蓝色的 C 形透明软骨,其内、外两侧均可见由不规则形致密结缔组织构成的软骨膜。软骨基质呈浅蓝色,其中可见散在的软骨细胞。

(3) 高倍:软骨细胞因所在部位的不同,其大小、形态和排列方式均不相同。在周边部,软骨细胞较小,呈扁椭圆形,单个分布;在深部,细胞变大,呈椭圆形或圆形,成组分布,每组有数个细胞,称同源细胞群。软骨细胞周围的软骨基质呈强嗜碱性,染成深蓝色,称软骨囊。在制片过程中,软骨细胞收缩,使之与软骨囊之间出现间隙,即软骨陷窝所在(图 1-2-13)。

7. 弹性软骨(动物耳廓,特殊染色)

(1) 低倍:外周为皮肤,其表面为角化的复层扁平上皮。中央染色深处为弹性软骨。

(2) 高倍:弹性软骨镜下结构与透明软骨相似,不同之处在于,在软骨基质中可见染成蓝褐色的弹性纤维。这些纤维相互交织成网,在软骨中央部更为密集(图 1-2-14)。

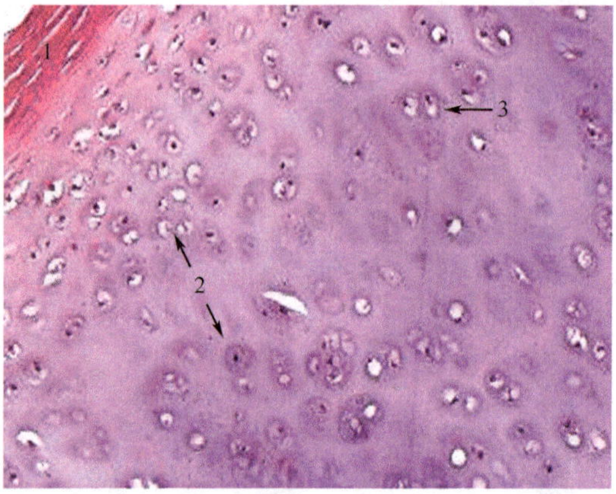

图 1-2-13 透明软骨(HE 染色 高倍)
1. 软骨膜;2. 软骨细胞;3. 软骨囊

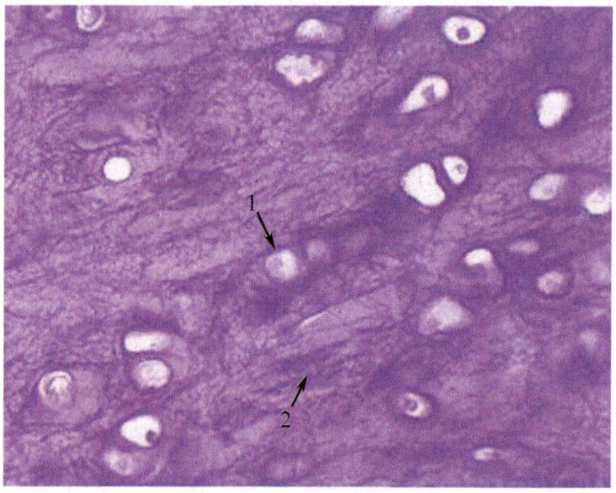

图 1-2-14 弹性软骨(特染 高倍)
1. 软骨陷窝;2. 弹性纤维

8. 纤维软骨(动物椎间盘,HE 染色)

(1) 低倍:胶原纤维束平行排列,呈浅红色。软骨细胞位于胶原纤维束之间。

(2) 高倍:镜下可见软骨基质中有大量平行排列的胶原纤维束。软骨细胞较小,成行分布于胶原纤维束之间,其周围也可见软骨囊,但不如透明软骨明显。因软骨细胞在制片过程中发生收缩,其周围也可见软骨陷窝(图 1-2-15)。

9. 长骨切片 I(动物脱钙长骨骨干部横切面,特殊染色)

(1) 低倍:该片中骨板染成浅绿色,骨陷窝、骨小管、中央管、穿通管染成紫色,中央管、穿通管内的结构及骨细胞均难以辨认。

在骨外表面和内表面可见到由致密结缔组织构成的骨外膜和骨内膜，均被染成暗红色。在骨外膜内侧可见到与骨表面平行排列的数层骨板即外环骨板。在骨内膜外侧可见到数层内环骨板。内环骨板层数一般少于外环骨板，且不及外环骨板规则。在内、外环骨板间可见骨单位，由同心圆排列的数层骨板构成，其中央可见深染的中央管，其周围可见骨黏合线。相邻骨单位中央管之间可见穿通管。骨单位之间呈弧状的平行骨板为间骨板。

(2) 高倍：在上述各种骨板内和骨板间均可见到深染的骨陷窝，呈椭圆形，其中骨细胞体的结构已分辨不清。由骨陷窝向四周发出许多放射状排列的细小突起称骨小管，是生活状态时骨细胞突起所在的位置(图 1-2-16)。

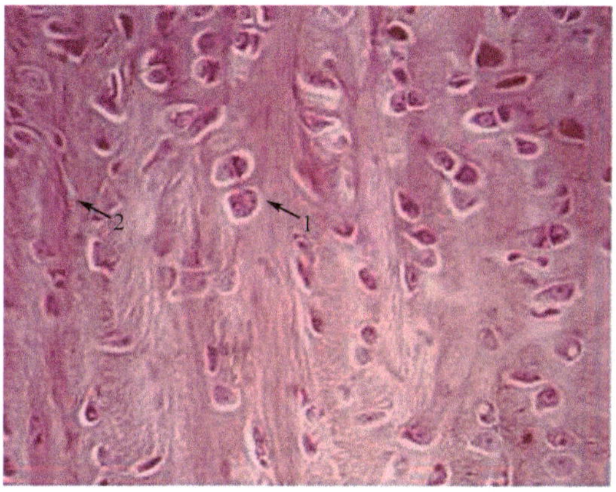

图 1-2-15 纤维软骨(HE 染色 高倍)

1. 软骨细胞；2. 胶原纤维

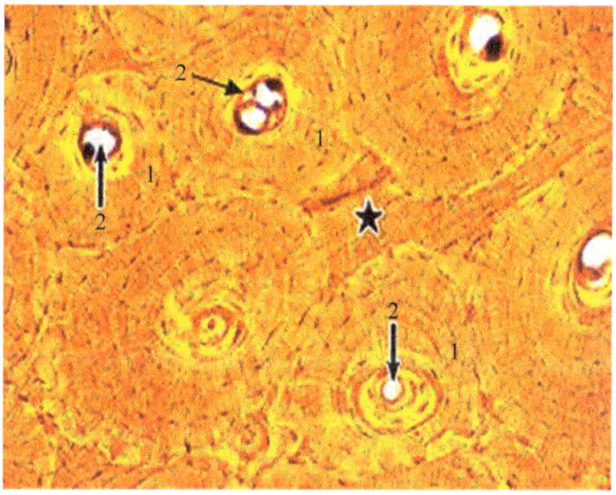

图 1-2-16 长骨骨干横切(特染 低倍)

1. 骨单位；2. 中央管；★. 间骨板

10. 长骨切片Ⅱ(动物脱钙长骨骨干部横切面，HE 染色)

其镜下结构与上一张切片相仿。不同之处在于，在该片中中央管和穿通管内的结构及骨细胞均依稀可辨，但骨小管却不能被显示。

11. 长骨的发生(婴儿指骨，HE 染色)。

(1) 肉眼：标本一般由两段指骨组成，其间为指关节，选择结构较为完整的一段进行观察。肉眼观察所见，呈淡蓝色的一端为软骨，呈深红色的一端为骨髓和骨组织，两者之间为骨化(成骨)过程正在进行的部位。

(2) 低倍：从软骨一端开始，依次向对侧观察，分辨以下各区，①软骨储备区，软骨细胞较小，呈圆形或椭圆形，胞质弱嗜碱性。②软骨增殖(生)区，软骨细胞变大，呈扁椭圆形，构成纵向排列的同源细胞群。③软骨钙化区，软骨细胞肥大，呈圆形，靠近成骨区者可呈空泡状，核固缩，最后退化死亡；软骨基质钙化，呈强嗜碱性。④成骨区，可见过渡性骨小梁和骨小梁之间的初级骨髓腔。过渡性骨小梁中央的钙化软骨基质呈蓝色，其周边的骨组织呈红色。骨小梁表面附有成骨细胞和破骨细胞。⑤骨髓腔，为骨干中央不规则腔隙，其中充满骨髓。骨髓腔两侧较厚的骨组织是骨领，其外侧的致密结缔组织为骨外膜。

(3) 高倍：成骨细胞呈单行排列于成骨区骨小梁周围，立方形或不规则形，胞质强嗜碱性，核椭圆形。破骨细胞位于骨领或成骨区骨小梁表面凹陷处，胞体大而不规则，胞质嗜酸性，有多个细胞核(图 1-2-17，图 1-2-18)。

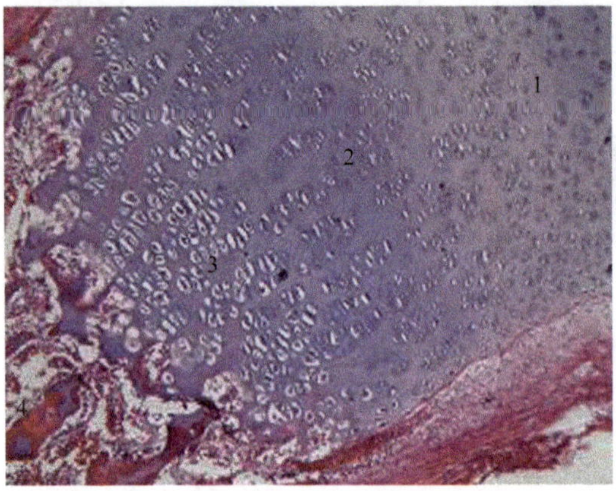

图 1-2-17　长骨发生(HE 染色　低倍)

1. 软骨储备区;2. 增殖区;3. 钙化区;4. 成骨区

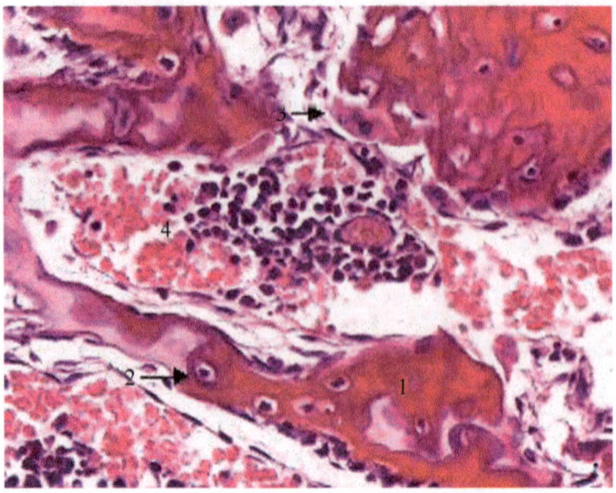

图 1-2-18　长骨发生-成骨区(HE 染色　高倍)

1. 骨小梁;2. 成骨细胞;3. 破骨细胞;4. 骨髓

【思考题】

(1) 疏松结缔组织铺片中,胞质中有蓝色颗粒的是什么细胞?为什么会有这些颗粒?

(2) 疏松结缔组织铺片中,怎样区分成纤维细胞和纤维细胞,为什么看不到网状纤维?

(3) 观察单个存在的脂肪细胞和聚集在一起的脂肪细胞形状是否有差别,为什么脂肪细胞中央为一不着色的空泡?

(4) 比较透明软骨周边和中央软骨细胞在大小、形态和排列方式上有何不同。透明软骨基质中含有哪种纤维,为何在切片中看不到纤维?

(5) 血管走行在骨密质的哪些结构中?

(6) 描述软骨内成骨的过程和过渡性骨小梁的结构特点。

(7) 描述成骨细胞、骨细胞和破骨细胞的结构特点。

(文:刘　凯　郝　晶　图:高　青)

实验四　血液和血细胞的发生

【目的要求】

(1) 掌握血液的组成和各种血细胞的形态及结构特点。光镜下正确辨认各种血细胞。

(2) 掌握血涂片的制作过程。

(3) 光镜下正确辨认 3 种幼稚红细胞和 3 种幼稚粒细胞。

【实验内容】

1. 血涂片的制作

(1) 采血:用 1% 的碘酒精消毒耳垂或指尖。用左手拇指和食指紧捏耳垂或指尖,用右手拇指、食指和中指持消毒过的三棱针,以滚动方式向皮肤快速猛刺一下,用消毒干棉球拭去第 1 滴血。

(2) 涂片:将一滴血滴到洁净的载玻片的一端,取另一张载玻片,以其边缘接触血滴,待血滴沿玻璃片边缘散开后迅速推向对侧,制成血膜(两载玻片夹角以 30°为宜,夹角越大,血膜越厚,反之亦然)。

(3) 染色：待血膜晾干后，用蜡块在载玻片上画一方框，将待染区圈出。用滴管向血膜上滴加数滴瑞氏染液，使血膜完全被淹没。待 2 ~ 5 分钟(视室温高低而定)，使标本固定。用另一吸管滴加等量缓冲液或蒸馏水，使之与染液混合，静置 3 ~ 5 分钟以染色。用吸管吸蒸馏水，徐徐冲去染液，晾干或用滤纸吸干后即可进行观察。

2. 血涂片(人，瑞特染色)

(1) 低倍：可见大量红色圆形小体，为红细胞，其间散布着少量胞体较大、圆形、有核的细胞为白细胞。选择涂片较薄且均匀之处，换高倍镜或油镜进一步观察。

(2) 高倍(或油镜)：红细胞数量最多，呈圆形，染成橘红色，中央着色浅，周边着色深，无细胞核。

中性粒细胞呈圆形，直径约为红细胞直径的 1.5 倍。细胞核多呈分叶状，以 3 ~ 5 叶居多，叶间以染色质丝相连，有的核呈腊肠样，称杆状核。胞质内有许多细小的浅紫色(嗜天青)或浅红色(特殊)颗粒。

嗜酸粒细胞呈圆形，与中性粒细胞等大或略大。细胞核多分为 2 叶。胞质内充满大小相仿、分布均匀的嗜酸性颗粒。

嗜碱粒细胞与中性粒细胞大小相仿。细胞核多分为 2 叶或呈 S 形，着色浅，轮廓不清。胞质内含有大小不一、分布不匀的嗜碱性颗粒。

单核细胞多呈圆形，是周围血中最大的细胞，其直径约为红细胞直径的 2 ~ 3 倍。细胞核呈卵圆形、肾形或马蹄形，着色较浅，胞质呈弱嗜碱性，染成灰蓝色，内含许多细小的嗜天青颗粒。

淋巴细胞呈圆形，在周围血中以小淋巴细胞为主，其大小与红细胞相仿。细胞核圆形，着色深，一侧常有小凹陷。胞质很少，嗜碱性，呈天蓝色，含少量嗜天青颗粒。

血小板体积很小，呈不规则状，常成群出现。胞质呈浅蓝色，中央有细小的紫红色颗粒(图 1-2-19)。

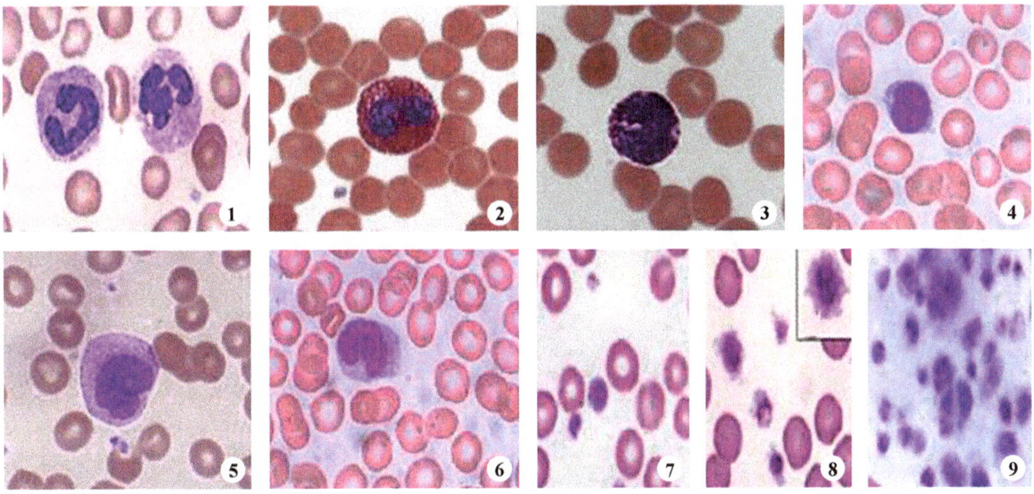

图 1-2-19　血涂片(瑞特染色　油镜)

1. 中性粒细胞；2. 嗜酸粒细胞；3. 嗜碱粒细胞；4. 淋巴细胞；5、6. 单核细胞；7 ~ 9. 血小板

3. 骨髓涂片(人，瑞特染色)

(1) 低倍：可见大量有核细胞。选择涂片较薄、染色好、细胞分布均匀之处，换高倍镜或

油镜进一步观察。

（2）高倍（或油镜）：根据细胞的大小，细胞核的大小、形态、着色深浅以及细胞质的染色反应等特点辨认早、中、晚幼红细胞和早、中、晚幼粒细胞。

早幼红细胞呈圆形，细胞核圆形、较大，核质比例大于1/2，染色质呈粗粒状，偶见核仁。胞质嗜碱性，呈深蓝色。

中幼红细胞呈圆形，比早幼红细胞略小。细胞核圆形，较小，核质比例约为1/2，染色质聚集成块状，染色较深，无核仁。细胞质呈嗜多染性即呈红蓝间染性。

晚幼红细胞呈圆形，比中幼红细胞小，但略大于成熟红细胞。细胞核圆形，更小，核质比例小于1/2，呈固缩状，着色更深，常位于细胞一端。细胞质呈橘红色。

早幼粒细胞体积较大。细胞核卵圆形，较大，核质比例大于1/2，常偏于一侧，偶见核仁。细胞质嗜碱性，有少量特殊颗粒。

中幼粒细胞体积变小。细胞核变小，一侧扁平，呈馒头状。核质比例约为1/2，核仁消失。细胞质嗜碱性减弱，特殊颗粒增多，据此可区分3种粒细胞（中性中幼粒细胞、嗜酸性中幼粒细胞和嗜碱性中幼粒细胞）。

晚幼粒细胞与成熟粒细胞大小相仿。细胞核变为肾形或马蹄形，胞质中充满特殊颗粒（图1-2-20）。

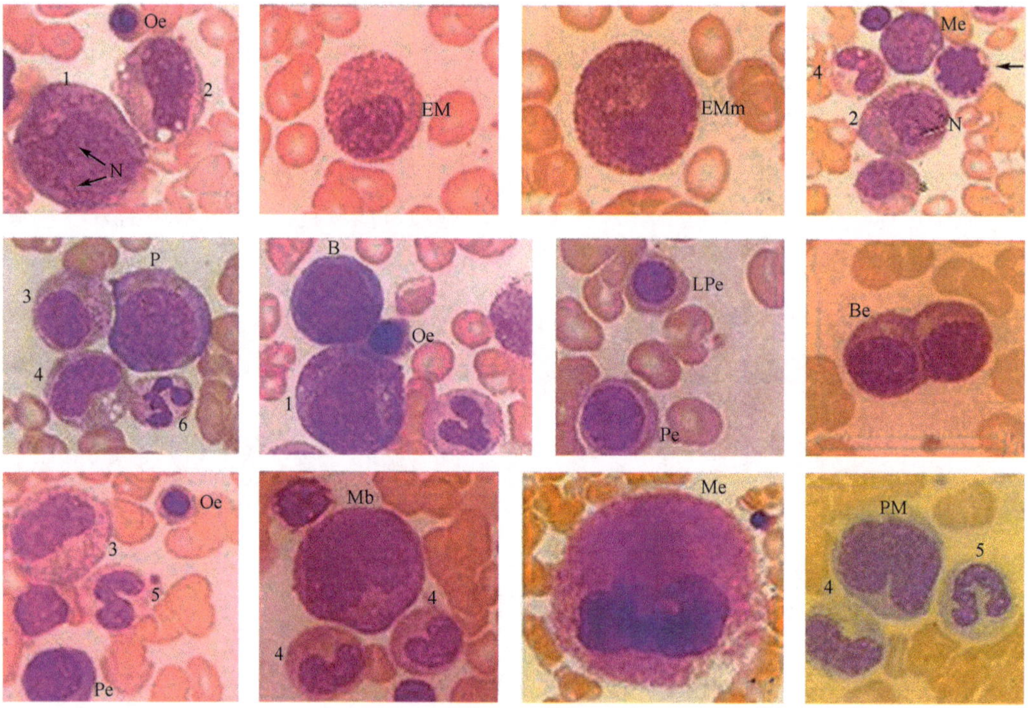

图1-2-20 骨髓涂片（瑞特染色 油镜）

1. 早幼粒细胞；2. 中幼粒细胞；3. 中性中幼粒细胞；4. 晚幼粒细胞；5. 杆状核中性粒细胞；EM. 嗜酸性中幼粒细胞；EMm. 嗜酸性晚幼粒细胞；P. 原红细胞；B. 早幼红细胞；Pe. 中幼红细胞；LPe. 晚期中幼红细胞；Oe. 晚幼红细胞；PM. 幼单核细胞；Mb. 原巨核细胞；Me. 巨核细胞

【思考题】

（1）为什么红细胞中央着色浅，周边着色深？

(2) 镜下如何鉴别3种有粒白细胞？镜下如何鉴别淋巴细胞和单核细胞？

(3) 为什么红细胞和血小板中均无细胞核？

（文：刘　凯　郝　晶　图：高　青）

实验五　肌　组　织

【目的要求】

(1) 光镜下辨认并掌握骨骼肌、心肌和平滑肌的微细结构。

(2) 光镜下掌握骨骼肌和心肌横切面的区别。

【实验内容】

1. 骨骼肌(狗,HE染色)

(1) 肉眼:长条状的为纵切面,不规则圆形的为横切面。

(2) 低倍:①在纵切面上,骨骼肌纤维呈长圆柱形,相互平行排列聚集呈束。②在横切面上,表面有致密结缔组织包绕为肌外膜(即深筋膜);它伸入肌肉内,包裹着许多肌纤维为肌束膜。

(3) 高倍:(将视野稍调暗)①在纵切面上,在肌纤维周边部,肌膜下有许多呈卵圆形的细胞核纵行排列,其长轴与肌纤维长轴一致(注意与周围结缔组织细胞核相区别)。肌浆内隐约可见长轴与肌纤维长轴一致的丝状结构,即肌原纤维。相邻肌原纤维的明带、暗带相互重叠,使整条骨骼肌纤维显出着色深浅不同的横纹。暗带为深红色,明带着色浅,其中央有一条细线为Z线。在肌纤维之间有少量疏松结缔组织即肌内膜,内含丰富的毛细血管。②在横切面上,骨骼肌纤维呈圆形或多边形,细胞核呈圆形位于肌膜下,肌原纤维呈大小不等的红色圆点状,肌原纤维之间着色甚浅者为肌浆。每条肌纤维周围可见肌内膜,每个肌束周围可见肌束膜(图1-2-21,图1-2-22)。

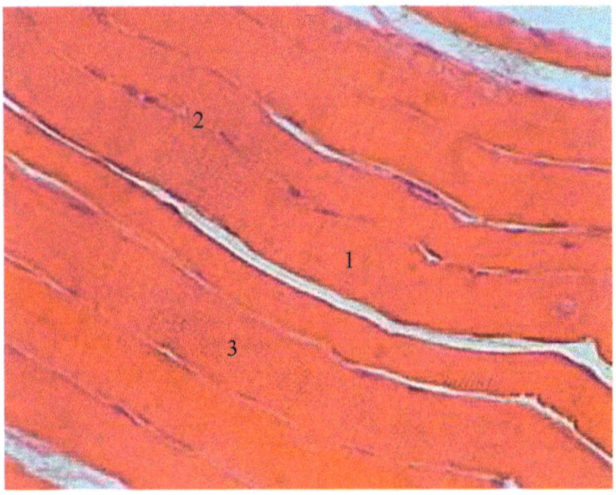

图1-2-21　骨骼肌纵切(HE染色　高倍)

1. 骨骼肌纤维;2. 细胞核;3. 横纹

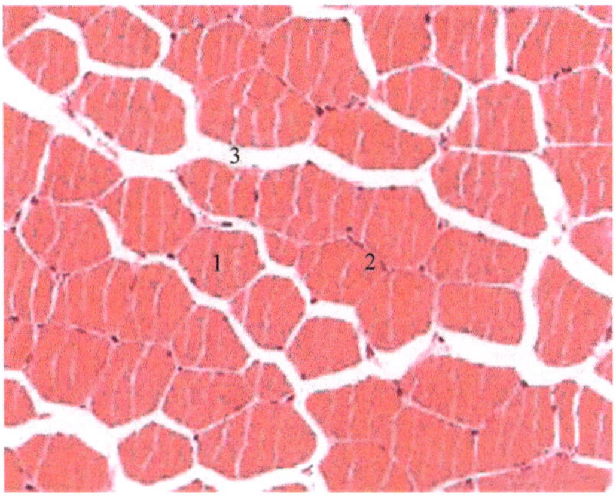

图1-2-22　骨骼肌横切(HE染色　高倍)

1. 骨骼肌纤维;2. 细胞核;3. 肌内膜

2. 骨骼肌(狗,铁苏木精染色)

(1) 肉眼:染成蓝褐色,长条状的为纵切面,不规则圆形的为横切面。

(2) 低倍:与上一张骨骼肌切片相仿。

(3) 高倍:与上一张骨骼肌切片相仿,但横纹结构更加清晰。

(4) 油镜:明带中的 Z 线和暗带中的 H 带均清晰可见。

3. 心肌(动物,HE 染色)

(1) 肉眼:为左心壁的一部分,绝大部分着色较红为心肌。

(2) 低倍:心室壁主要由心肌纤维构成,心肌纤维排列方向不一致,有纵、横、斜等切面。有分支且互相吻合成网为纵切面,呈圆形或椭圆形的小块为横切面。

(3) 高倍:①在纵切面上,心肌纤维呈相互平行的条带状结构,但比骨骼肌纤维短且细,有分支且互相连接成网。细胞核呈卵圆形,位于肌纤维中央。肌浆内也可见明暗相间的横纹,但不如骨骼肌明显。在相邻心肌纤维连接处可见染色较深的线状结构即闰盘。肌纤维之间有少量疏松结缔组织,其中有丰富的毛细血管。②在横切面上,心肌纤维呈圆形或多边形,其细胞核呈圆形,位于中央,有的未见核,肌浆着色甚浅;肌丝束呈点状,以周边部居多(图 1-2-23,图 1-2-24)。

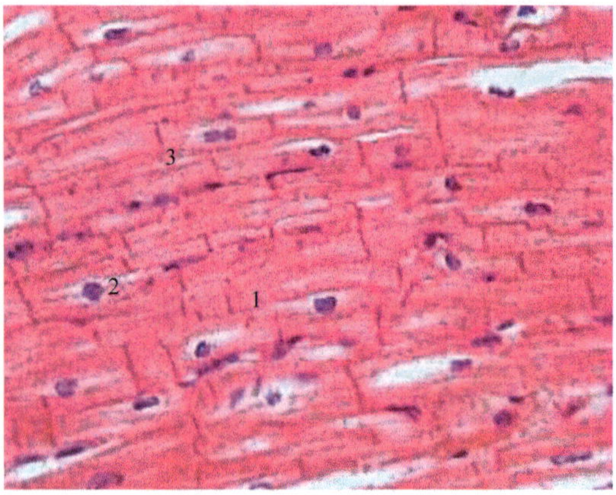

图 1-2-23 心肌纵切(HE 染色 高倍)
1. 心肌纤维;2. 细胞核;3. 闰盘

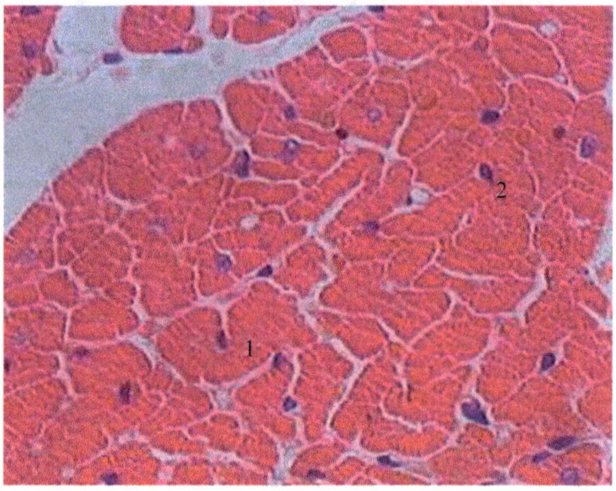

图 1-2-24 心肌横切(HE 染色 高倍)
1. 心肌纤维;2. 细胞核

4. 心肌(动物,铁苏木精染色)

(1) 肉眼:染成蓝褐色。

(2) 低倍:与上一张心肌切片相仿。

(3) 高倍:与上一张心肌切片相仿,但横纹和闰盘等结构更加清晰。闰盘着深蓝色,呈直线或阶梯状,较粗,与心肌纤维横纹呈平行状分布。

5. 平滑肌(动物,HE 染色)

(1) 肉眼:中间不规则的腔隙是小肠腔,周围的组织为肠壁外层,染成红色的是平滑肌。

(2) 低倍:平滑肌组织染色较其附近的结缔组织深。平滑肌组织较厚,可分为两层且排列方向不同,内层的为纵切面,平滑肌纤维呈长梭形,外层为横切面,较薄,平滑肌纤维呈大小不一圆点形。

(3) 高倍:①在纵切面上,平滑肌纤维呈长梭形,相邻的肌纤维彼此交错相互嵌合,细胞核呈杆状或椭圆形,位于细胞中央。肌纤维间有少量结缔组织和毛细血管。②在横切面上,平滑肌纤维呈大小不等的圆点状。在较大的点状切面内可见呈圆形的细胞核(图 1-2-25,图 1-2-26)。

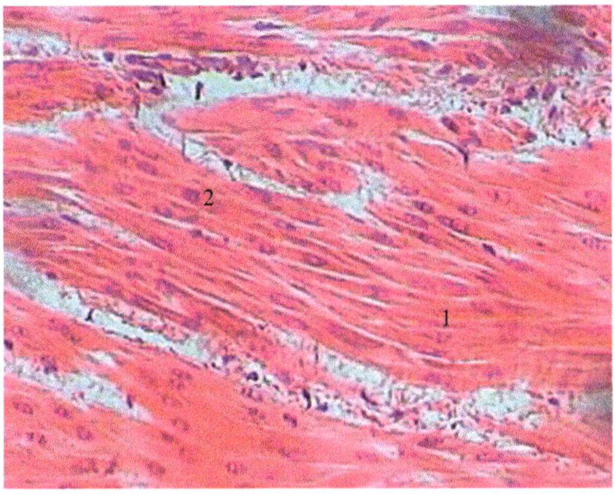

图 1-2-25　平滑肌纵切(HE 染色　高倍)
1. 平滑肌纤维;2. 细胞核

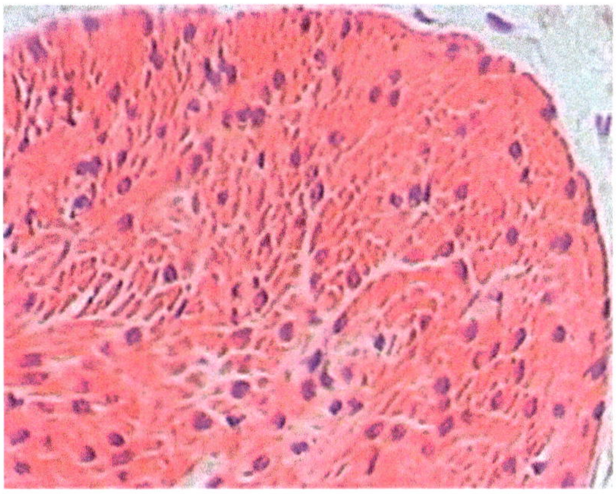

图 1-2-26　平滑肌横切(HE 染色　高倍)
示平滑肌纤维、细胞核

【思考题】

(1) 观察切片,请指出肌节的组成,其作用如何?

(2) 观察切片,骨骼肌与心肌的结构分别有哪些特点?

(3) 观察切片,平滑肌纤维在排列方式上有何特点?

(文:肖　玲　刘　凯　图:高　青)

实验六　神经组织

【目的要求】

(1) 光镜下辨认并掌握神经组织的基本结构。

(2) 光镜下辨认并掌握神经元的微细结构。

(3) 光镜下辨认并掌握有髓神经纤维的微细结构。

(4) 光镜下辨认并掌握 3 种神经末梢(触觉小体、环层小体和运动终板)的分布及微细结构。

【实验内容】

1. 多极神经元(猫,HE 染色)

(1) 肉眼:脊髓横切面呈椭圆形,中央着色较红的蝶形结构为灰质,有 4 个突起,两个较粗短称灰质前角,两个较细长称灰质后角。白质在灰质的周围,着色较浅。

(2) 低倍:①白质着浅粉红色,位于脊髓周围。神经纤维呈大小不等的圆形,髓鞘溶解,呈空泡状,其中紫红色小点为轴突,其间散布着较小的圆形或椭圆形神经胶质细胞核。②灰质前角中有许多体积较大的细胞,着紫蓝色,即多极神经元的胞体,后角的多极神经元较小。③脊髓中央两侧灰质连接处一圆形小孔为中央管。

(3) 高倍:①多极神经元胞体较大,有突起从胞体发出,一般仅能观察到少数几个,甚至观察不到突起。细胞核较大,呈圆形,着色较浅,核仁明显(有些较小的神经细胞,由于染色质聚集,空泡状核不明显)。胞质内可见许多大小不等的斑块状颗粒,呈深蓝色,即尼氏体。树突可被切到一个或数个,较粗,内含尼氏体。轴突自胞体发出处的胞质呈圆锥形,呈粉红色，此为轴丘。轴突则仅有一个，较细，轴丘、轴突均不含尼氏体。②神经胶质细胞的核较小，位于多极神经元周围，其周围呈粉红色的网络样结构多为无髓神经纤维和胶质细胞的突起（图 1-2-27，图 1-2-28）。

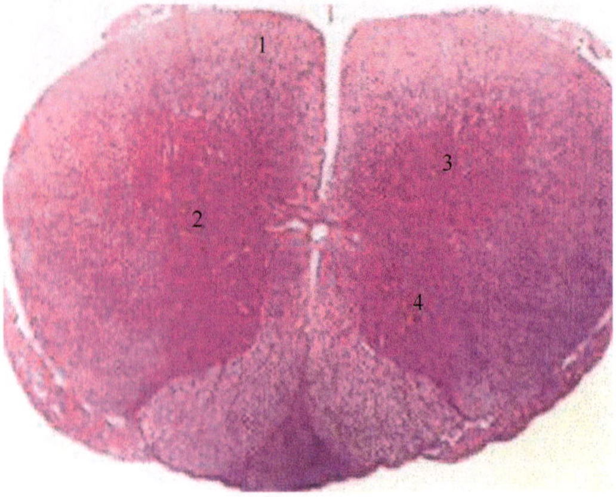

图 1-2-27　脊髓横切（HE 染色　低倍）

1. 白质；2. 灰质；3. 前角；4. 后角

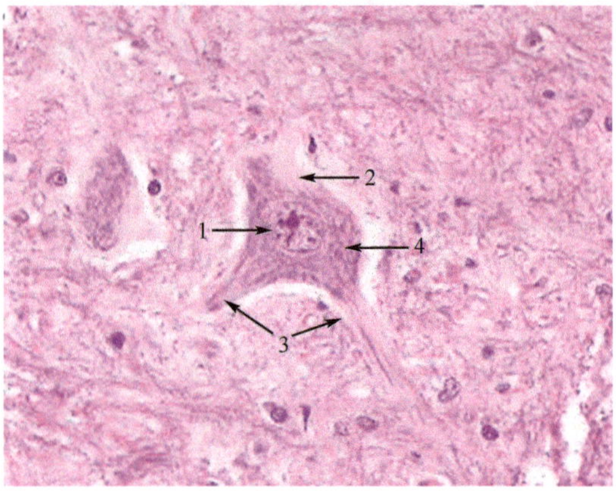

图 1-2-28　多极神经元（HE 染色　高倍）

1. 神经元细胞核；2. 轴丘；3. 树突；4. 尼氏体

2. 多极神经元和突触（猫，镀银染色）

（1）肉眼：标本被染成棕色。

（2）低倍：与上一张多极神经元切片相仿。

（3）高倍：①前角多极神经元的胞体和突起内均可见呈棕褐色的神经元纤维，它们在胞体内交织成网状，在突起内沿突起长轴平行排列。②神经元细胞核不着色，呈空泡样。③神经元胞体和突起表面有许多棕黑色的小扣结或小球附着，这些小扣结或小球是其他神经元突起纤维的末梢与该神经元胞体或突起的接触点，即突触。

3. 假单极神经元（示教）（猫，镀银染色）

（1）肉眼：脊神经节染成棕色。

（2）低倍：神经节细胞（脊神经节细胞为假单极神经元）聚集成群，细胞群之间为有髓神经纤维。

（3）高倍：①神经节细胞呈圆形或椭圆形，大小不等。一个突起从神经节细胞胞体发出，在不远处呈 T 形分为 2 支（假单极神经元）。②卫星细胞位于假单极神经元的胞体周围，是一层扁平的神经胶质细胞。

4. 有髓神经纤维（猫，HE 染色）

（1）肉眼：长条状者为纵切面，圆形者为横切面。

（2）低倍：①在纵切面上，许多神经纤维平行排列，由于排列较紧密，故每条神经纤维界限不易辨认。神经纤维之间有极薄的结缔组织。②在横切面上，整个标本即神经的外面包被一层致密结缔组织，即神经外膜。许多神经纤维集合形成神经纤维束。每个神经纤维束的表面有多层神经膜上皮以及致密结缔组织包裹，构成神经束膜。神经纤维束内有许多圆形的神经纤维横切面，每条神经纤维的周围有很薄的结缔组织，即神经内膜，不易辨认。

（3）高倍：①在纵切面上，有髓神经纤维平行排列，呈索条状结构。每一条神经纤维中央都可见 1 条纵行的呈暗红色的线状结构，即轴突。髓鞘位于轴突两侧，由于 HE 染色时，髓鞘的类脂质被溶解，仅蛋白质残留，因而呈网状或泡沫状。神经膜位于髓鞘两侧，为红色的细线。某些部位可见扁椭圆形神经膜细胞(施万细胞)核,染色较浅。沿有髓神经纤维长轴观察会发现许多藕节样缩窄部,即郎飞结,为两个相邻的神经膜细胞不完全连接的区域,此处无髓鞘,只有轴突。相邻两个郎飞结之间的一段神经纤维称结间体,其中只可见到一个施万细胞的细胞核。②在横切面上,神经纤维束内有许多圆形的神经纤维横切面,每条神经纤维周围都有少量结缔组织,即神经内膜。有髓神经纤维呈圆形,轴突位于中央,呈圆点样,轴突周围的浅染区是髓鞘,髓鞘周围的环状结构为神经膜,很薄,染成红色,有的尚有神经膜细胞核(图 1-2-29,图 1-2-30)。

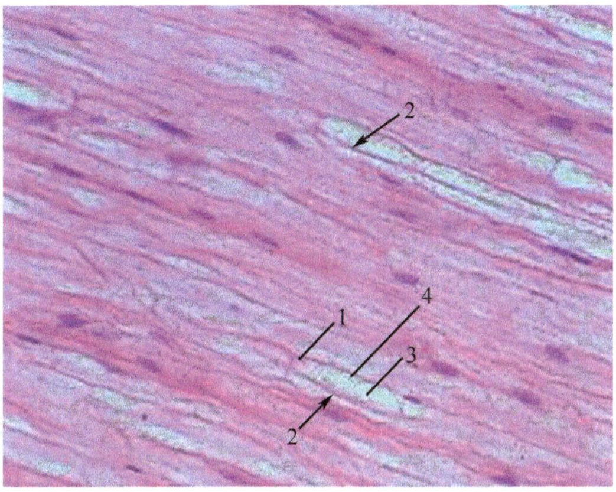

图 1-2-29　有髓神经纤维纵切(HE 染色　高倍)
1. 郎飞结;2. 轴索;3. 髓鞘;4. 神经膜

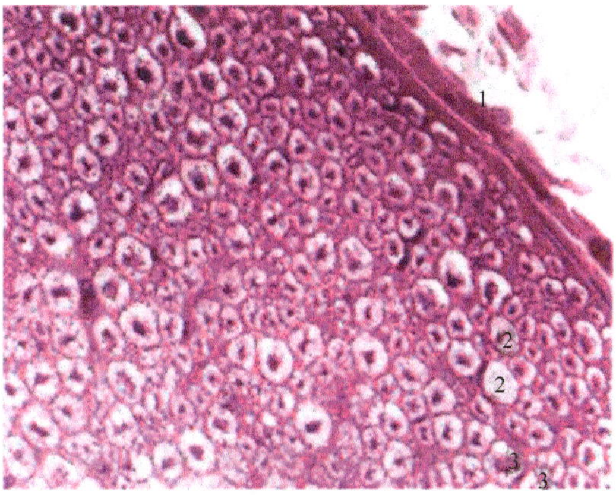

图 1-2-30　有髓神经纤维横切(HE 染色　高倍)
1. 神经束膜;2. 轴索;3. 髓鞘

5. 有髓神经纤维(猫,四氧化锇染色)

(1) 制作方法:将有髓神经纤维从神经中剥离出来,铺展在载玻片上,再经四氧化锇固定、染色。

(2) 高倍:有髓神经纤维的髓鞘染成褐色,轴突及神经膜均不着色,郎飞结清晰可见。在髓鞘中可见对称分布的不着色的窄缝样结构,即施-兰切迹。

6. 触觉小体和环层小体(人,HE 染色)

(1) 肉眼:一侧表面染成红色而其深面染成紫蓝色为表皮,另一侧染色浅,呈网状是皮下组织,两者之间为粉红色的真皮。

(2) 低倍:掌侧面的外表是表皮,基底部凸凹不平。表皮下方是结缔组织组成的真皮,真皮乳头层向表皮突出形成真皮乳头。①触觉小体一般位于真皮乳头内,其长轴与表皮长轴垂直,为染成粉红色的卵圆形实心结构。②环层小体体积较大,位于真皮深层或真皮与皮下组织交界处,圆形或不规则形,呈同心圆结构,由围绕着无髓神经纤维末端的同心圆排列的结缔组织层构成。

(3) 高倍:①触觉小体呈卵圆形,外包薄层结缔组织被囊,内有许多横列的扁平细胞,与小体长轴垂直排列,其中的神经纤维看不清楚。②环层小体呈同心圆排列均质性圆柱体,中心有一红色的圆点或圆柱,为神经纤维轴突的断面。扁平的上皮样成纤维细胞和少量纤维组成的结缔组织被囊,形成自中心向外的层层环状结构(图 1-2-31)。

7. 运动终板(猫,氯化金染色)

(1) 制作方法:将猫的肋间肌,整装压片,用氯化金染色。

(2) 高倍:骨骼肌呈暗红色,神经纤维呈黑色。神经纤维进入肌组织,形成许多细小分支。它的分支末端形成爪状或葡萄样，贴附骨骼肌纤维的表面，两者共同构成运动终板(图1-2-32)。

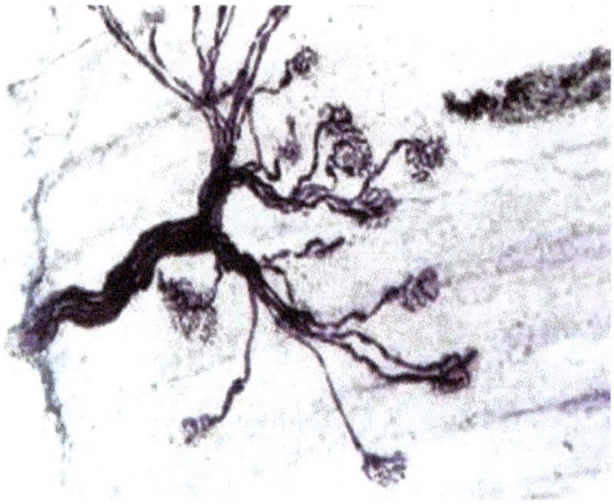

图 1-2-31　运动终板(氯化金染色　高倍)

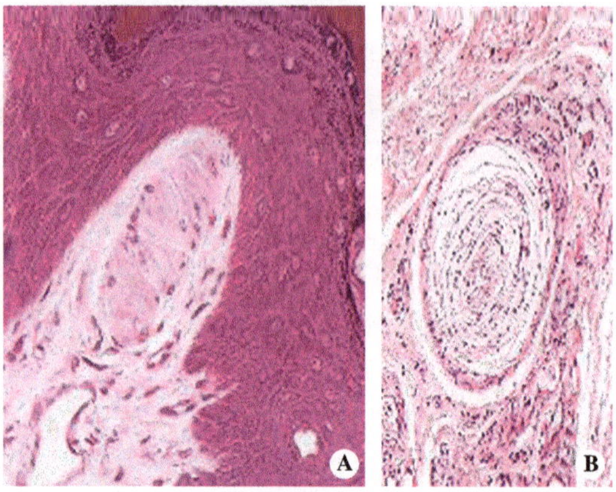

图 1-2-32　A. 触觉小体；B. 环层小体

【思考题】

(1) 观察 HE 染色切片，树突的起始部和轴丘有何不同？

(2) 观察切片，多极神经元的形态结构有什么特点？

(3) 观察切片，多极神经元与假单极神经元横切面有何区别？

(文：肖　玲　刘　凯；图：高　青)

实验七　神 经 系 统

【目的要求】

(1) 光镜下辨认并掌握大脑皮质的 6 层结构和锥体细胞。

(2) 光镜下辨认并掌握小脑皮质的 3 层结构和浦肯野细胞。

(3) 光镜下辨认并掌握节细胞、卫星细胞和神经纤维等结构。

【实验内容】

1. 脊髓(猫，HE 染色)

(1) 肉眼：脊髓横切面呈椭圆形，灰质居中为蝴蝶形，染色较深，短而宽的两个角为前角，长而窄的两个角为后角。灰质周围染色浅的为白质。

(2) 低倍：①白质，为神经纤维集中处(传导束)，多为有髓神经纤维的横切面。②灰质，含神经元胞体，神经胶质细胞和无髓神经纤维。灰质前角中多极运动神经元体积较大，灰质后角中的神经元较小且数量较少。灰质中央有脊髓中央管的切面。③脊髓膜，位于脊髓的表面，由结缔组织构成。

(3) 高倍：①灰质中可见到许多体积较小、着色较深、形态各异的细胞核，即各种胶质细胞的细胞核。灰质内呈粉红色的网络样结构多为无髓神经纤维和胶质细胞的突起。②白质染成粉红色，呈细网状，是神经纤维集中的部位，可见大量有髓神经纤维的横切面和着色较深、形态不一的神经胶质细胞的细胞核。③脊髓中央管，管壁由 1 层柱状的室管膜细胞构成。④脊髓膜，由外向内分硬膜、蛛网膜和软膜 3 层。硬膜为较厚的致密结缔组织。蛛网膜为薄层的结缔组织。硬膜与蛛网膜之间有狭小的间隙,此为硬膜下腔。软膜为薄层结缔组织,紧贴脊髓的表面,富含血管。蛛网膜与软膜之间有蛛网膜下腔。

2. 大脑(人,HE 染色)

(1) 肉眼:凸凹不平的一侧为大脑皮质,凸起部分为脑回,凹陷部分为脑沟。其表面着色较深的是皮质,中央着色较浅为髓质。

(2) 低倍:①软膜紧贴大脑表面,是一薄层结缔组织,富含血管。②皮质(灰质)由许多大小、形状不一的神经元、神经胶质细胞及细胞间少量染成红色的无髓神经纤维构成。神经元分为锥体细胞、颗粒细胞和梭形细胞 3 种。其中锥体细胞更易辨认,其胞体呈锥体形,锥体尖朝向皮质表面。皮质的神经元分层排列,由外向内分为 6 层,但各层界限不清。分子层——染色较浅,要由散在的颗粒细胞构成,神经元小且少。外颗粒层——主要由颗粒细胞和少量小型锥体细胞构成,呈颗粒状。外锥体细胞层——主要由中、小型锥体细胞和少量颗粒细胞构成。内颗粒层——主要由密集的颗粒细胞和少量小型锥体细胞构成,呈颗粒状。内锥体细胞层——主要由中型和大型锥体细胞构成。多形细胞层——靠近髓质,主要由梭形细胞、颗粒细胞和锥体细胞构成,其中梭形细胞居多。③少量大脑髓质位于皮质深层,主要由染成红色的无髓神经纤维和神经胶质细胞构成。

(3) 高倍:①锥体细胞胞体呈锥体形,锥顶朝向表面,其主干树突自锥顶伸出。胞质含尼氏体,核大而圆。②大脑髓质中神经胶质细胞核着色较深、形态不一(图 1-2-33)。

3. 大脑(示教)(人,镀银染色)

(1) 肉眼:其结构与上一张大脑切片相仿。

(2) 低倍:其结构与上一张大脑切片相仿。

(3) 高倍:①神经元和神经胶质细胞的胞体和突起均被染成棕褐色,细胞核不能被显示。② 锥体细胞主要位于大脑皮质的内锥体细胞层和外锥体细胞层,胞体呈三角形,主树突较粗,从胞体顶端发出并向皮质表层延伸,沿途发出许多较细的分支。轴突从胞体基底部,大约与主树突相对的部位发出,细而均匀,长短不一。胞体基底部分还发出数条基树突,呈水平方向扩展,并发出较细的分支。③原浆性星形胶质细胞和纤维性星形胶质细胞分别位于大脑皮质和髓质。两种星形胶质细胞的胞体均不规则,并从胞体发出许多突起。有些突起的末端膨大,形成脚板,附于毛细血管的表面。原浆性星形胶质细胞的突起短而分支多,而纤维性星形胶质细胞的突起则长而分支少(图 1-2-34)。

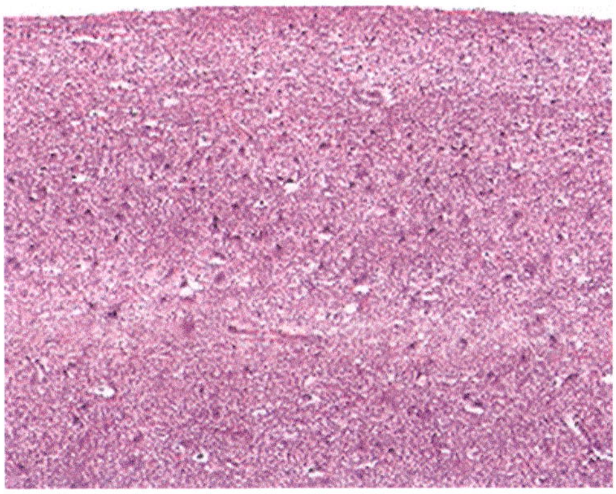

图 1-2-33　大脑皮质(HE 染色　低倍)

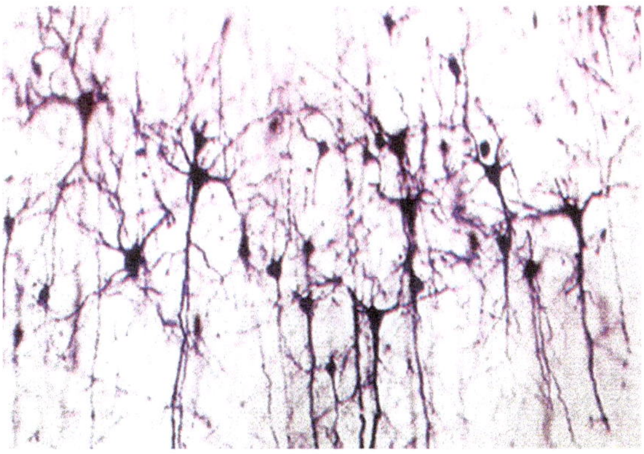

图 1-2-34　大脑锥体细胞(银染　高倍)

4. 小脑(人,HE 染色)

(1) 肉眼:小脑表面凸凹不平,极不规则,其浅层为皮质,皮质深面为髓质。

(2) 低倍:①小脑表面凸凹不平,凸起部分为小脑叶片,凹陷部分为小脑沟,其表面均有一层由疏松结缔组织构成的软脑膜。②每个小脑叶片均由表层的皮质和深层的髓质构成。小脑皮质分子层位于最外层,呈浅红色;其深面着色较深,细胞排列密集呈颗粒状,为小脑皮质颗粒层。在颗粒层深面为小脑髓质,也呈浅红色。

(3) 高倍:小脑皮质由浅入深分为 3 层。①分子层较厚,着色浅,主要由神经纤维构成,神经元数量少,散布于神经纤维之间。分布于浅层者多为体积较小的星形细胞,分布于深层者多为体积稍大的篮状细胞,两者难于区分。②浦肯野细胞层位于分子层深面,较薄,由一层排列较稀、胞体大呈梨形的浦肯野细胞组成。它是小脑中最大的神经元,有时可见到由顶端发出的顶树突,在切面上往往较短,常见 2 ~3 个树突伸入分子层内。③颗粒层较厚,紧贴髓质,主要由密集的颗粒细胞构成,其细胞核相对较大,呈圆形,染色较深。④髓质(白质)位于皮质深部。染色最浅,与皮质界限清楚,主要由无髓神经纤维构成(图 1-2-35)。

5. 小脑(示教)(人,镀银染色)

(1) 肉眼:结构与上一张小脑切片相仿。

(2) 低倍:结构与上一张小脑切片相仿。

(3) 高倍:①神经元和神经胶质细胞的胞体和突起均被染成棕褐色,但细胞核均不能被显示。②浦肯野细胞的胞体呈梨形,其顶端发出 2 ~3 条粗大的主树突,伸向皮质浅层即分子层。主树突发出许多分支,整体形态似柏叶。在细胞基底部可见较细的轴突,伸向深部的髓质(图 1-2-36)。

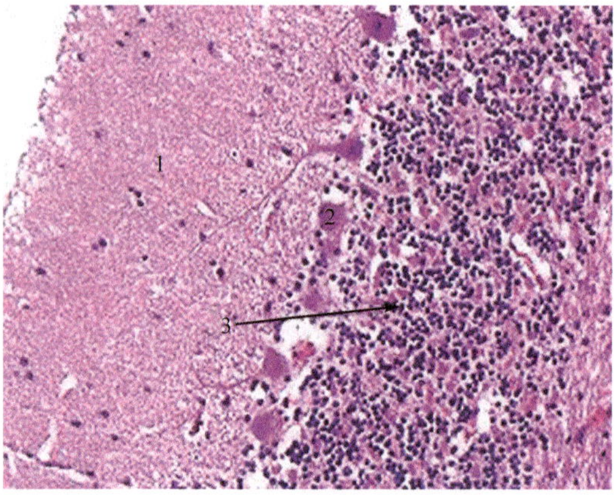

图 1-2-35 小脑皮质(HE 染色 低倍)

1. 分子层;2. 浦肯野细胞层;3. 颗粒层

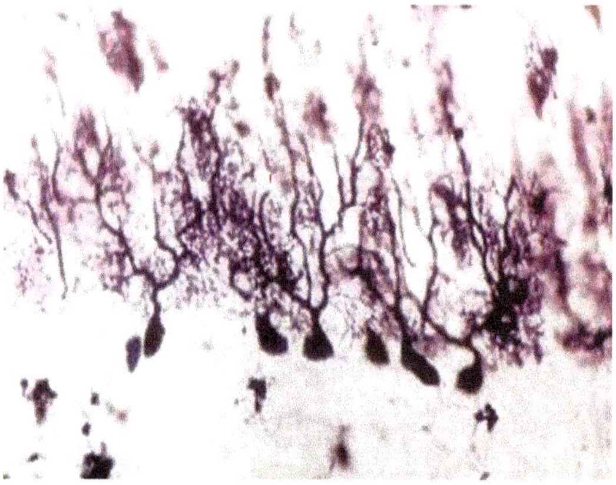

图 1-2-36 小脑皮质浦肯野细胞(银染 高倍)

6. 脊神经节(猫,HE 染色)

(1) 肉眼:脊神经节呈椭圆形。

(2) 低倍:表面有薄层结缔组织被膜,节内可见聚集成群的神经节细胞,细胞群之间为有髓神经纤维束。

(3) 高倍:①神经节细胞呈圆形或椭圆形,大小不一。细胞核大,圆形,居中,着色浅,核仁清楚。胞质内可见细小、分散的尼氏体,神经元的突起很难看到。②卫星细胞位于每个假单极神经元的胞体周围,是一层扁平的神经胶质细胞,核圆,着色较浅(图 1-2-37)。

7. 交感神经节(猫,HE 染色)

(1) 肉眼:交感神经节呈卵圆形。

(2) 低倍:表面有薄层结缔组织被膜,节内可见散在分布的神经节细胞和神经节细胞之间的无髓神经纤维束。

(3) 高倍:①神经节细胞呈圆形或椭圆形,胞体比脊神经节内的节细胞小。细胞核较大,圆形,常位于细胞一侧,着色浅,核仁清楚。胞质内也可见分布均匀的细粒状尼氏体。②扁平状的卫星细胞位于神经节细胞周围,但数量较少,往往不能完全包绕节细胞(图 1-2-38)。

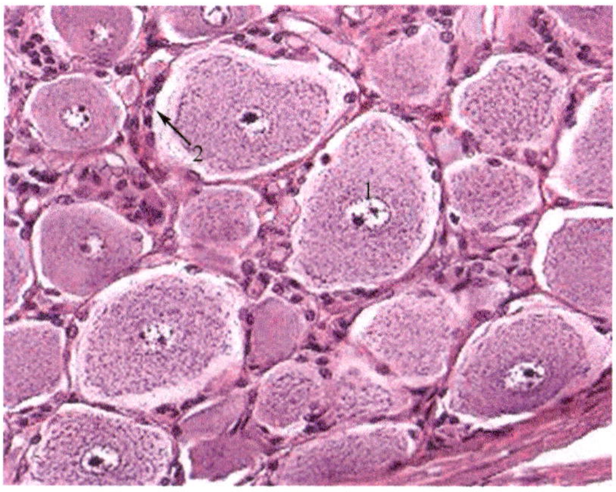

图 1-2-37　脊神经节(HE 染色　高倍)
1. 神经元;2. 卫星细胞

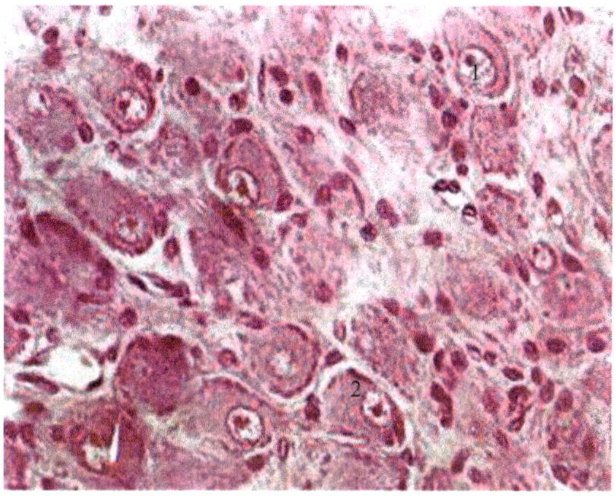

图 1-2-38　交感神经节(HE 染色　高倍)
1. 神经元;2. 卫星细胞

【思考题】

(1) 观察切片,大脑皮质的分层及其结构特点是什么?

(2) 观察切片,小脑皮质的分层及其结构特点是什么?

(3) 观察切片,脊神经节和交感神经节在结构上分别有何特点,两者如何鉴别?

(文:肖　玲　武玉玲　图:高　青)

实验八　循环系统

【目的要求】

(1) 光镜下辨认并掌握心脏壁的分层及微细结构。

(2) 光镜下辨认并掌握大动脉、中动脉和小动脉的微细结构。

(3) 光镜下辨认并掌握毛细血管的微细结构。

【实验内容】

1. 心脏(动物,HE 染色)

(1) 肉眼:为左心壁的一部分,凸凹不平的一面是心内膜,相对的一面是心包脏层(心外膜),两者之间较厚且着色较红的结构是心肌膜。

(2) 低倍:心壁可分为 3 层,以心肌膜最厚。①心内膜较薄,内有结缔组织及染色浅、体积大的浦肯野纤维。②心肌膜较厚,主要由心肌纤维组成。③心外膜为薄层疏松结缔组织,常可见小血管,脂肪细胞及神经纤维的断面。

（3）高倍：①心内膜。内皮细胞核呈扁圆形；内皮下层为较细密的结缔组织，其中含有少量平滑肌纤维；心内膜下层紧贴心肌膜，由较为疏松的结缔组织组成，与内皮下层无明显分界。有的部位含浦肯野纤维（束细胞），核居中央有1～2个，直径较一般心肌纤维粗，肌浆丰富，肌丝少且位于细胞的周边，故细胞中央染色较浅。②心肌膜。由心肌构成，由于肌纤维呈螺旋状排列，故可见纵、横、斜等各种切面。其间有丰富的毛细血管和少量的结缔组织。③心外膜由外表面的间皮（常脱落）和间皮下薄层结缔组织构成，其中含血管和神经纤维束，常常可见有脂肪组织（图 1-2-39，图 1-2-40）。

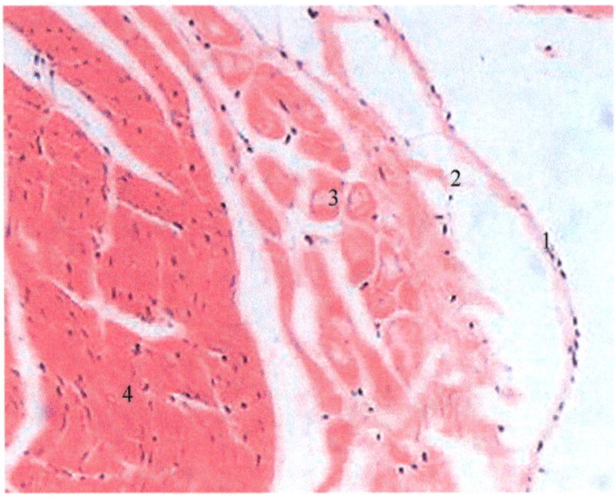

图 1-2-39　心室壁-心内膜心肌膜（HE 染色　高倍）

1. 内皮；2. 内皮下层；3. 浦肯野纤维；4. 心肌膜

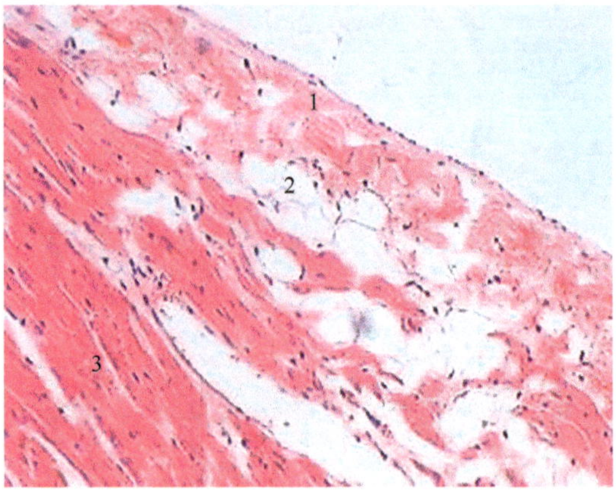

图 1-2-40　心室壁-心外膜心肌膜（HE 染色　高倍）

1. 心外膜；2. 脂肪细胞；3. 心肌膜

2. 中等动脉和中等静脉（动物，HE 染色）

（1）肉眼：管壁厚、管腔小而规则者为动脉，管壁薄、管腔较大而不规则者为静脉。

（2）低倍

1）中动脉管壁分3层，界限清楚。①内膜很薄，以一层折光性强、呈亮红色波浪状的内弹性膜与中膜分界。②中膜最厚，主要由环状平滑肌组成。③外膜厚度与中膜近似，着色较浅，主要由结缔组织组成。外膜与中膜交界处有外弹性膜，但不如内弹性膜明显。

2）中静脉：3层结构分辨不清。

（3）高倍

1）中动脉的特点：①内皮很薄，细胞核位于腔面。②内皮下层很薄，甚至缺如；内弹性膜弯曲成波纹状。③中膜主要由10～40层环行平滑肌纤维组成，故中等动脉又称肌性动脉。肌纤维排列密集，其间有少量弹性纤维和胶原纤维的断面。④外膜由结缔组织构成，内有小血管和神经分布。外弹性膜的形状与内弹性膜不同，是何原因。

2）与中动脉相比，中静脉的特点：①内膜薄，内弹性膜不明显；②中膜薄，仅有数层环形平滑肌纤维；③外膜比中膜厚，部分切片上可见纵行平滑肌束（图 1-2-41，图 1-2-42）。

3. 大动脉（动物，HE 染色）

（1）肉眼：圆形或长条状，周围染成红色的结构为大动脉管壁。

（2）低倍：管壁可分为3层，但分界不明显。①内膜最薄，染色较强，与中膜分界不清。②中膜最厚，主要由40～70层环行排列的弹性膜组成。③外膜较薄，由结缔组织构成。

（3）高倍：①内膜可分为3层。内皮——仅见核突向管腔，常有内皮脱落；内皮下层——较厚，含胶原纤维、弹性纤维，可见少量平滑肌的横断面；内弹性膜——有数层，与中膜的弹性

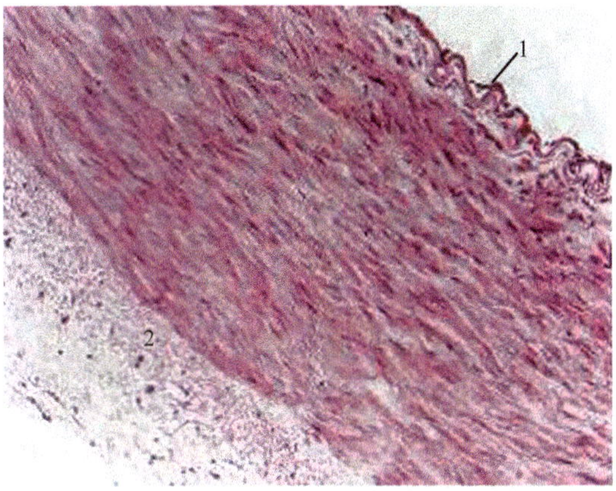

图 1-2-41　中动脉横切(HE 染色　高倍)

1. 内弹性膜;2. 外弹性膜

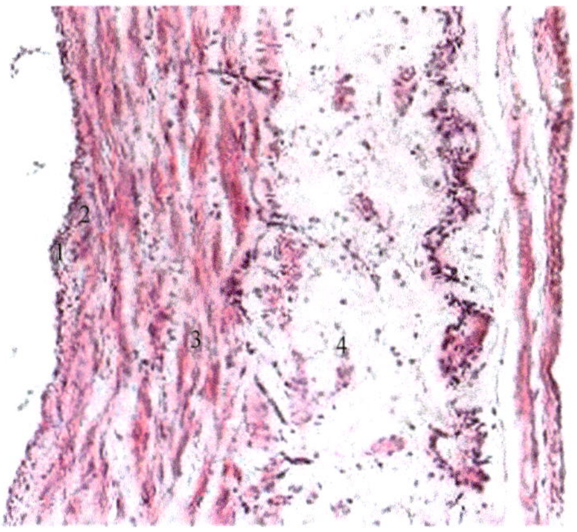

图 1-2-42　中静脉横切(HE 染色　高倍)

1. 内皮;2. 内皮下层;3. 中膜;4. 外膜

膜相连续,两者之间无明显分界。②中膜的弹性膜呈波纹状,染成淡红色,折光性强,其间夹有平滑肌纤维及少量胶原纤维和弹性纤维。③外膜较中膜薄,由结缔组织组成,外弹性膜不易分辨,故该层与中膜无明显分界。结缔组织中可见营养血管和神经(图 1-2-43)。

4. 大静脉(动物,HE 染色)

(1) 肉眼:弓形或长条状,周围染成红色的结构为大动脉管壁。

(2) 低倍:大静脉 3 层膜分界不清,外膜最厚。

(3) 高倍:①内膜较薄。②中膜不发达,为几层排列疏松的环形平滑肌。③外膜结缔组织内有较多纵行的平滑肌纤维束,此为大静脉的特点(图 1-2-44)。

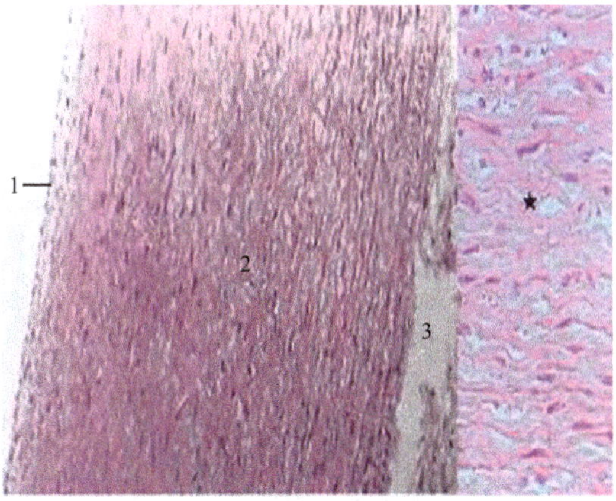

图 1-2-43　大动脉横切(HE 染色　低倍)

1. 内膜;2. 中膜;3. 外膜;★. 中膜的弹性膜

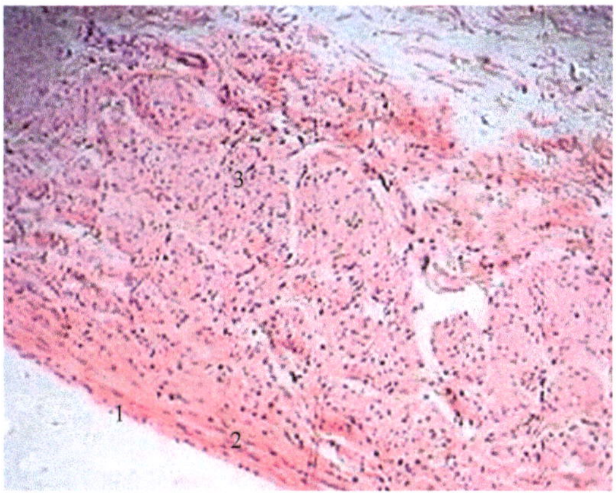

图 1-2-44　大静脉横切(HE 染色　低倍)

1. 内膜;2. 中膜;3. 外膜

5. 小动脉和小静脉(狗,HE 染色)

(1) 肉眼:着色浅为疏松结缔组织,在该处找小动脉和小静脉观察。

(2) 低倍:常可见伴行的小动脉和小静脉的横切面。小动脉管壁厚,管腔小而规则;小静脉管壁薄,管腔大而不规则。管腔内常见大量血细胞。

(3) 高倍:①小动脉。内膜——内皮的核呈不规则的圆形,凸向腔内,内弹性膜明显(较小的小动脉,内弹性膜薄而不明显);中膜——主要由 3 ~ 9 层环行平滑肌组成;外膜——由结缔组织构成,与周围结缔组织移行,无外弹性膜,两者之间无明显分界。②小静脉的内皮外可见1～2层排列稀疏的平滑肌细胞,外膜与周围结缔组织无明显分界。

【思考题】

(1) 观察切片,大动脉的结构特点是什么,为何被称为弹性动脉?这与其功能有何关系?

(2) 观察切片,中、小动脉结构特点是什么,为何被称为肌性动脉?这与其功能有何关系?

(3) 观察器官内的结缔组织,如何区别小动脉、小静脉及毛细血管,毛细血管的分类及结构特点是什么?

(文:肖 玲 武玉玲 图:高 青)

实验九 皮 肤

【目的要求】

(1) 光镜下辨认并掌握表皮(基底层、棘层、颗粒层、透明层、角质层)和真皮(乳头层、网织层)以及皮下组织(汗腺、环层小体)的分布及其微细结构。

(2) 光镜下辨认头皮(毛干、毛根、毛囊、皮脂腺、立毛肌)的结构。

【实验内容】

1. 手指皮(人,HE染色)

(1) 肉眼:标本表面红色和其下方紫蓝色区域是表皮,表皮下红色区域为真皮,真皮下浅粉色区域是皮下组织。

(2) 低倍:①表皮为角化的复层扁平上皮,表层染成红色的是角质层,深部紫蓝色区域为表皮的其他各层,基底凹凸不平。②真皮位于表皮下方,由致密结缔组织构成,分为两层。乳头层紧邻表皮,结构疏松,染色较浅,有些部位呈乳头状突入表皮内,称真皮乳头;网织层与乳头层之间无明显分界,纤维较粗而致密,染色较深。③皮下组织由疏松结缔组织和脂肪组织构成,可见较多的血管、汗腺和环层小体的断面。

(3) 高倍:①表皮从基底到表面可分为5层。基底层是表皮与真皮交界处的一层立方或矮柱状细胞;胞质嗜碱性较强,染色较深;基底层细胞间可见散在的、胞质清亮、核小而深染的圆形细胞,为黑素细胞。棘层位于基底层上方,由数层多边形细胞组成;细胞体积较大,胞质弱嗜碱性;调暗光源,可见棘细胞向外伸出的短小棘状突起;棘层中也可见散在的、形态结构与黑素细胞相似的细胞,为朗汉斯巨细胞。颗粒层是棘层上方3～5层较扁的梭形细胞;胞质内含有强嗜碱性的透明角质颗粒,核浅染或退化消失。透明层位于颗粒层上方,由2～3层扁平细胞组成;胞质嗜酸性,呈均质状粉红色,核已消失。角质层位于表皮的最表层,由多层扁平角化的细胞组成,细胞界限不清晰;胞质内充满均质状嗜酸性的角蛋白;核已消失。由于表层细胞间的连接逐渐消失,故可见细胞脱落的现象。表皮各层内成串的小腔隙是螺旋状穿行于表皮的汗腺导管的断面。②真皮乳头层的乳头内有的有毛细血管,有的可见触觉小体。网织层为致密结缔组织,内有粗大的胶原纤维,可见血管、汗腺的分泌部和导管部,深部可见环层小体的断面。汗腺分泌部位于真皮深层和皮下组织中,管腔较大,由1～2层锥形细胞组成,染色较浅;腺细胞基底侧可见肌上皮细胞。导管部较直,管壁由两层染色较深的立方细胞组成(图1-2-45～图1-2-47)。

2. 头皮(人,HE染色)

(1) 肉眼:标本染色深的一侧为表皮,可见毛干。表皮下红色区域为真皮,浅粉色区域是皮下组织，斜行的紫蓝色结构为毛囊。

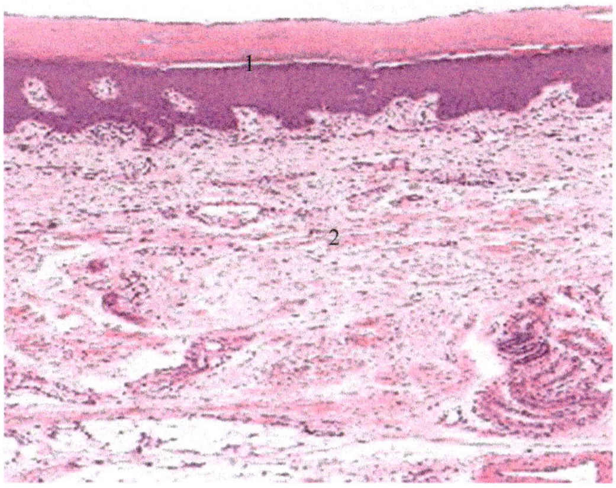

图 1-2-45　手指皮（HE 染色　高倍）
1. 表皮；2. 真皮

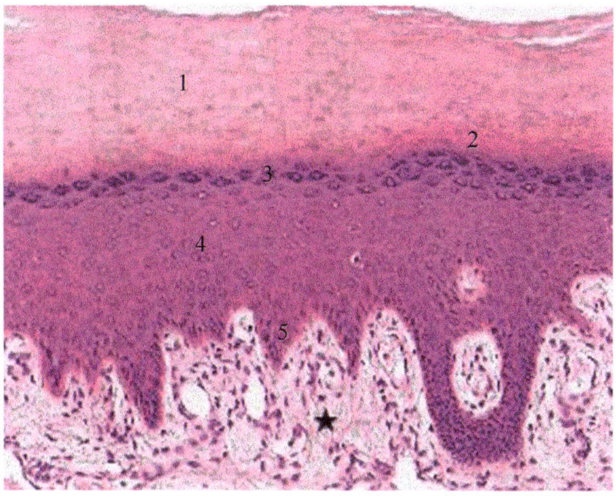

图 1-2-46　手指皮（HE 染色　高倍）
1. 角质层；2. 透明层；3. 颗粒层；4. 棘层；5. 基底层；★. 真皮

（2）低倍：①头皮的表皮薄，可见基底层、棘层和角质层，颗粒层和透明层不明显，基底层细胞内黑素颗粒较多。真皮内可见毛根、毛囊、汗腺、皮脂腺和立毛肌的断面。②毛位于皮肤外的部分是毛干，位于皮肤内的为毛根，毛根呈棕褐色，圆柱状，由毛囊包裹。毛囊分为 2 层，内层为上皮根鞘，与表皮相连续；外层为结缔组织鞘，与真皮结缔组织没有明显的界线。毛囊与毛根的下端合为一体，膨大呈球状，即毛球。毛球底部结缔组织突入其中形成毛乳头。③皮脂腺多位于毛囊和立毛肌之间，呈囊泡状，染色浅；导管由复层扁平上皮围成，短，开口于毛囊上部。④立毛肌位于毛根与表皮呈钝角侧，为斜行的平滑肌束，一端附着于毛囊，另一端附着于真皮结缔组织。

（3）高倍：重点观察皮脂腺分泌部的结构。分泌部为染色浅的细胞团，周边细胞较小，染色较深，呈立方形；越近腺泡中央细胞越大，染色越浅，呈多边形，胞质呈空泡状，核固缩或消失（图 1-2-48 ~ 图 1-2-50）。

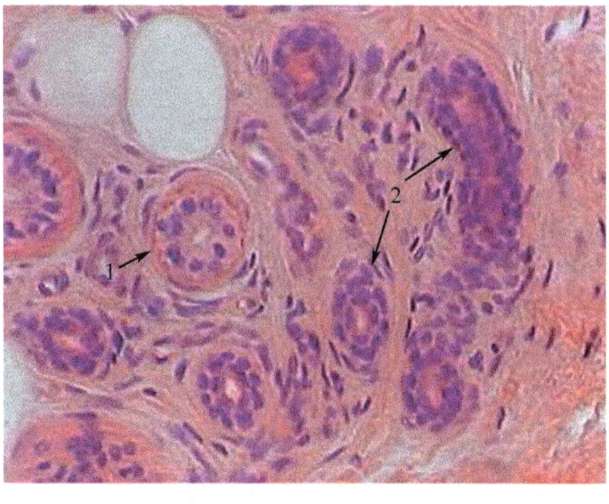

图 1-2-47　汗腺（HE 染色　高倍）
1. 分泌部；2. 导管部

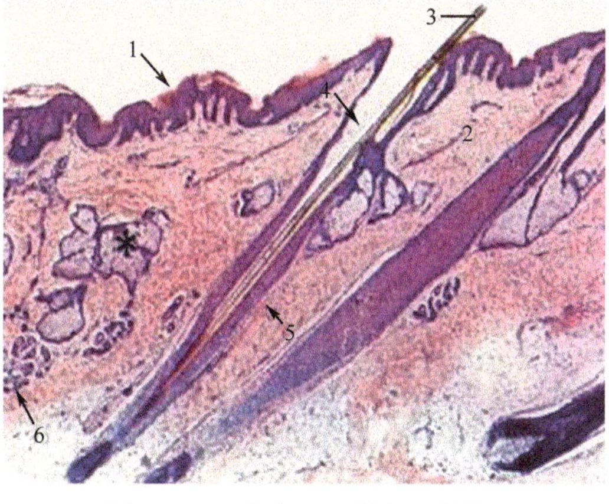

图 1-2-48　头皮（HE 染色　低倍）
1. 表皮；2. 真皮；3. 毛干；4. 毛根；5. 毛囊；6. 汗腺；*. 皮脂腺

【思考题】

（1）表皮的基本结构与其角化过程是否有联系，如何联系？

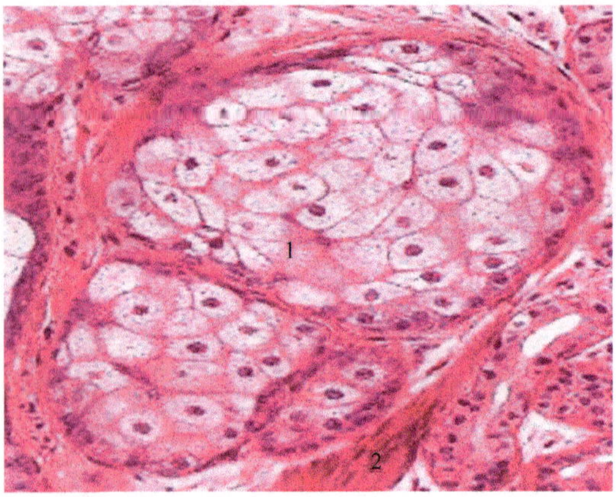

图 1-2-49　皮脂腺(HE 染色　高倍)

1. 皮脂腺;2. 立毛肌

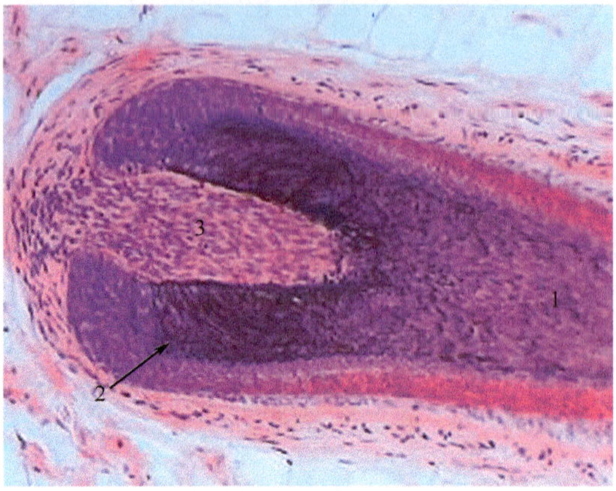

图 1-2-50　毛球(HE 染色　高倍)

1. 毛根;2. 毛球;3. 毛乳头

(2) 观察切片,说出汗腺和皮脂腺在结构、分布和功能上有何区别?

(3) 观察切片,从皮肤的结构特点推测药物过敏试验选择皮内注射的机制是什么?

(文:郭晓霞　武玉玲　翁　静　图:高　青)

实验十　免疫系统

【目的要求】

(1) 光镜下辨认并掌握胸腺小叶、胸腺皮质和髓质(胸腺小体)的分布及其微细结构。

(2) 光镜下辨认并掌握淋巴结皮质(淋巴小结、生发中心、副皮质区、高内皮微静脉)和髓质(髓索、髓窦)的分布及其微细结构。

(3) 光镜下辨认并掌握脾白髓(脾小结、动脉周围淋巴鞘、边缘区)和红髓(脾索、脾血窦)的分布及其微细结构。

(4) 光镜下辨认腭扁桃体的结构。

【实验内容】

1. 胸腺(胎儿,HE 染色)

(1) 肉眼:标本表面红色的薄膜为被膜。被膜伸入实质将其分成许多大小不等、形状不一的小叶。小叶周边染色较深,为皮质;中央染色较浅,为髓质。

(2) 低倍:①被膜为粉红色薄层结缔组织,结缔组织伸入实质形成小叶间隔,后者将实质分成许多不完全分隔的胸腺小叶。②小叶周边的细胞密集,呈强嗜碱性染色,为皮质;中央细胞较少,染色较浅,为髓质。相邻小叶的髓质相互连接,其中可见染成红色的胸腺小体(图 1-2-51)。

(3) 高倍:①皮质由密集的胸腺细胞和少量的胸腺上皮细胞组成。胸腺细胞体积小,胞质嗜碱性,核染色深。胸腺上皮细胞核大而染色浅,核仁明显。②髓质胸腺上皮细胞较多,淋巴细胞较少,可见散在的胸腺小体。胸腺小体大小不等,由数层扁平的胸腺上皮细胞呈同心圆排列而成;小体外周的细胞较幼稚,胞质嗜酸性,核明显;中央的细胞呈均质状、嗜酸性,核消失(图 1-2-52)。

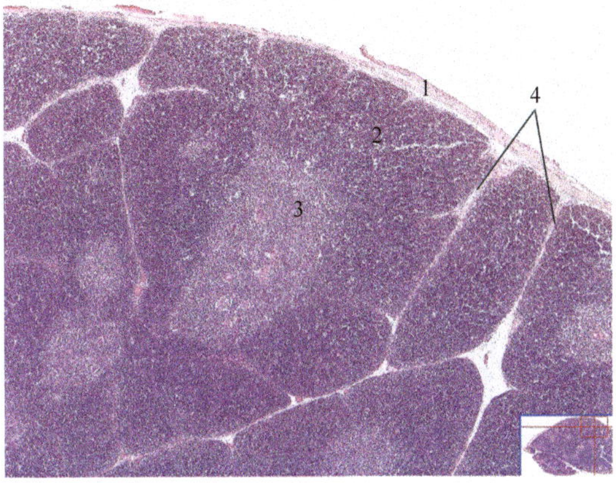

图 1-2-51　胸腺(HE 染色　低倍)

1. 被膜;2. 皮质;3. 髓质;4. 小叶间隔

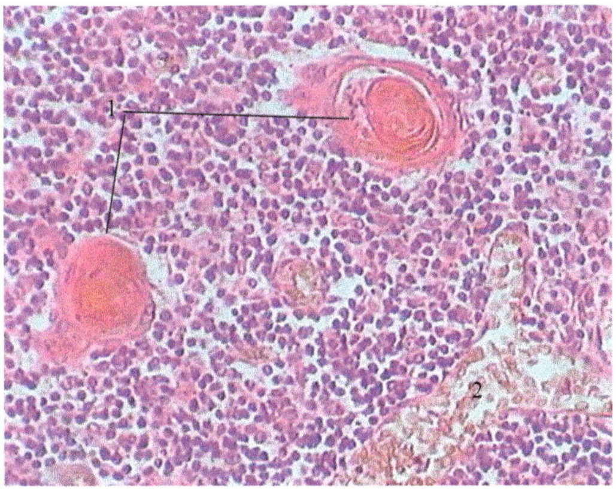

图 1-2-52　胸腺髓质(HE 染色　高倍)

1. 胸腺小体;2. 血管

2. 淋巴结(人或动物,HE 染色)

(1) 肉眼:标本切面呈椭圆形,表面粉红色的薄膜为被膜,其下染色深处是皮质,中央染色浅者为髓质。

(2) 低倍:①被膜由薄层结缔组织构成,有的部位可见输入淋巴管,门部有输出淋巴管和血管。实质内可见散在分布的、粉红色不规则的结缔组织小梁。②皮质位于被膜下方,由浅层皮质、副皮质区和皮质淋巴窦构成。浅层皮质由弥散淋巴组织和淋巴小结组成。弥散淋巴组织分布于被膜下淋巴窦周围和淋巴小结之间。淋巴小结是淋巴组织密集形成的球形结构,有的淋巴小结中央色浅,为生发中心,周围有色深的小结帽。副皮质区是位于皮质深层的弥散淋巴组织,与浅层皮质和髓质间无明显界限。皮质淋巴窦是位于被膜下和小梁周围的间隙,染色较浅。③髓质位于淋巴结中央,由髓索和髓窦构成。髓索是不规则的条索状淋巴组织,染色较深,相互连接成网,网间间隙为髓窦,染色浅,腔大而不规则。

(3) 高倍:主要观察淋巴小结、高内皮微静脉和髓质淋巴窦。①淋巴小结。发育良好的淋巴小结中央可见生发中心,色较深处为暗区,由许多大淋巴细胞组成,胞质强嗜碱性,故着色较深;明区淋巴细胞较稀疏,染色稍浅,主要由中淋巴细胞组成,有较多的滤泡树突状细胞和巨噬细胞等。小结帽由密集的小淋巴细胞组成,以近被膜侧最厚。②高内皮微静脉位于副皮质区,内皮细胞呈立方或柱状,可见正在穿越内皮的淋巴细胞。③髓质淋巴窦窦壁由扁平的内皮细胞围成,窦腔中可见浅染的星状内皮细胞,其间有淋巴细胞和体积较大且胞质嗜酸性的巨噬细胞(图 1-2-53,图 1-2-54)。

3. 脾(人或动物,HE 染色)

(1) 肉眼:标本表面红染的薄膜为被膜。实质大部分着色较红,为红髓,其间染色较深的圆形或椭圆形小体为白髓。

(2) 低倍:①被膜较厚,由致密结缔组织构成,表面覆以间皮,内含平滑肌。被膜伸入实质形成小梁,有的内含血管。②白髓呈紫蓝色,由密集的淋巴组织构成。中央动脉周围较密集的淋巴组织为动脉周围淋巴鞘,淋巴小结位于其一侧,两者之间没有明显的界线,由于切面不同,可呈圆形、椭圆形或不规则形。有的小结中央可见生发中心。位于白髓和红髓交界处的狭窄区域是边缘区,此区淋巴细胞分布较稀疏。③红髓分布于白髓之间以及白髓与小梁之间,呈红色,由脾索和脾血窦构成。脾索呈不规则的条索状,互相连接成网,网间间隙为脾血窦。

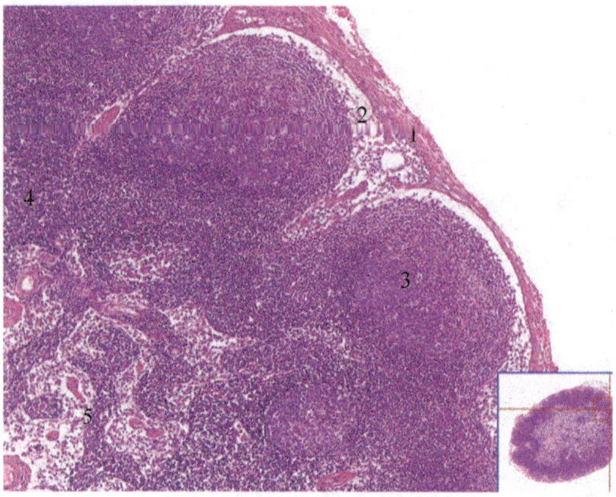

图 1-2-53　淋巴结(HE 染色　低倍)

1. 被膜;2. 皮质淋巴窦;3. 淋巴小结;4. 副皮质区;5. 髓质

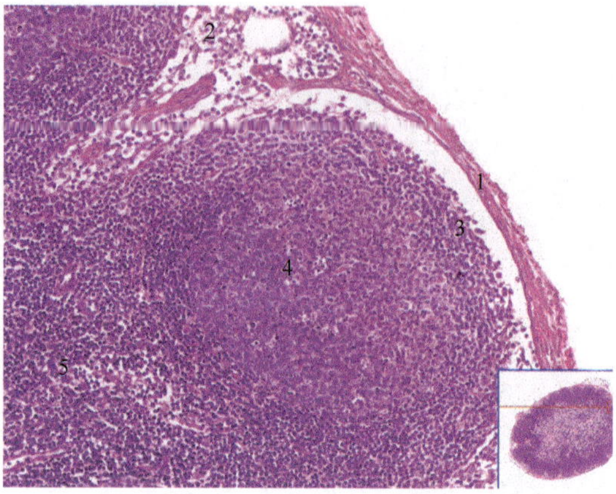

图 1-2-54　淋巴结皮质(HE 染色　低倍)

1. 被膜;2. 皮质淋巴窦;3. 小结帽;4. 生发中心;5. 副皮质区

(3) 高倍:①脾索中除了淋巴组织外,还含有许多血细胞。②脾血窦腔较大而不规则,有的含大量血细胞,有的空虚。血窦壁的内皮细胞核圆形,凸向窦腔,内皮间可见小的间隙(图 1-2-55,图 1-2-56)。

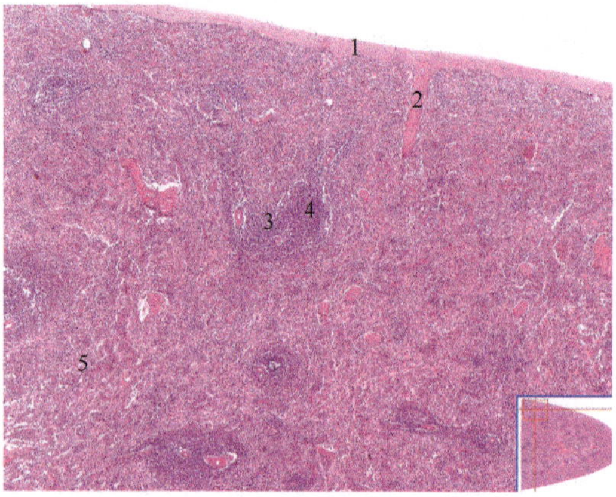

图 1-2-55　脾(HE 染色　低倍)

1. 被膜;2. 小梁;3. 动脉周围淋巴鞘;4. 淋巴小结;5. 红髓

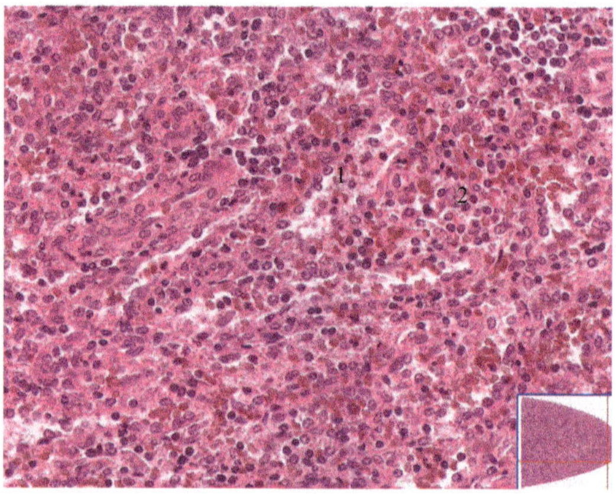

图 1-2-56　脾红髓(HE 染色　高倍)

1. 脾血窦;2. 脾索

4. 腭扁桃体(人,HE 染色)

(1) 肉眼:标本表面紫蓝色部分是上皮,上皮下方着色较深的区域为淋巴组织。

(2) 低倍:扁桃体表面被覆未角化的复层扁平上皮,上皮向深部凹陷形成许多隐窝。上皮下及隐窝周围的固有层内有大量淋巴小结和弥散淋巴组织。淋巴组织深面粉红色的结缔组织为被膜,被膜下方可见黏液腺。

(3) 高倍:进一步观察腭扁桃体的微细结构。

【思考题】

(1) 观察切片,说出胸腺细胞分化为成熟、初始 T 细胞的过程以及后者如何进入周围淋巴器官,主要分布在哪些区域?

(2) 观察切片,叙述淋巴小结和弥散淋巴组织的微细结构特点及其与功能的关系?

(3) 观察切片,比较淋巴结与脾的结构和功能有何异同?

(文:郭晓霞　武玉玲　翁　静　图:郝　晶)

实验十一　内分泌系统

【目的要求】

（1）光镜下辨认并掌握甲状腺（滤泡上皮细胞、滤泡旁细胞）的结构特点。

（2）光镜下辨认甲状旁腺（主细胞、嗜酸性细胞）的结构。

（3）光镜下辨认并掌握肾上腺皮质（球状带、束状带、网状带）和髓质细胞的分布及其微细结构。

（4）光镜下辨认并掌握腺垂体（嗜酸性细胞、嗜碱性细胞、嫌色细胞）和神经垂体（垂体细胞、赫令体）的分布及其微细结构。

【实验内容】

1. 甲状腺（动物，HE 染色）

（1）肉眼：标本表面粉红色薄膜为被膜，实质中大小不等的红色小泡为甲状腺滤泡。

（2）低倍：①被膜由薄层结缔组织构成。②实质内可见许多大小不等的甲状腺滤泡，呈圆形或不规则形，滤泡壁为单层立方上皮，滤泡腔内充满均质状、嗜酸性胶质。滤泡间为结缔组织和血管。

（3）高倍：①滤泡由单层立方上皮围成，胞质弱嗜碱性，核圆形，位于细胞中央。当腺体功能活跃时，细胞呈低柱状，胶质减少；反之细胞变矮或呈扁平状，胶质多。②滤泡旁细胞位于滤泡间和滤泡上皮细胞之间，细胞体积较大，呈圆形或多边形，核圆形，胞质染色浅（图 1-2-57）。

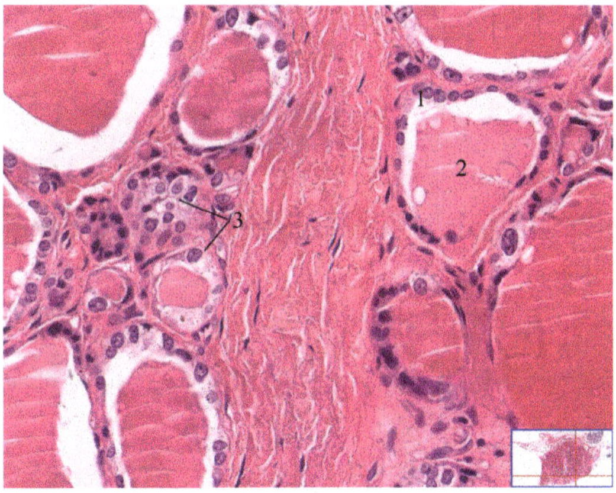

图 1-2-57　甲状腺（HE 染色　高倍）

1. 甲状腺滤泡上皮细胞；2. 胶质；3. 滤泡旁细胞

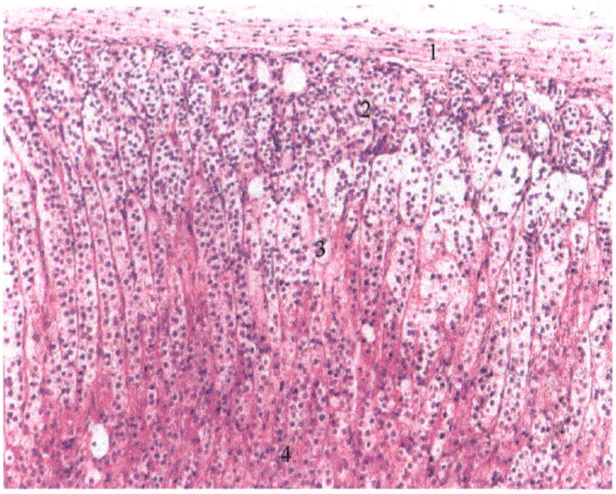

图 1-2-58　肾上腺皮质（HE 染色　低倍）

1. 被膜；2. 球状带；3. 束状带；4. 网状带

2. 甲状旁腺（动物，HE 染色）

（1）肉眼：位于甲状腺一侧，体积小，呈紫蓝色的实质结构。

（2）低倍：①表面包有粉红色结缔组织被膜。②实质由细胞团或索构成，其间有少量的结缔组织和丰富的毛细血管。

（3）高倍：腺细胞有主细胞和嗜酸性细胞两种。主细胞体积较小，数量多，细胞呈圆形或多边形，核圆居中，胞质染色较浅。嗜酸性细胞数量较少，体积较大，核小而深染，胞质呈嗜酸性染色。

3. 肾上腺(动物,HE 染色)

(1) 肉眼:标本呈近似三角或半月形,周围为皮质,中央浅染的区域为髓质。

(2) 低倍:①表面覆有薄层结缔组织被膜。②皮质由外向内分为 3 个带。球状带位于被膜下方,较薄,细胞小排列成团状;束状带是皮质中最厚的带,染色较浅,细胞排列成单行或双行的索状;网状带位于皮质最内侧,较薄,细胞索互相吻合成网状。③髓质位于肾上腺中央,细胞排列成团或索状,内部可见较大的血管,为中央静脉。

(3) 高倍:①球状带细胞较小,呈锥形或多边形,胞质少,含少量空泡,核小,染色深。②束状带细胞体积较大,呈多边形,胞质内含大量的空泡,呈泡沫状,核大而圆,染色浅。③网状带细胞较小,呈圆形或立方形,胞质嗜酸性,核小,染色深。④髓质细胞体积较大,呈多边形,胞质弱嗜碱性,核大,着色浅。若标本经含铬盐的固定液固定,其胞质内可见棕黄色的嗜铬颗粒(图 1-2-58,图 1-2-59)。

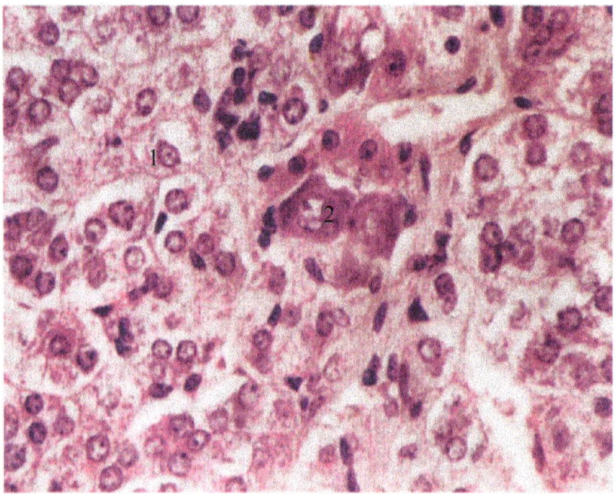

图 1-2-59　肾上腺髓质(HE 染色　高倍)

1. 髓质细胞;2. 交感神经节细胞

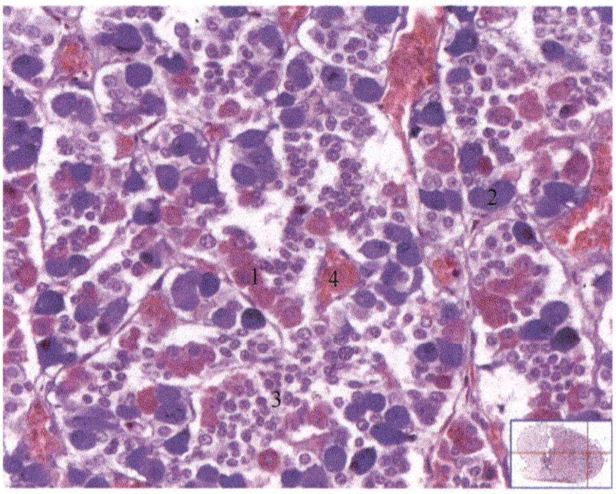

图 1-2-60　脑垂体远侧部(HE 染色　高倍)

1. 嗜酸性细胞;2. 嗜碱性细胞;3. 嫌色细胞;4. 窦状毛细血管

4. 垂体(人,HE 染色)

(1) 肉眼:标本呈椭圆形,染色深的区域为腺垂体远侧部,染色较浅的区域为垂体神经部,两者之间为中间部。

(2) 低倍:①表面有薄层结缔组织被膜。②远侧部腺细胞排列呈团索状,其间有丰富的血窦。③中间部狭窄,细胞排列成大小不等的滤泡,滤泡腔内有红色的胶质。④神经部染色较浅,可见垂体细胞的核和神经纤维。

(3) 高倍:①远侧部嗜酸性细胞数量较多,胞体较大,呈圆形或椭圆形,胞质强嗜酸性,核圆。嗜碱性细胞数量少,胞体大,呈椭圆或多边形,胞质内含嗜碱性颗粒,核圆形。嫌色细胞数量最多,细胞较小,界限不清楚,胞质少,染色浅,核圆。②神经部可见较细的、染成浅紫色的无髓神经纤维。垂体细胞散在,核大小不一,有的胞质内含有棕色色素颗粒。赫令体呈均质状、嗜酸性圆形团块(图 1-2-60 ~ 图 1-2-62)。

【思考题】

(1) 观察切片,从结构上推断甲状腺滤泡上皮细胞分泌激素的过程。

(2) 观察肾上腺的结构,说出皮质和髓质的功能以及皮质与髓质在功能上有何相关性?

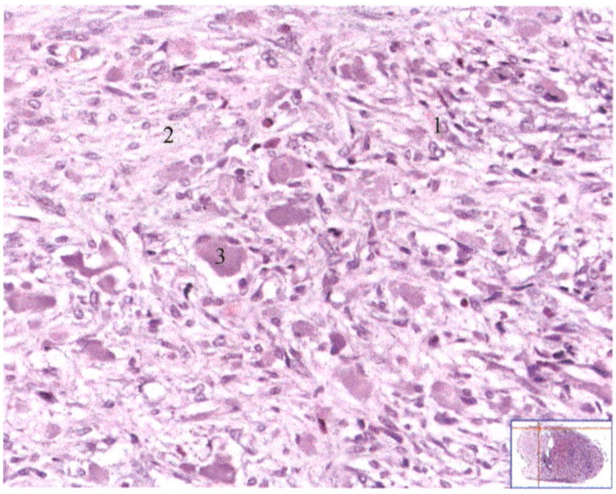

图 1-2-61 神经垂体(HE 染色 高倍)

1. 神经胶质细胞;2. 无髓神经纤维;3. 赫令体

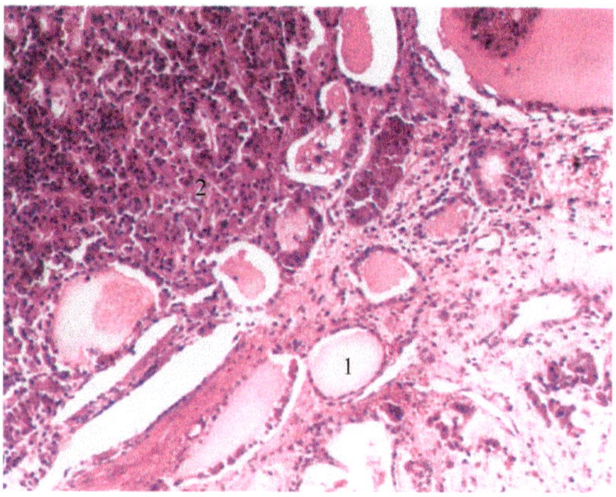

图 1-2-62 脑垂体中间部(HE 染色 低倍)

1. 滤泡;2. 远侧部

(3) 比较腺垂体远侧部和垂体神经部的结构,说出两者的功能有何差异?

(文:郭晓霞 武玉玲 翁 静 图:郝 晶)

实验十二 消 化 管

【目的要求】

(1) 光镜下辨认并掌握消化管壁(黏膜、黏膜下层、肌层、外膜)的微细结构,正确区分各段。

(2) 光镜下辨认并掌握食管壁的特征性结构(黏膜上皮、食管腺)。

(3) 光镜下辨认并掌握胃黏膜的特征性结构(胃小凹、胃底腺、壁细胞、主细胞)。

(4) 光镜下辨认并掌握小肠黏膜的特征性结构(小肠绒毛、小肠腺);正确区分十二指肠(十二指肠腺)、空肠和回肠。

(5) 光镜下辨认并掌握结肠的结构。

【实验内容】

1. 食管(人或狗,HE 染色)

(1) 肉眼:标本为食管的横断面(环形),因有皱襞凸入而使管腔不规则,衬覆于腔面的紫蓝色的一层为上皮,外面为食管壁其他各层。

(2) 低倍:自腔面向外观察管壁的 4 层结构。①黏膜,较厚,上皮为未角化的复层扁平上皮。上皮下的固有层浅染,为细密结缔组织,可见小血管、食管腺导管。黏膜肌层为一层纵行平滑肌,在标本上为横断面。②黏膜下层,疏松结缔组织构成,可见血管、黏液性的食管腺。③肌层,肌纤维的类型因取材部位不同而异,可以是平滑肌或骨骼肌。肌纤维可分为内环(纵断面)、外纵(横断面)两层,在标本上分别,两层间的少量结缔组织中可见血管及肌间神经丛。④外膜,为纤维膜,由结缔组织构成。

(3) 高倍:观察分辨肌层中的肌纤维的类型(图 1-2-63)。

2. 胃底(人或狗,HE 染色)

(1) 肉眼:标本为长条状,不平整的一面为胃底壁的腔面,呈蓝紫色的一层为黏膜,其余

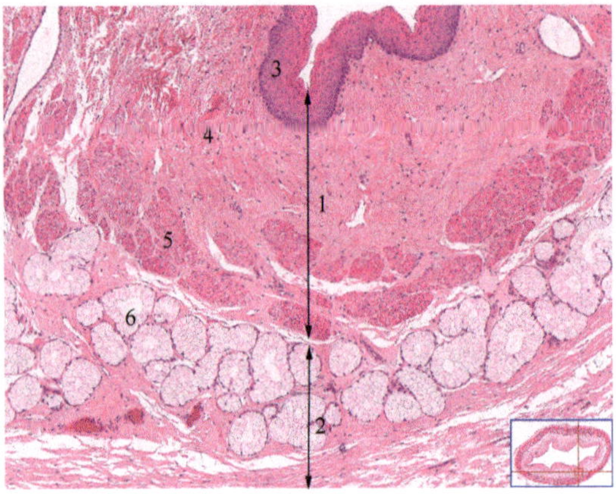

图 1-2-63　食管（HE 染色，低倍）

1. 黏膜；2. 黏膜下层；3. 复层扁平上皮；4. 固有层；5. 黏膜肌层；6. 食管腺

为胃壁的其他各层。

（2）低倍：自腔面向外区分胃壁的 4 层结构。①黏膜，表面为单层柱状上皮，上皮向固有层内陷形成胃小凹。固有层中可见密集的胃底腺。腺体间可见少量结缔组织和散在的平滑肌纤维。固有层外为薄层黏膜肌，由两层平滑肌构成。②黏膜下层，由疏松结缔组织构成，内含血管、神经、淋巴管。③肌层，较厚，为平滑肌，可见其横、纵以及斜切面。有的可见肌间神经丛。④外膜，为浆膜，由少量疏松结缔组织和间皮构成。

（3）高倍：重点观察黏膜层的上皮、胃底腺主细胞和壁细胞的结构。

1）上皮：为单层柱状，无杯状细胞。柱状细胞顶部胞质内充满黏原颗粒，在制片过程中颗粒被溶解，故呈着色浅的空泡状；核呈椭圆形，位于细胞基底部。

2）壁细胞：主要分布在腺的颈部和体部；胞体呈圆形或圆锥形，较大；核圆而深染，位于细胞中央；胞质嗜酸性。

3）主细胞：主要位于腺体底部；细胞呈柱状，核圆，位于细胞基部；胞质嗜碱性，核上区染色浅，基部胞质染色深（图 1-2-64，图 1-2-65）。

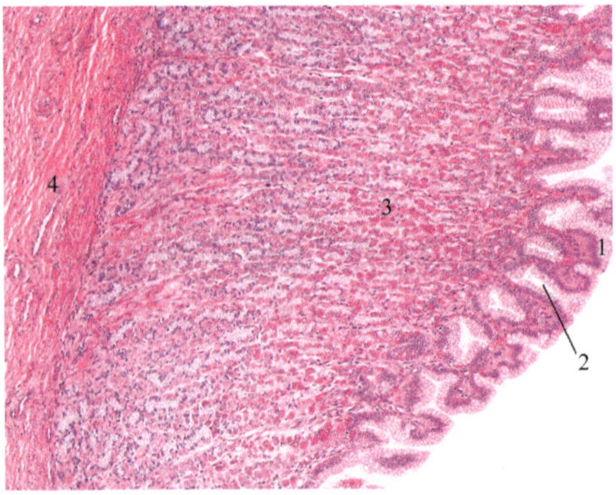

图 1-2-64　胃底（HE 染色　低倍）

1. 上皮；2. 胃小凹；3. 胃底腺；4. 黏膜肌

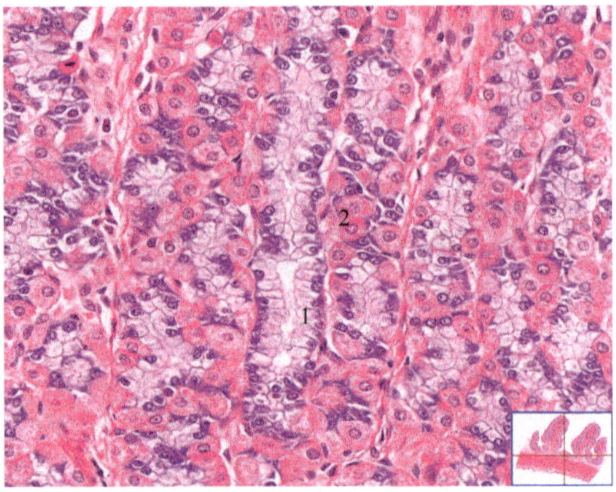

图 1-2-65　胃底腺（HE 染色　高倍）

1. 主细胞；2. 壁细胞

3. 十二指肠（人或狗，HE 染色）

（1）肉眼：标本为长条状，不平整的一面为腔面。呈蓝紫色的一层为黏膜层，其余为肠壁其他各层。

（2）低倍：区分肠壁的 4 层结构，即黏膜、黏膜下层、肌层和外膜。重点观察绒毛的形状、绒毛与固有层中小肠腺的位置关系，分辨十二指肠腺。①黏膜：单层柱状上皮和固有层凸向肠腔形成绒毛。绒毛根部以下的固有层中可见许多不同断面的肠腺。在靠近黏膜肌处可见孤立淋巴小结。黏膜肌层由两层平滑肌组成。②黏膜下层：由疏松结缔组织构成，内含黏液性十二指肠腺。③肌层：由两层平滑肌组成，两层肌间的结缔组织内可见肌间神经丛。④外膜：常为浆膜。

(3) 高倍：着重观察绒毛、小肠腺、十二指肠腺。①绒毛的纵断面呈叶状或指状，也可见其横断面和斜断面。绒毛表面覆以单层柱状上皮，柱状细胞间有染色浅的杯状细胞。上皮细胞游离面可见纹状缘。在纵切的绒毛中轴结缔组织内有管腔较大的中央乳糜管、毛细血管及散在的纵行平滑肌。②小肠腺的腺上皮形态与表面上皮相似，主要为柱状细胞及杯状细胞。有的肠腺底部可见三五成群的潘氏细胞，细胞呈锥体形，胞质顶部充满粗大的染成红色的嗜酸性颗粒。此片不易分辨内分泌细胞和未分化细胞。③十二指肠腺为黏液腺，核扁，位于细胞基部，胞质染色浅(图 1-2-66)。

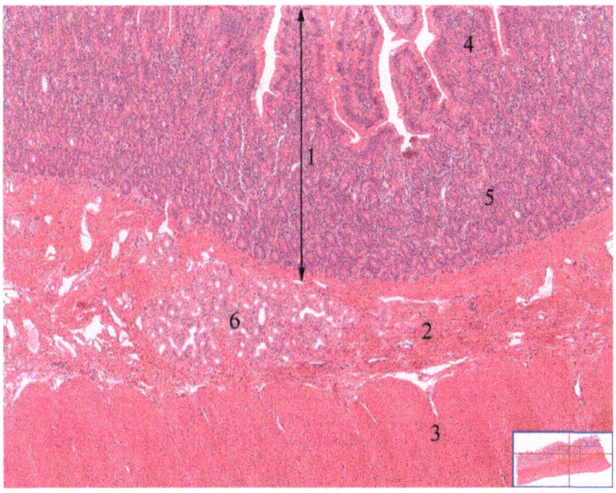

图 1-2-66　十二指肠(HE 染色　低倍)

1. 黏膜；2. 黏膜下层；3. 肌层；4. 绒毛；5. 肠腺；6. 十二指肠腺

4. 空肠(人或狗，HE 染色)　空肠的结构与十二指肠相似，固有层中有孤立淋巴小结，但黏膜下层中无黏液腺(图 1-2-67)。

5. 回肠(人或狗，HE 染色)　回肠的结构与十二指肠相似，但绒毛变短而稀疏，上皮中杯状细胞较多，固有层中淋巴小结常聚集形成集合淋巴小结，可穿过黏膜肌深入黏膜下层(图 1-2-68)。

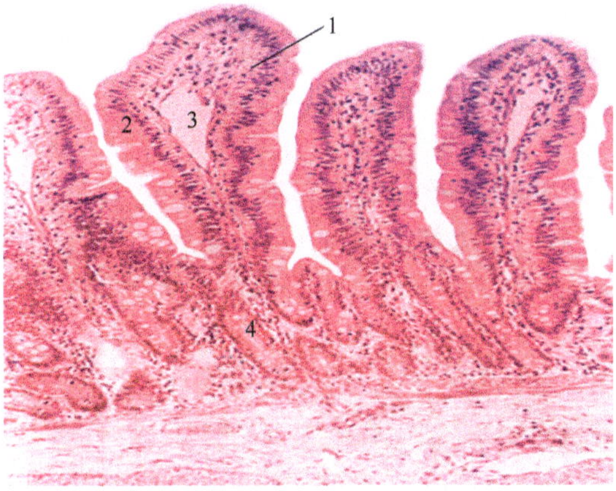

图 1-2-67　空肠(HE 染色　低倍)

1. 小肠绒毛；2. 上皮；3. 中央乳糜管；4. 小肠腺

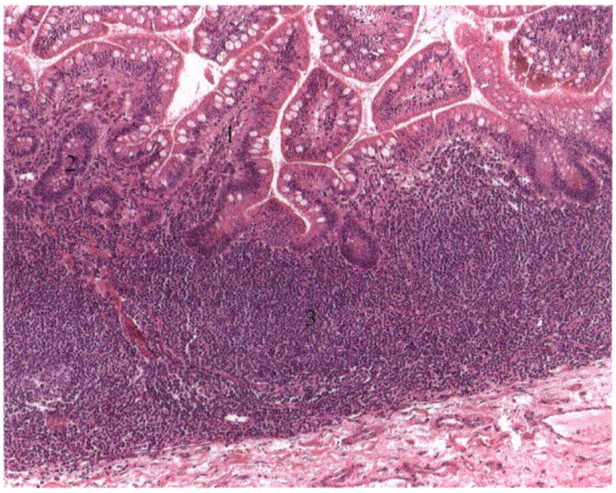

图 1-2-68　回肠(HE 染色　低倍)

1. 小肠绒毛；2. 小肠腺；3. 集合淋巴小结

6. 结肠(人或狗，HE 染色)

(1) 肉眼：标本为长条状，不平整的一面为腔面，呈蓝紫色的一层为黏膜层，余为结肠壁其他各层。

(2) 低倍：区分肠壁的 4 层结构即黏膜、黏膜下层、肌层和浆膜。①黏膜：无绒毛，固有层中有密集的大肠腺，可见孤立淋巴小结。②黏膜下层：由疏松结缔组织构成。③肌层：由两层平滑肌组成，外层肌的增厚处为结肠带。两层肌间的结缔组织内可见肌间神经丛。④外膜：为浆膜。

(3) 高倍：黏膜上皮以及大肠腺内有大量呈空泡状的杯状细胞。

7. 阑尾(人或狗,HE 染色)　结构与结肠相似,但肠腺少而短;固有层内有极丰富的淋巴组织,有许多淋巴小结,可深入黏膜下层,使黏膜肌层不完整;肌层很薄。

【思考题】

(1) 在切片上如何理解皱襞、肌纤维是纵行还是环行?

(2) 如何辨别3段小肠以及如何区别小肠与胃?

(3) 如何区分阑尾与结肠?

(4) 本次实验你有何新发现?若有,如何解释该现象?

(文:翁　静　武玉玲　郭晓霞　图:郝　晶)

实验十三　消　化　腺

【目的要求】

(1) 光镜下辨认并掌握三大唾液腺(浆液性腺泡、黏液性腺泡、混合性腺泡)的结构特点。

(2) 光镜下辨认并掌握胰腺(腺泡、泡心细胞、导管及胰岛)的微细结构。

(3) 光镜下辨认并掌握肝小叶(肝细胞、中央静脉、肝索、肝血窦、窦周隙)及门管区(小叶间动脉、小叶间静脉、小叶间胆管)的微细结构。

【实验内容】

1. 腮腺(人或狗,HE 染色)

(1) 肉眼:标本为实质性结构,其内可见被浅色组织分隔的许多小区。

(2) 低倍:结缔组织被膜伸入腺实质将其分隔成许多小叶,小叶内有大量浆液性腺泡的断面,腺泡间及小叶间可见各级导管的断面。

(3) 高倍:①腺泡均由浆液性腺细胞构成。②闰管管径细,与腺泡相连,管壁为单层扁平或立方细胞。③分泌管也称纹状管,管径较粗,管壁为单层柱状上皮,细胞核圆形,偏于细胞顶部,胞质嗜酸性,基底部可见纵纹。④小叶间导管位于小叶间的结缔组织中,管壁为单层高柱状或者假复层柱状上皮构成。

2. 舌下腺(人或狗,HE 染色)

(1) 肉眼:标本为实质性结构,其内可见被浅色组织分隔的许多小区。

(2) 低倍:结缔组织伸入腺实质将其分隔成许多小叶,小叶内有许多颜色深浅不一的腺泡,颜色深者为浆液性腺泡,浅者是黏液性腺泡,有的两种腺泡混合在一起形成混合性腺泡。腺泡间及小叶间可见导管的断面。

(3) 高倍:①为混合性腺,以黏液性腺泡为主,混合性腺泡较多见,在其末端常见由浆液性腺细胞组成的浆半月。腺细胞基底部与基膜之间可见梭形的肌上皮细胞核。②无闰管,分泌管少见。

3. 下颌下腺(人或狗,HE 染色)

(1) 肉眼:标本上可见许多蓝紫色的小区,即小叶。

(2) 低倍:可见被膜、小叶、腺泡和导管。腺泡多为浆液性腺泡,黏液性和混合性腺泡较少。

（3）高倍：为混合性腺，浆液性腺泡多，闰管不明显，分泌管的断面较多（图 1-2-69）。

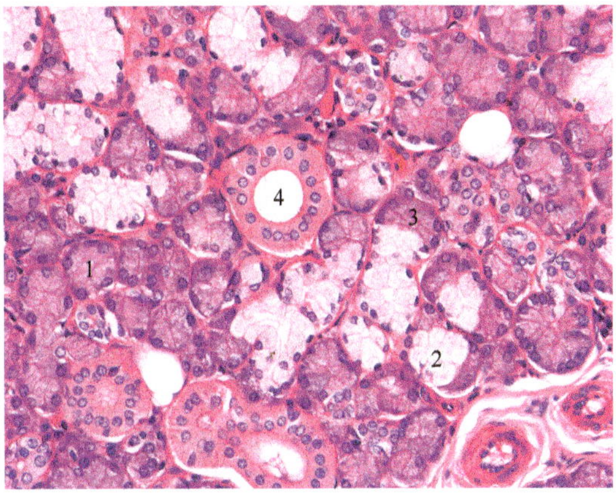

图 1-2-69 下颌下腺（HE 染色 高倍）
1. 浆液性腺泡；2. 混合性腺泡；3. 半月；4. 纹状管

4. 胰腺（人或狗，HE 染色）

（1）肉眼：标本为实质性结构，其内可见被浅色组织分隔的许多小区。

（2）低倍：腺实质被结缔组织分隔成许多大小不等的区域，即胰腺小叶。小叶内可见许多浆液性腺泡及导管的断面，为外分泌部；腺泡之间的淡染区为胰岛，大小不等，形状不规则。小叶间结缔组织内有较大的导管。

（3）高倍：①浆液性腺泡的腺泡腔中可见泡心细胞，其胞质少，染色淡，细胞界线不清，常见一至数个浅染的细胞核。腺泡之间可找到闰管。②胰岛为球形细胞团，细胞呈团索状分布，着色浅淡，其间有丰富的毛细血管。本片不易区分胰岛的各种细胞（图 1-2-70，图 1-2-71）。

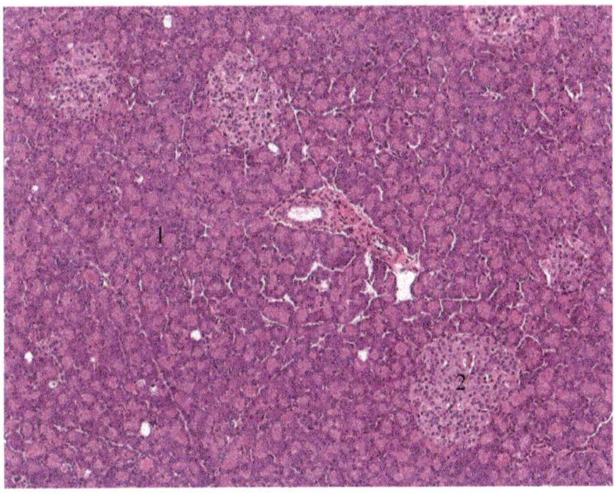

图 1-2-70 胰腺（HE 染色，低倍）
1. 外分泌部；2. 胰岛

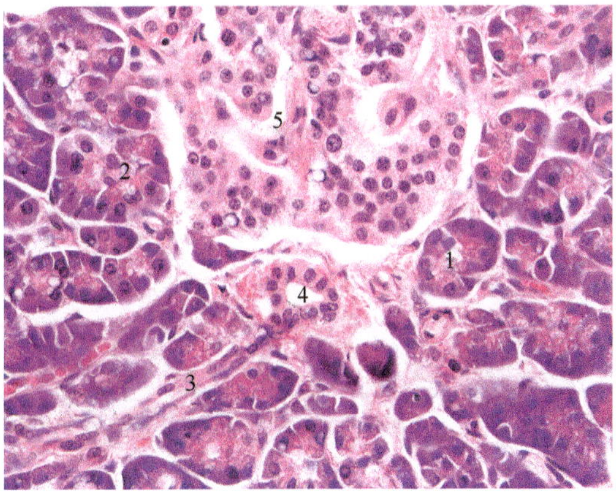

图 1-2-71 胰腺（HE 染色，高倍）
1. 浆液性腺泡；2. 泡心细胞；3. 闰管；4. 小叶内导管；5. 胰岛

5. 肝（猪，HE 染色）

（1）肉眼：标本为较均质的实质性结构。

（2）低倍：①被膜由致密结缔组织构成。②肝小叶呈多边形或不规则形，相邻小叶之间有较多的着色浅的结缔组织，小叶分界明显。小叶内较大的腔隙为中央静脉。肝细胞呈条索状在中央静脉周围放射状排列，即肝索，索间空隙为肝血窦。③肝小叶之间结缔组织较多的部位，可见多个管腔的断面，该部位为门管区。有的可见单独走行的、管腔比较大的小叶下静脉。

（3）高倍：①中央静脉管壁不完整。②肝索由 1 ~ 2 行肝细胞组成。肝细胞体积较大，为多边形；核大而圆，1 ~ 2 个，位于细胞中央；胞质嗜酸性，其内可见嗜碱性颗粒。③肝血窦位于肝索之间，形状不规则，窦壁主要由扁平的内皮细胞构成。内皮与肝细胞之间狭窄的间隙为窦周隙。④门管区中腔小壁厚的为小叶间动脉；腔大壁薄，形状不规则的为小叶间静脉；管壁由单层立方或柱状上皮构成的是小叶间胆管。

6. 肝（人，HE 染色）

（1）肉眼：标本为较均质的实质性结构。

（2）低倍：人肝和猪肝的结构基本相同，不同之处在于人肝小叶间结缔组织较少，相邻肝小叶的细胞相连，分界不清。小叶中央的腔隙为中央静脉，中央静脉四周呈放射状排列的条索即为肝索，索间空隙为肝血窦。相邻肝小叶间的结缔组织中可见多个管腔的断面，为门管区。

（3）高倍：仔细观察中央静脉、肝索、肝血窦及门管区的结构（图 1-2-72，图 1-2-73）。

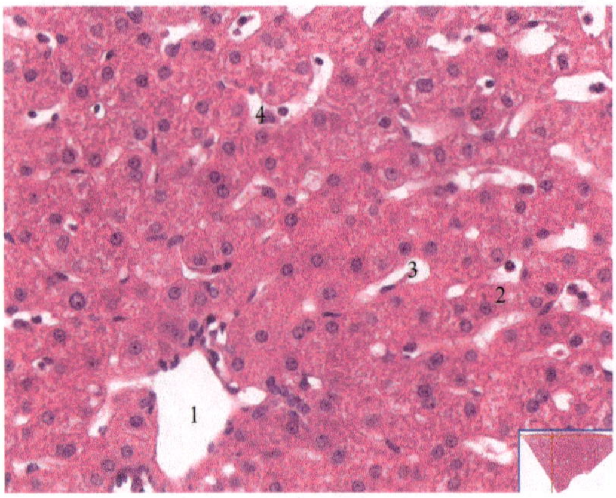

图 1-2-72　人肝小叶（HE 染色，高倍）

1. 中央静脉；2. 肝细胞索；3. 肝血窦；4. 肝巨噬细胞

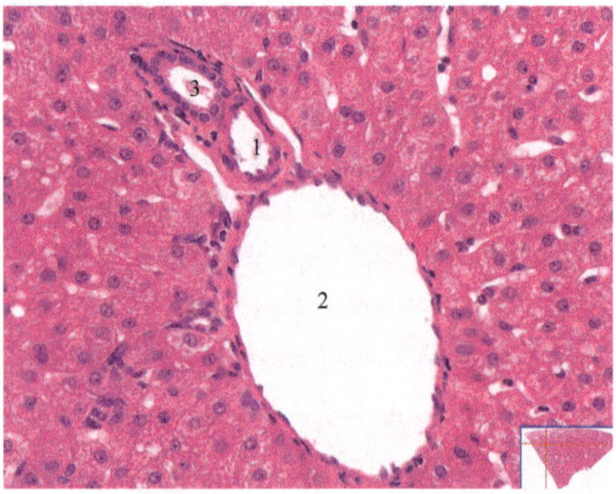

图 1-2-73　人肝门管区（HE 染色，高倍）

1. 小叶间动脉；2. 小叶间静脉；3. 小叶间胆管

7. 肝巨噬细胞（动物，台盼蓝活体注射后取材制片，HE 染色）　低倍镜下找到肝血窦后换用高倍镜观察。在肝血窦内可见许多肝巨噬细胞：细胞体积较大，形态不规则、有突起；胞核圆形，染成红色，居中；胞质丰富，内含许多蓝色颗粒（图 1-2-74）。

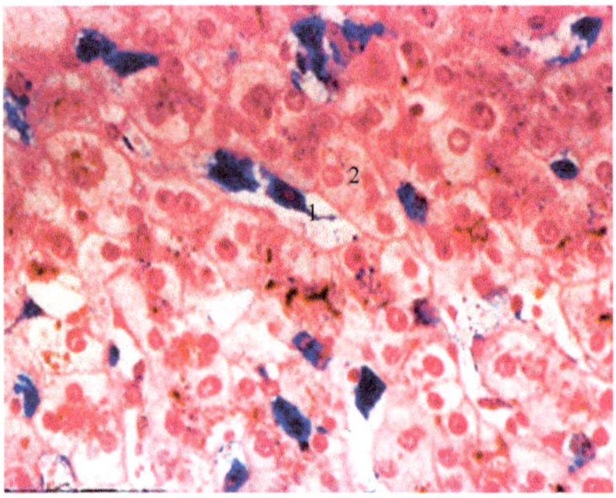

图 1-2-74　示肝巨噬细胞（台盼蓝注射，高倍）

1. 肝巨噬细胞；2. 肝细胞

8. 胆小管（人，银染法）　镜下肝细胞索呈浅黄色，肝索间的空白间隙是肝血窦，肝索内呈棕褐色的细网状结构是胆小管。

【思考题】

（1）在哪个唾液腺标本上观察闰管、纹状管比较容易？

（2）观察切片，说出如何区分腮腺和胰腺？

（3）在 HE 标本上可以观察到的肝小叶的组成结构有哪些？

（4）本次实验你有何新发现？若有，如何解释该现象？

（文：翁　静　武玉玲　郭晓霞　图：郝　晶）

实验十四 呼吸系统

【目的要求】

（1）镜下辨认并掌握气管管壁和肺（导气部、呼吸部各级结构）的微细结构。

（2）镜下辨认肺巨噬细胞、肺内血管、弹性组织的分布及结构特点。

【实验内容】

1. 鼻嗅部（上鼻甲）（人，HE 染色）

（1）肉眼：紫蓝色边缘为嗅黏膜，黏膜下方为骨组织。

（2）低倍：嗅黏膜的上皮较呼吸上皮略厚，游离面可见一弱嗜酸性条带，亦为假复层柱状纤毛上皮，但不含杯状细胞；上皮浅层强嗜酸性，深层染色浅，某些部位可见嗅腺穿越上皮；固有层疏松结缔组织内有许多浆液性嗅腺（又称 Bowman 腺）的各种断面（单层立方上皮）、血管和无髓神经纤维束。

（3）高倍：①支持细胞，量多，高柱状，游离面微绒毛密集排列，顶部宽而基部窄；核卵圆形，位于细胞上部（上皮浅层），染色较深；顶部胞质强嗜酸性，内含浅黄色色素颗粒；②嗅细胞，散在于支持细胞间；胞体呈梭形；核圆，居中（上皮中层），染色略深；胞质嗜酸性，顶部嗅毛不易辨别；③基细胞，位于上皮深部；胞体较小，呈圆形或锥体形；核圆，居中（上皮深层）；胞质透亮；④上皮游离面嗜酸性物，支持细胞的微绒毛、嗅细胞的嗅毛（即纤毛）和嗅腺分泌的浆液；⑤嗅腺细胞，胞体大，呈柱状；核圆，居中，染色浅；胞质染色浅，可见散在的褐色色素颗粒。

2. 气管（猫，横断面，HE 染色）

（1）肉眼：环状，中央为管腔，管壁内蓝色"C"形结构为透明软骨环，软骨环缺口处为气管后壁（即膜部）；腔面深染部分为黏膜。

（2）低倍：①黏膜，上皮为假复层纤毛柱状，可辨认纤毛、杯状细胞和较厚的基膜，纤毛表面可见紫蓝色线样结构即气管的分泌物（该分泌物的组成包括哪些？）；固有层结缔组织较细密，可见气管腺的导管、淋巴组织和小血管；②黏膜下层，为疏松结缔组织，与固有层无明显分界，内有大量混合腺的腺泡和导管；③外膜，较厚，由疏松结缔组织和"C"形透明软骨环（自行复习透明软骨的结构特征）组成；④另外，气管后壁处无软骨，由平滑肌束、混合腺和结缔组织填充，仔细观察分层及各层内的结构是否与其他部位相同。

（3）高倍：①辨认上皮内的细胞类型，纤毛细胞、基细胞、梭形细胞、杯状细胞（杯状细胞根据分泌状况具有不同的形态特征）、淋巴细胞乃至嗜酸粒细胞；②复习混合性腺泡的结构特征，浆半月、浆液性腺细胞、黏液性腺细胞；③浆细胞，固有层和黏膜下层腺泡间结缔组织内可见典型的浆细胞，单个或成群分布（复习浆细胞的结构特点，并说明浆细胞这种分布的意义）；④弹性纤维，固有层、软骨环周边、尤其是膜部可见较多粗大的弹性纤维（图 1-2-75）。

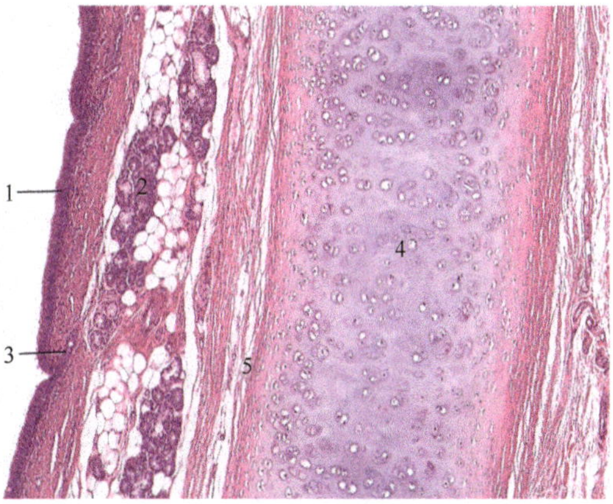

图 1-2-75 气管（HE 染色 低倍）

1. 气管上皮；2. 气管腺；3. 气管腺的导管；4. 透明软骨；5. 软骨膜

3. 肺（动物，HE 染色）

（1）肉眼：肺表面染色深的线样结构为被膜，结构疏松，呈蜂窝状，有少量大小不等的管腔。

（2）低倍：①被膜（胸膜脏层）：薄，浆膜（间皮+致密结缔组织）；②实质：大量空泡样结构即肺泡囊和肺泡；散布小支气管及其各级分支及伴行的血管，其中肺导气部（小支气管、细支气管、终末细支气管）的管壁完整，管腔较大且规则；肺呼吸部的管壁薄、不完整、有肺泡开口（呼吸性细支气管、肺泡管、肺泡囊、肺泡）；③小支气管：切片中管径最粗、管壁最厚，管壁分层不明显：黏膜上皮仍为假复层纤毛柱状，游离面可见纤毛，上皮内含数量不等的杯状细胞；上皮下结缔组织内可见少量混合性腺、大小不等的灰蓝色透明软骨片及间断的环形平滑肌束；④细支气管：管腔（径）渐小，管壁变薄；黏膜常形成皱襞突入腔内；上皮渐变为单层纤毛柱状，其内杯状细胞减少；混合性腺和软骨片明显减少乃至消失；环形平滑肌束相对增多；⑤终末细支气管：管腔（径）进一步减小；上皮为单层柱状，杯状细胞、混合性腺和软骨片消失；环形平滑肌束环绕管道；⑥呼吸性细支气管：管壁上皮为单层立方，部分管壁变薄，上皮移行为单层扁平并向外膨出，形成类似肺泡的结构并具有换气功能；上皮下结缔组织内可见环形平滑肌（肺泡开口处无）；⑦肺泡管：大部分管壁仅存上皮（单层扁平），向外膨出，形成许多类似肺泡的结构并具有换气功能，残存管壁呈结节状膨大（为什么？），其上覆以单层立方或单层扁平上皮；上皮下平滑肌束横断；⑧肺泡囊：为数个相邻肺泡的共同开口形成的囊腔，囊壁结构同肺泡；⑨肺泡：（半）球形小囊泡，壁极薄；相邻肺泡间的薄层结缔组织为肺泡隔（图 1-2-76 ~ 图 1-2-78）。

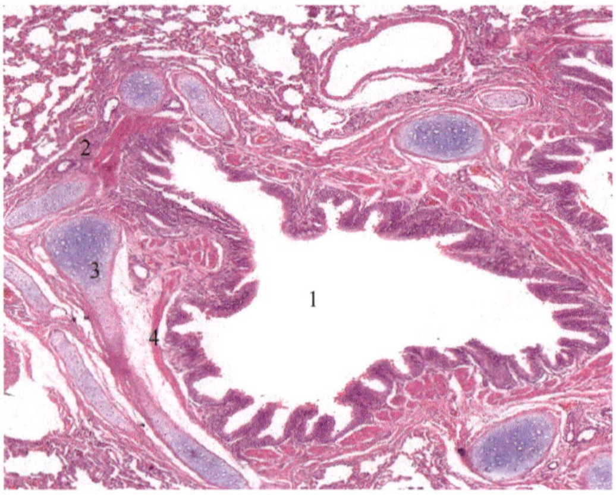

图 1-2-76　肺（HE 染色　低倍）

1. 小支气管；2. 混合腺；3. 透明软骨；4. 平滑肌束

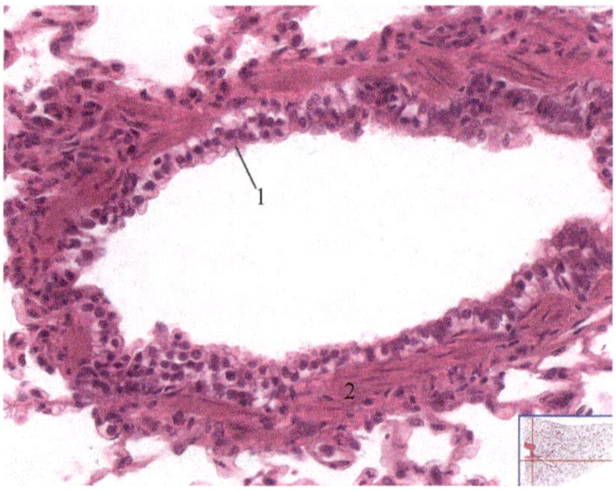

图 1-2-77　终末细支气管（HE 染色　高倍）

1. 单层柱状上皮；2. 环层平滑肌

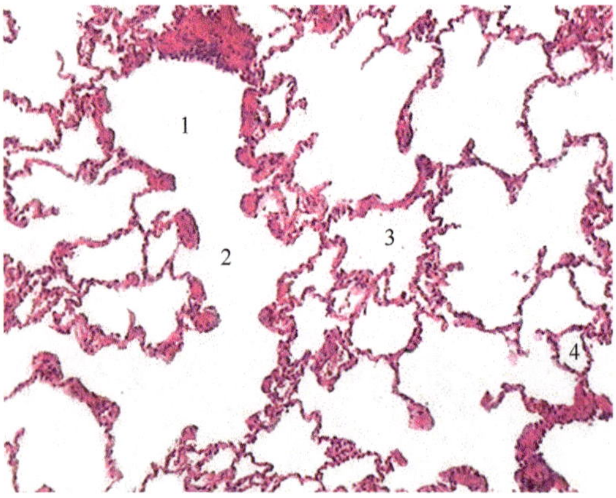

图 1-2-78　肺（HE 染色　低倍）

1. 呼吸性细支气管；2. 肺泡管；3. 肺泡囊

另外，可见伴行的肺动脉和静脉及其分支的不同断面，试着命名这些血管。

（3）高倍：①肺泡上皮：Ⅰ型肺泡细胞占据肺泡壁绝大部分，胞质极薄，核扁，凸向肺泡腔（借此与内皮细胞区别）；Ⅱ型肺泡细胞位于Ⅰ型肺泡细胞间，量少，细胞凸向肺泡腔，呈圆形或立方形，核圆，胞质染色浅，呈泡沫状；②肺泡隔：有丰富的毛细血管（部分毛细血管管径大，内皮细胞清晰可辨，腔内含红细胞）；③尘细胞，又称肺泡巨噬细胞：散在于肺泡腔或肺泡隔内，单个或成群存在；胞体大，核圆或不规则，胞质内含吞噬的棕黑色尘粒；④克拉拉细胞：终末细支气管上皮的主要细胞；无纤毛，胞体呈柱状，游离面呈穹隆状凸入管腔，核卵圆形，顶部胞质可见嗜酸性分泌颗粒（图 1-2-79，图 1-2-80）。

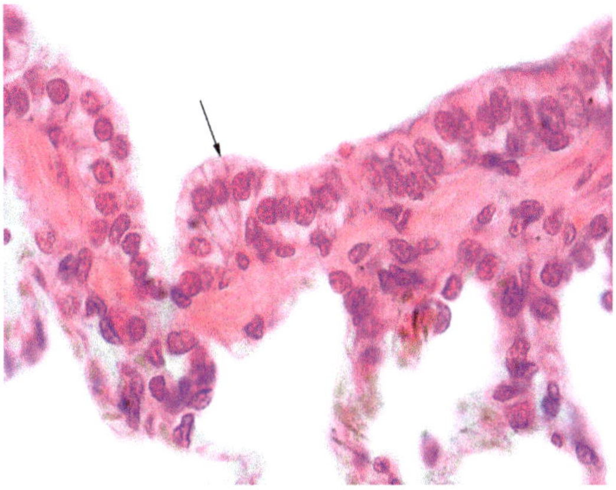

图 1-2-79　终末细支气管（HE 染色　高倍）
→示克拉拉细胞

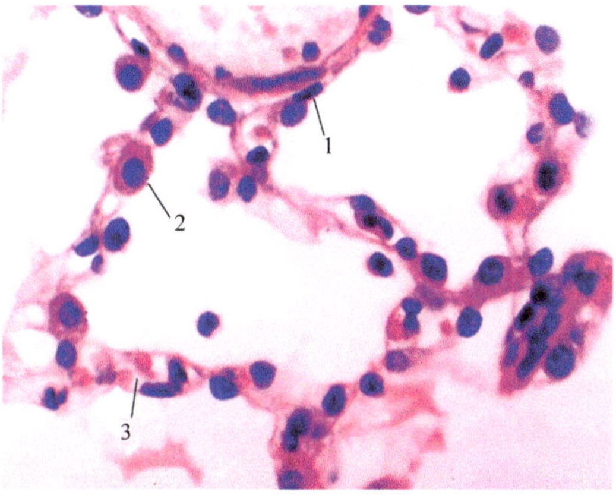

图 1-2-80　肺泡（HE 染色　高倍）
1. Ⅰ型肺泡细胞；2. Ⅱ型肺泡细胞；3. 毛细血管

4. 肺（血管注射）（动物，明胶卡红，火棉胶切片）

（1）肉眼：肺泡四周环绕红色结构即毛细血管。

（2）低倍：①肺血管：腔内充满红色染料；②毛细血管：分布于肺泡周围的肺泡隔内，非常丰富。

（3）高倍：略。

5. 肺（弹性纤维）（动物，弹性染色）

（1）肉眼：各种管壁及肺泡四周环绕蓝色结构即弹性纤维。

（2）低倍：①肺血管、小支气管及其各级分支管壁中紫蓝色或褐色细丝状结构为弹性纤维；②肺泡壁周围的肺泡隔内有丰富的弹性纤维；③巨噬细胞：肺泡隔、肺间质及肺泡内可见巨噬细胞（胞质内充满紫黑色颗粒），单个或成群存在。

（3）高倍：略。

【思考题】

（1）呼吸系统是如何清除灰尘的？列出这些结构和细胞。

（2）哪些结构和细胞保障肺进行正常的气体交换？

（3）仔细观察克拉拉细胞，你发现了什么？

（4）本次实验你有何新发现？若有，如何解释该现象？

（文：董为人　武玉玲　汤银娟　图：郝　晶）

实验十五　泌 尿 系 统

【目的要求】

（1）光镜下辨认并掌握肾单位（肾小体、近端小管曲部、远端小管曲部、细段）和集合（小）管的分布（皮质迷路、髓放线、髓质）及其微细结构。

（2）光镜下辨认球旁复合体（球旁细胞、致密斑及球外系膜细胞）。

【实验内容】

1. 肾（狗，HE 染色）

（1）肉眼：深染区域为皮质，浅染部分为髓质，两者间可见弓形血管。

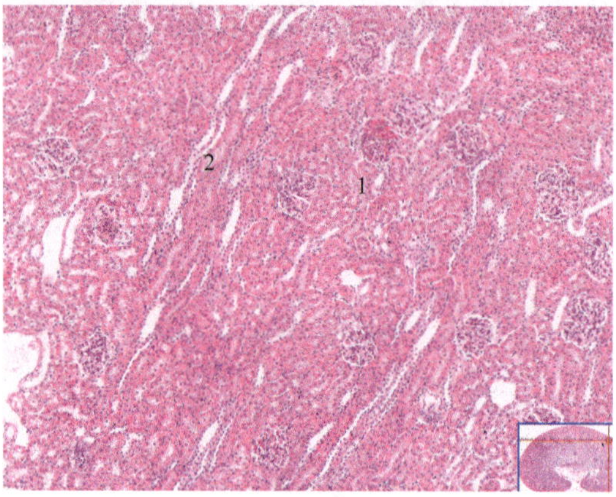

图 1-2-81　肾皮质（HE 染色　低倍）

1. 皮质迷路；2. 髓放线

（2）低倍：①表面薄层致密结缔组织为被膜；②皮质迷路内散在许多球形的肾小体，其间为深染的近曲小管和浅染的远曲小管断面；③皮质迷路间为髓放线，可见多条纵行排列的直行小管；④髓质内可见不同走向的、密集排列的管道的断面（这些管道包括哪些？）；⑤皮质和髓质内均可见许多大小不一的血管断面，有的视野可观察到小叶间动脉分支形成入球微动脉（图 1-2-81）。

（3）高倍：①肾小体由中央的血管球和其外的肾小囊构成，有血管进出的一端为血管极，与肾小管延续的为尿极；②血管球内可见大量毛细血管的断面（其内有血细胞和内皮细胞）及毛细血管间的细胞（球内系膜细胞核小而圆，着色深；足细胞核大，染色浅，突向囊腔）；③肾小囊脏层包绕于血管球外，为单层扁平上皮，血管球外周的环状空隙为肾小囊腔，足细胞构成肾小囊脏层；④少数切到血管极的肾小体旁可见球旁复合体：球旁细胞位于微动脉内皮下，较大，呈立方形或多角形；致密斑为远端小管近肾小体血管极侧的上皮细胞（立方或柱状）紧密排列构成；球外系膜细胞介于致密斑和肾小体之间，细胞较小，核卵圆形，染色深；⑤近端小管曲部：位于肾小体周围的皮质迷路内，量多，管壁厚，管腔小而不规则，腔面上皮可见刷状缘；上皮细胞大，呈锥体形，胞界不清，核圆，近基底部，胞质强嗜酸性。近端小管直部结构类似近端小管曲部，分布于髓放线和髓质；⑥远端小管曲部：位于肾小体周围的皮质迷路内，量少，管壁薄，管腔大而规则；上皮细胞排列较密，胞界清，胞体小，呈立方形，核圆居中，胞质弱嗜酸性。远端小管直部结构类似近端小管直部，分布于髓放线和髓质；⑦细段：位于髓质，管腔小，壁薄，由单层扁平上皮围成，但比毛细血管壁厚；⑧直集合管与乳头管：直集合管由髓放线直行至髓质，在乳头部与乳头管延续。直集合管管腔较大，管壁为单层立方上皮渐变为柱状，乳头管为高柱状，上皮细胞分界清，核圆居中，染色浅，胞质染色浅，甚至清亮。乳头管开口处上皮移行为变移上皮（图 1-2-82 ~ 图 1-2-84）。

2. 肾（血管灌注）（狗，明胶卡红/黑墨汁灌注）

（1）肉眼：①皮质：深红/黑色圆球形结构为肾小球；②髓质：直行红色细线（血管）；③皮质和髓质交界处可见粗大深红/黑色结构即弓形血管。

（2）低倍：①弓形血管：皮髓质交界处可见各种走向的粗大的血管断面；向髓质分支形成直小动脉，向皮质分支形成小叶间动脉；②小叶间动脉：皮质迷路内较大的血管，与皮质表面垂直走行；③入球微动脉、肾小球和出球微动脉：小叶间动脉沿途向两侧分支形成入球微动脉；肾小球为深红/黑色丝球样结构；出球微动脉较入球微动脉略细，若非与肾小球相连，两者不易区分；④球后毛细血管网：分布于肾小管周围的细丝样结构；⑤直小动静脉：髓质内直行的小血管。

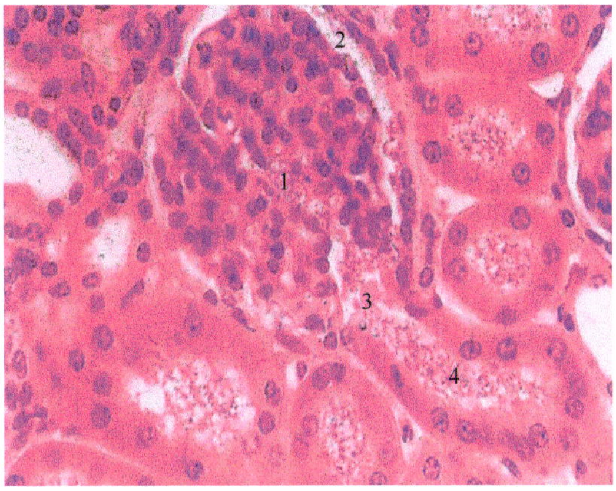

图 1-2-82 肾皮质迷路(HE 染色 高倍)

1. 血管球;2. 肾小囊腔;3. 尿极;4. 近曲小管

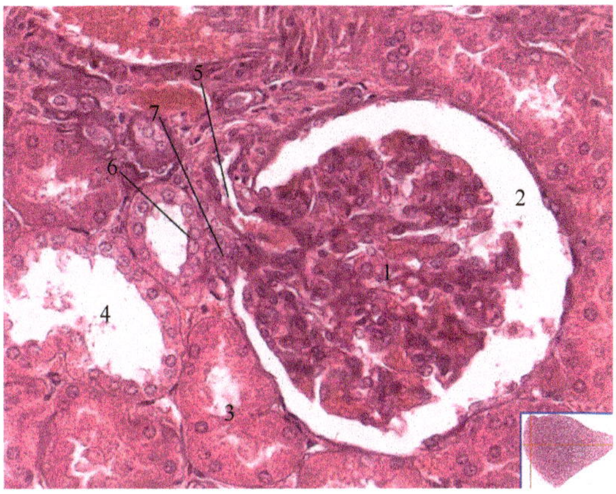

图 1-2-83 肾皮质迷路(HE 染色 高倍)

1. 血管球;2. 肾小囊腔;3. 近曲小管;4. 远曲小管;5. 入球微动脉;6. 致密斑;7. 球外系膜细胞

(3) 高倍:略。

3. 输尿管(狗,HE 染色)

(1) 肉眼:管腔不规则,有皱襞(充盈时皱襞消失),衬于腔面染色最深的结构为黏膜上皮;中层最厚,染色较深,为肌层;最外层染色最浅,为外膜。

(2) 低倍:黏膜由移行上皮和其下方的固有层构成;肌层为平滑肌,根据肌纤维的排列层次和走向,判断本切片为输尿管的哪一段(上 2/3 段抑或 1/3 段);外膜为疏松结缔组织构成的纤维膜。

(3) 高倍:略(图 1-2-85)。

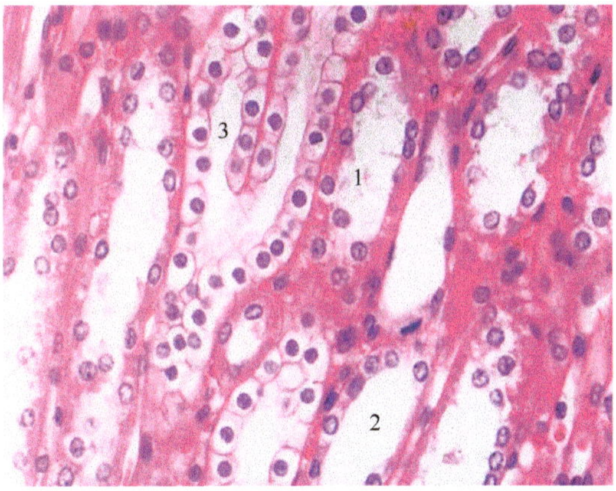

图 1-2-84 肾髓质(HE 染色 高倍)

1. 近端小管直部;2. 远端小管直部;3. 集合管

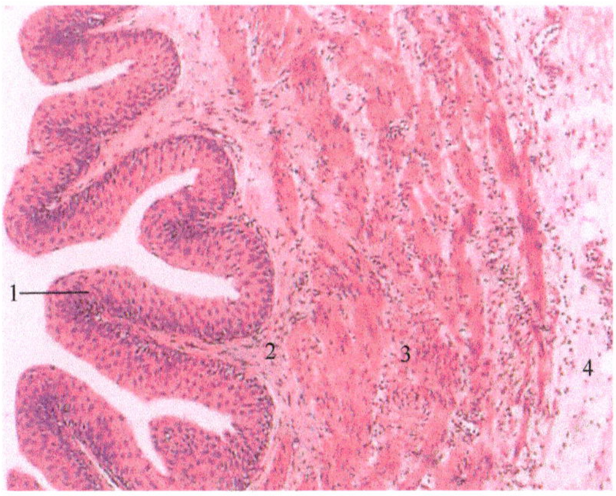

图 1-2-85 输尿管(HE 染色 低倍)

1. 变移上皮;2. 固有层;3. 肌层;4. 外膜

4. 膀胱(狗,HE 染色)

(1) 肉眼:根据染色深浅区分膀胱壁的 3 层结构,黏膜有皱襞(充盈时该皱襞消失),上皮染色最深;中层最厚,染色较深,为肌层;外膜最薄,染色浅。

(2) 低倍:黏膜由变移上皮(移行上皮)和固有层构成;肌层由内纵、中环、外纵 3 层平滑肌构成;外膜为浆膜(推测该处为膀胱顶部抑或其他部位?)。

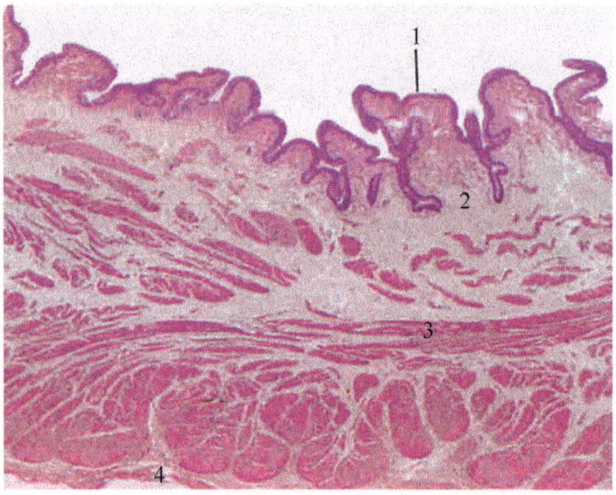

图 1-2-86　膀胱(HE 染色　低倍)

1. 变移上皮;2. 固有层;3. 肌层;4. 外膜

(3) 高倍:观察上皮细胞的层数及表层细胞(尤其是盖细胞)的形态结构特点及其与功能的关系,判断该膀胱的功能状态(充盈抑或排空?);观察浆膜的间皮(图 1-2-86)。

【思考题】

(1) 观察切片,依次列出参与终尿形成的结构(肾单位,泌尿小管系及血管),并描述其微细结构特点与相应功能的关系。

(2) 观察切片,说出皮质迷路、髓放线和髓质内各有哪些主要的结构。

(3) 从球旁复合体的分布和组成推测与其功能的关系。

(4) 本次实验你有何新发现?若有,如何解释该现象?

(文:董为人　武玉玲　张丽华　图:郝　晶)

实验十六　男性生殖系统

【目的要求】

(1) 镜下辨认并掌握睾丸(生精小管, 睾丸间质细胞)和附睾(输出小管,附睾管)的结构。

(2) 镜下辨认直精小管、睾丸网、前列腺(腺泡,前列腺凝固体)和输精管的结构。

【实验内容】

1. 睾丸与附睾(成人,HE 染色)

(1) 肉眼:较大区域为睾丸,附于睾丸一侧的小片结构为附睾;两者间含许多管道的粉红色区域即睾丸纵隔;表面覆以白膜,其内为实质。

(2) 低倍:①被膜表面为单层扁平上皮(鞘膜脏层),下方为结缔组织白膜:外层致密,内层疏松且血管丰富;②睾丸实质:大量生精小管断面,少量小管腔内可见内容物即精子,管壁厚,为生精上皮(含生精细胞和支持细胞),上皮下方基膜明显,基膜外侧可见长梭形的成纤维细胞(在人类称小管周细胞无收缩功能);睾丸间质填充于生精小管间,为疏松结缔组织,内有成团分布的嗜酸性细胞(睾丸间质细胞),血管丰富;近睾丸纵隔处可见少量小管,衬以单层立方或矮柱状上皮,为直精小管;睾丸纵隔处的结缔组织内含许多大小不一、腔面不规则的管道,衬以单层立方或扁平上皮,即睾丸网;③附睾:内含许多管道,其中输出小管位于头部,管腔小而不规则,有皱襞,且衬以单层柱状纤毛上皮或假复层柱状纤毛上皮, 腔内可见成熟中的精子;位于头部和体部的附睾管,管腔大而规则,腔内有大量成熟中的精子,且衬以假复层纤毛柱状上皮;位于尾部的附睾管排列稀疏,腔内有大量成熟中的精子,腔大而规则,壁厚,内含多层环形平滑肌;小管间为结缔组织。

(3) 高倍:①生精上皮细胞:精原细胞紧贴基膜,胞体小,核圆或卵圆形,偶见核分裂象,胞质淡染；初级精母细胞位于精原细胞近腔侧，胞体大，核大而圆，多处于分裂状态，故染色体/质粗细和染色呈现多态性；次级精母细胞位于精原细胞近腔侧，因存在时间短，故不易找到。偶见分裂象，形成精子细胞；精子细胞位于近腔面，成群存在，胞体小，因处于精子形成过程的不同阶段，故其形态具有多样性：早期者胞体小，核小而圆，居中，染色深，中后期者变长，变小，附着于 Sertoli 细胞；精子由头（核占据绝大部分空间而呈深紫蓝色）和尾构成，位于腔内的精子头部呈卵圆形，新形成的精子头部嵌于支持细胞顶部，多呈三角形，尾部淡粉红色，游离于腔内；支持细胞散在于生精细胞间，横贯上皮全长，细胞轮廓不清，核呈三角形、卵圆形或不规则，染色浅，核仁明显。②睾丸间质细胞（Leydig cell）：胞体大，圆、卵圆或多角形，核圆，染色浅，核仁明显，胞质嗜酸性，多呈泡沫状，可见脂褐素颗粒。③输出小管：上皮由高柱状纤毛细胞和矮柱状细胞相间排列构成，前者游离面有纤毛，核卵圆形，靠近腔面，胞质嗜酸性；后者的细胞核圆或卵圆形，靠近基底部；输出小管周围有 1～2 层平滑肌纤维。④附睾管：上皮由主细胞和基细胞构成，主细胞呈高柱状，游离面有粗长而密集的静纤毛，核（长）卵圆形，着色浅，胞质嗜酸性；基细胞矮小，锥体形，核小而圆，胞质嗜酸性；上皮外基膜明显，外围薄层疏松结缔组织，含数层环形平滑肌（图 1-2-87～图 1-2-90）。

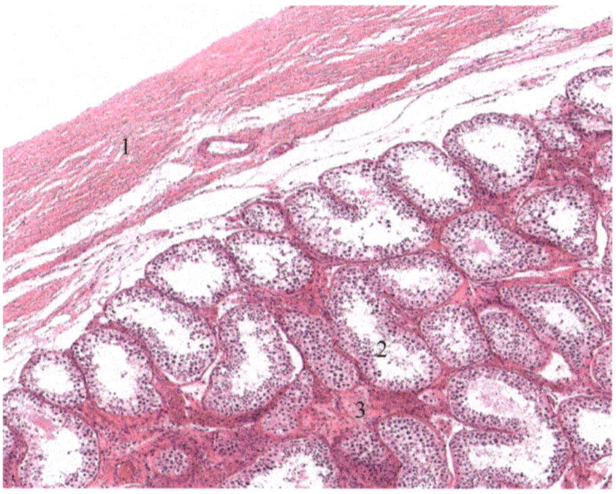

图 1-2-87 睾丸（HE 染色 低倍）

1. 白膜；2. 生精小管；3. 间质

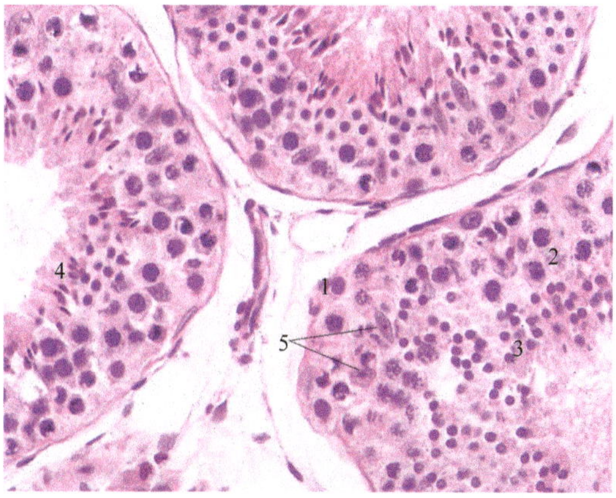

图 1-2-88 睾丸（HE 染色 高倍）

1. 精原细胞；2. 初级精母细胞；3. 精子细胞；4. 精子；5. 支持细胞

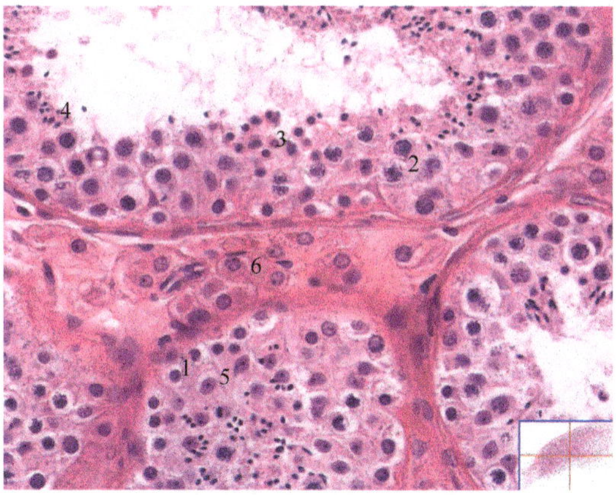

图 1-2-89 睾丸（HE 染色 高倍）

1. 精原细胞；2. 初级精母细胞；3. 精子细胞；4. 精子；5. 支持细胞；6. 间质细胞

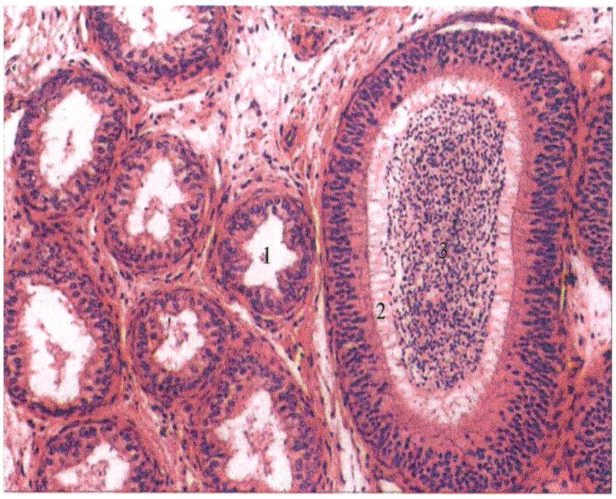

图 1-2-90 附睾（HE 染色 低倍）

1. 输出小管；2. 附睾管；3. 精子

试推测,青春期前男性睾丸生精小管的结构应该是什么样的?

2. 精液涂片(人,HE 染色) 高倍:精子呈蝌蚪形,由头和尾组成。①头部卵圆形,着紫蓝色,核占据大部区域,着色深;核前方少许浅染区域为顶体;②尾部细长弯曲,从颈段到末段渐细,嗜酸性渐弱,各段不易区分。

3. 输精管(兔,横断面,HE 染色)

(1) 肉眼:壁厚,管腔不规则;根据染色深浅区分管壁的 3 层结构。黏膜上皮染色最深;中层最厚,染色较深,为肌层;外膜最薄,染色浅。

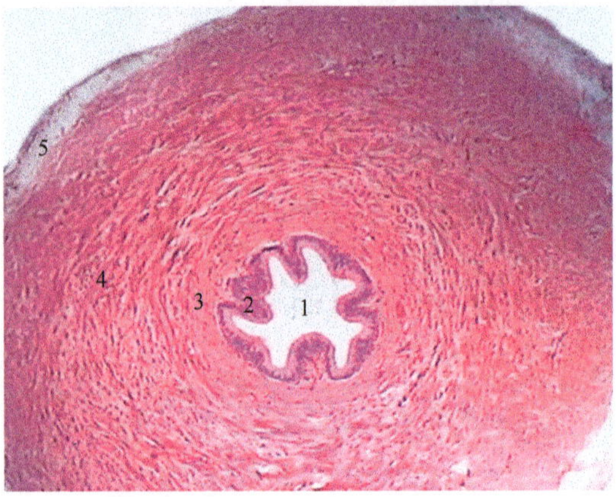

图 1-2-91 输精管(HE 染色 低倍)

1. 输精管腔;2. 上皮;3. 固有层;4. 肌层;5. 外膜

注:有些标本中,输精管位于精索中,除输精管外还可见丰富的血管(精索动脉和蔓状静脉丛)。

(2) 低倍:假复层纤毛柱状上皮由高柱状纤毛(静纤毛)细胞和基细胞构成,前者游离面有纤毛,核卵圆形,靠近腔面,胞质嗜酸性;基细胞核圆,位于基底部;肌层由内纵(薄)、中环(最厚)、外纵(较厚)走行的数十层平滑肌纤维构成;外膜为浆膜。

(3) 高倍:略(图 1-2-91)。

4. 前列腺(人,HE 染色)

(1) 肉眼:①位于中央、较大而不规则的管腔为尿道,尿道周围狭小而不规则的少量紫蓝色管道为腺体(腺泡或导管,因位于尿道黏膜层故称为黏膜腺),构成尿道周带。②其余狭小而不规则的紫蓝色管道以尿道为中心,依次构成前列腺的内带(因位于尿道管壁的黏膜下层故称为黏膜下腺)和外带(位于周边,称为主腺)(注:黏膜腺和黏膜下腺在数量上远较外带的主腺少,后者构成前列腺的大部)。③腺体间嗜酸性组织为前列腺的间质。④在有些标本,可见 1 对不规则管腔,称为射精管。

(2) 低倍:①被膜和间质:结缔组织被膜伸入实质内形成支架(间质),即含较多平滑肌纤维的不规则致密结缔组织。②腺泡:大小不一、形态不规则,腺腔较大,皱襞多且有分支,上皮多由单层立方、单层柱状和假复层柱状交错排列,腔内可见粉红色分泌物或(卵)圆形均质嗜酸性前列腺凝固体。③导管:与腺泡不易区分,管腔大,皱褶少而矮,上皮为单层立方或柱状。④射精管腔面有较多细长的黏膜皱襞,上皮为单层柱状,管壁无平滑肌。

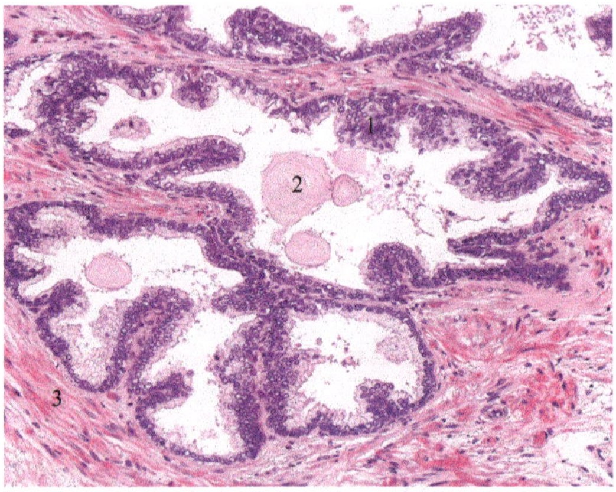

图 1-2-92 前列腺(HE 染色 低倍)

1. 腺上皮;2. 凝固体;3. 平滑肌束

(3) 高倍:前列腺腺泡上皮细胞的分泌方式是哪种(图 1-2-92)?

【思考题】

(1) 根据生精上皮的构成,说明精子发生和精子形成的过程。

(2) 根据睾丸间质细胞和睾丸支持细胞的分布和结构特点说明其功能。

(3) 附睾内的2种管道以及输精管上皮均有纤毛细胞和基细胞,你能推测它们的作用吗?

(4) 本次实验你有何新发现?若有,如何解释该现象?

(文:董为人　武玉玲　张　磊　图:郝　晶)

实验十七　女性生殖系统

【目的要求】

(1) 镜下辨认并掌握卵巢(各级卵泡和黄体)的微细结构和子宫内膜的周期性变化(月经期、增生期、分泌期)特点。

(2) 镜下辨认闭锁卵泡、间质腺、子宫腺、螺旋动脉和输卵管。

【实验内容】

1. 卵巢(兔或猫,冠状切面,HE染色)

(1) 肉眼:卵巢皮质较厚,位于周边,结构致密而染色深,可见大小不等的泡状结构即卵泡;髓质狭小,位于中央,结构疏松而着色浅;皮质与髓质无明显分界;与卵巢系膜连接处为卵巢门;部分标本可见较大的浅染团块状结构,即黄体;较小的均质状粉红色团块状结构,为白体。

(2) 低倍:①被膜:表面上皮(生殖上皮)主要为单层立方,亦可见扁平或柱状,上皮下方为薄层致密结缔组织白膜;②皮质:含不同发育阶段的卵泡、闭锁卵泡、间质腺、黄体和白体等;上述结构间由结缔组织基质包绕,其内充满梭形的基质细胞;③原始卵泡:位于皮质浅层,体积最小,数量最多,由中央的1个初级卵母细胞和周围1层扁平的卵泡细胞组成;④初级卵泡:体积增大,居中的初级卵母细胞亦增大,卵泡细胞为1层或多层,呈立方或柱状,卵母细胞和卵泡细胞之间出现1条环形、均质的嗜酸性粗线,即透明带;卵泡细胞外出现基膜;初级卵泡基膜外被数层基质细胞(即卵泡膜)环绕;⑤次级卵泡:体积进一步增大,此时的卵泡细胞称为颗粒细胞,为复层立方上皮,其间出现多个小的卵泡腔,或融合成1个大的卵泡腔,腔内可见粉红色絮状物;有些卵泡可见凸入腔内的卵丘,由初级卵母细胞、透明带(呈红色或透明)和放射冠(紧贴透明带外侧的一层柱状卵泡细胞)构成;较大的次级卵泡的颗粒细胞间出现小的腔隙,其内充满卵泡液,称为考-爱小体(Call-Exner bodies);卵泡膜明显;⑥(近)成熟卵泡:又称三级卵泡或格拉夫卵泡(Graafian follicle),体积非常大,靠近卵巢表面,卵泡腔亦很大,卵丘位于卵泡的一极,透明带增厚,放射冠与透明带间出现裂隙,颗粒层变薄;成熟卵泡很快排出,故标本上很难观察到;⑦闭锁卵泡:为不同发育阶段退化的卵泡,其形态不一,早期可见卵母细胞核固缩,晚期仅见皱缩的透明带,染成红色;⑧黄体:巨大粉红色细胞团,中央可见血凝块,可见两种细胞,膜黄体细胞量少,位于周边,呈索条状突入中央,胞体小,着色深;颗粒黄体细胞量多,位于中央,胞体大,染色浅;⑨白体:皮质内不规则粉红色均质状结构,其内可见较细的胶原纤维和少量梭形的纤维细胞;⑩间质腺:散在分布的浅色细胞团或细胞索,大小形状不一;⑪髓质:由疏松结缔组织构成,内含丰富的血管和淋巴管；近卵巢门处可见少量门细胞，形似睾丸间质细胞。

（3）高倍：①初级卵母细胞：从初级到成熟卵泡的卵母细胞体积渐大，呈圆形，核大而圆，居中，染色浅，核仁明显，染色质稀疏，胞质嗜酸性；②卵泡细胞：原始卵泡中的卵泡细胞扁平，体小，核长卵圆形，胞质少，嗜酸性；初级卵泡中的卵泡细胞为立方形或柱状，核圆或卵圆形，靠近底部；放射冠的卵泡细胞呈立方或柱状，核呈圆或卵圆形；次级卵泡中位于卵泡壁的卵泡细胞称为颗粒细胞，圆形，核大而圆，居中；③卵泡膜细胞：初级卵泡周围的卵泡膜细胞多呈梭形，类似成纤维细胞；次级卵泡周围的卵泡膜分化为内、外两层，内膜层细胞大，呈多边形，核圆，胞质较多，弱嗜酸性；外膜层与周围的结缔组织相连续；④黄体细胞：颗粒黄体细胞较大，呈多边形，核大，圆或卵圆形，居中，胞质弱嗜酸性，呈泡沫状（原因是什么）；膜黄体细胞较小，扁平或梭形，核卵圆形或梭形，核与胞质染色深；⑤间质腺细胞：类似颗粒黄体细胞（图 1-2-93 ~ 图 1-2-95）。

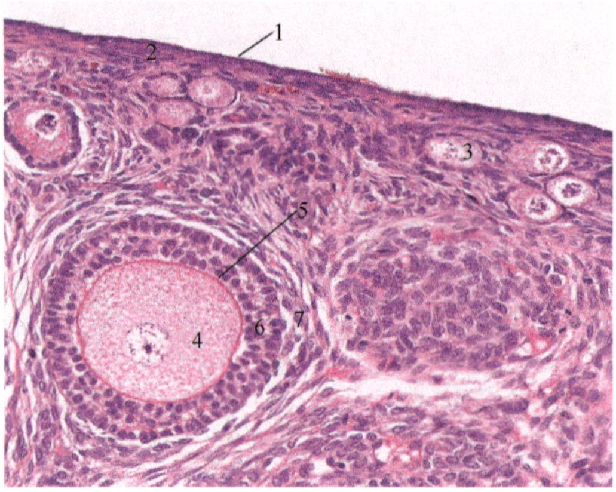

图 1-2-93　卵巢（HE 染色　高倍）

1. 表面上皮；2. 白膜；3. 原始卵泡；4. 初级卵母细胞；5. 透明带；6. 颗粒细胞；7. 卵泡膜

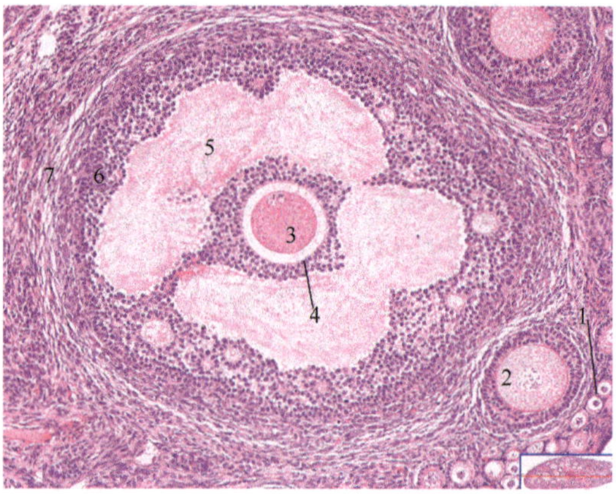

图 1-2-94　卵巢（HE 染色　高倍）

1. 原始卵泡；2. 初级卵泡；3. 卵母细胞；4. 放射冠；5. 卵泡腔；6. 颗粒层；7. 卵泡膜

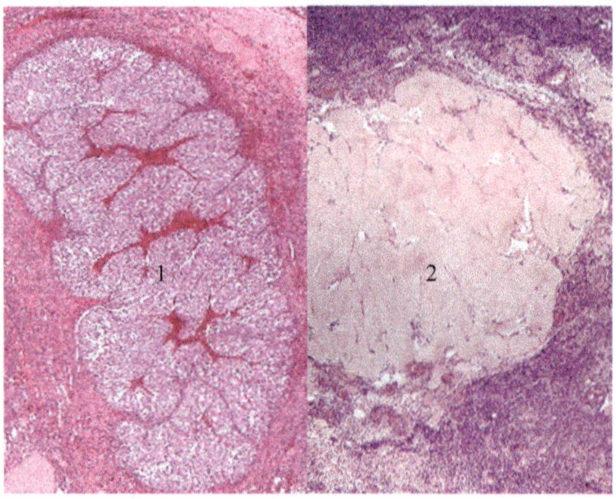

图 1-2-95　卵巢（HE 染色　低倍）

1. 黄体；2. 白体

2. 输卵管（人，横断面，HE 染色）

（1）肉眼：管腔高度不规则，充满分支皱襞，紫蓝色部分为黏膜，其余部分为管壁的其他结构。

（2）低倍：黏膜向管腔内突出形成皱襞（皱襞有分支），上皮为单层柱状纤毛上皮，固有层为薄层结缔组织；肌层由内环、外纵 2 层平滑肌组成；外膜为浆膜。

（3）高倍：上皮有两种细胞相间组成，且其形状随月经周期改变而变化。纤毛细胞较大，柱状，游离面有纤毛，核圆或卵圆形，染色浅，胞质弱嗜酸性；分泌细胞（又称 peg 细胞）较小，核呈长卵圆形或杆状，染色较深，胞质强嗜酸性。注意观察分泌细胞的分泌方式是哪种（图 1-2-96）。

3. 子宫（增生期）（人，HE 染色）

(1) 肉眼：表面紫蓝色深染结构为子宫内膜，其下方粉红色区域为子宫肌膜，最厚。

(2) 低倍：①内膜：自早期到晚期，内膜渐厚，其浅层厚，染色较淡，为功能层；近肌层处染色较深，为基底层。内膜上皮为单层柱状纤毛上皮，固有层内可见成群分布的螺旋动脉的横断面和单管状子宫腺的断面（直或略弯曲，腺腔窄，无分泌物）；其余部分为结缔组织组成的基质。②肌膜最厚，可见平滑肌纤维束的不同断面，肌束间有少量结缔组织分隔，内含较大的血管。③子宫外膜：浆膜。

(3) 高倍：①内膜上皮与子宫腺上皮细胞均由大量分泌细胞和散在的纤毛细胞组成，纤毛细胞呈柱状，核大，卵圆形，染色浅，胞质嗜碱性；②螺旋动脉：属于哪类动脉（图 1-2-97）？

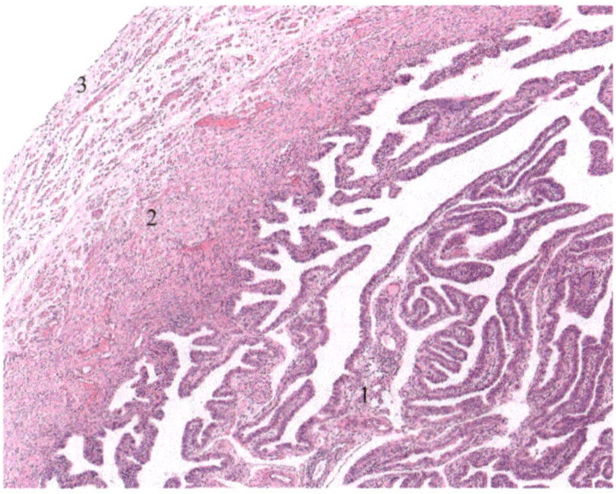

图 1-2-96 输卵管（HE 染色 低倍）

1. 黏膜皱襞；2. 肌层；3. 外膜

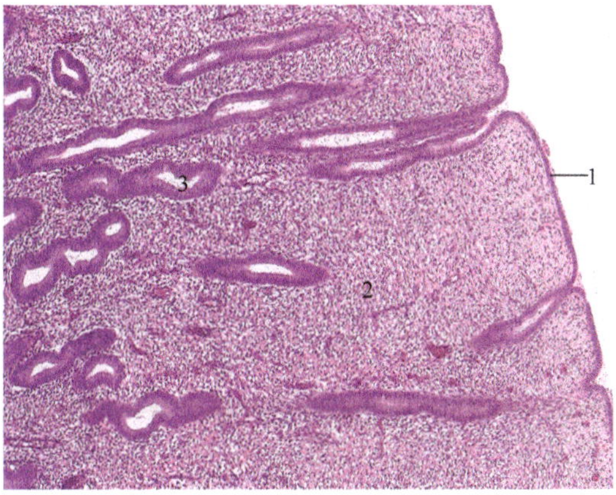

图 1-2-97 人子宫内膜增生期（HE 染色 低倍）

1. 上皮；2. 固有层；3. 子宫腺

4. 子宫（分泌期）（人，HE 染色）

(1) 肉眼：表面紫蓝色深染结构为子宫内膜，其下方粉红色区域为子宫肌膜，最厚。

(2) 低倍：①内膜：与增殖期子宫相比，内膜功能层明显增厚，结构疏松；子宫腺增多、增长并变弯曲，故腔面呈锯齿状，部分甚至形成皱襞，腺腔增大呈囊状，腔内可见红色分泌物；②螺旋动脉：断面明显增多；③肌膜和外膜同上。

(3) 高倍：注意观察子宫腺细胞的分泌方式是哪种（图 1-2-98）。

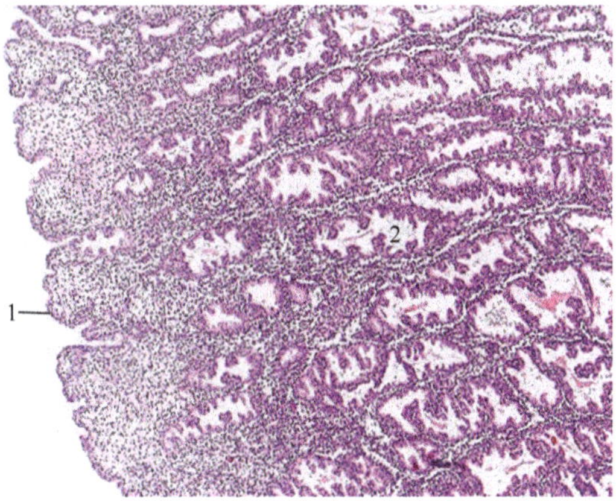

图 1-2-98 人子宫内膜分泌期（HE 染色 低倍）

1. 上皮；2. 子宫腺

5. 子宫（月经期）（人，HE 染色）

(1) 肉眼：表面紫蓝色深染结构为子宫内膜，其下方粉红色区域为子宫肌膜，最厚。

(2) 低倍：①内膜：与增殖期子宫相比，内膜功能层明显变薄，内膜表面不连续，大部分上皮脱落；子宫腺明显减少、变短；②表面基质中血管破裂，有血细胞；③肌层和外膜同上。

(3) 高倍：略。

6. 子宫颈（宫颈管外口）（人，冠状切面，HE 染色）

(1) 肉眼:①表面边缘染色最深区域为阴道上皮,较平整,此处为阴道穹隆一部分;②与阴道上皮同侧相延续、染色较深的区域为子宫颈管外口外侧黏膜,边缘不整齐;③对侧染色较深区域为子宫颈管外口内侧黏膜,边缘不整齐;④两侧黏膜间为肌层。

(2) 低倍:①子宫颈黏膜皱襞:黏膜形成许多皱襞,皱襞间裂隙为腺样隐窝,形似分支管状腺,称子宫颈腺;②上皮:穹隆部上皮为未角化复层扁平上皮,子宫颈黏膜上皮为单层柱状上皮,有纤毛,核靠近基底部;③固有层:疏松结缔组织,含平滑肌;④肌层:不同走向的平滑肌纤维束被致密结缔组织分隔。

(3) 高倍:子宫颈上皮细胞。①分泌细胞:胞体大,柱状;核大而圆,染色浅,位于基底部,排列整齐;胞质清亮,顶部含黏原颗粒;②纤毛细胞:量少,散在于分泌细胞间,有纤毛;核大,圆或卵圆形,近基底部;胞质染色浅;③储备细胞:位于柱状细胞与基膜之间,胞体小,圆或卵圆形;核圆,核浆比大;胞质染色浅。

7. 乳腺(静止期)(人, HE 染色)

(1) 肉眼:一侧表面紫蓝色条带为皮肤表皮;粉红色组织为疏松结缔组织(含脂肪组织);其内散在分布数个蓝紫色结构即乳腺小叶。

(2) 低倍:①大量疏松结缔组织和脂肪组织:纤维粗大,可见血管;②腺组织:少量乳腺小叶;③乳腺小叶:可见腺泡稀少,上皮为单层立方/柱状或复层立方,腺泡腔小或无,有或无分泌物,故小叶内导管与腺泡细胞难以区分;④小叶间导管和总导管管腔大,覆以单层柱状或复层柱状上皮,近皮肤处移行为复层扁平上皮。

(3) 高倍:略。

8. 乳腺(分泌期)(人,横断面,HE 染色)

(1) 肉眼:大量蓝紫色乳腺小叶和大小不等、形状不一的管道。

(2) 低倍:①少量疏松结缔组织,可见血管;②腺组织:大量乳腺小叶;③乳腺小叶:大量腺泡,上皮为单层立方或柱状,腺泡腔大,腔内可见粉红色分泌物即乳汁;④小叶间导管:管腔大,覆以单层柱状或复层柱状上皮,腔内可见分泌物。

(3) 高倍:乳腺腺泡上皮细胞。①立方或柱状;②核圆,位于基底部;③胞质顶部可见空泡。该细胞的分泌方式是哪种?

【思考题】

(1) 观察卵巢的结构,说明卵泡发生的过程和转归。

(2) 描述黄体细胞组成和功能,妊娠与否对其有何影响?

(3) 子宫内膜周期性变化与哪些结构分泌的哪些激素有关?

(4) 本次实验你有何新发现?若有,如何解释该现象?

(文:董为人　武玉玲　晏　芳　图:郝　晶)

实验十八　眼　和　耳

【目的要求】

(1) 镜下辨认并掌握眼球壁、角膜和视网膜的微细结构。

(2) 镜下辨认并掌握内耳(膜蜗管尤其是螺旋器)的微细结构。

【实验内容】

1. 眼球(人,经瞳孔矢状切面,HE 染色)

(1) 肉眼:前方浅红色弧形条带为角膜;巩膜(粉红色条带,环绕眼球外周)与角膜相延续;角膜后方深红色的双凸椭圆形结构为晶状体;晶状体前方两侧的两片紫蓝色膜状结构为虹膜,其间为瞳孔;虹膜后外侧与睫状体延续,紫蓝色,呈三角形;其后方内侧深染者为视网膜;脉络膜位于巩膜和视网膜之间;晶状体与视网膜间空白区域为玻璃体;晶状体与角膜和虹膜间区域为前房;晶状体与虹膜和睫状体间区域为后房;有些切片可见视神经。

(2) 低倍:移动标本,区分眼球壁的 3 层膜,从外向内依次,①纤维膜:前方凸度较大、染色较浅处是角膜,角膜后方的致密结缔组织为巩膜,两者之间是角膜缘。②血管膜:角膜后方为虹膜,由富含毛细血管和色素细胞的疏松结缔组织组成。自虹膜根部向后延续为睫状体,主要由睫状肌、结缔组织和睫状上皮构成。睫状体后方为脉络膜,是富含毛细血管和色素细胞的结缔组织。③视网膜:衬于脉络膜内面,由 4 层细胞构成。注意在视网膜后极能否看到视神经乳头及中央凹。视神经乳头处为一较大的凹陷,此处仅有视网膜的神经纤维层和内界膜,所有神经纤维在此汇集并离开眼球;神经纤维间可见血管。黄斑位于视神经乳头一侧,中央凹为黄斑中央的凹陷。该处视网膜变薄,尤其是节细胞层和内核层细胞,呈楔形“插入”中央凹,该处仅存 1 ~ 2 层细胞,而其正下方的外核层细胞层数反增多,呈嵴样向中央凹底部隆起。

(3) 高倍:详细观察角膜和视网膜。

角膜由前向后依次分为 5 层。角膜上皮为未角化的复层扁平上皮,有 5 ~ 6 层细胞组成,上皮基部平整。角膜边缘的上皮逐渐增厚,与球结膜的复层扁平上皮相延续。前界层为一层染成浅红色的均质薄膜。角膜基质是角膜最厚的一层,由大量与表面平行的胶原原纤维排列成板层状,板层之间可见少量扁平的成纤维细胞核,基质中无血管。后界层为一层均质膜,较前界膜薄。角膜内皮为一层扁平或立方形细胞。

观察视网膜时须先找到色素上皮层,然后由外向内依次分出其 10 层结构。

色素上皮层紧靠脉络膜,是一层低柱状或立方形的色素细胞。细胞核圆形,染色浅,胞质内含大量棕黄色色素颗粒。

视杆视锥层由视杆视锥细胞的外节排列而成,染成粉红色,仔细观察,可见其外层染色稍浅,内层染色稍微深些,想一想,为什么?

外界膜为一粉红色细线状结构,切片中不易分辨。

外核层较厚,由视杆和视锥细胞的胞体组成,片中可见细胞核排列密集。

外网层由感光细胞(视细胞)的内侧突和双极细胞的树突以及水平细胞的突起构成,呈淡红色。

内核层由双极细胞、水平细胞、无长突细胞、网间细胞和放射状胶质细胞的胞体共同组成,镜下可见细胞核密集排列。

内网层由双极细胞的轴突和节细胞的树突以及无长突细胞和网间细胞的突起构成,呈淡红色。

节细胞层由节细胞体构成,胞体较大,排列稀疏。细胞核圆形,核仁清楚。

神经纤维层由节细胞的轴突组成,片中可见纵行排列的神经纤维,染成红色。

内界膜是视网膜最内侧的一层薄膜,片中也不易区分(图 1-2-99 ~ 图 1-2-101)。

通过对以上结构的观察,理解光线在视网膜中的传导途径。

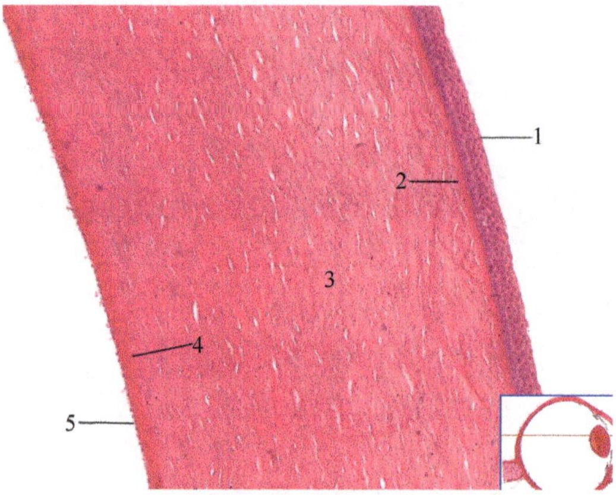

图 1-2-99　眼球角膜(HE 染色　高倍)

1. 角膜上皮;2. 前界层;3. 角膜基质;4. 后界层;5. 角膜内皮

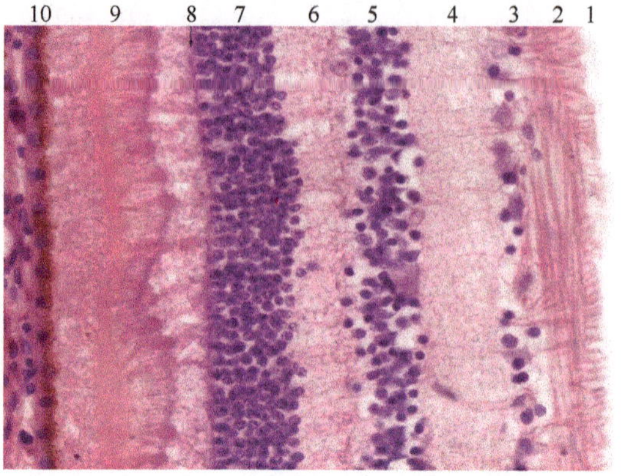

图 1-2-100　视网膜(HE 染色　高倍)

1. 内界膜;2. 神经纤维层;3. 节细胞层;4. 内网层;5. 内核层;6. 外网层;7. 外核层;8. 外界膜;9. 视杆视锥层;10. 色素上皮层

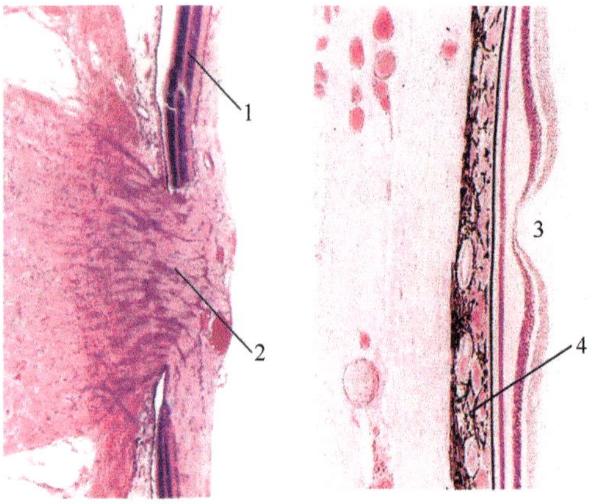

图 1-2-101　视神经乳头和黄斑(HE 染色　高倍)

1. 视网膜;2. 视神经乳头;3. 中央凹;4. 脉络膜

2. 耳蜗及位觉感受器(豚鼠,前庭、耳蜗轴纵切面,HE 染色)

(1)肉眼:标本切面呈锥体形或不规则形,含排列成两排的多个空泡样结构即耳蜗。两排耳蜗中央着色较深处为蜗轴,蜗轴两侧各有 3 ~4 个卵圆形断面,即骨蜗管的横切面,内含膜蜗管。耳蜗下方及周围浅蓝色结构为颞骨片段,其内可有半规管和(或)前庭的结构。在有些标本,耳蜗底部可见卵圆或圆形空腔,为半规管、椭圆囊或球囊。有时可见椭圆囊与半规管相延续。

(2)低倍:①蜗轴:骨松质,腔内可见骨髓、血管和神经纤维束(耳蜗神经);蜗轴的骨组织向外伸出的薄片为骨螺旋板,骨螺旋板根部成群的神经元胞体即耳蜗神经节(又称螺旋神经节);螺旋神经节与耳蜗神经有何关系?②蜗管:蜗轴周围的卵圆形腔隙即骨蜗管的横断面,中部呈三角形的结构为膜蜗管,其上方为前庭阶,下方为鼓室阶;辨认膜蜗管的 3 个壁即上壁(前庭膜)、下壁(螺旋板和基膜)和外侧壁(血管纹)。③半规管和壶腹嵴:骨性半规管横切面呈圆或卵圆形空腔,内衬骨膜;一侧附以圆形或椭圆形的膜性半规管,管壁覆以单层扁平上皮;膜性半规管和骨性半规管间空隙散在分布少许细胞,细胞有突起连接成网(不连续);半规管壶腹部管腔大,其内的膜性半规管一侧向腔内凸出形成高嵴状隆起,即壶腹嵴;壶腹嵴顶部表面有均质嗜酸性冠状物称为壶腹帽,基部上皮为单层柱状,染色较深,游离面无纤毛;中部以上上皮染色浅,呈高柱状上皮,游离面可见细长的纤毛,纤毛根部呈嗜酸性粗线,为纤毛的基部;壶腹嵴两侧上皮为单层立方上皮。部分切片上可见上皮下方有色素细胞,而壶腹嵴对侧一半上皮则无色素细胞,由单层立方上皮移行为单层扁平上皮;壶腹嵴内核为疏松结缔组织,可见神经纤维。④球囊斑/椭圆囊斑:管径较膜性半规管大,管壁局部上皮和骨膜增厚形成球囊斑/椭圆囊斑;上皮为假复层纤毛柱状上皮。

（3）高倍：①前庭膜：膜中间为薄层结缔组织，两侧覆以单层扁平上皮；②血管纹：复层柱状上皮，内含丰富的毛细血管；③基膜：连接骨螺旋板和螺旋韧带，呈粉红色粗线，内含听弦；基膜上方的上皮特化，形成螺旋器；④螺旋器：三角形间隙为内隧道，由其两侧的内柱细胞和外柱细胞（基底部宽，顶部窄，核位于底部）顶部和基部相连围成；指细胞（柱状，基部位于基膜上，顶部伸出指状突起，核圆居中，细胞界限不清）：内指细胞排成一行，位于内柱细胞的内侧；3～4 排外指细胞位于外柱细胞的外侧；毛细胞（烧瓶状，核圆居中，胞质嗜酸性，有的细胞可辨认出静纤毛）：每个指细胞上方都有一个毛细胞，故有一排内毛细胞，3～4 排外毛细胞；值得注意的是，大部分切片中，螺旋器中各种细胞的分界不清，可根据细胞核的位置定位细胞类型；⑤盖膜：螺旋器上方的嗜酸性均质膜样结构，毛细胞的纤毛插入盖膜，但因制片原因常与螺旋器分离，且呈弯曲状；⑥骨性半规管和壶腹嵴：骨性半规管腔内的细胞为成纤维细胞；壶腹嵴上皮（隆起部分）中位于浅部的细胞核（卵圆形或梭形）多属于毛细胞，上皮基部的卵圆形细胞核（核仁明显）则属于支持细胞；壶腹嵴基部上皮则全部由支持细胞（核仁增多）组成；壶腹嵴两侧上皮细胞（疑为支持细胞，核仁多）与其下方的色素细胞连接紧密，某些上皮细胞胞质内含色素颗粒；⑦球囊斑/椭圆囊斑：上皮为假复层纤毛柱状上皮，上皮细胞有支持细胞和毛细胞（与壶腹嵴类似），毛细胞游离面有纤毛；纤毛埋入嗜酸性胶胨样物质，即位砂膜。在有些椭圆囊斑的标本，位砂膜上方可见一层紫蓝色颗粒状物质，即位砂（图 1-2-102～图 1-2-104）。

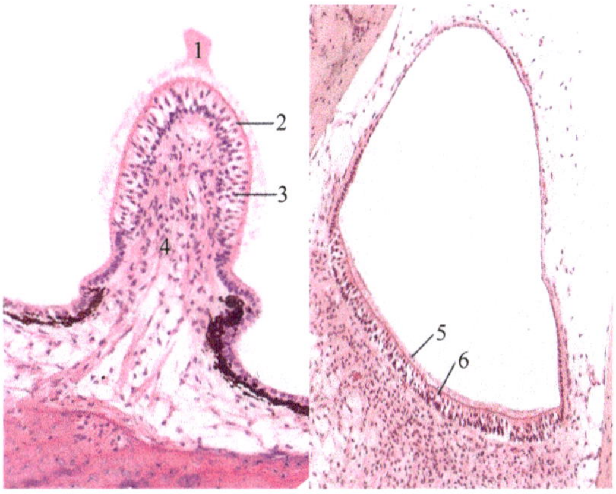

图 1-2-102　壶腹嵴和位觉斑（HE 染色　高倍/低倍）

1. 壶腹帽；2. 支持细胞；3. 毛细胞；4. 结缔组织；5. 位砂；6. 位砂膜

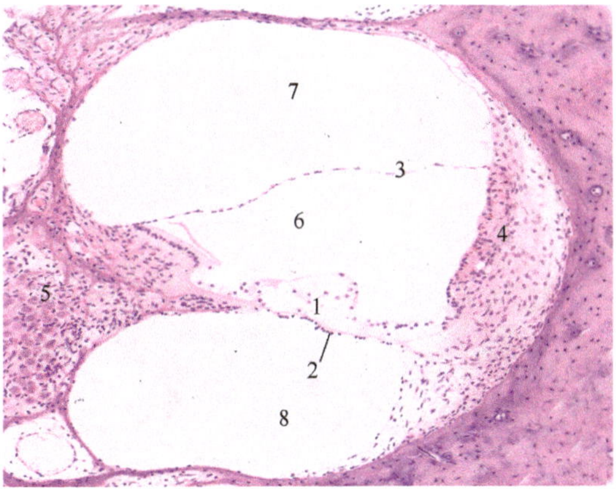

图 1-2-103　耳蜗（HE 染色　低倍）

1. 螺旋器；2. 基膜；3. 前庭膜；4. 螺旋韧带；5. 蜗轴；6. 膜蜗管；7. 前庭阶；8. 鼓室阶

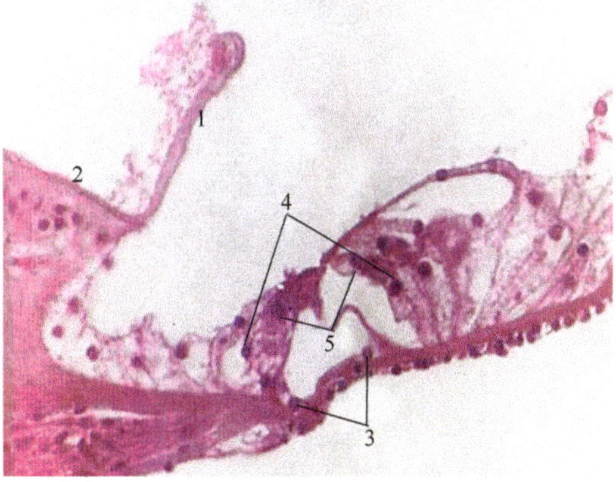

图 1-2-104　螺旋器（HE 染色　高倍）

1. 盖膜；2. 螺旋缘；3. 内、外柱细胞；4. 内、外指细胞；5. 内、外毛细胞

【思考题】

（1）观察切片，依次列出眼球的哪些结构帮助我们的大脑“看到”物体。

（2）根据切片说明哪些结构保障我们能够清楚地看到物体？

（3）观察眼球切片，说明房水产生和循环路径，并解释与青光眼的关系。

（4）观察内耳耳蜗的结构，说明哪些结构使得中耳传过来的声波转换为听觉信号？

（5）本次实验你有何新发现？若有，如何解释该现象？

（文：董为人　武玉玲　刘忠英　图：郝　晶）

实验十九　人体胚胎发生

【目的要求】

（1）了解卵裂及胚泡形成过程。

（2）掌握胚盘的形成。

（3）掌握三胚层的早期分化。

（4）了解胚体的形成过程。

（5）了解胎膜的发生及演变。

（6）掌握胎盘的结构。

（7）了解双胎和连体双胎。

【实验内容】

1. 显微观察

（1）卵裂：该片为海星受精卵涂片，胭脂红染色。镜下可见海星受精卵被染成红色，三五成群分布。受精卵周边部可见一层着色浅淡的膜状结构，即胶质膜和卵膜，卵内可见数量不等（一般 2 ~ 8 个）的卵裂球。卵裂球数量越多，每个卵裂球体积越小（图 1-2-105）。

（2）16 小时鸡胚整体裱片：该片为 16 小时鸡胚整体裱片，背面观，胭脂红染色，整个标本被染成红色。镜下观察：在标本中央可见一着色较浅的椭圆形区域，即胚盘。在胚盘尾端中轴线上有一着色较深的索条状结构，即原条。原条中央的浅染区为原沟，头端的膨大为原结，原结中央的浅染区为原凹（图 1-2-106）。

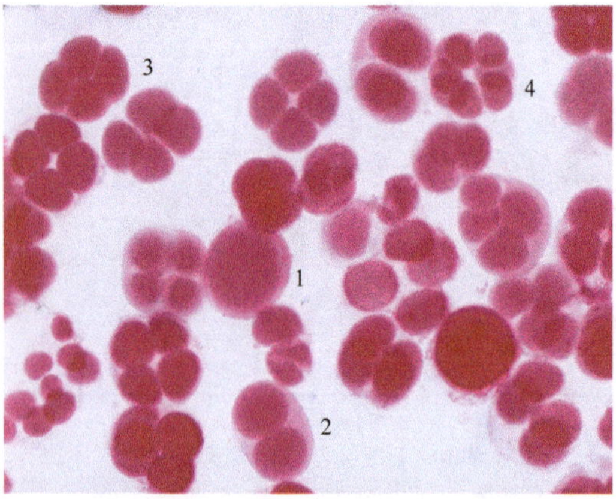

图 1-2-105　卵裂球（胭脂红染色　高倍）

1. 未受精卵；2. 细胞期；3. 细胞期；4. 细胞期

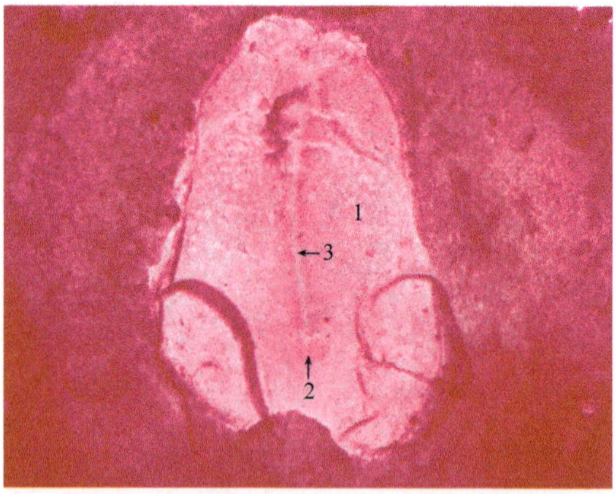

图 1-2-106　16 小时鸡胚裱片（胭脂红染色　高倍）

1. 胚盘；2. 原结；3. 原条

（3）2 天鸡胚整体裱片：该片为 2 天鸡胚整体裱片，背面观，胭脂红染色，整个标本被染成红色。在镜下找到呈长条状的胚胎，其中央着色浅的部分为神经管。神经管头端已封闭,形成膨大的脑泡,其尾端呈菱形,为尚未封闭的后神经孔。神经管尾侧可见条索样原条,两侧可见10~11对团块状的体节。在胚胎头端可见数条胚内血管,在胚胎周围可见胚外血管网(图1-2-107)。

(4)2天鸡胚切片:该片为2天鸡胚横切面,HE染色,标本呈长条状。镜下观察:胚胎上、下各有一层薄膜状结构,分别为外胚层和内胚层。胚胎中央较大的环状结构为神经管,其腹侧较小的实体结构为脊索。神经管两侧,内、外两胚层之间为中胚层,其中与神经管相邻的团块状结构为体节;体节外侧较狭窄的一段为间介中胚层;间介中胚层外侧细长而呈分支状的一段为侧中胚层。侧中胚层中间的腔为胚内体腔,侧中胚层被分为背腹两层,背侧与外胚层相贴的为体壁中胚层,腹侧与内胚层相贴的为脏壁中胚层(图1-2-108)。

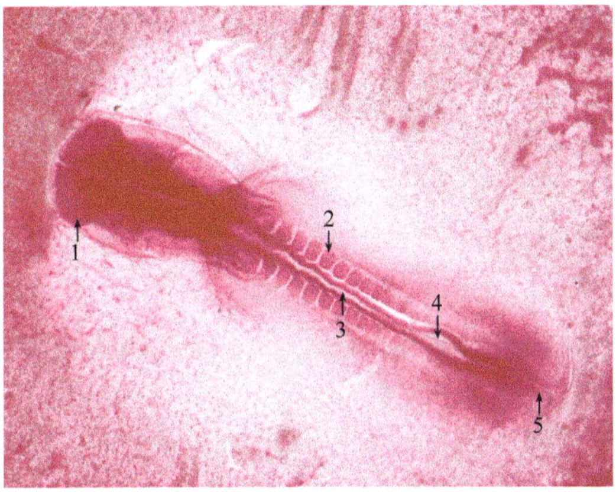

图1-2-107 2天鸡胚裱片
1. 脑泡;2. 体节;3. 神经管;4. 原条;5. 后神经孔

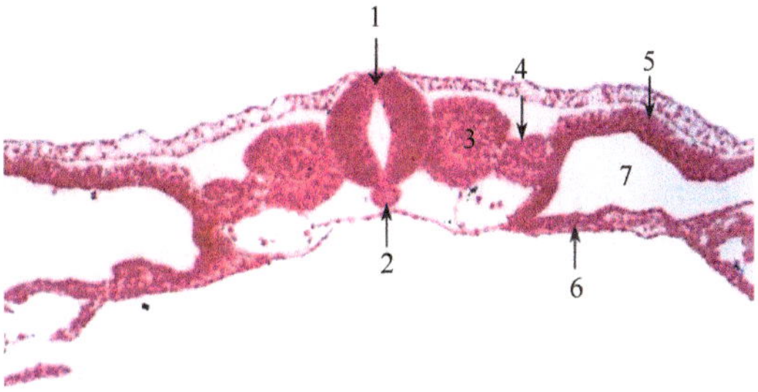

图1-2-108 2天鸡胚切片
1. 神经管;2. 脊索;3. 体节;4. 间介中胚层;5. 体壁中胚层;6. 脏壁中胚层;7. 胚内体腔

(5)胎盘切片(示教):该片为动物成熟胎盘的垂直切面,HE染色。在镜下先区分胎盘的2个组成部分,胎儿部分和母体部分。胎儿部分为丛密绒毛膜,主要由胚胎性结缔组织构成,其外表面衬有单层扁平上皮(羊膜),其内表面衬有一层滋养层细胞。母体部分为底蜕膜,其内表面也衬有一层滋养层细胞(细胞滋养层壳)。丛密绒毛膜和底蜕膜之间的主要结构是大小不等的绒毛和绒毛间隙。

比较大的绒毛为绒毛干,镜下可见其与绒毛膜相连;比较小的为绒毛干的分支,即游离绒毛,镜下多呈大小不等的圆盘状或索条状结构,只有少数与绒毛干相连。绒毛表面衬有1层合体滋养层细胞(早期绒毛衬有2层细胞,即合体滋养层和细胞滋养层),细胞界限不清。在有些绒毛表面可见由多个合体滋养层细胞形成的结节状突起,即合胞体结。绒毛中轴为胚胎性结缔组织,其中有小动脉、小静脉和丰富的毛细血管。绒毛间隙位于绒毛之间,其中充满母体血。在绒毛膜与底蜕膜之间有时可见粗大的结缔组织间隔,即胎盘隔。

底蜕膜除含有血管和残留的子宫腺外,还含有蜕膜细胞。这种细胞体积较大,呈多边形或卵圆形,细胞核卵圆形,核仁清楚,胞质内含大量糖原颗粒和脂滴。

2. 模型观察

(1)全胚早期发育模型:该套模型共5组,显示全胚即胚胎和胎膜的早期发育过程。每组模型均由沿中线劈开的两个半球组成。

第1组模型显示胚泡的结构。球体的壁代表滋养层,其内、外表面均涂以白色,球内一端涂以黄色的团块状结构代表内细胞群。与内细胞群相连的滋养层称胚端滋养层。

第 2 组模型显示二胚层胚盘、卵黄囊和羊膜囊的形成。在原内细胞群的位置出现了上、下 2 个囊状结构,上方的囊(靠近胚端滋养层),其内表面涂成白色,表示羊膜囊,下方的囊,内表面涂成黄色,表示卵黄囊。羊膜囊和卵黄囊之间即为胚盘。这时的胚盘仅由两层构成,上面一层即羊膜囊的底,涂成白色,为上胚层。下面一层即卵黄囊的顶,涂成黄色,为下胚层。羊膜囊与胚端滋养层之间有一很短的蒂状结构,即体蒂。滋养层内面、羊膜囊和卵黄囊的外表面及体蒂的表面均涂以红色,代表胚外中胚层。覆盖在滋养层内面、体蒂表面和羊膜囊外表面的部分称胚外体壁中胚层;覆盖在卵黄囊外表面的部分称胚外脏壁中胚层。羊膜囊、卵黄囊和滋养层之间的腔即胚外体腔。

第 3 组模型显示三胚层胚盘已经形成,羊膜囊和卵黄囊均变大;体蒂变长,其与胚胎的连接端由羊膜囊顶端移到介于羊膜囊与卵黄囊之间的位置。胚体与体蒂接近的一端为尾端,远离体蒂的一端为头端。在胚体尾端可见尿囊从卵黄囊顶端伸入体蒂,为涂成黄色的盲管状结构。

第 4 组模型显示胚盘已向腹侧卷折,头褶、尾褶和侧褶已经形成。剖面上可见,由于头褶和尾褶的形成和卷折,卵黄囊基部明显缩窄,即卵黄蒂(卵黄管)开始形成,卵黄囊的尾侧壁已贴近体蒂。羊膜囊进一步扩大,胚体已部分被包卷入羊膜囊。剖面上可见,羊膜囊的卷折缘已分别贴近卵黄囊头侧壁和体蒂。与上一组模型相比,体蒂更长,其中的尿囊也更加明显,剖面上可见位于胚体背侧的神经管和腹侧的原始消化管。

第 5 组模型显示羊膜囊进一步扩大,其周围的胚外体腔已接近消失。整个胚体已全部被包在羊膜囊内,体蒂已形成脐带,其表面覆盖着羊膜,其中可见卵黄蒂和脐尿管。在胚体剖面上可见神经管和原始消化管等结构。

部分第 4 组和第 5 组模型还显示了绒毛膜的发育过程,在模型外表面可见大小不等、密度不同的突起,即绒毛。在胚端滋养层即体蒂附着处附近,可见绒毛粗大且分支多,示丛密绒毛膜,而其他各处绒毛细小且分支少或不分支,示平滑绒毛膜。

为了制作方便,本套模型的总体大小相同,没有显示随发育进程不断增长的过程。

(2) 胚盘发育模型:该套模型共 5 组,每组均由上、下两个头端宽、尾端窄的椭圆盘(以下称上盘和下盘)组成。

第 1 组模型示二胚层胚盘最初形成时的结构,上盘涂成白色,代表上胚层,下盘涂成黄色,代表下胚层。

第 2 组模型示原条的形成,上盘分为头、尾两部分,外表面均涂白色,示上胚层。上盘尾侧外表面中轴处有一凹沟,示原沟,原沟头端的膨大示原结,原结中间的凹陷示原凹。上盘尾侧内表面中轴处所见与原沟相对应的索条样隆起示原条,其头端的结节状膨大示原结。上盘头、尾两侧内表面周围涂成红色的区域示中胚层组织。下盘与第 1 个模型的下盘相同,涂黄色,示下胚层。

第 3 组模型示脊索管的形成,上盘沿中线分为左、右两部分。上盘外表面涂白色,示外胚层。外胚层中轴尾段处可见原沟、原结和原凹;中轴头段附近,可见 1 个头端宽、尾端窄、两侧稍高起的区域,示神经板。上盘内表面中轴线处可见一涂成红色的索条状隆起,其尾侧半示原条,头侧半示脊索管,两者间的结节状膨大示原结。把上盘左、右两份分开,在剖面上可见脊索管的管腔,该管腔与原凹相连续。上盘内表面广大区域被涂成红色,代表中胚层,在头端有一个圆形小区,涂成白色,示该区无中胚层组织,即口咽膜。

第4组模型示神经肠管、神经褶和神经沟的形成。上盘和下盘相对面都涂成红色，代表中胚层。上盘下表面尾侧中轴线处的隆起示原条和原结，下盘上表面头侧中轴线处的隆起示脊索管。上盘和下盘相对面，位于脊索管头端处，有一个相对应的未涂红的圆形区域，示口咽膜。上盘上面中线尾段可见原沟和原凹；头段中央凹陷，示神经沟，其左、右两侧隆起，示神经褶。下盘下面涂黄色，示内胚层，其头端中线处有一个长条状缺损，示脊索管底壁破裂。若将上、下盘合在一起，会发现原凹通过脊索管底壁的裂孔与内胚层相通，该通道即神经肠管。

第5组模型示脊索和神经管的形成。上盘上面中线凹陷，示神经沟，其两侧的隆起示神经褶。两侧神经褶在中段已靠近，但尚未融合。下盘上面中轴线的柱状隆起示脊索，其头端可见口咽膜。

另外，本套模型还分别配有与上盘和下盘相对应的两个半球，一个涂成白色，代表羊膜囊，一个涂成黄色，代表卵黄囊。

(3) 第4～5周胚体模型：该套模型共4组，每组均由呈矢状断面的左、右两半组成。

第1组模型示第22天人胚的结构，先将两半模型合在一起，对胚体外形进行观察。从背面观察可见，神经沟中段已经闭合，其头端和尾端可见前神经孔和后神经孔。神经沟闭合段两侧可见左右对称的数对体节。从侧面观察可见位居胚头前下方的心隆起。从心隆起尾侧缘始，一直延伸到胚体中段，有一纵向条状缺损，示胚内体腔。接近胚尾端处，可见位于腹侧的体蒂。心隆起和体蒂间可见宽大的卵黄蒂。卵黄蒂和体蒂周围可见羊膜囊切缘。从腹侧可更清楚地看到心隆起、卵黄蒂和体蒂等结构。然后把模型打开，观察胚体内部的结构。背侧涂成浅黄色的管状结构为神经管，其头、尾两端开放，分别为前神经孔和后神经孔，腹侧可见涂成深黄色的原始消化管，其中段腹侧与宽大的卵黄蒂相连，尾侧可见尿囊突入体蒂。在原始消化管腹侧，卵黄蒂上方可见围心腔。神经管与原始消化管之间涂成白色的区域为中胚层。

第2组模型示第26天人胚的结构。先观察胚体外形。从背侧面观察可见，前、后神经孔都已消失，神经管完全闭合。中轴两侧有24对体节。从侧面观察可见，胚体头部前方有一较大隆起，即额鼻突，其尾侧可见4个背腹走向的条状隆起，即上颌突、下颌突、第2鳃弓和第3鳃弓。再向尾侧，可见突向腹侧的隆起，即心隆起。在胚体最尾端可见呈弯曲状的尾。在尾和心隆起之间可见融合在一起的体蒂和卵黄蒂，其周围可见羊膜切缘。然后从正面进一步观察额鼻突、鳃弓、心隆起、卵黄蒂和体蒂等结构，注意它们之间的位置关系。然后把模型打开，观察胚体内部的结构。和第一组模型类似，也可看到神经管、原始消化管、卵黄蒂、尿囊、体蒂、围心腔和中胚层等结构。与上一组模型不同的是，在神经管头端可见膨大的脑泡，围心腔较前明显变大，卵黄蒂明显变窄，卵黄蒂和体蒂已靠近并融合。

第3组模型示第28天人胚的结构。首先观察胚体外形。体节增至28对，在额鼻突外下方有视泡。在体节前方，胚体侧壁上可见上、下两对短棒状突起，分别为上肢芽和下肢芽。上肢芽位于心隆起背侧，下肢芽位于尾稍上方，上肢芽比下肢芽稍大。在腹侧，心隆起和尾之间可见相对较粗的脐带。然后把模型打开，观察胚体内部的结构。可见脑泡和围心腔进一步扩大；围心腔下方可见涂成白色的原始横膈及涂呈棕色的肝脏；卵黄蒂进一步缩窄。其他结构与上一组模型大致相同。

(4) 胎盘模型：该模型呈圆盘状，与足月胎盘大小相仿；约占总体积1/4的一块被“切下”，剖面显示胎盘内部结构。

首先观察胎盘的表面结构。光滑的一面为胎儿面，涂成天蓝色，表示表面覆盖一层羊膜。胎儿面偏中央处附有脐带，其断面上可见3条血管的断面，管径较大的1条为脐静脉，涂成红色;另外两条为脐动脉,涂成蓝色。在胎儿面还可看到脐静脉和脐动脉的分支以脐带附着点为中心向四周呈放射状分布。粗糙的一面为母体面,涂成粉红色,其上可见由许多不规则走行的浅沟分隔为20多个小区,即胎盘小叶。

然后通过剖面观察胎盘内部结构。胎盘由属于胎儿部分的丛密绒毛膜和属于母体部分的底蜕膜构成。剖面上可见绒毛膜由两部分组成,羊膜下方涂成粉红色的板状结构为绒毛膜板,其中可见脐静脉和脐动脉的分支;从绒毛膜发出并伸向底蜕膜的树枝状突起为绒毛,其中轴的主干即绒毛干,其上的分支即游离绒毛。在绒毛断面上可见到绒毛血管。绒毛之间为绒毛间隙,涂成红色,表示其中充满母体血液。底蜕膜涂成黄色,断面上可见其中有丰富的血管。一端与底蜕膜相连,另一端伸至绒毛之间的柱状突起示胎盘隔。

3. 标本观察

(1) 带有绒毛膜、羊膜的早期胚胎标本:该组标本的胚胎龄从2周到10周不等。有些2~4周的标本,绒毛膜未被打开,看不到内部的胚和其他结构,但可清楚看到绒毛膜表面茂密的绒毛;有的标本,绒毛膜被打开,可看到呈半透明状的羊膜及包在羊膜内的胚胎。另一些标本则绒毛膜和羊膜均被打开,可清楚看到胚胎及一端连于胚胎、另一端连于绒毛膜(胎盘)的脐带。

(2) 带有子宫的胚胎标本:该组标本的胚胎龄从2个月到4个月不等,子宫壁和羊膜囊均被打开,观察时注意胚胎、胎盘和脐带等结构的形态、位置及其与子宫的关系。

(3) 第10~38周胎儿标本:该组标本是从第10周至足月各期胎儿的系列标本,注意观察各期胎儿的大小和外部形态特征。许多标本带有完整的脐带和胎盘,注意观察它们的形态和结构特点。

(4) 双胎和多胎标本:该组标本有多个,其中一个是带子宫标本,可见在一个宫腔内有两个胎儿,子宫壁上附有它们共用的胎盘。在另一个标本可见,两个胎儿大小不同,但它们的脐带共同附着在同一个胎盘上。在一组三胞胎标本,可见3个大小和形态相似的3个胎儿。观察时思考为何会产生双胎和多胎,双胎是如何分类的,不同类型的双胎各有什么特点。

(5) 输卵管妊娠标本:该标本是胎龄约为3个月的输卵管妊娠,标本中可见扩张的输卵管,输卵管内可见胎儿、脐带及胎盘等结构。

(6) 连体双胎标本:该组标本有多个,包括头、胸、腹、背、臀等各个部位的连体双胎。有3个标本须留意观察,在其中一个标本,不仅两个胎儿胸部和腹部都连在一起,而且两个胎儿共用1个头,但两面却有不同的两张脸。在另一个标本,两个胎儿各具有独立的头颅,但胸部和腹部都连在一起,而且上肢和下肢都仅有1套。还有一个标本,胎儿呈坐位,其背部右侧生出一个额外下肢,其踝和脚搭在右肩上并伴有多趾畸形。观察时注意思考该标本为何属于连体双胎,属于哪种类型的连体双胎。

【思考题】

(1) 试述受精的定义、时间、地点、条件及生物学意义。

(2) 试述胚泡植入后子宫内膜的改变及内细胞群的演变。

(3) 试述二胚层胚盘和三胚层胚盘的形成。

(4) 试述外胚层和中胚层的分化。

(5) 试述绒毛膜的发生、演变及其功能。

(6) 试述胎盘的形态结构、血液循环特点及生理功能。

(文:刘　凯　郝爱军　图:王富武)

实验二十 颜面、消化系统和呼吸系统的发生

【目的要求】

(1) 掌握颜面的发生和演变。

(2) 掌握消化系统的发生。

(3) 掌握呼吸系统的发生。

【实验内容】

1. 模型观察

(1) 颜面发生模型:该套模型共 3 个,显示颜面部的早期发育过程。模型底面系过第 4 鳃弓的水平切面。模型前下方,即下颌突以下的部分可与模型主体分离(以下称活动部分),以显示内部结构。

第 1 个模型示第 5 周面部的结构,其前上方较大的隆起示额鼻突。额鼻突下缘两侧可见左右对称的 2 个浅凹,即鼻板。额鼻突下外方,呈背腹走向的隆起是第 1、2、3 对鳃弓。第 1 鳃弓在腹侧分为上、下两支,分别为上颌突和下颌突。模型可见,两侧下颌突已在中线融合,两侧上颌突则相距较远。额鼻突与双侧上颌突和下颌突共同围成的宽大的凹陷为口凹。从侧面观察可见,在鼻板背侧,上颌突上方有一丘状突起,为视泡。在相邻鳃弓之间,背腹走向的浅沟为鳃沟。将活动部分取下,所见其背侧的大腔为原始咽,其侧壁可见与鳃沟相对应的浅凹为咽囊。在活动部分的内面中央有 3 个突起,前方较大的两个为侧舌膨大,后方较小的 1 个为奇结节。

第 2 个模型示第 6 周面部的结构。鼻板中央已凹陷形成鼻窝,其周围隆起,内侧份和外侧份分别为内侧鼻突和外侧鼻突,两者间有一细沟与口凹相通。视泡更加明显。在外侧鼻突和上颌突之间,可见一斜行浅沟,为鼻泪沟,其外侧端接视泡,内侧端接口凹。活动部分内侧面所见的侧舌膨大和奇结节更加明显,在奇结节背侧还可见到联合突。活动部分外侧面显示,在下颌突和第 2 鳃弓上各有 3 个小突起,称耳丘,它们共同构成耳廓的雏形。

第 3 个模型示第 7 周面部的结构。上颌突、外侧鼻突和内侧鼻突已融合;外鼻、人中已形成;鼻泪沟已封闭;耳廓已向背上方迁移。取下活动部分,可见人中下内侧有一结节状隆起,称正中腭突;在双侧下颌突下内侧各有一个板状突起,称外侧腭突。在原始口腔的顶壁前方有一矢状位突起,示发育中的鼻口隔。在活动部分的内侧面可见舌的雏形,并可见舌根前的"V"形界沟及其顶点处的舌盲孔;在活动部分的外侧面可见,在下颌突和第 2 鳃弓上各有 3 个小突起,即耳丘。

(2) 消化系统和呼吸系统发生模型

1) 第 4 周胚模型:矢状断面将模型分成左右对称的两份。剖面上可见原始消化管(涂成深黄色)位于神经管(涂成浅黄色)的腹侧,其中段与腹侧的卵黄蒂相连,该段称中肠,其头侧的一段称前肠,尾侧的一段称后肠。由后肠发出,突入体蒂的盲管即尿囊。

2) 第 4 周胚模型:该模型左半中胚层和外胚层组织被除去,以显示胚内结构。神经管位于背侧,涂以黄色;原始消化管位于腹侧,涂以白色。在观察上一个模型的基础上,仔细辨认卵黄蒂、尿囊、前肠、中肠和后肠等结构。注意,前肠头端一段呈左右宽、腹背窄,头端宽、尾端窄的扁囊状结构为原始咽。

3) 第 6 周胚模型:该模型和上一个模型一样,其左半中胚层和外胚层组织被除去。原始消化管被涂成白色。在原始消化管头端可见原始咽左侧壁上有小丘样隆起,为咽囊。原

始咽尾侧较细的一段为食管。从原始咽与食管交界处发出,突向腹侧的分支状突起为肺芽,被涂成粉红色。食管尾侧的梭形膨大为胃。胃前方可见一横行隔板,被涂成白色,即原始横隔,其上方可见发育中的心脏和与之相连的大血管;其下方可见发育中的肝脏和胆囊,分别被涂成蓝色和绿色。胆总管连于胃尾端腹侧,其下方可见涂成粉红色的腹胰芽。在胃尾端背侧亦可见涂成粉红色的背胰芽,位置稍高于腹胰芽。在胃尾侧可见一段突入脐带内的"U"形肠袢,即中肠袢。注意思考突入脐带内的中肠袢所占据的空间叫什么名称,中肠袢何时退回腹腔,中肠袢是如何旋转的,什么是生理性脐疝。原始消化管尾端的膨大为泄殖腔,脐尿管连于其腹侧并延伸至脐带内。

(3) 中肠发育模型:这是一套软质模型,共 4 个,示第 6 ~ 10 周中肠袢的动态发育过程。可作 360°旋转的肠袢和肠系膜固定在木板条上,肠袢中间的红色布条示卵黄蒂,卵黄蒂尾侧的突起示盲肠突。肠袢的头端有一段食管和呈梭形的胃,尾侧一段表示后肠,中间绝大部分表示中肠袢。注意观察指导教师如何演示中肠袢突入脐腔,退回腹腔的过程及在这一过程中按既定程序发生的旋转。按各种错误的旋转程序进行操作,还可演示由此造成的各种畸形。

2. 标本观察 观察唇裂、腭裂、面斜裂等畸形标本。

【思考题】

(1) 试述咽囊的发生和演变。

(2) 试述腭的发生过程及相关畸形的发生原因。

(3) 试述肝和胆囊的发生过程及相关畸形的成因。

(4) 试述胰腺的发生过程及相关畸形的成因。

(5) 简述中肠的演变过程及相关畸形的成因。

(6) 试述泄殖腔的分隔及相关畸形的成因。

(7) 试述呼吸系统的发生过程及相关畸形的成因。

(文:刘　凯　郝爱军)

实验二十一　泌尿系统和生殖系统的发生

【目的要求】

(1) 掌握后肾的发生及泄殖腔的分隔。

(2) 掌握生殖腺、生殖管道的发生,了解外生殖器的发生。

【实验内容】

1. 模型观察 该套膜型共 6 个,示泌尿系统和生殖系统主要器官的发生。

第 1 个模型为第 6 周初的全胚,其腹壁和从胃至泄殖腔上缘的一段原始消化管被切除。在胚头下方可见发育中的心脏、肺芽及食管的断端。在腹后壁两侧可见左右对称的两条被涂成暗紫色的纵行隆起,称尿生殖嵴。每条尿生殖嵴均被一纵沟分为内、外两份,外侧份为中肾嵴,内侧份为生殖嵴(又称生殖腺嵴)。双侧中肾嵴表面各有 1 条纵行的细管,被涂成粉红色,即中肾管。下腹正中被涂成黄色的囊状结构为尿生殖窦,其背侧被横断的管状结构为原始直肠。中肾管尾端通入尿生殖窦背侧。从中肾管末端近泄殖腔处发出的朝向背外侧的短管称输尿管芽,其末端的膨大称生后肾原基。输尿管芽和生后肾原基均涂成粉红色。

第 2 个模型为第 6 周初的半胚(脐以下),下腹壁和原始直肠以上的原始消化管均被去掉，所示泌尿系统和生殖系统相关结构与上一个模型相同。

第 3 个模型为第 7 周的半胚，与前一模型不同的是，可见涂成白色的中肾旁管，其上段位于中肾管外侧并与之平行，其中段从腹侧跨越中肾管，向中线延伸，双侧中肾旁管下段在中线合并，尾端连于尿生殖窦背侧壁。在中肾管和中肾旁管上段内侧可见到涂成蓝色的未分化性腺，其上外方可见涂成蓝色的后肾。后肾下方有输尿管，上方有肾上腺，均涂成粉红色。模型底部可看到未分化期外生殖器。头侧的小突起称生殖结节，其尾侧的浅沟称尿道沟，尿道沟两侧的条状隆起称尿生殖褶，尿生殖褶外侧较大的隆起称阴唇阴囊隆起。

第 4 个模型为第 9 周男性半胚。可见中肾管变粗，示其在继续发育；而中肾旁管变细且不连续，示其正在退化。在模型底部，可见生殖结节变大，提示向男性方向分化。

第 5 个模型为第 9 周女性半胚。与上一个模型相反，表现为中肾管退化，中肾旁管变粗且下端合并处膨大，示子宫雏形。在模型底部，生殖结节变小，提示向女性方向分化。

2. 标本观察 观察多囊肾、马蹄肾、双输尿管、膀胱外翻等畸形。

【思考题】

(1) 试述后肾的发生过程及相关畸形的成因。

(2) 试述睾丸与卵巢的发生与演化。

(3) 试述男、女生殖管道的发生与分化。

（文：刘 凯 郝爱军）

实验二十二 心血管系统的发生

【目的要求】

(1) 了解原始心血管系统的构成。

(2) 掌握心脏外形的建立过程。

(3) 掌握心脏内部的分隔过程。

(4) 了解弓动脉的发生和演变。

【实验内容】

1. 原始心血管系统模型观察 该套模型共两个，分别为第 4 周初和第 4 周末人胚模型，模型左半的中胚层和外胚层组织被除去，以显示胚内结构。在模型内，神经管涂成黄色，原始消化管涂成白色，心管和动脉涂成红色，静脉涂成蓝色。在第 4 周初模型内，在心管头端可见第 1 对弓动脉，在胚背侧可见背主动脉。背主动脉中段发出的卵黄动脉进入卵黄囊，尾段发出的脐动脉进入体蒂。在胚背侧可见位于头侧的前主静脉和位于尾侧的后主静脉，两者在胚中段合并成总主静脉，汇入心管尾端的静脉窦。汇入静脉窦的还有来自卵黄囊的卵黄静脉和来自体蒂的脐静脉。注意，模型未显示右半胚的血管。第 4 周末模型显示，原始横隔、肝、肺芽、咽囊等结构已发生，心脏外形也已初步建立。在咽囊之间（鳃弓内）可见第 1 ~ 3 弓动脉，其他结构与上一个模型相似。

2. 心脏发育模型观察 该套模型共有 5 个。

第 1 个模型示左、右心管刚合并为 1 条，中线的凹痕表示融合尚未完全完成。心管上方的两个角代表第 1 对弓动脉，下方的两个角代表静脉窦。

第 2 个模型示心球、原始心室和原始心房的形成。模型上可见两个缩窄环。第一个缩窄环上方的膨大部为心球。心球远侧段较细，为动脉干。两个缩窄环之间的膨大部为原始心室，第2个缩窄环以下较小的膨大部为原始心房。

第3个模型示球室袢的形成，可见心球和心室向右、前、尾侧突出，形成以两者交界处为顶点的“U”形袢即球室袢。

第4个模型示心脏演变为“S”形的过程，可见球室袢位于心脏腹侧，心房突向心脏的右、后、头侧，使整个心脏呈现“S”形。

第5个模型示心脏外形已经建立，内部分隔即将完成。该模型分为左、右两半，以显示内部结构。首先将两半合璧，观察外形。前面可见位于下方的左、右心室和上方的心动脉球。心动脉球上方的狭窄段为动脉干；动脉干上方为动脉囊，其两侧可见弓动脉起始部断面。动脉干两侧可见左、右心耳。背面可见左、右心房和与右心房相连的上、下腔静脉；左侧可见左房斜静脉根部及冠状窦。然后将两半分开，观察内部结构。在左半剖面上可见，在左、右心房间有两个隔板，左侧隔板为第一房间隔，涂成深黄色，其上部中央的孔称第二房间孔；右侧隔板为第二房间隔，涂成浅黄色，其下部中央的孔称卵圆孔。心房和心室之间可见房室管，其腹侧和背侧均可见涂成黄色的心内膜垫，两者尚未在中线融合。在左、右心室之间可见一个不完全性隔板，称室间隔肌部，其上方的孔称室间孔。在心房前方的心动脉球和动脉干内可见涂成黄色的螺旋形隔板，即主动脉肺动脉隔。注意观察主动脉肺动脉隔下缘即球嵴下缘与心内膜垫和室间孔之间的位置关系。想想室间隔膜部是怎样形成的？

3. 动脉干和心球分隔模型观察　该套模型共两个，第1个模型为一个透明状圆筒，示动脉干和心球，其内侧壁上有两条呈螺旋形走行的嵴状突起，称左、右球嵴。观察时注意两条球嵴的位置关系。第2个模型也为一透明状圆筒，示动脉干和心球。筒内有一螺旋形隔板，代表主动脉肺动脉隔，一面涂成红色，另一面涂成蓝色。隔板两侧的空间分别代表升主动脉和肺动脉干。

4. 弓动脉演变模型观察　该套模型共两个。第1个模型示6对弓动脉同时存在时（实际上在后几对弓动脉形成时，第1、2对弓动脉已退化消失）的位置关系。6对弓动脉在腹侧均连于动脉囊，动脉囊下接动脉干。在背侧，左、右弓动脉分别与左、右背主动脉相连。第2个模型示第1、2、5对弓动脉，右侧第6弓动脉的远侧段，双侧第1和第2弓动脉之间的一段背主动脉和右侧第7节间动脉起点至左、右背主动脉汇合处之间的一段背主动脉均退化消失。观察时注意思考，这些保留下来的结构将演变为成体的哪些结构。

【思考题】

（1）试述原始心房的分隔及相关畸形的发生机制。

（2）试述原始心室的分隔及相关畸形的发生机制。

（3）试述房室管的分隔。

（4）试述心球和动脉干的分隔及相关畸形的发生机制。

（5）试述胎儿血液循环的特点及生后改变。

（文：刘　凯　王富武）

实验二十三　神经系统和眼、耳的发生

【目的要求】

（1）了解脑泡的演变及相关畸形。

（2）了解眼球和耳的发生。

【实验内容】

模型观察

（1）脑泡发育模型：该套模型共3个。

第1个模型示第4周胚脑泡的结构。由前向后，模型上可见3个膨大，依次是前脑泡、中脑泡和菱脑泡，菱脑泡尾侧的一段为脊髓。模型显示有两个突向背侧的弯曲，一个位于中脑，称中脑曲，又称头曲；另一个位于菱脑泡和脊髓之间，称颈曲。在前脑泡两侧可见视泡，在菱脑泡侧壁可见脑神经节。

第2个模型示第6周胚脑泡的结构。此时，脑泡已发育为5个，由头端向尾端依次是端脑、间脑、中脑、后脑和末脑。眼泡发出部位为间脑，其头端的膨大称端脑。此时脑曲已明显，除凸向背侧的中脑曲和颈曲外，还有两个突向腹侧的脑曲，分别为端脑曲和脑桥曲，前者位于端脑和间脑之间，后者位于后脑和末脑之间。在中脑和后脑背侧交界处有一凹陷称脑峡。

第3个模型示第8周胚脑泡的结构。此时，上述脑泡进一步发育、变大，在端脑泡和后脑泡更加明显。各脑泡腹侧的蒂样突起示被切断的脑神经。各脑曲和脑峡也较前更加明显。

（2）成体脑模型：该模型显示脑各个部分，包括大脑、间脑、中脑、脑桥、小脑和延髓的大体形态结构及其毗邻关系。结合上一套脑泡模型进行观察，观察时注意思考，各个脑泡将来发育为成体的哪一部分，神经管的管腔将演变为成体的什么结构？

（3）视杯模型：该模型由双层壁构成，其一端稍宽大并凹陷呈杯状，称视杯，另一端稍细长，称视柄。视杯和视柄的下方向内凹陷，形成一条纵沟，称脉络膜裂。观察时思考，视杯、视柄和脉络膜裂之间的关系，它们将来形成什么结构，视杯的内、外两层壁各形成什么结构？

（4）听泡发育模型：该套模型共有3个。

第1个模型示第4周胚听泡的形态结构。此时听泡呈梨形，细端示腹侧的耳蜗囊，阔端示背侧的前庭囊。前庭囊背侧端的小突起为内淋巴管。

第2个模型示第5周胚听泡的形态结构。此时耳蜗囊腹侧端形成尾状突起，将来发育形成耳蜗管。前庭囊的背侧出现3个浅凹，将来发育形成半规管。

第3个模型示第6周胚听泡的形态结构。此时耳蜗囊腹侧端已弯曲成螺旋状，即耳蜗管的雏形，其基部膨大处将来发育形成球囊。前庭囊背侧端已形成3个半规管的雏形，其腹侧的膨大将来发育形成椭圆囊。

【标本观察】 观察无脑畸形、脑膜脑膨出、脊柱裂、脊膜脊髓膨出、独眼畸形和并耳畸形等畸形标本。

【思考题】

（1）试述神经管的发生与分化。

（2）试述神经嵴的发生与分化。

（3）试述视杯的形成与演变。

（文：刘　凯　王富武）

第三章　病理学基本实验

实验一　细胞和组织的适应与损伤、修复

【目的要求】

(1) 掌握适应的概念及表现形式,肥大、增生、萎缩、化生的概念及形态特点。

(2) 掌握变性、坏死的形态变化和类型并联系其发生的原因及后果。

(3) 掌握肉芽组织的形态特征、发生发展及其在创伤愈合中的作用。

(4) 掌握凋亡的概念及形态学特征。

【实习内容】

1. 大体标本观察

(1) 心、肾、脾萎缩

1) 心脏:体积缩小,呈褐色(褐色萎缩),心外膜脂肪较多,冠状动脉蛇形迂曲。切面心壁变薄。

2) 肾:体积缩小,色苍白,表面不光滑,呈细小颗粒状。肾门处脂肪组织增多。切面皮、髓质分界不清。

3) 脾:体积明显缩小,包膜皱缩、增厚,呈棕褐色。

(2) 子宫、卵巢萎缩:子宫及双侧卵巢体积明显缩小。

(3) 缠足:足因压迫而致趾弯曲畸形,足趾突出,系压迫性萎缩畸形。

(4) 脑萎缩(脑积水)

1) 病史:女,6 个月,于 1 个月前因发热 1 天,抽风 4 次入院。Kernig 征阳性,腰穿证实为脓性脑脊液。出院 3 个月后又因哭闹不安、前囟隆起、吃奶后呕吐入院。检查发现前囟明显突出、头围 36.5cm、神经反射征均(+);脑脊液蛋白(+++)、糖 40mg/dl。曾硬脑膜下 4 次穿出透明液体约 130ml,精神不好,嗜睡,抽搐死亡。

2) 病理改变:两侧大脑半球及小脑等均因积水而呈"囊"状,脑回变宽,脑沟变浅,脑实质变薄。

(5) 肾萎缩(肾盂积水):肾体积增大,表面高低不平。切面肾盂、肾盏高度扩张呈囊状,囊内充满澄清液体(切开时已流出),肾实质菲薄(积水压迫所致),皮、髓质分界不清。

(6) 心肌肥大:心脏体积增大,心尖圆钝。切面心脏各房室皆明显扩大,心肌肥厚(正常右心室壁肌层厚 0.3cm,左心室壁肌层厚 1cm)。

(7) 肝脂肪变性:肝体积略增大,包膜紧张,边缘变钝,切面黄色,油腻感,质均匀。

(8) 脾包膜玻璃样变性(充血性脾大)

1) 病史:女,39 岁,左下腹包块 10 余年,逐渐增大,伴贫血。

2) 病理改变:脾大(因淤血所致),切面呈紫色,局部包膜增厚,呈灰白色半透明状,切面面积约 3cm×1cm。

(9) 脾梗死:脾外形完整,表面较光滑,脾包膜相应切面上,见灰白色近锥形坏死灶,微

隆起，质致密而干燥，边界清楚，为凝固性坏死。

（10）肾结核及钙化：肾脏体积增大，凹凸不平，切面可见多数大小不等囊腔，腔内充满灰黄色干酪样坏死物，质较松脆（干酪样坏死）。坏死灶内有灰白、质硬的钙质沉积。

（11）脑液化性坏死（脓肿）：脑冠状切面，见右脑有 3 个脓腔，腔内充满脓液。

（12）足干性坏疽：坏疽部分与健康组织分界清楚，颜色污黑，组织干固皱缩。

（13）骨结核形成窦道：组织肿胀，皮肤溃烂，可见结核坏死物排出所形成的窦道口。

2. 切片标本观察

（1）肾近曲小管上皮细胞水肿

1）低倍镜：认出肾小球、肾小管，在肾小球周围的肾近曲小管，有些细胞体积大，染色淡红，即为病变部位（图 1-3-1）。

2）高倍镜：近曲小管上皮细胞明显肿胀，向管腔内突出，使腔狭窄且不规则，细胞质内充满红染细颗粒。有的胞质崩解脱落入管腔。细胞核结构清晰（图 1-3-2）。

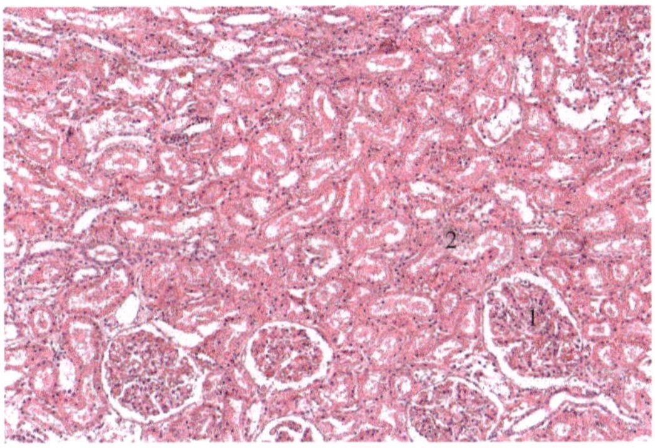

图 1-3-1　肾近曲小管上皮细胞水肿（HE 染色　低倍）
1. 肾小球；2. 肾小管

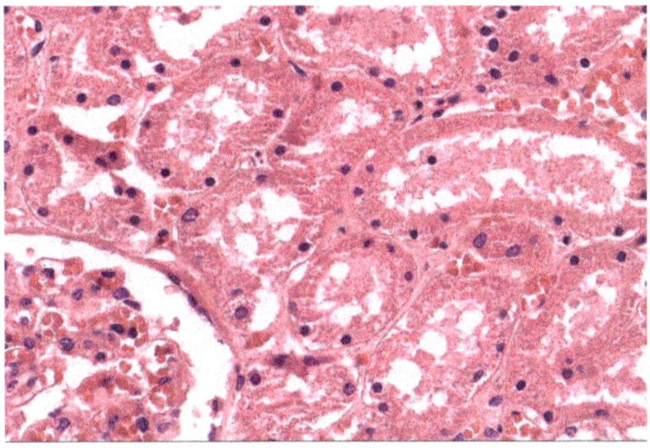

图 1-3-2　肾近曲小管上皮细胞水肿（HE 染色　高倍）

（2）肝细胞脂肪变性

1）低倍镜：认出肝小叶结构。小叶结构存在，部分小叶肝细胞胞质中出现大小不等的圆形空泡（图 1-3-3）。

2）高倍镜：肝细胞内空泡大小不一，边缘清楚，有的空泡较大，将核挤于一边。空泡部位为脂肪小滴，在制片过程中被有机溶剂溶去留下空泡（图 1-3-4）。

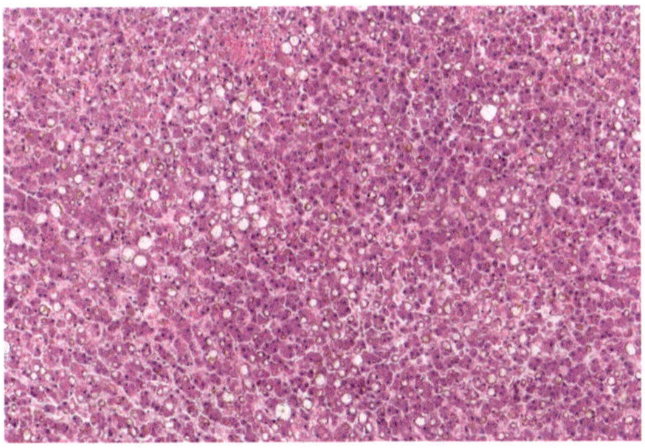

图 1-3-3　肝细胞脂肪变性（HE 染色　低倍）

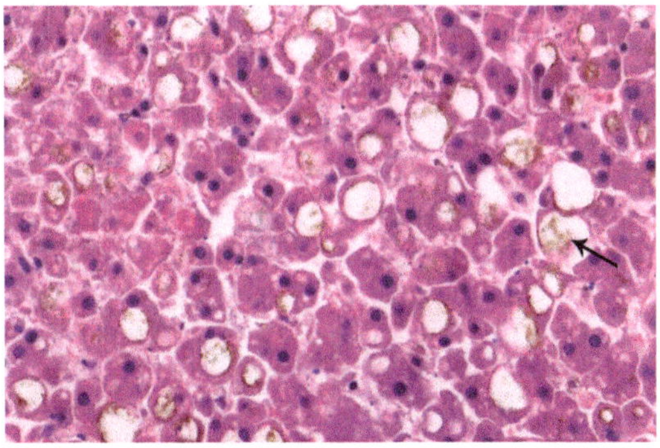

图 1-3-4　肝细胞脂肪变性（HE 染色　高倍）
箭头示脂肪空泡

（3）脾小动脉玻璃样变性

1）低倍镜：脾被膜增厚，脾小梁增粗，脾小体体积缩小，脾窦扩张充血，脾小体中央动脉及小梁内的小动脉壁增厚，红染。

2）高倍镜：脾小动脉壁增厚，管腔变小，在内膜下可见均匀红染无结构的物质。

（4）结缔组织玻璃样变性

1）低倍镜：结缔组织中纤维细胞明显减少，胶原纤维融合成片。

2）高倍镜：胶原纤维增粗，互相融合为梁状、带状或片状的半透明均质物，其间夹杂有少量纤维细胞。

（5）肾曲管上皮细胞内玻璃样变性

1）低倍镜：部分肾曲管上皮细胞内有染色很红的颗粒。

2）高倍镜：颗粒为大小不等，均匀的圆形小滴，即为玻璃样小滴。

（6）脾凝固性坏死

1）肉眼：切片一边有一略呈三角形的淡染区，即为坏死部位。坏死区与正常组织有明显分界。

2）低倍镜：坏死区散在一些淡蓝色的碎屑，即为坏死的细胞核。原有的组织轮廓隐约可见。坏死区与正常脾组织分界处有充血、出血及炎细胞浸润带。

3）高倍镜：坏死区内细胞核分别出现固缩、碎裂、溶解消失。

（7）肝细胞凋亡

1）低倍镜：肝细胞索中大部分肝细胞水肿，其中散在少数肝细胞嗜酸性增强，体积缩小（嗜酸性变），有时形成嗜酸性小体（凋亡小体）。

2）高倍镜：凋亡小体呈圆形或卵圆形，大小不等，胞质浓缩，强嗜酸性，无固缩浓染的核碎片。

（8）肉芽组织

1）低倍镜：肉芽组织表面有一层炎性渗出物，其下可见大量新生的毛细血管向表面垂直生长，其间有成纤维细胞。深部的血管较少，成纤维细胞成熟为纤维细胞，并有胶原纤维形成（图 1-3-5）。

2）高倍镜：新生毛细血管由单层内皮细胞构成，成纤维细胞体积较大，胞质丰富，淡红色，呈梭形或分枝状，核椭圆形或梭形。组织中可见少量炎细胞，常以巨细胞为主，也有多少不等的中性粒细胞和淋巴细胞（图 1-3-6）。

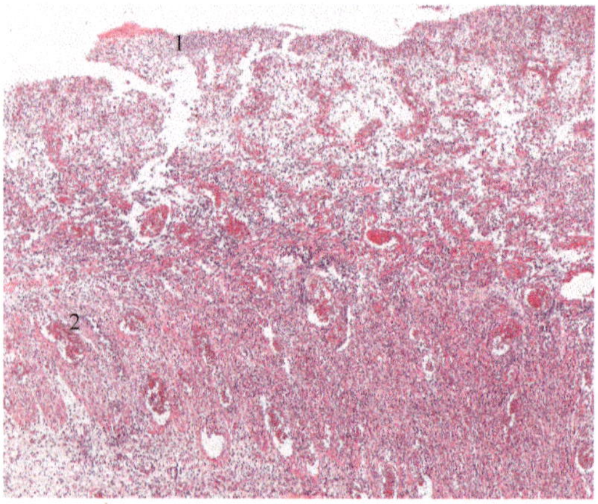

图 1-3-5　肉芽组织（HE 染色　低倍）
1. 表面坏死物质；2. 毛细血管

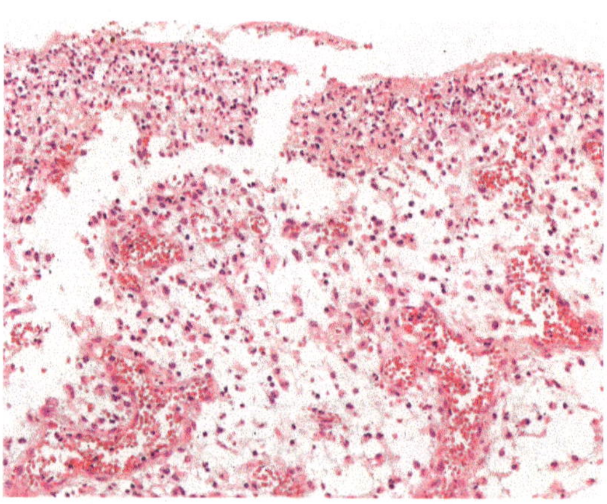

图 1-3-6　肉芽组织（HE 染色　高倍）

(9) 宫颈鳞状上皮化生

1) 低倍镜:认出宫颈鳞柱交界部。

2) 高倍镜:宫颈被覆鳞状上皮增生,黏膜下有淋巴细胞及浆细胞浸润。宫颈腺体增生,腺体柱状上皮呈鳞状上皮化生,部分腺体腺腔消失,为一实体的细胞团。

3. 病案讨论

患者,男,27 岁,钳工,于入院前 40 分钟,因工作不慎,右前臂下端被巨大的落料冲床完全截断,离断的远侧肢体落入收集成品的竹筐中。入院后立即施行手术,用接骨板和螺丝钉固定桡骨,并且丝线间断缝合骨膜。对端缝合各肌腱。套接桡动脉、尺动脉、头静脉和重要静脉。自损伤至动脉血流恢复共 4 小时。依次缝合正中神经、尺神经及尺神经背侧支的神经鞘,皮下组织与皮肤亦予缝合。患肢用石膏托固定,术后 3 个月施行第 2 次手术,去除螺丝钉与钢板,并进行神经及肌腱松解术,术后 7 个月,断肢全部愈合,感觉功能亦已恢复。

讨论:患者断臂再植手术后各有关组织是如何愈合的?

(文:和新盈 张庆慧 图:韩 博 刘志艳)

实验二 局部血液循环障碍

【目的要求】

(1) 掌握淤血、肝淤血、肺淤血的病理变化,熟悉淤血结局。

(2) 掌握混合血栓的形态特点,熟悉血栓形成条件及影响。

(3) 掌握梗死的形态特征,熟悉其形成条件及后果。

(4) 了解血栓形成、栓塞和梗死三者之间的相互联系。

【实习内容】

1. 大体标本观察

(1) 慢性肝淤血

1) 病史:女,60 岁,患高血压、心脏病,并有冠状动脉粥样硬化,死前 1 个月有咳嗽,气喘。检查心界向左、右扩大,肺部有湿啰音,肝、脾均肿大,下肢水肿,死于心力衰竭。

2) 病理改变:肝脏体积增大,表面光滑,包膜紧张并增厚。边缘圆钝,切面呈红褐色及黄白色相间网状斑纹,形似槟榔的切面,称为"槟榔肝"。

(2) 慢性肺淤血

1) 病史:女,24 岁,活动性风湿性心脏病史 8 年,伴咳嗽、气喘、浮肿、心慌 4 ~5 个月。检查心界向左、右扩大,心尖可闻及收缩期及舒张期杂音。下肢明显凹陷性水肿。

2) 临床诊断:风湿性心脏病。

3) 病理改变:肺脏体积增加,被膜紧张、表面紫褐色。切面呈棕红色,大部分区域实变,肺门黑色区为淋巴结炭末沉着。

(3) 混合血栓:血栓表面粗糙、干燥、无光泽,可见红白相间的条纹。

(4) 白色血栓:二尖瓣闭锁缘可见单行排列、较整齐的多数赘生物,呈粟粒大小,质较硬,灰白色。

(5) 肺动脉栓塞

1) 病史:见本章病例讨论 2。

2) 病理改变:右肺动脉主干被灰褐色、扭折呈圆锥状血栓所阻塞。栓子尖端指向下一级肺动脉分支,表面粗糙,颜色深浅不一,与动脉壁不粘连。

(6) 肾贫血性梗死:观察肾切面,可见三角形或楔形灰白色梗死区,其底朝向表面,尖指向肾门,边缘为暗红色的充血带,边界清楚。

(7) 脾贫血性梗死:观察脾切面有两处楔形灰白色梗死区,质坚实,梗死区与正常组织交界处有暗红色的充血带。

(8) 肺出血性梗死 :左侧肺两叶,肺组织肿胀,包膜紧张。切面灰褐色,于肋膈角处可见一面积为 4cm×3cm 的梗死区,暗紫红色,质较实,与周围肺组织界限较清楚。

(9) 小肠出血性梗死:标本为小肠一段,梗死的肠段呈黑褐色,肠壁因淤血、水肿和出血而明显增厚,肠黏膜皱襞消失,无光泽,与正常组织界限清楚。

(10) 脑蛛网膜下腔出血及血肿形成

1) 病史:男,5 岁,不慎从高处坠地,昏迷不醒。检查:脑脊液压力高,为血性。X 线显示枕叶有一占位性病变,还未及手术,患儿已抽搐而亡。

2) 病理改变:脑膜血管高度扩张充血,在脑枕叶有鸡蛋大小的出血区,颜色为黑色。蛛网膜下腔出血。

2. 切片标本观察

(1) 慢性肝淤血

1) 低倍镜:认出肝小叶、中央静脉、肝索、肝窦及汇管区。

2) 高倍镜:肝小叶内中央静脉及其周围肝血窦扩张,其中充满红细胞;中央静脉周围肝索萎缩,小叶边缘的肝细胞轻度脂肪变性。

(2) 慢性肺淤血

1) 低倍镜:肺组织小血管扩张、充血,肺泡壁增厚,肺泡腔内含有粉色水肿液。肺间质的纤维组织增生(图 1-3-7)。

2) 高倍镜:肺泡壁毛细血管扩张充血(正常横切面毛细血管腔内可见 1 ~2 个红细胞)。肺泡腔内有多量的心力衰竭细胞(即吞噬有棕色含铁血黄素的巨噬细胞(图 1-3-8)。

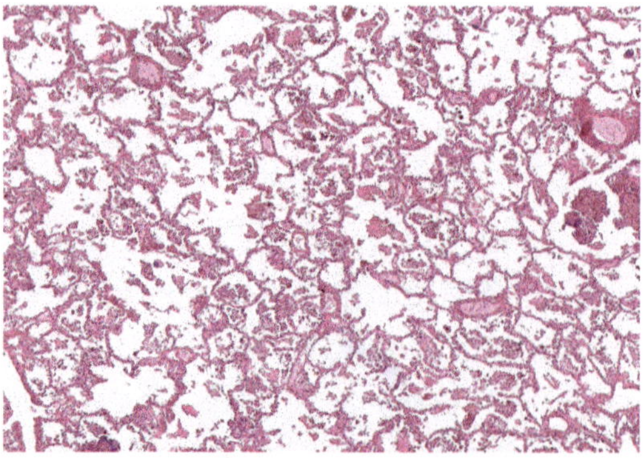

图 1-3-7　慢性肺淤血(HE 染色　低倍)

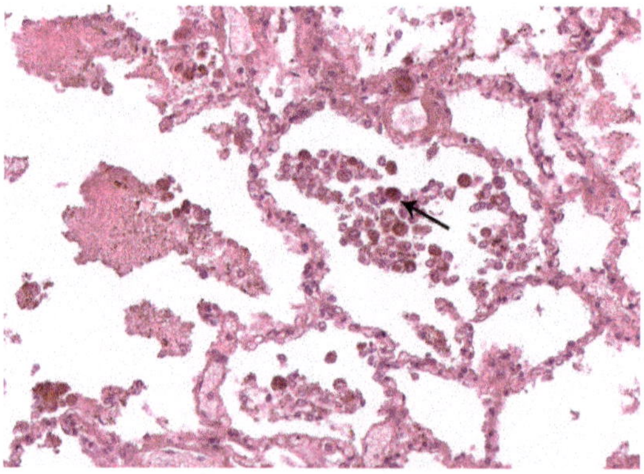

图 1-3-8　慢性肺淤血(HE 染色　高倍)
箭头示心衰细胞

(3) 混合血栓

1) 低倍镜:血管腔内可见淡红色不规则小梁与暗红色区域交织存在(图 1-3-9)。

2）高倍镜：淡红色区域为已崩解而凝聚成颗粒状的血小板——血小板梁，呈不规则的平行条纹，血小板梁边缘附有中性白细胞；血小板梁之间的暗红色区域为丝网状的纤维蛋白网及红细胞（图 1-3-10）。

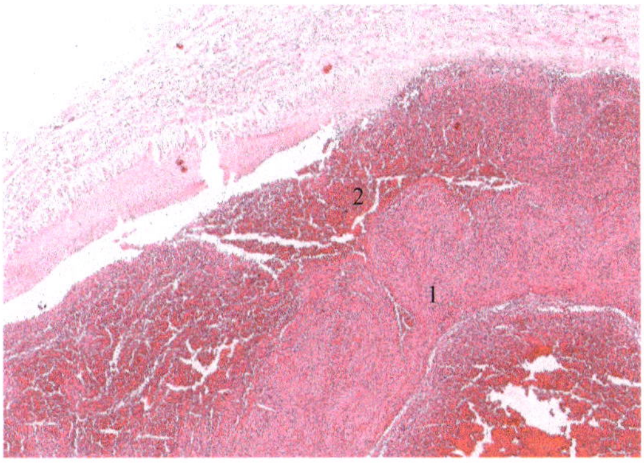

图 1-3-9　混合血栓（HE 染色　低倍）

1. 血小板梁；2. 红细胞

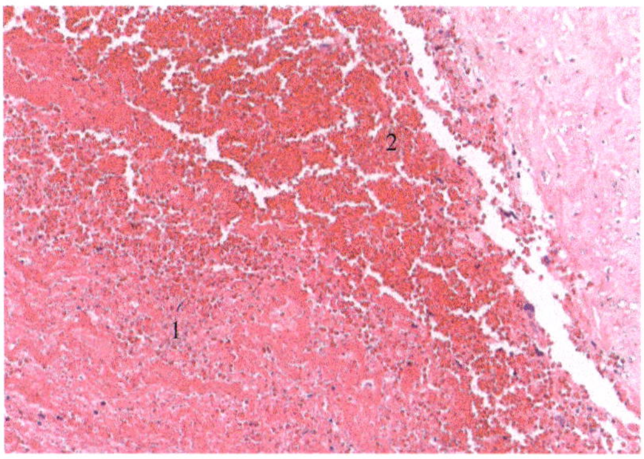

图 1-3-10　混合血栓（HE 染色　高倍）

1. 血小板梁；2. 红细胞

（4）血栓机化与再通

1）低倍镜：血管腔内为血栓，血栓内散在大小不等的不规则腔隙，紧靠血管内膜见一大的腔隙，部分腔隙表面覆盖内皮细胞，有的内含红细胞（再通）。

2）高倍镜：血栓内可见较多毛细血管形成的小腔隙及散在的成纤维细胞、纤维细胞和炎细胞。

（5）肾贫血性梗死

1）肉眼观：梗死区呈淡染三角形，与正常组织之间有明显的暗红色带状结构。

2）低倍镜：梗死区肾小管和肾小球的细胞均已坏死，但结构轮廓尚可辨认。其与正常组织交界处可见带状出血、毛细血管扩张，并可见炎细胞浸润（图 1-3-11）。

3）高倍镜：梗死区内细胞核分别出现固缩、碎裂、溶解消失（图 1-3-12）。

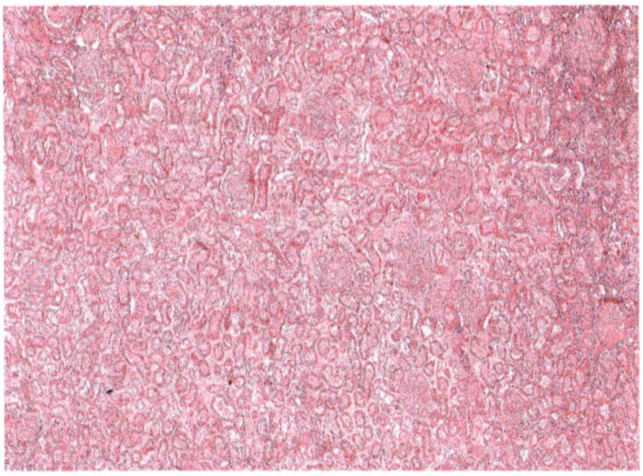

图 1-3-11　肾贫血性梗死（HE 染色　低倍）

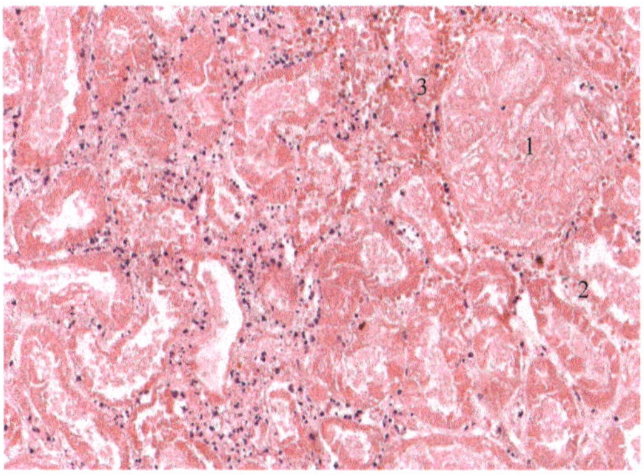

图 1-3-12　肾贫血性梗死（HE 染色　高倍）

1. 肾小球；2. 肾小管；3. 红细胞

（6）脾贫血性梗死

1）肉眼观察：梗死区淡染与正常组织有明显分界。

2）低倍镜：梗死区细胞坏死，原有的组织轮廓隐约可见。梗死区与正常脾组织分界处有充血、出血及炎细胞浸润带。

3）高倍镜：梗死区内细胞核分别出现固缩、碎裂、溶解消失。

（7）肺出血性梗死

1）低倍镜：梗死区肺泡轮廓可见，但肺泡壁细胞坏死，结构模糊，细胞核消失，肺泡腔内积聚大量红细胞。充血、出血带不明显。

2）高倍镜：梗死区肺泡壁细胞核浓缩、碎裂或消失，肺泡腔内见大量红细胞。

3. 病案讨论

病例 1

病史：男，43 岁，系突然死亡，由法院委托解剖，检查死亡原因。死者生前身体健壮，无任何疾患，某日晚饭后带其小孩外出游玩，晚 11 时回家就寝后，被王××唤醒去马××家解决家庭纠纷，至半夜 2 时回家，返家后即诉不适，患者面色苍白，出冷汗，胸闷不适，回家后 1 小时死亡。

尸检：升主动脉及主动脉弓内膜散在黄白色粥样斑块，左冠状动脉内膜有黄白色粥样斑块，管腔狭窄，前降支距动脉口 2cm 处有血栓形成，血栓长 1.5cm，左心室轻度扩大，心肌未见明显异常，肺、肝、脾、肾呈充血状。

病理诊断：冠状动脉(左前降支)粥样硬化及血栓形成，主动脉粥样硬化，左心室扩大，肺、肝、脾、肾淤血。

讨论：该患者如此迅速死亡，你考虑其死亡原因是什么？

病例 2

病史：男，25 岁，因发热 10 余天，胸痛，盗汗 1 周入院。10 多天前因夜间起床受凉后发热；7 天前夜间突然感觉左胸下部疼痛，说话、呼吸、运动时加重，同时夜间有盗汗，次日去医院检查及胸部透视，以左侧渗出性胸膜炎、胸腔积液而收入院。入院后卧床休息，第 10 天下床在室内大便，便后上床，突然胸痛，随之有呼吸困难，全身发绀、出冷汗，经抢救无效，呼吸、心跳停止而死亡。

尸检：右下肢轻度水肿，唇及指甲明显发绀，胸膜有纤维素粘连，并有结核病变，右肺表面光滑，呈暗红色，质较实，切面亦呈暗红色，含多量淡红色泡沫状液体，右肺动脉腔内有一长 5cm 的血栓性栓子，表面干燥、粗糙。并有红白相间的条纹，与肺动脉壁不粘连，阻塞右肺动脉腔。

病理诊断：右肺动脉栓塞，左侧结核性胸膜炎。

讨论：结合尸检发现，阐述此患者由发病至死亡的过程。患者死亡的原因是什么？为什么？

（文：和新盈　张庆慧　图：韩　博　刘志艳）

实验三　炎　　症

【目的要求】

（1）掌握炎症的基本病变，认识炎症这 3 种基本病变的综合表现。

（2）掌握各种炎细胞的形态特点及其临床意义。

（3）掌握各种类型炎症的病变特征及其临床意义。

(4) 熟悉炎性充血和渗出的过程及其意义。

(5) 熟悉炎症的局部表现及全身反应。

【实习内容】

1. 大体标本观察

(1) 亚急性重型肝炎(变质性炎):肝脏体积缩小,被膜皱缩不平,可见大小不等的结节,切面可见结节被灰白色的纤维组织包绕,结节中部分肝细胞坏死呈蜂窝状。

(2) 纤维蛋白性胸膜炎:肺脏标本,可见胸膜表面有一层灰白色絮状渗出物,胸膜增厚、不光滑。

(3) 纤维素性脓性心包炎:心包已被剪开,心外膜覆盖一层很厚的灰白色纤维素性脓性渗出物,表面粗糙呈绒毛状,称为绒毛心。心包壁层内面亦覆盖纤维素性渗出物。

(4) 气管及支气管白喉:标本为喉头、气管及两侧肺组织。气管已由背侧剖开,从喉头至两侧支气管腔内均可见由灰白色纤维素性渗出物构成的膜状物(伪膜),会厌和喉头黏膜表面的假膜附着紧密(固膜),气管黏膜表面的假膜附着不紧密,易脱落(浮膜)。两侧肺未见明显病变。

(5) 细菌性痢疾:结肠一段,黏膜充血水肿,表面附有一层灰白色似"糠皮"样膜状物(假膜),有的区域假膜脱落,形成浅表溃疡。

(6) 肾脓肿:肾肿大,表面凹凸不平。切面可见到肾实质内有多个脓肿,脓液流失后留下圆形的脓腔,脓肿周围有明显的深色充血带包绕。

(7) 急性化脓性阑尾炎

1) 病史:男,32 岁,腹痛 10 小时,开始于脐周,逐渐转移至右下腹,持续性疼痛,阵发性加剧。查体:脐周及右下腹明显压痛,反跳痛不明显。血象:白细胞 $14\times10^9/L$,中性粒细胞占 90%,淋巴细胞占 10%。

2) 病理改变:阑尾明显肿胀,无光泽,浆膜面血管扩张充血,表面附有黄色脓性渗出物。切面肠壁增厚,层次不易分辨。阑尾腔扩张,内含灰黄色脓性渗出物。

(8) 化脓性脑膜炎

1) 病史:女,6 个月,发热呕吐 4 天,昏迷 1 天。查体:体温 38.6℃,囟门凸起,瞳孔对光反射消失。腰椎穿刺,脑脊液混浊。镜检,脓细胞满视野。

2) 病理改变:脑膜血管高度扩张充血,脑膜表面有大量脓性渗出物覆盖,脑沟、脑回被脓液覆盖,模糊不清。脑血管周围及脑底部渗出物聚集最多。

(9) 流行性出血热的肾脏:肾肿大,被膜下可见大片出血灶,呈黑褐色。切面,髓质有高度充血、出血,皮质灰白色,皮、髓质界限分明。

(10) 鼻息肉

1) 病史:女,18 岁,鼻塞 3 年余,用口喘气。检查发现右鼻腔内有灰白色肿物,无压痛。

2) 病理改变:息肉状肿物,体积 6cm×4cm×3cm,表面光滑,切面肿物呈灰白色,半透明,质软。

(11) 肠炎性息肉:肠壁因结核杆菌感染引起增生而变厚,部分肠壁因纤维组织收缩而使肠腔狭窄,肠黏膜可见多个息肉向肠腔内突出,狭窄部位以上的肠腔因肠内容物淤积而发生扩张。

(12) 慢性阑尾炎:阑尾外观呈灰白色条索状,僵硬,断面因纤维组织增生而增厚,肠腔极度狭窄。

2. 切片标本观察

(1) 息肉:由大量增生的腺体及疏松结缔组织构成,部分腺腔显著扩张,间质有较多炎细胞浸润。此片为慢性增生性炎,主要辨认淋巴细胞、浆细胞、巨噬细胞及嗜酸粒细胞,注意其形态特点。

1) 淋巴细胞:细胞体积小(6~9μm),圆形。胞质极少,光镜下几乎看不到,略嗜碱性。核圆形,染色质呈块状,嗜碱性。

2) 浆细胞:细胞呈卵圆形或圆形。胞质丰富,嗜伊红或略嗜碱性。核圆,偏位,染色质凝集成块状,贴近核膜呈车轮状分布,核周有半月形亮晕。

3) 巨噬细胞:14~20μm,圆形或卵圆形,胞质丰富,呈淡粉红色,核圆形或肾形,不分叶。

4) 嗜酸粒细胞:10~15μm,圆形,胞质淡红,浆内可见粗大的嗜伊红色颗粒,胞核可分为2~5叶,以两叶核多见。

(2) 急性化脓性阑尾炎

1) 低倍镜:阑尾各层(黏膜层、黏膜下层、肌层、浆膜层)均有充血、水肿和中性粒白细胞弥漫性浸润,组织坏死不明显——此即蜂窝织炎的特征。阑尾腔内充满大量脓性渗出物(图1-3-13)。

2) 高倍镜:辨认中性粒细胞,10~12μm,圆形,胞质淡粉红色,内含中性颗粒,胞核分为3~5叶(图1-3-14)。

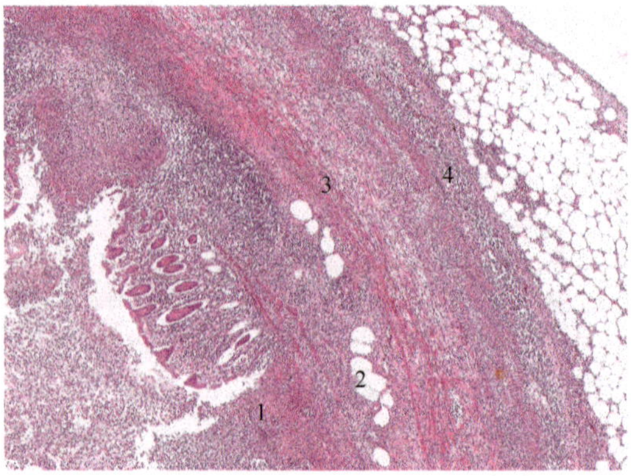

图1-3-13 急性化脓性阑尾炎(HE染色 低倍)

1. 黏膜层;2. 黏膜下层;3. 肌层;4. 浆膜层

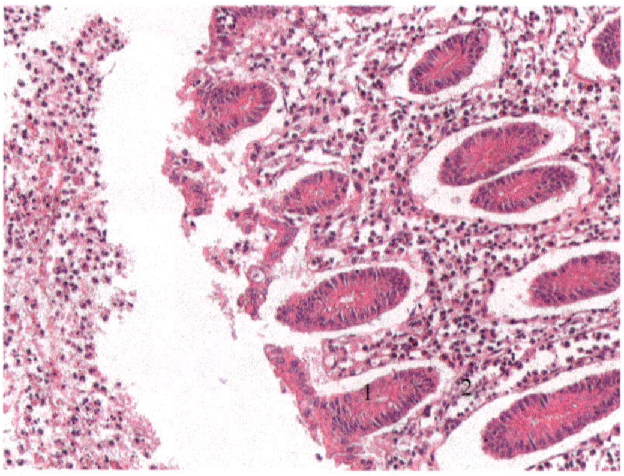

图1-3-14 急性化脓性阑尾炎(高倍)

1. 腺体;2. 炎细胞

(3) 急性纤维素性炎

1) 低倍镜:黏膜表面覆一层纤维素性渗出物(伪膜)。

2) 高倍镜:伪膜主要由纤维素、坏死组织和中性粒细胞构成。固有膜内有较多的炎细胞浸润。

(4) 脓肿

1) 肉眼:组织内圆形淡蓝色区域为脓肿。

2) 低倍镜:可见组织中有境界清楚的脓肿灶(图1-3-15)。

3) 高倍镜:脓肿灶内的正常组织细胞已坏死溶解,取而代之的是大量变性坏死的中性粒细胞(即脓细胞),有时可见紫蓝色的菌团,脓肿周围组织内的血管扩张充血(图1-3-16)。

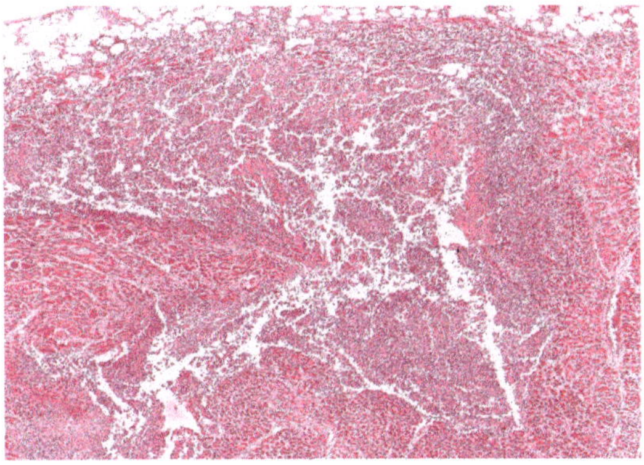

图 1-3-15　脓肿(HE 染色　低倍)

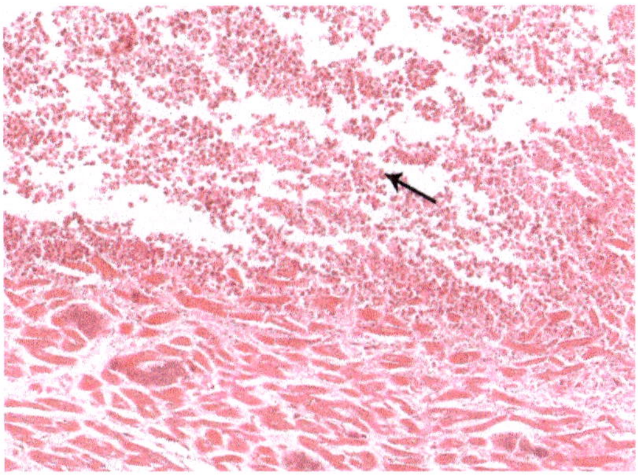

图 1-3-16　脓肿(HE 染色　高倍)
↖脓细胞

(5) 异物性肉芽肿

1) 低倍镜:骨骼肌组织内可见境界清楚的结节状病灶(图 1-3-17)。

2) 高倍镜:肉芽肿是由巨噬细胞、异物巨细胞、成纤维细胞及多少不等的淋巴细胞构成。异物巨细胞,胞体大,胞质丰富,呈淡红色,核有几个到几十个不等,杂乱无章地分布于细胞内,部分细胞胞质内可见吞噬的异物(手术缝线)(图 1-3-18)。

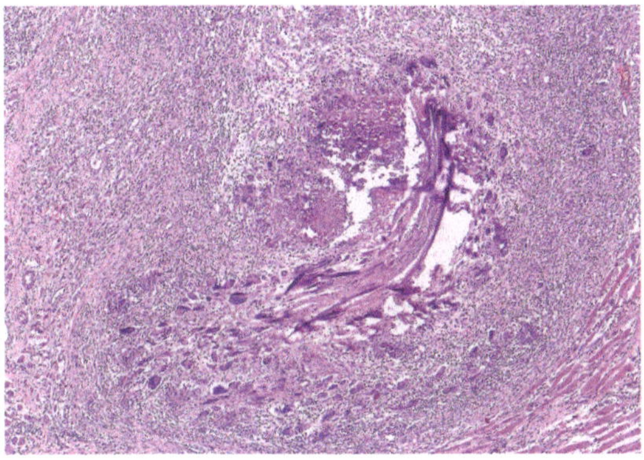

图 1-3-17　异物肉芽肿(HE 染色　低倍)

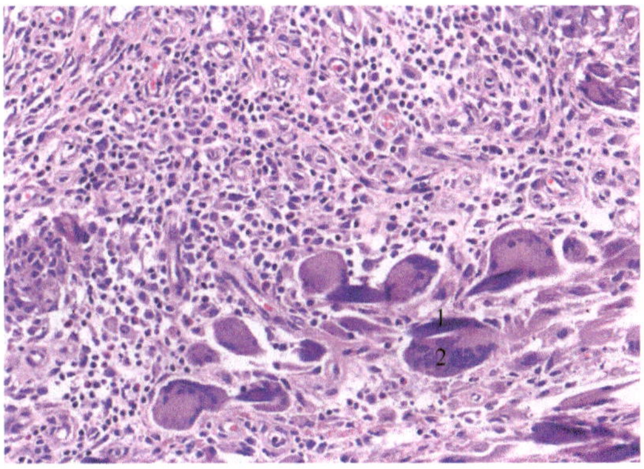

图 1-3-18　异物肉芽肿(HE 染色　高倍)
1. 异物;2. 多核巨细胞

(6) 结核性肉芽肿

1) 低倍镜:组织内可见境界清楚的结节状病灶。部分结节中央有红染、无结构的干酪样坏死。

2) 高倍镜:典型的结核结节,中央常发生干酪样坏死,周围绕以多量的类上皮细胞和一些朗汉斯巨细胞,外围有增生的纤维组织及浸润的淋巴细胞。类上皮细胞呈梭形或多角形,境界不清,胞质丰富,淡红色,核圆形或卵圆形,染色质少,有 1 ~2 个核仁。朗汉斯巨细胞胞体大,胞质丰富,呈淡红色,核有几个到几十个不等,核有时排列在胞体的周围呈花环状,有时密集排列在细胞的一端或两端。

3. 病案讨论

病例 1

病史:女,11 岁,因发热、腿痛半月余入院。于入院前 17 天,开始感到左腿疼痛,次日即发热。自发病以来,食欲减退,精神不振,左大腿变粗,疼痛逐渐加重。

查体:体温 39.5℃。全身营养状况较差,消瘦。左下睑结膜有针尖大小的出血点。左大腿肿胀,压痛,局部红热。心跳 110 次/分,有杂音。两肺有小水泡音,肝脏大,下界在右肋缘下 2cm。

化验:血红蛋白 70g/L,白细胞 10.5×10^9/L,中性粒细胞 92%,淋巴细胞 7%,单核细胞 1%,尿中有少许脓细胞。

入院后切开左股部排出大量脓液,于入院后第 3 天突然烦躁不安,随即心跳、呼吸停止而死亡。

尸检:左股外测中段肌肉内脓肿,含有黄色脓液约 10ml,心肌、肺、肝、肾、膀胱、右肋间肌肉、左腹壁内及甲状腺内有多数脓肿(心血培养为金黄色葡萄球菌);急性细菌性心内膜炎(主动脉瓣变厚,有软而脆的赘生物),左心室壁前上方有一脓肿已穿通心室壁,心包腔内有积血,心包膜表面被覆纤维素性脓性渗出物。镜检:心肌脓肿,脓肿腔内含有脓液,为大量中性粒细胞、脓细胞及坏死组织,脓液中有许多成团的细菌集落,脓肿周围心肌纤维中亦有较多的炎细胞浸润,心外膜表面被覆一层纤维素性脓性渗出物。其他各器官之脓肿与上述相似。

病理诊断:左股外侧中段肌肉内脓肿,脓毒血症(上述各器官内有脓肿形成),急性细菌性心内膜炎(主动脉瓣),心肌脓肿破裂及心包积血,脓性纤维素性心包炎。

讨论:患者为什么全身各脏器均有多发性脓肿,其死亡原因是什么?

病例 2

病史:女,19 岁,工人,5 天前于鼻部生一小疖,曾在某卫生所用镊子挤压,后局部红肿,次日高烧,头痛,面部水肿,经注射青霉素无效,病情逐渐加重故入院治疗。

查体:体温 41.2℃,鼻部近右眼内侧有一小疖,已结痂,左鼻翼部有 3 个如绿豆大的脓肿。

化验:白细胞 12.5×10^9/L,中性粒细胞 76.5%,淋巴细胞 14%,单核细胞 9%,嗜酸粒细胞 0.5%。鼻部脓肿脓液培养及死后肺组织培养,均查见金黄色葡萄球菌。

入院抢救无效当日死亡。

尸检:鼻部脓肿 4 个,两眼周围软组织蜂窝织炎及血管腔内血栓形成,海绵窦及颈内静脉血栓形成,肺及肾组织内有多数小脓肿。

讨论:患者为什么会发生脓毒血症?死亡原因是什么?

(文:和新盈　张庆慧　图:韩　博　刘志艳)

实验四　肿　　瘤

【目的要求】

(1) 掌握肿瘤的肉眼形态,镜下组织结构及其异型性。

(2) 掌握良、恶性肿瘤的区别及癌与肉瘤的区别。

(3) 掌握癌前病变、原位癌、早期浸润癌的概念。

(4) 熟悉常见肿瘤癌前病变、原位癌、早期浸润癌的形态特点。

【实习内容】

1. 大体标本观察

（1）皮肤乳头状瘤：肿瘤突出于皮肤表面，外形似桑葚，肿瘤基底部有蒂，体积6.5cm×4cm×3.5cm。切面：肿物呈乳头状、灰白色，与皮下组织界限清楚。

（2）甲状腺腺瘤

1）病史：女，20岁，右前颈部肿物5年，杏核大小，质硬，能活动，逐年增大。

2）检查：颈右侧有一包块，6cm×4cm×3cm，凸出表面，触之硬，能活动，无压痛，边缘清楚。病理改变：肿瘤呈球形，边界清楚，包膜完整。切面呈灰红色，质地均匀，于肿瘤上端可见一囊性病变区域，面积为1.8cm×1.2cm。

（3）乳腺纤维腺瘤：肿瘤呈球形，有完整包膜。切面呈灰白色，实性，质地均匀，可见旋涡状或编织状纹理。

（4）卵巢浆液性囊腺瘤：肿瘤呈囊球状，有完整包膜。切面可见1个大的、2个小的囊腔，囊壁较薄，有少量的乳头状突起突入囊腔内，囊内有清亮的浆液。

（5）卵巢黏液性囊腺瘤：肿瘤呈囊球状，有完整包膜。切面呈多房囊腔，囊内含有灰白色、半透明胶冻状黏液物。

（6）多形性腺瘤：于颌下腺组织中可见一体积3cm×2.5cm×2.5cm的肿物，表面比较光滑，有完整包膜。切面：肿物呈灰红色，实体状，有不规则的灰白色半透明区。

（7）纤维瘤：肿瘤呈结节状，有完整的包膜被覆皮肤。切面呈灰白色，可见纵横交错的灰白色纤维束，与皮肤分界清楚。

（8）脂肪瘤：肿瘤呈椭圆形或分叶状，有完整的包膜。色黄、质软有油腻感。

（9）子宫平滑肌瘤：多发性：肿大的子宫切面可见多个肿瘤分别位于子宫浆膜下、内膜下及肌壁内。结节状，大小不等，界限清楚，但多无包膜，色灰红，质实，可见旋涡状、编织状纹理。

（10）软骨瘤

1）病史：男，57岁，左膝上外侧长一肿物1年余，开始如黄豆大，活动，硬，不痛，后逐渐长大。

2）病理改变：结节状肿物，体积9cm×7.5cm×6cm，表面灰红色，有完整包膜。切面：肿物由多数不规则的灰蓝色结节构成，半透明，有光泽，质硬，中间有少量灰白色的钙化。

（11）血管瘤

1）病史：女，6个月，于生后即发现上臂有一红痣，约黄豆大，逐渐长大，6个月长至1.8cm×1.2cm，高出皮肤约0.5cm，鲜红色，压迫后稍褪色。

2）病理改变：梭形皮肤及皮下组织，于皮肤表面中央可查见一海绵状紫红色肿物，面积4.2cm×3.4cm，高出皮肤0.3cm，质软，肿物表面的皮肤呈极度的皱褶，边缘与正常皮肤分界明显，切面肿物内充满紫红色的血液。

（12）囊状水瘤（淋巴管瘤）

1）病史：女，33岁，左颈旁长一包块3年余，逐渐长大。检查：左侧颈旁突起一肿块，约10cm×6cm，扪之软，无结节，局部不红，未见血管搏动。

2）病理改变：囊状肿物，体积6.5cm×6cm×2cm，表面光滑，灰白色透明，质软，囊性感。

（13）皮肤鳞癌：肿瘤呈灰白色，干燥，菜花状，表面有出血坏死及溃疡形成。切面见瘤组织呈浸润性生长，无包膜。

(14) 乳腺癌:标本为乳房,其表面皮肤呈橘皮状,乳头明显下陷。切面可见肿瘤呈蟹足状,浸润并破坏周围正常脂肪组织。色灰白,并可见黄色条纹和点状区。边界不清。

(15) 纤维肉瘤:标本为小腿一段。表面突出一蕈样肿块,并可见大面积皮肤溃疡形成。切面:瘤组织呈淡红色、湿润而有光泽,质地较细腻,似鲜鱼肉状。瘤组织与周围无明显界限。

(16) 骨肉瘤:标本为股骨一段,在其下端处可见一灰红色不规则肿物。切面:瘤组织充满骨髓腔,骨皮质为肿瘤所侵蚀,多处已破坏,皮质部可查见灰白色、呈放射状与骨干垂直的骨样组织向软组织扩展,与周围肌肉组织界限不清。

(17) 视网膜母细胞瘤

1) 病史:男,6 个月,左眼瞳孔发现一黄色反光区,1 个月余。

2) 病理改变:切除眼球,在近视神经乳头视网膜上附着一灰白色结节状肿物,粗糙,质脆,眼球壁其余各层均完整。

(18) 恶性黑色瘤

1) 病史:女,69 岁,农民,1 年前瘤被牛踏伤后化脓,趾甲脱落,流黄水,变黑,溃烂。

2) 病理改变:切除足大拇指一个,后端附有趾骨一段,趾甲已破坏,表面溃烂呈灰黑色。

(19) 肺内转移的肝细胞肝癌:肺表面可见多发、散在、大小不等、质硬稍隆起的灰白色结节。切面结节无包膜,但界限清楚。

(20) 家族性腺瘤性息肉病:直肠黏膜有多数大小不等的息肉突于肠腔内。

2. 切片标本观察

(1) 皮肤乳头状瘤

1) 低倍镜:瘤组织为多数乳头状突起所构成。乳头表面为瘤实质,可见复层鳞状上皮细胞明显增生,层次增加,向皮肤表面生长;乳头的轴心为瘤间质,可见疏松结缔组织、毛细血管及少量淋巴细胞浸润。

2) 高倍镜:乳头由表层向下,依次为鳞状上皮角质层、粒细胞层、棘细胞层及基底(生发)细胞层。细胞排列规则,与正常鳞状细胞相似,可见细胞间桥,基膜完整。

(2) 乳腺纤维腺瘤

1) 低倍镜:肿瘤有完整的纤维包膜,瘤实质由增生的腺管和纤维组织 2 种成分构成,腺体呈管状或裂隙状。

2) 高倍镜:瘤细胞为增生的腺上皮细胞和增生的纤维细胞,分化良好。

(3) 子宫平滑肌瘤

1) 低倍镜:肿瘤呈椭圆形结节,与周围组织界限清楚。瘤实质为成束的平滑肌细胞,纵横交错排列;间质为少许血管和疏松结缔组织。

2) 高倍镜:瘤细胞分化好,呈长梭形,形态、大小较一致。细胞核呈长杆状,两端略钝圆,胞质红染。

(4) 纤维瘤

1) 低倍镜:成束的胶原纤维及增生的瘤细胞呈编织状排列。

2) 高倍镜:瘤细胞分化较好,似正常纤维细胞,呈长梭形,核狭长呈柳叶状、两端尖,胶原纤维多少不等,瘤细胞呈纵横交错束状排列,其中有厚壁小血管。

(5) 高分化鳞状细胞癌

1) 低倍镜:癌组织突破基膜向深层浸润,形成不规则的团状或条索状癌巢,癌巢与周围纤维结缔组织分界清楚(图 1-3-19)。

2) 高倍镜:癌巢由外向内与正常鳞状上皮相似。相当于鳞状上皮基底层的细胞,排列在癌巢的外层;其内为相当于棘细胞层的细胞;层状红色的角化珠(癌珠)位于癌巢的中央。癌细胞之间可见细胞间桥。癌细胞大小不一,可见核分裂象(图 1-3-20)。

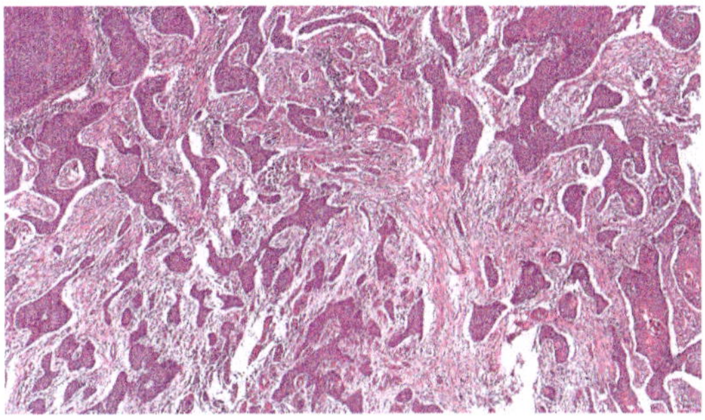

图 1-3-19　高分化鳞状细胞癌(HE 染色　低倍)

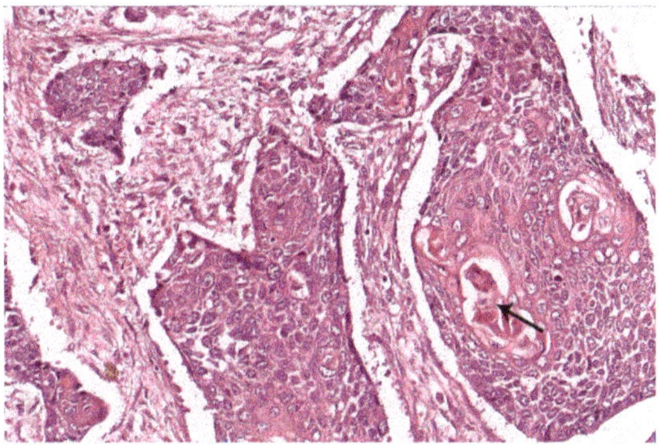

图 1-3-20　高分化鳞状细胞癌(HE 染色　高倍)
↖角化珠

(6) 低分化鳞状细胞癌

1) 低倍镜:癌细胞呈巢状排列即癌巢。实质与间质分界清楚。

2) 高倍镜:癌细胞有较明显的异型性及较多的核分裂象。角化珠、细胞间桥不明显。

(7) 胃(肠)腺癌

1) 低倍镜:一端为正常的胃(肠)壁,其余大部分胃(肠)壁结构被癌组织取代,癌细胞多层排列成腺管状,腺管大小不等、形状不一、排列不规则,侵及黏膜下层和肌层(图 1-3-21)。

2) 高倍镜:瘤细胞大小不一,形态各异,排列紊乱,核大深染,病理性核分裂象多见(图 1-3-22)。

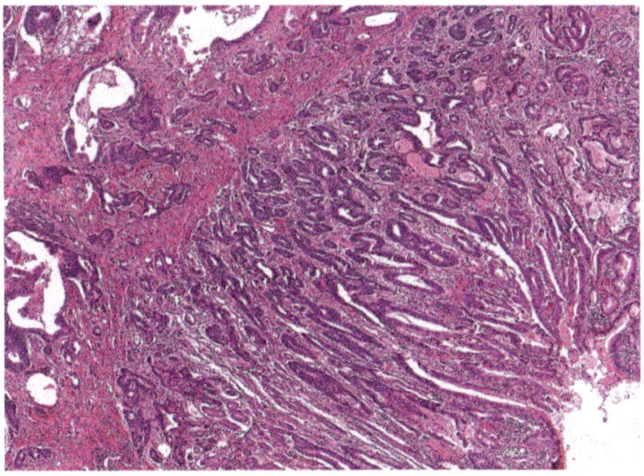

图 1-3-21　胃腺癌(HE 染色　低倍)

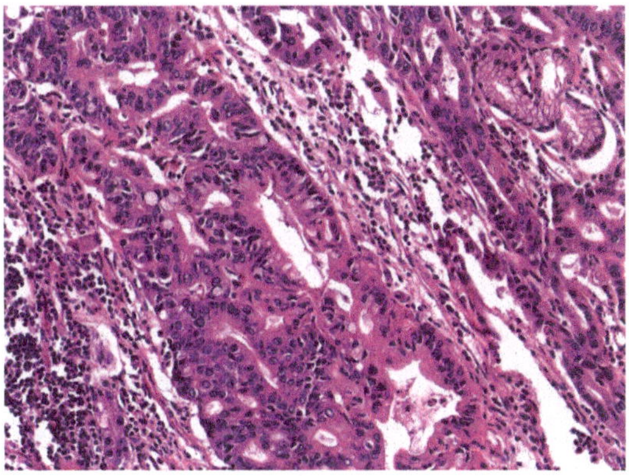

图 1-3-22　胃腺癌(HE 染色　高倍)

(8) 纤维肉瘤

1) 低倍镜:瘤细胞丰富,排列紊乱,与间质分界不清(图 1-3-23)。

2) 高倍镜:瘤细胞呈成纤维细胞样,大小不等,可见瘤巨细胞。核大,呈椭圆形或梭形,核大小不等,核内可见 1 个或几个红染的核仁,核分裂象增多,可见病理性核分裂象。有些瘤细胞周围有淡红色的胶原纤维(图 1-3-24)。

图 1-3-23　纤维肉瘤(HE 染色　低倍)

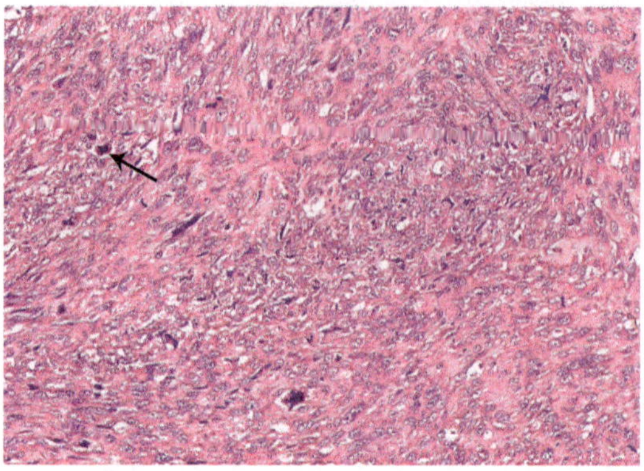

图 1-3-24　纤维肉瘤(HE 染色　高倍)
↖核分裂象

(9) 骨肉瘤:瘤细胞具有一般肉瘤特点,多形性明显,瘤细胞呈梭形或多角形,核大深染,可见多个瘤巨细胞,核分裂易见,细胞间界限不清。在靠近肿瘤组织的边缘区域,瘤细胞逐渐分化为肿瘤性骨组织及类骨组织。部分瘤组织坏死并有散在的炎细胞浸润。思考:骨肉瘤与纤维肉瘤有何异同?

(10) 恶性黑色素瘤:瘤细胞呈片状或巢状排列,细胞呈梭形或多角形,胞质内有多少不等的黑色素颗粒,核大,常见有嗜酸性核仁。

3. 病案讨论

病例 1

病史:男,28 岁,咳嗽、咳血性痰 6 个月,胸痛及呼吸困难 2 个月而入院。患者于 6 个月前经常感到疲倦无力,夜间睡眠不佳,时有盗汗,食欲下降,早晚咳嗽时痰中带血,持续半年,近 2 个月咳嗽较剧烈,伴有呼吸困难,并有胸痛,曾入某疗养所休养,经 X 线检查诊断为浸润性肺结核,服异烟肼治疗,约 1 个月后左锁骨下发现一包块,经某医院诊断为“纤维瘤”而切除。但治疗后症状并未减轻。

既往史:患者于 1 年前左膝关节疼并逐渐加重,经医院检查,见左股骨下端内侧有一肿物,约 15cm×12cm×8cm 大小,卵圆形,表面光滑,肿物硬,患肢活动受限制,心肺透视正常,乃行左股骨高位截肢术及左腹股沟淋巴结摘除术,同年 4 月又行左髋关节离断术,将股骨头及股骨完全切除。

查体:体温 36.8℃,呼吸困难,无发绀,左腋淋巴结胀大如小枣,右腹股沟淋巴结如花生米大,可活动,胸部叩诊右胸 2、3 肋间呈浊音,听诊呼吸音减低,左下肢已截除。

化验:血红蛋白 92g/L,白细胞 6.9×10^9/L,中性粒细胞 71%,淋巴细胞 27%,嗜酸粒细胞 2%,红细胞沉降率(血沉)22mm/h,痰中带血,黏稠,白细胞(+++),红细胞(++),但未查见瘤细胞。浓缩查结核杆菌(-),结核菌培养亦为(-)。

入院后经积极治疗无效而死亡。

尸检:右胸膜腔内含血性液体约 960ml,左胸膜腔约 100ml。右侧胸膜表面有散在的大小不等的圆形质硬、灰红色结节 9 个,直径 0.5～3cm。左胸膜表面有类似结节 2 个,左肺底部有结节 1 个,纵隔多数淋巴结肿大。左肺重 1100g,肺表面散在有大小不等灰红色圆形或不规则结节,直径 0.5～7cm。切面:肺组织多处为上述结节代替,结节切面灰红及灰白,有的部分呈灰蓝色,微透明,并有放射状细小条纹,扪之质硬,有沙砾感,并有出血及坏死区。

右肺重1260g,病变大致与左肺相同,支气管壁亦被上述肿物破坏,肿物突入支气管腔内,但未完全阻塞支气管。

病理诊断:左股骨下端骨肉瘤呈两肺、胸膜、膈肌、支气管旁、左腋下淋巴结转移;支气管旁淋巴结中钙化的结核病灶。

讨论:请按病变发展的顺序解释患者出现的各种临床症状。

病例2

病史:男,50岁,乏力、食欲减退2个月,头痛、阵发性恶心、呕吐10天而入院,腰椎穿刺,脑脊液压力220mmHg,无色透明,蛋白(+),细胞数10个/mm^2。腰椎穿刺后头痛减轻。8年前曾患过乙型病毒性肝炎。否认结核病及神经、精神病史。住院第3天,去厕所后,突感腹部剧痛,面色苍白,脉搏120次/分。血压70/4 0mmHg,全腹压痛,肌紧张,尤以右上腹为甚。腹腔穿刺抽出暗红色血性液体。剖腹探查发现肝右叶一大型结节破裂出血。遂进行填塞,缝合止血。术后1周,再度腹腔出血,抢救无效死亡。

尸检:食管黏膜光滑,食管下段静脉轻度扩张迂曲。肝脏重1800g,体积增大,弥漫分布无数小结节,直径0.1～0.5cm。散在分布较大型结节,大者直径5cm。肝右叶靠近表面的一灰黄色大型结节,向肝表面破裂,附有凝血块。肝组织正常小叶结构破坏,代之以假小叶,假小叶之间由增生的纤维组织包绕。大型结节无纤维组织包绕,由多角形、胞质丰富、核大、深染的肿瘤细胞组成,呈小梁状或巢状排列,其间为血窦,有的细胞含少量黄绿色色素。脾脏重250g,体积增大,切面含血量增多。脾窦扩张充血,纤维组织增生。右大脑半球顶叶隆起,切开见一直径为4cm的肿物,灰褐色,境界较清楚,无包膜。镜检肿物由肿瘤细胞组成,其形态结构与肝脏大型结节相同。

讨论:

(1) 肝内的小结节是何病变?

(2) 肝内的大结节是何病变,与颅内病变是何关系?

(3) 如何解释食管及脾脏的病变?

(文:和新盈　张庆慧　图:韩　博　刘志艳)

实验五　心血管系统疾病

【目的要求】

(1) 掌握动脉粥样硬化的基本病理变化及发生、发展过程,了解各主要动脉粥样硬化的病变特点及对机体的影响。

(2) 掌握冠心病和心肌梗死的大体形态特点及对机体的影响。

(3) 掌握风湿病的基本病变特点、风湿性心内膜炎的病变及后果、风湿性心脏病的病变特点及心瓣膜病对血流动力学的影响。

(4) 掌握原发性高血压(心、脑、肾)的病变特点及后果。

【实习内容】

1. 大体标本观察

(1) 风湿性心内膜炎

1) 病史:女,9岁,经常咽喉痛并伴有发热,近15天又有咽痛。2天来出现足背和眼睑水肿，查体：心界扩大，心尖区有收缩期和舒张期杂音，两肺湿啰音，肝在右肋下 3 横指，两眼睑和下肢水肿，入院后 2 小时在一次呕吐时，突然心跳停止，抢救无效死亡。

2）临床诊断：风湿病，风湿性心肌炎，心力衰竭。

3）病理改变：在二尖瓣闭锁缘（心房面）见排列成串、粟粒大小的赘生物附着，呈疣状突起，灰白色，质地较硬，瓣膜稍增厚，腱索稍短。

（2）二尖瓣狭窄：二尖瓣广泛纤维性增厚、卷曲，瓣叶之间相互粘连，瓣膜孔口径缩小，如鱼口状或漏斗状，腱索及乳头肌明显增粗、缩短。

（3）主动脉瓣关闭不全：主动脉瓣瓣膜增厚、缩短（瓣叶的垂直径明显缩短）及瓣叶粘连。想一想在左心室收缩时，血流有什么变化？左心房、左心室会有什么改变？

根据病变，在听诊时会有什么发现？

（4）急性细菌性心内膜炎：整个心脏体积增大，冠状切面见主动脉有不规则、灰白色或灰黑色赘生物，表面粗糙，质地较脆。

（5）亚急性细菌性心内膜炎

1）病史：女，29 岁。8 年前开始反复牙痛和关节痛，常感冒发热。1 年前常心悸，稍活动后即感气促。2 个月前拔牙后突然发热，心悸气促加剧。10 天前，突感右上腹痛。查体：心脏主动脉瓣区闻及粗糙收缩期杂音。肝肋下 3cm，外周血培养有绿色链球菌生长，全身水肿。

2）病理改变：在主动脉瓣的瓣膜上可见数个大小不等的息肉状或菜花状赘生物，赘生物形态较为污秽，呈灰白或红褐色，质脆，易脱落。瓣膜增厚、卷曲、变形。

注意观察动脉瓣是否有破坏？同时与风湿性心内膜炎比较，找出特点。左心室有何改变？

（6）脑基底动脉粥样硬化：脑基底动脉和脑底动脉环可见动脉内有灰黄色或灰白色斑块状粥样硬化病灶（脑动脉较薄，透过动脉壁可见到内膜的病变），斑块处血管壁增厚。

（7）主动脉粥样硬化：病变主要累及大、中动脉，在内膜形成粥样硬化斑块。在动脉的内膜面可见隆起表面、散在分布不规则斑块，呈淡黄或灰黄色，以主动脉后壁及血管分支处较为明显。其病变过程分为 3 期：

1）脂纹脂斑期：动脉内膜面可见散在分布的黄色斑点或条纹，长短不一，大小不等。

2）纤维斑块期：动脉内膜可见微隆起黄白色或瓷白色（蜡滴状）斑块，大小不等或融合成片状。

3）粥样斑块期：内膜面见片状或不规则突起斑块，切面表层为灰白色（纤维帽），深层为粥样物（坏死、脂质），斑块脱落可形成溃疡或钙化。

（8）心肌梗死

1）病史：男，56 岁，8 天前心前区疼痛，为持续性发作。今晨起病情加重不能起床。过去有心绞痛病史。急诊入院，查体：面色苍白，意识淡漠，四肢凉，额部出冷汗，脉细弱，血压测不到，经积极抢救无效死亡。

2）病理改变：左心室前壁心尖处可见不规则形、灰白色梗死区，梗死部位的心内膜可见附壁血栓。

（9）高血压心脏病

1）病史：女，42 岁，有多年高血压病史，在一次情绪激动后，突然昏迷，醒来后出现偏瘫（半身不遂），不久发生呕吐，再度昏迷，急诊住院。查体：血压 280/130mmHg，心界扩大，肝肿大，下肢有水肿。脑脊液检查：压力增高，呈淡红色，经积极抢救无效死亡。

2）临床诊断：高血压合并脑出血，高血压性心脏病，心力衰竭。

3）尸检：心脏体积明显增大，重量增加，左心室壁增厚，左心室乳头肌及肉柱明显增粗。心腔无明显变化（向心性肥大）或扩张。

（10）脑出血：标本为脑的冠状切面，见内囊部位有一暗红色出血块，并破入侧脑室，侧脑室内充满血块。

（11）高血压固缩肾：双侧肾脏体积对称性缩小，表面呈颗粒状。切面皮质变薄，皮、髓质界限不清，皮、质髓质交界处的弓形动脉管壁增厚。

（12）冠状动脉粥样硬化：左冠状动脉前降支的横断面上可见冠状动脉粥样斑块形成，内膜不规则增厚，管腔不同程度狭窄。

（13）脑基底动脉硬化：脑基底动脉环及分支可见灰黄或灰白色的粥样硬化斑块，血管扭曲，管腔狭窄或闭塞，管壁变硬。

2. 切片标本观察

（1）风湿性心肌炎

1）低倍镜：首先观察心内膜、心肌层（纵断、横断），注意心肌间质及血管。心肌间质疏松，在血管周围或附近可见风湿细胞集聚构成结节。心肌间可见弥漫性炎细胞（主要是中性粒细胞和单核细胞）浸润（图 1-3-25）。

2）高倍镜：风湿细胞体积较大，胞质偏碱性，淡紫红色，单核或多核，核仁明显（呈“枭眼状”或“毛虫状”阿少夫细胞）（图 1-3-26）。

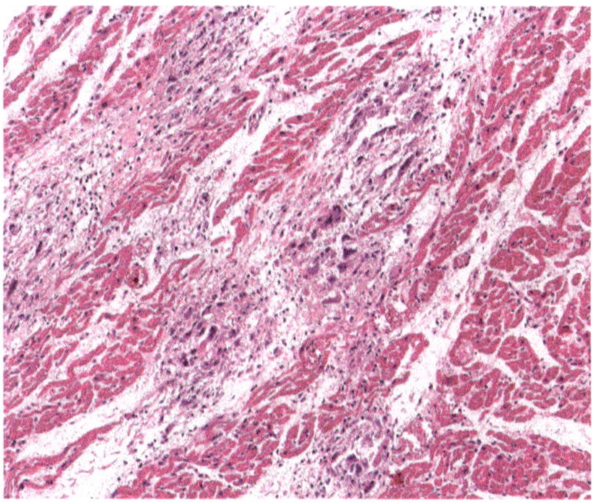

图 1-3-25　风湿性心肌炎（HE 染色　低倍）

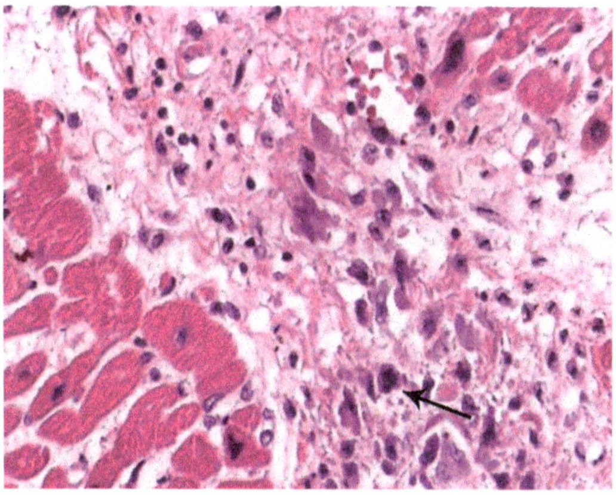

图 1-3-26　风湿性心肌炎（HE 染色　高倍）
↖风湿细胞

在上述病灶中，有时可见纤维素样坏死（无结构的颗粒状或小块物质）或夹杂少量淋巴细胞及成纤维细胞。

（2）亚急性细菌性心内膜炎

1）低倍镜：首先搞清楚瓣膜根部、瓣叶及心肌各部结构和关系，然后再观察从根部到瓣叶及整个瓣膜有何改变，瓣膜为何增厚；观察赘生物附着处、瓣膜根部有无破坏，该处有什么细胞浸润，赘生物是哪些成分构成（图 1-3-27）。

2）高倍镜：仔细观察赘生物的成分（图 1-3-28）。

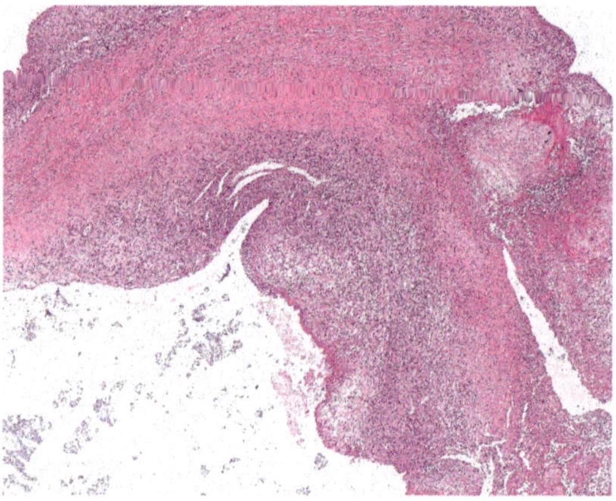

图 1-3-27　亚急性细菌性心内膜炎(HE 染色　低倍)

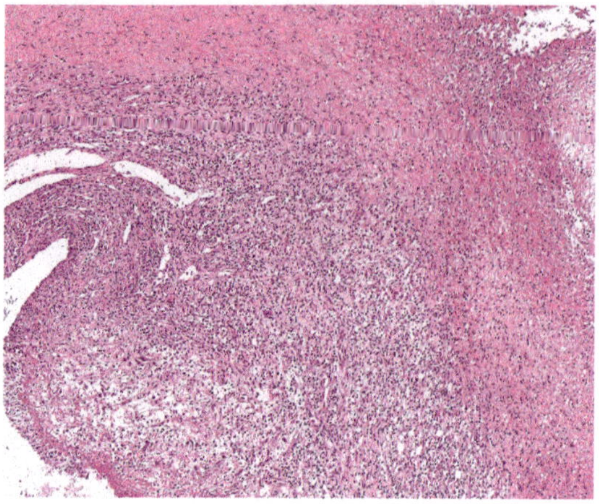

图 1-3-28　亚急性细菌性心内膜炎(HE 染色　高倍)

(3) 主动脉粥样硬化

1) 低倍镜:首先从无斑块一端观察,分清主动脉的 3 层结构,内膜有何改变? 外膜小血管扩张充血及少量炎细胞浸润(图 1-3-29)。

2) 高倍镜:动脉内膜内可见无结构的淡染粥样物质,表面为红染的均质状玻璃样变性的纤维帽,其中可见很多菱形的空隙,即胆固醇结晶(在制片过程中被溶解),中膜邻近部位是否可见吞噬脂质的泡沫细胞。泡沫细胞体积大,圆形或椭圆形,胞质丰富、淡染,胞质内含大量小空泡(脂质)(图 1-3-30)。

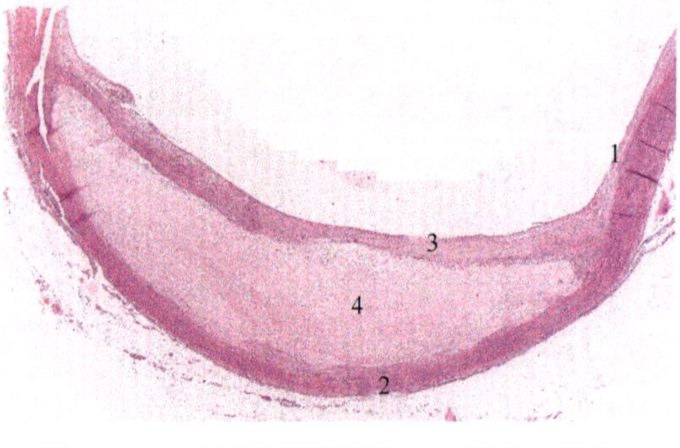

图 1-3-29　主动脉粥样硬化(HE 染色　低倍)
1. 动脉内膜;2. 动脉中膜;3. 纤维帽;4. 脂质和坏死物

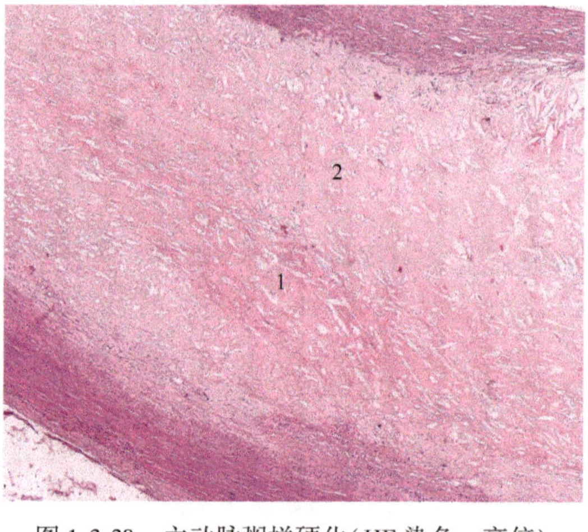

图 1-3-30　主动脉粥样硬化(HE 染色　高倍)
1. 胆固醇结晶;2. 脂质

(4) 冠状动脉粥样硬化:在心外膜下找出横断的冠状动脉,可见冠状动脉内膜明显增厚(多为偏心性增厚),管腔狭窄,腔内有血栓形成。动脉膜内疏松淡染区为类脂质沉着部位,其中可见梭形胆固醇结晶针状裂隙,周边组织中有泡沫细胞和纤维组织增生,此外,在内膜还有新生的小血管。

(5) 心肌梗死

1) 低倍镜:心肌纤维呈凝固性坏死改变,细胞核消失。间质水肿及中性粒细胞浸润。

2）高倍镜：坏死的心肌细胞可见核碎裂、核固缩和核溶解。

（6）肾小动脉硬化

1）低倍镜：肾脏结构基本清晰，见部分肾小球及相应的肾小管萎缩，间质有纤维组织增生及慢性炎细胞浸润。

2）高倍镜：肾入球动脉玻璃样变性，管壁增厚，管腔缩小。部分肾小球代偿性肥大，球囊腔扩大及肾小管扩张，有的管腔内可见蛋白管型。小动脉内膜增厚，纤维组织增生，管腔变窄。

3. 病案讨论

病例1

病史：男，53岁。因心前区疼痛6年加重伴呼吸困难10小时入院，6年前感心前区疼痛，为压迫感，多于劳累后、餐后发作，每次持续3～5分钟，稍休息后可缓解。入院前2月，疼痛渐频繁，且休息时也发作。入院前10小时，于睡眠中突感心前区剧痛，并向左肩部、臂部放射，伴大汗、呼吸困难，咳少量粉红色泡沫状痰，急诊入院。查体：体温37.8℃，心率130次/分，血压80/40mmHg。呼吸急促，口唇及甲床发绀，皮肤湿疹，颈静脉稍充盈。双肺底部可闻及湿啰音。心界向左扩大，心音弱。实验室检查：白细胞$20×10^9$/L，尿蛋白(+)，血中尿素氮30.0mmol/L，CO_2结合力16.0mmol/L，入院后经积极治疗无好转，于次日死亡。

尸检：

（1）主动脉：见散在灰黄色或灰白色斑块隆起，部分有钙化、出血，腹主动脉的斑块有溃疡形成。

（2）脑底动脉：管壁呈偏心性增厚变硬，管腔狭窄。

（3）冠状动脉：左冠状动脉主干壁增厚，管壁Ⅲ度狭窄；前降支从起始部2.5cm处管壁增厚，管腔Ⅱ～Ⅵ度狭窄；左旋支管腔Ⅱ～Ⅲ狭窄；右冠状动脉距起始部0.5～5cm处管壁增厚，管腔Ⅱ～Ⅵ度狭窄。

（4）心脏：室间隔大部、左心室前壁、侧壁、心尖部、右心室前壁内侧心肌变软、变薄，失去光泽。镜下观察有不同程度的心肌梗死，右心室后壁亦有多个灶性坏死区。

（5）肝脏：重900g，表面弥漫分布细小颗粒，切面黄褐相间，似槟榔。

（6）肺脏：双肺略饱满，切面见粉红色液体渗出。镜检见肺泡壁毛细血管扩张，肺泡腔内见较多水肿液。

（7）四肢末端见凹陷性水肿。

讨论：

（1）本病例主要疾病是什么？

（2）死亡原因是什么？

（3）患者临床症状及体征的病理改变基础是什么？

病例2

病史：男，56岁，因心前区不适突然昏迷2小时急诊入院。患者于8年前被诊断为高血压(255/113mmHg)。近1年常感心悸，多为活动后加重。近期常出现头枕部疼痛、头晕、疲乏无力、四肢麻木等。于凌晨解便时突然摔倒，昏迷，急诊入院。查体：体温37.6℃，心率60次/分，呼吸16次/分，血压210/120mmHg。深昏迷，呼吸深沉，左侧鼻唇沟较浅，颈项强直。心浊音向左略扩大，心律齐，主动脉瓣第二心音亢进。左上、下肢呈迟缓性瘫痪，腱反射

(-)。实验室检查:白细胞 17.5×10^9/L;中性粒细胞 80%;淋巴细胞 20%;尿蛋白(++),红细胞(+),管型(+),血性脑脊液。

尸检:

(1) 脑:右侧内囊处见一 4cm×2cm×2cm 血肿,局部脑组织出血、坏死,脑室内见大量血凝块,脑桥、中脑部分区域亦见出血灶。

(2) 心脏:体积增大,左心室壁明显增厚,乳头肌增粗。

(3) 肾脏:体积缩小,表面呈细颗粒状,切面皮质变薄,镜下观察入球小动脉玻璃样变。

讨论:

(1) 以所学病理学知识,结合尸检发现的心、肾病理改变,解释上述临床表现。

(2) 本患者所患疾病及死亡原因。

(文:韦新荣　刘志艳　图:韩　博　甄军晖)

实验六　呼吸系统疾病

【目的要求】

(1) 掌握慢性支气管炎、肺气肿、硅沉着病的病理变化及其之间的关系。

(2) 掌握大叶性肺炎、小叶性肺炎的病变特点、并发症及临床病理联系。

(3) 掌握肺癌的大体和组织学类型及形态特征。

(4) 了解支气管扩张、间质性肺炎的病因及病变。

【实习内容】

1. 大体标本观察

(1) 大叶性肺炎

1) 病史:男,27 岁。5 天前劳动后淋雨,当晚突然发热,并有咳嗽和左胸痛,病情越来越重,急诊入院。查体:体温 39.6℃,口唇发绀,左肺下叶叩诊为浊音。化验:白细胞 21.0×10^9/L,X 线透视左肺下叶呈均匀致密阴影。

2) 临床诊断:大叶性肺炎。

3) 病理改变:病变主要累及 1 个肺段或整个肺叶。病变肺叶体积明显肿大,呈暗红色或灰白色,切面干燥,呈颗粒状,灰白色,质实如肝(实变期),胸膜有纤维素渗出。

(2) 小叶性肺炎

1) 病史:男,1.5 岁,患麻疹 1 周后高热,咳嗽。查体:体温 40℃,口唇发绀,呼吸急促,可见鼻翼扇动,两肺可闻及湿啰音,尤以下部明显。

2) 临床诊断:麻疹合并小叶性肺炎。

3) 病理改变:两侧肺叶散在分布灰黄色、米粒大小病灶,病灶中心可见病变的细支气管,病灶可融合甚至累及全肺叶。胸膜面有少量纤维性渗出物。

(3) 病毒性肺炎

1) 病史:男,3 岁,8 天前受凉后咽痛、乏力、咳嗽、无痰,经感冒药治疗无效。6 天前出现高热、精神委靡、时而烦躁、频咳。查体:体温 39℃,脉搏 140 次/分,呼吸 50 次/分。背部左肺下叶叩浊音,呼吸音减低,两肺少量湿啰音。化验:白细胞 9.0×10^9/L。X 线:双肺纹理增多,左下肺大片密度较淡阴影。

2）临床诊断：病毒性肺炎。

3）病理改变：肺组织病变不明显，常因充血、水肿轻度肿大。

（4）慢性支气管炎

1）病史：男，60岁，工人。反复咳嗽、咳痰20年，起初较轻后渐加重，多于冬、春季发作，每年持续3月余。咳嗽、咳痰以晨起或晚间睡觉前明显，咳白色泡沫痰，双肺呼吸音稍低。X线示：肺纹理增多。肺功能检查：残气量占肺总量的25%。

2）临床诊断：慢性支气管炎，肺气肿。

3）病理改变：病变始于较大支气管，逐渐累及小支气管和细支气管。肺组织切面支气管管壁增厚，黏膜粗糙，部分管腔内有分泌物。胸膜增厚，并有少量渗出物。

（5）支气管扩张：肺切面见支气管呈囊状、圆柱状或不规则扩张，支气管管壁增厚，而且厚薄不一。

注意观察肺切面支气管的改变，支气管壁是否增厚？管腔有何改变？

肺叶因纤维化而膨胀不全，体积缩小，切面见支气管呈不同程度的扩张，管壁增厚，在横切面上见多数明显扩张的支气管，密集呈蜂窝状或囊状，部分管腔内有灰黄色分泌物。病变支气管及周围肺组织有较多增生的灰白色纤维组织条索，胸膜有少量纤维素渗出物附着，胸膜增厚。

（6）肺气肿：双肺体积明显增大，色淡，边缘钝圆，质较软，因缺乏弹性指压后不易消退。

（7）硅肺：肺组织有弥漫性纤维组织和多量炭末沉积，体积缩小。切面可见大小不等（直径2～5cm）的结节，圆形、灰白色、质硬，触之有沙粒感。结节也可融合呈块状。胸膜因纤维组织增生而广泛增厚。

（8）肺癌

1）病史：男，56岁，干咳2个月，发现痰中有血丝，并向右背部放射性钝痛。X线检查：右肺上叶及纵隔有肿块阴影，入院后痰涂片检查找见癌细胞。

2）病理改变：肺癌根据部位和形态特征可分为中央型、周围型和弥漫型。

a. 中心型肺癌：在肺组织切面近肺门处见一较大灰白色肿块，并突出于支气管腔内，管腔狭窄，瘤组织沿支气管向远端扩散，肺门、支气管旁、纵隔淋巴结肿大，部分已融合，呈灰白色病灶。局部支气管黏膜增厚。其余肺组织呈肺不张。

b. 周围型肺癌：肺组织切面靠近胸膜处，见一灰白色、圆形或椭圆形瘤结节，大小为2～8cm，与周围肺组织分界较明显，无包膜。

c. 弥漫性肺癌：肺叶肿大，大部分变实，肺表面及切面粗糙，可见数个散在分布的灰白色结节状瘤组织。病变组织中仍可见一些小血管及小支气管，部分已被破坏，肺膜不均匀增厚。

2. 切片标本观察

（1）大叶性肺炎

1）低倍镜：肺泡腔扩张，其中充满炎性渗出物，肺泡壁毛细血管受挤压，肺泡壁变窄（图1-3-31）。

2）高倍镜：肺泡腔内大量纤维素和中性粒细胞渗出，部分纤维素经肺泡壁间孔相连，肺泡壁毛细血管因受渗出物挤压而变薄（图1-3-32）。

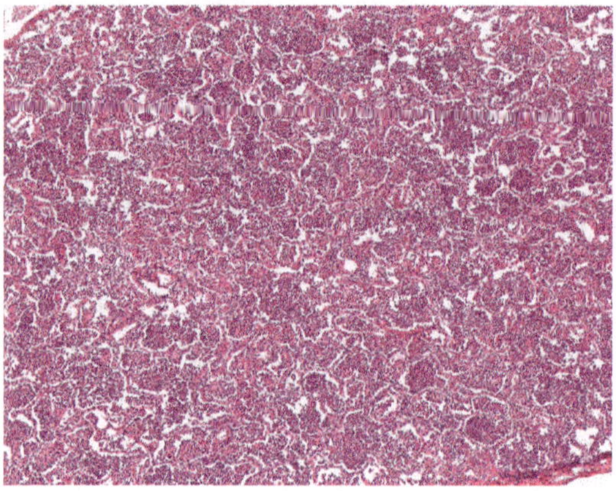

图 1-3-31　大叶性肺炎(HE 染色　低倍)

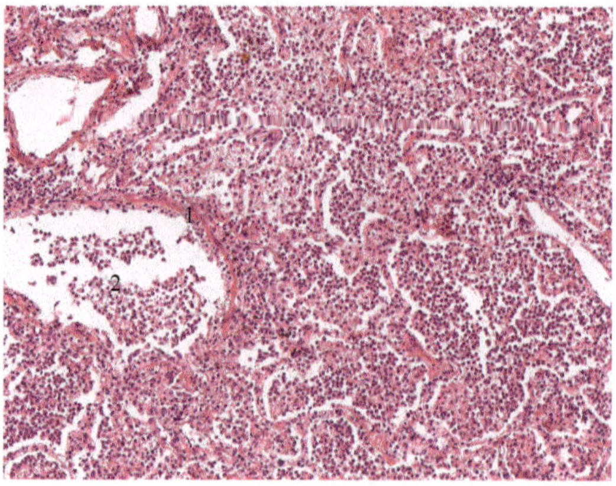

图 1-3-32　大叶性肺炎(HE 染色　高倍)
1. 肺泡壁;2. 红细胞、纤维素、中性粒细胞

(2) 小叶性肺炎

1) 低倍镜:肺组织中可见多个散在、以细支气管为中心分布的病灶,细支气管壁血管扩张充血,管腔内见大量渗出物(中性粒细胞及部分坏死脱落的黏膜上皮细胞),其周围肺泡腔内也充满渗出物,间质小静脉充血,周围肺泡呈代偿性肺气肿改变。

2) 高倍镜:病变细支气管内及周围肺泡腔内渗出物为大量中性粒细胞、脱落坏死的黏膜上皮细胞、少量纤维素和浆液。

(3) 病毒性肺炎

1) 低倍镜:炎症主要累及肺间质,肺泡间隔增宽,肺泡壁增厚,有明显充血。

2) 高倍镜:肺间质水肿,血管扩张充血,并有大量淋巴细胞、巨噬细胞浸润。肺泡上皮细胞或多核巨细胞的胞质和胞核内可见病毒包涵体。

(4) 慢性支气管炎

1) 低倍镜:支气管壁充血水肿、炎细胞浸润,部分上皮有鳞状上皮化生。间质有纤维组织增生。

2) 高倍镜:支气管黏膜上皮细胞变性、坏死、脱落及鳞状上皮化生,黏膜肌下平滑肌增生,腺体萎缩消失。炎细胞(淋巴细胞、浆细胞)浸润。

(5) 肺气肿

1) 低倍镜:呼吸性支气管、肺泡管、肺泡囊及肺泡弥漫性扩张,肺泡间孔扩大,相邻肺泡融合成较大的囊腔,细小支气管壁可见慢性炎症改变。

2) 高倍镜:肺泡间隔变薄、断裂,肺泡壁毛细血管数量减少,肺泡腔内可见水肿液、炎细胞及尘细胞。

(6) 硅肺

1) 低倍镜:肺泡明显扩张,肺泡壁变薄、断裂并融合成较大的含气囊腔,可见弥漫增生的纤维结缔组织和硅结节(图 1-3-33)。

2) 高倍镜:多数硅结节中央玻璃样变,周围是呈同心圆状排列的大量胶原纤维,有时可见到残留的小血管;结节边缘可见较多的巨噬细胞、成纤维细胞、纤维细胞及淋巴细胞,并可见黑色粉尘颗粒沉着。结节间肺组织肺泡间隔内纤维增生,肺小动脉管壁增厚(图 1-3-34)。

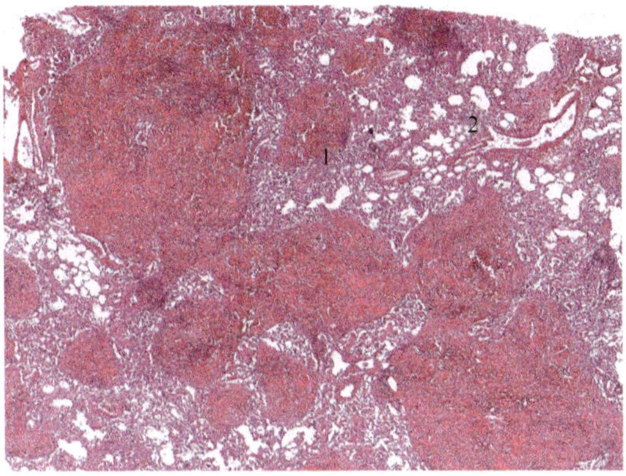

图 1-3-33　硅肺（HE 染色　低倍）
1. 硅结节；2. 代偿性肺气肿

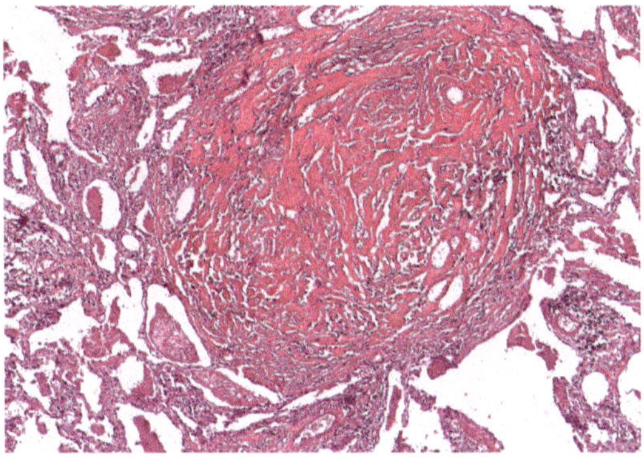

图 1-3-34　硅肺（HE 染色　高倍）

（7）肺小细胞癌（燕麦细胞癌）

1）低倍镜：癌细胞呈条索状、团块状排列，其周边肺组织呈肺不张，间质由较多致密的纤维组织及少量血管构成，部分瘤组织呈片状坏死（图 1-3-35）。

2）高倍镜：癌细胞体积小，呈圆形、短梭形或椭圆形，核染色深，胞质少，呈燕麦状，界限不清（图 1-3-36）。

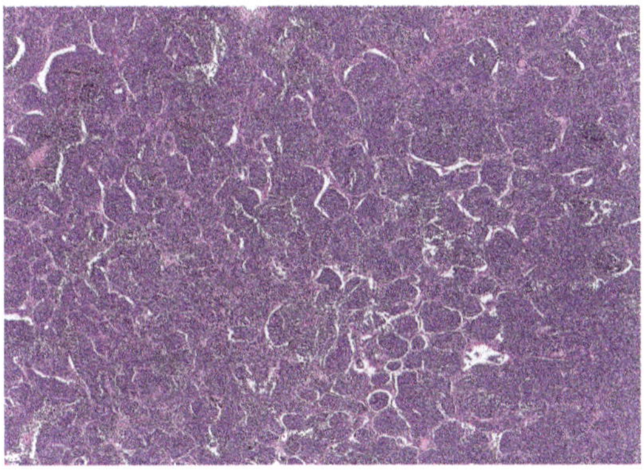

图 1-3-35　肺小细胞癌（HE 染色　低倍）

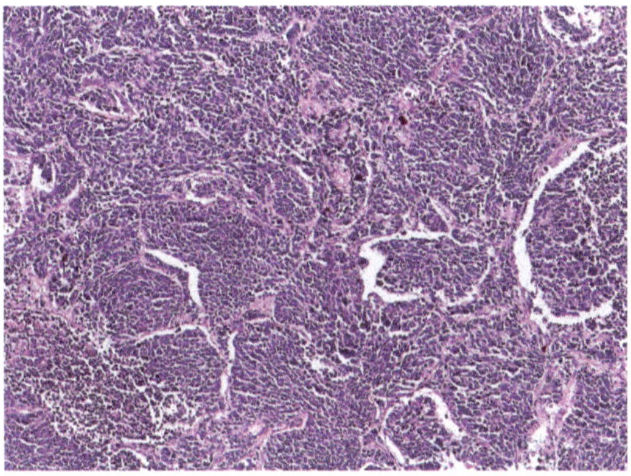

图 1-3-36　肺小细胞癌（HE 染色　高倍）

3. 病案讨论

病例 1

病史：女，汉族，49 岁。11 年前感冒后发热、咳嗽、咳脓痰，以后每年冬、春季发作，反复加重。3 年来劳动后感觉心悸、呼吸困难。2 年前开始反复下肢水肿。3 月前受凉后发热，咳嗽加重、咳脓痰，心悸、气急，无法平卧。查体：37.4℃，脉搏 98 次/分，端坐呼吸，唇及皮肤发绀，颈静脉怒张，桶状胸，呼吸度降低。叩诊呈过清音，双肺散在干湿啰音，心浊音界缩小。肝肋下 7.5cm。入院后患者突然抽搐，极度烦躁不安，继而神志不清，心率增至 156 次/分，经积极抢救无效死亡。

尸检：双肺体积增大，极度充气膨胀。切面见散在灰白色灶性实变区。镜下见：双肺末梢组织过度充气扩张，肺泡壁变薄，部分壁断裂，灶性实变区充血，肺泡腔及细支气管管腔内有大量浆液、中性粒细胞，部分上皮细胞坏死脱落。支气管黏膜上皮坏死细胞增多，部分鳞状化生,管壁黏液腺增多并肥大,管壁软骨钙化及纤维化。纤维组织增生,淋巴细胞及少量中性粒细胞浸润。心脏重300g,有心腔明显扩张,肺动脉圆锥膨隆,淤血性肝硬化。

其他脏器均有不同程度的变性、淤血。

讨论:

(1) 根据主要临床症状做出诊断,并说明诊断依据。

(2) 该患者疾病的发生、发展过程。

(3) 根据尸检发现的病理改变解释死者生前的症状和体征。

病例 2

病史:男,45岁,汉族。在采石厂从事切石工作20余年。5年前因胸闷、咳嗽,胸痛、气急入院。X线检查,诊断为二期硅沉着病。经治疗、疗养后,症状有所减轻。出院后继续从事切石工作。近1年来常因受凉后出现咳嗽、胸痛、气短、心悸、活动时呼吸气短等症状。曾以感冒治疗后,效果不佳,且反复发作,并呈逐渐加重趋势。4天前晚20时感胸闷、胸痛、剧烈咳嗽、气急、呼吸困难急诊入院。体检:患者呼吸急促,面色潮红,口唇及指甲青紫。体温:37.8℃,白细胞 4×10^9/L。X线检查:双肺散在结节状或小片状实变阴影,右心界扩大。呼吸音减弱,未闻及明显啰音。经抗炎、给氧、吸痰等积极治疗无效,于凌晨1时死亡。

尸检:

(1) 心脏:右心室明显扩大。

(2) 肺:肺脏切面有数个不规则形、黑灰色、质硬结节,有的相互融合,肺组织有弥漫性纤维组织及多量炭末沉积,胸膜粘连。

(3) 肝脏:体积增大,淤血。

(4) 显微镜下观察:肺组织大量纤维组织增生,可见数个如洋葱皮层状同心圆的纤维化结节,有的已融合,并有玻璃样变。支气管呈慢性炎症改变。

讨论:

(1) 根据病史、临床检查及尸检所见,做出病理诊断。

(2) 分析患者所患疾病发生、发展过程中相互之间的联系。

(3) 确定死亡原因。

(文:韦新荣　刘志艳　图:韩　博　甄军晖)

实验七　消化系统疾病

【目的要求】

(1) 掌握消化道溃疡的病变特点、并发症及临床病理联系。

(2) 掌握病毒性肝炎的基本病变及各型肝炎的病变特点。

(3) 掌握肝硬化的概念、常见类型的病变特点及临床病理联系。

(4) 了解消化管肿瘤及肝癌的大体及组织学类型。

【实习内容】

1. 大体标本观察

(1) 慢性萎缩性胃炎:胃窦部黏膜皱襞消失,黏膜萎缩、变薄。

（2）胃慢性消化性溃疡

1）病史：男，30 岁，上腹部发作性疼痛 3 年，疼痛发作时与饮食有关，常于食后半小时发生，呕吐酸水，近 1 年发作频繁且有呕吐，1 周前曾呕血并有黑色柏油样便。入院后经 X 线检查发现有龛影形成。胃镜检查：在胃小弯近幽门处黏膜有一圆形、直径约 1.2cm 大小、深约 0.4cm 的组织缺损（即溃疡）。

2）标本为手术切除胃，溃疡底部光滑平坦，边缘整齐，周围黏膜皱襞呈放射状排列。

（3）十二指肠溃疡：胃幽门黏膜皱襞减少，十二指肠前壁稍增厚见一圆形直径约 0.5cm、深达肌层的溃疡，底部光滑平坦。

（4）食管癌

1）病史：男，40 岁，哈萨克族牧民。主诉进行性吞咽困难 5 个月，并逐渐加重，目前仅能进少量流食。X 线检查：食管中段有一明显狭窄，长度约 2cm，狭窄上端食管扩张。食管镜检查取材确诊为食管鳞状细胞癌，入院做手术切除。

2）病理改变：中、晚期食管癌分 4 种类型，即髓质型、蕈伞型、溃疡型、缩窄型。

a. 缩窄型：食管壁内瘤组织呈浸润性生长，浸透管壁全层，表面有出血坏死及浅表溃疡，管壁明显狭窄，僵硬。

b. 髓质型：肿瘤沿食管壁浸润性生长，食管壁全层均被浸润，管壁明显增厚，结构完全破坏，呈灰白色。

c. 蕈伞型：食管黏膜面有一肿块，高低不平，向腔内隆起，表面粗糙，中央出血、坏死，基地较宽，形如菜花或蕈伞。

d. 溃疡型：食管黏膜有一较大溃疡，直径约 3cm，圆形或椭圆形，边缘隆起，黏膜皱襞消失，溃疡底部粗糙不平，有坏死组织，呈灰白色，癌组织向肌层浸润性破坏食管壁，边界不清。

（5）胃腺癌

1）病史：男，40 岁，汉族，工人。3 年前开始感觉上腹部疼痛，呈间歇性发作，偶有反酸，服药后即可缓解。近 1 年来疼痛加剧，食欲差，明显消瘦，有时疼痛发作时伴有呕吐。便潜血（+）。胃镜检查确诊为胃癌，手术切除。

2）病理改变：中、晚期胃癌大体形态可分为 4 种类型。

a. 菜花型胃癌：在胃小弯侧有一隆起型肿物，边缘轻度外翻似菜花或蘑菇状，表面粗糙，高低不平，伴出血、坏死，切面呈灰白色，癌组织向胃壁浸润致病灶处胃壁增厚。

b. 溃疡型胃癌：胃小弯近幽门处有一巨大溃疡，直径约 5cm，底部粗糙，溃疡边缘隆起，不整齐，皱襞消失。

c. 浸润型胃癌：胃壁黏膜及浆膜下因大量肿瘤浸润而明显增厚，僵硬，黏膜皱襞粗大甚至消失，形同“皮革带”，故称之“革囊胃”。

d. 黏液型胃癌：胃幽门部有一不规则肿物突入胃腔，表面灰白色，质硬，切面见散在小囊腔，内含有黏液，呈半透明状，肿瘤侵及胃壁全层，边界不清。

（6）大肠癌

1）病史：女，63 岁，间歇性便秘、腹泻及便血 5 个月余，近 1 个月来加重，出现腹胀、腹痛及消瘦。直肠镜检查：距肛门齿状线 8cm 处有一环形狭窄区，质硬。手术切除直肠和乙状结肠。

2）病理改变：大肠癌多发生于直肠，其次为乙状结肠、升结肠，降结肠较为少见。进展期大肠癌分为隆起型、溃疡型、浸润型和胶样型 4 型。

a. 结肠腺癌：升结肠肿瘤多呈外生性生长，常突向肠壁，呈结节状、息肉状、菜花状或蕈伞状。

b. 直肠腺癌：癌肿位于直肠黏膜近肛管处，表面呈乳头状突入肠腔，灰白色或灰褐色，质硬，表面有出血坏死。

（7）病毒性肝炎

1）急性普通型肝炎

a. 病史：男，28 岁，10 天前感全身乏力，低热，并有食欲不佳、上腹胀等消化不良症状。查体：肝大（肋缘下 1 横指），肝区有压痛、叩击痛，皮肤及巩膜无黄染。实验室检查：肝功能不正常，血清转氨酶（GPT）高达 500 单位。

b. 病理改变：肝脏体积轻度增大，质软。黄疸型者呈黄绿色。

2）急性重型肝炎

a. 病史：女，25 岁，妊娠 5 个月。9 天前开始出现低热，食欲不佳，上腹闷胀，皮肤轻度黄染。近 2 天来病情突然恶化，皮肤黄染加深，频发呕吐，呕吐物内带有少量血，并有鼻血，嗜睡昏迷，急诊入院。查体：体温 40℃，皮肤及巩膜黄染，肝未触及，意识不清呈昏迷状态，经抢救无效死亡。

b. 病理改变：肝脏体积明显缩小、包膜皱缩。重量减轻，质地较软。切面呈黄色或红褐色，又称急性黄（红）色肝萎缩。

（8）肝硬化

1）门脉性肝硬化

a. 病史：男，46 岁，6 个月前右上腹部饱胀感，偶有齿龈出血，最近发觉腹部逐渐膨隆，一次吃饼干后呕血 400ml，急诊入院。查体：消瘦，腹水（++），肝未触及，脾大肋下 4 横指，腹壁静脉明显曲张，入院后经救治一度好转，3 天后一次餐后突发大量呕血，经积极抢救无效死亡。

b. 临床诊断：肝硬化并发上消化道出血。

c. 病理改变：肝脏体积缩小，重量减轻，变形，质地较硬，表面凹凸不平，有大小相近（<1.0cm）的灰黄色结节，呈粗颗粒状，切面可见分布均匀而密集的灰黄色小结节，结节之间为均匀的纤维组织间隔。

2）坏死后性肝硬化：肝脏体积缩小，包膜皱缩，重量减轻，质地变硬，呈棕黄色。表面凹凸不平，弥漫分布大小不等略呈球形的结节，切面见大小不等、灰黄色的结节，相差悬殊，有的直径可超过 3cm，结节之间为宽而不均匀的纤维间隔。

3）胆汁性肝硬化：肝组织表面呈弥漫性颗粒状，瘀胆较明显，呈黄绿色。切面可见粟粒状、均匀一致的细小结节，周围包绕纤维结缔组织。

（9）食管静脉曲张：食管及胃大部剖面，在食管下端可见静脉曲张，呈蛇形状，下 1/3 处有一 1cm 大小静脉破裂口。

（10）原发性肝癌

1）病史：男，45 岁，1 年多来食欲差，消化不良，上腹闷胀不适，3 个月前右上腹有包块，全身无力，日渐消瘦。查体：肝大肋缘下 6 横指，表面高低不平，质坚硬，有腹水，巩膜及皮肤黄染，血清甲胎球蛋白（AFP）（++）。

2）病理改变：肝脏体积显著增大，见灰白色肿块。肿块为单个或多个结节，大者可超过 10cm，分界清楚。

3）肝癌大体形态可分为巨块型、结节型和弥漫型。

a. 巨块型肝癌：肝脏体积显著增大，肝右叶有一巨大肿物，肿物呈灰白色或灰褐色，中央有出血坏死，质硬。周围肝组织受压而萎缩，肝左叶伴肝硬化。

b. 结节型肝癌：肝脏体积增大，切面见散在分布、大小不等的结节状肿物，结节呈灰白或灰黄色，伴出血坏死，常伴有肝硬化的改变。

c. 弥漫性肝癌：肝脏内可见灰白色小结节，呈弥漫分布，似肝硬化改变。

2. 切片标本观察

（1）慢性萎缩性胃炎

1）低倍镜：胃窦部黏膜固有腺体不同程度萎缩、消失，伴有肠上皮化生。

2）高倍镜：肠上皮化生的腺体可见典型的杯状细胞，黏膜层见散在的慢性炎细胞（淋巴细胞、浆细胞）浸润。

（2）慢性胃溃疡

1）低倍镜：溃疡深达肌层，溃疡底部由内向外分4层（渗出物层、坏死层、肉芽组织层、瘢痕层），其两侧见胃壁各层结构（图1-3-37）。

2）高倍镜：①渗出层：浆液、纤维素及中性粒细胞渗出；②坏死层：红染无结构的物质及少量炎细胞；③肉芽组织层：见大量毛细血管和成纤维细胞及少量炎细胞；④瘢痕组织层：血管、细胞少，胶原纤维增多，偶见小动脉内膜增厚及管腔狭窄（图1-3-38）。

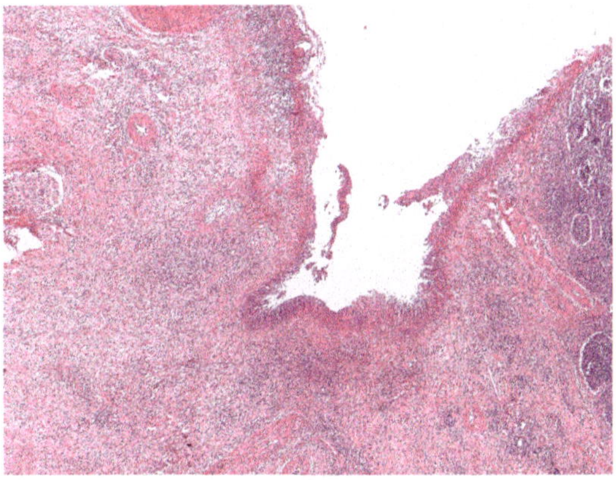

图1-3-37 慢性胃溃疡（HE染色 低倍）

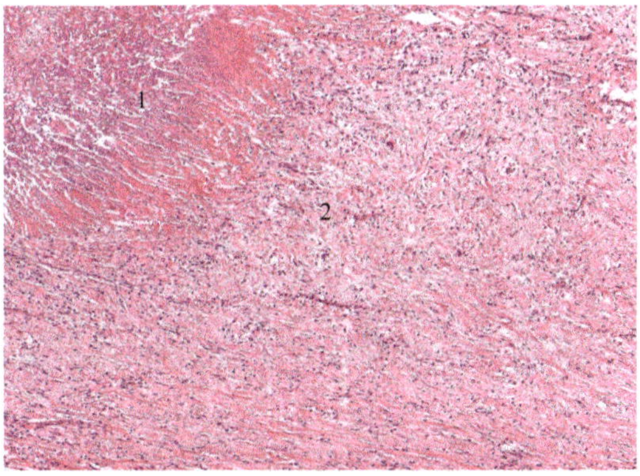

图1-3-38 慢性胃溃疡（HE染色 高倍）
1. 肌层；2. 瘢痕

（3）十二指肠溃疡：镜下病理改变同胃溃疡。

（4）食管鳞状细胞癌

1）低倍镜：大多数为分化程度不同的鳞状细胞癌，癌组织可侵及食管壁各层。先从黏膜表面依次观察癌组织和癌巢结构及癌组织已浸润到食管壁的哪一层，有无瘤栓等。

2）高倍镜：注意观察癌细胞的特点，异型性、核分裂等形态特点。

（5）胃腺癌：大多为分化程度不同的腺癌（高分化管状腺癌、乳头状腺癌、黏液腺癌）。

胃黏液腺癌：腺腔内见大量黏液，形成"黏液湖"，黏液湖中可见漂浮的癌细胞及腺体。因黏液常将细胞核挤向胞质一侧，形似戒指，故称此类腺癌为"印戒细胞癌"。

（6）大肠癌：镜下观察：多以分化程度不同的腺癌常见，组织学类型同胃腺癌，但直肠或肛门处可发生鳞癌。

（7）病毒性肝炎

1）急性普通型肝炎

a. 低倍镜：肝细胞索排列紊乱。以变性为主，坏死较轻。肝窦受压变窄，内皮细胞肿大、增生，肝细胞坏死呈点状或小灶状，有淋巴细胞浸润。

b. 高倍镜：肝细胞体积增大，胞质疏松，有的肝细胞明显增大呈气球样变。有的肝细胞有坏死性改变，呈嗜酸性变（形成嗜酸小体）。

2）慢性活动性肝炎：镜下观察：肝小叶部分被破坏，肝细胞变性坏死以小叶周边较为明显，使小叶界板被破坏形成碎屑样坏死。坏死灶也可与汇管区之间、中央静脉之间等连接成条索带，形成“桥接坏死”，汇管区及周围有淋巴细胞、浆细胞浸润。

3）急性重型肝炎

a. 低倍镜：肝小叶结构几乎全被破坏，肝细胞广泛坏死，只残留部分肝索及支架，肝窦扩大淤血及出血，汇管区及坏死区有大量淋巴细胞、中性粒细胞浸润，并有大量假胆管增生。

b. 高倍镜：坏死区中央静脉与肝窦明显扩张充血、出血，Kupffer 细胞增生、肥大，吞噬增强，小叶及汇管区炎细胞（淋巴细胞、巨噬细胞）浸润。

（8）肝硬化

1）门脉性肝硬化

a. 低倍镜：肝小叶正常结构被破坏，肝实质被增生的纤维组织分割、包绕，形成圆形或类圆形结节（假小叶）。假小叶内肝细胞排列紊乱，中央静脉偏位或有多个（图 1-3-39）。

b. 高倍镜：假小叶内肝细胞变性坏死，可见再生的肝细胞，假小叶纤维组织间隔内可见胆管细胞增生，形成假胆管，伴淋巴细胞浸润（图 1-3-40）。

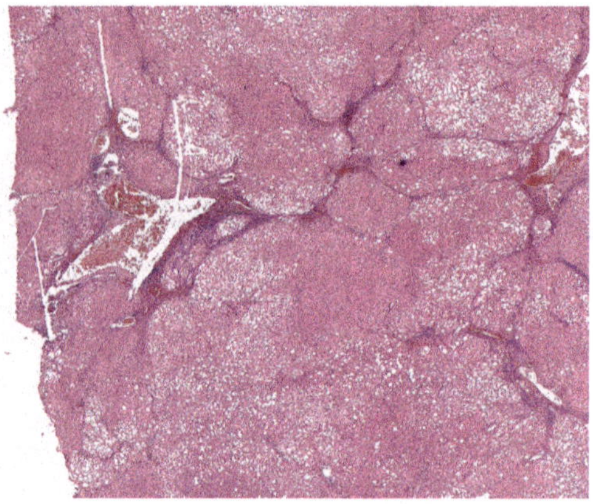

图 1-3-39　门脉性肝硬化（HE 染色　低倍）

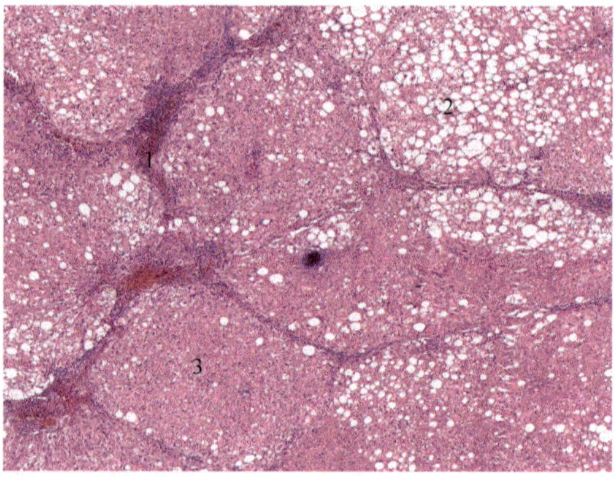

图 1-3-40　门脉性肝硬化（HE 染色　高倍）
1. 纤维间隔；2. 肝细胞脂肪变；3. 假小叶

2）坏死后性肝硬化

a. 低倍镜：肝小叶破坏严重，假小叶周围增生的纤维间隔宽窄不一。

b. 高倍镜：假小叶内肝细胞变性坏死明显，伴胆色素沉积。纤维间隔内炎细胞浸润和胆小管明显增生。

（9）肝细胞肝癌

1）低倍镜：癌细胞排列成不规则的条索状、团块状或巢状，癌巢之间为血窦样间质。部分癌细胞已坏死，部分脂肪变性（图 1-3-41）。

2）高倍镜：癌细胞大小不等，核大，染色深，细胞质呈酸性，可见病理性核分裂象（图1-3-42）。

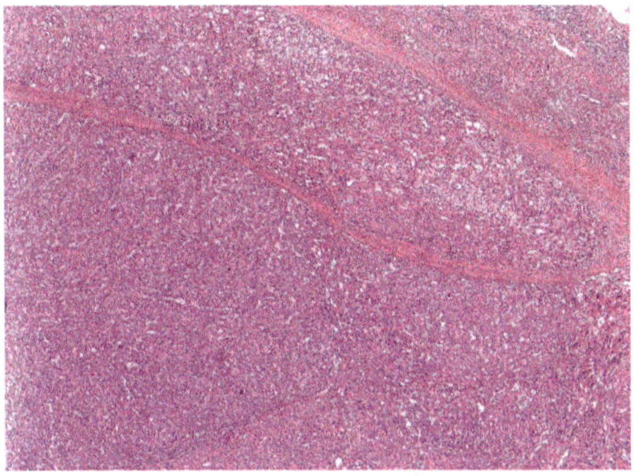
图1-3-41 肝细胞肝癌（HE染色 低倍）

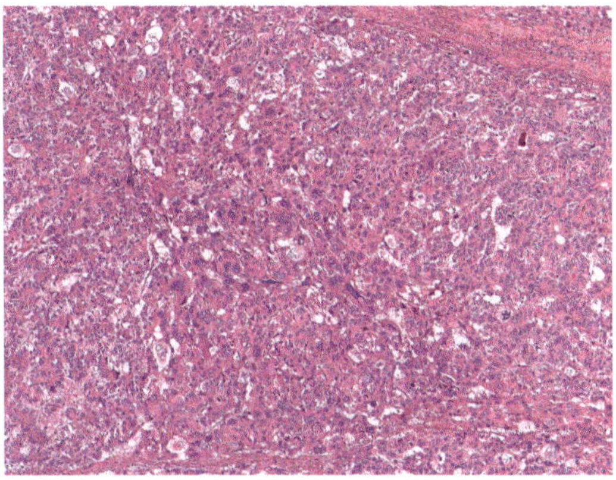
图1-3-42 肝细胞肝癌（HE染色 高倍）

3. 病案讨论

病史：男，40岁，突然上腹部剧痛3小时，急诊入院。10多年前开始上腹部疼痛，以饥饿时明显，伴反酸、嗳气，有时粪潜血实验（+）。每年发作数次，多在冬秋之交和春夏之交或饮食不当时发作，服碱性药物缓解。2年前疾病发作时排柏油样大便，乏力，进食后腹痛加剧，伴呕吐。入院前3小时突然上腹部剧痛，放射至右肩部，面色苍白，大汗淋漓，以急腹症急诊入院。查体：脉搏110次/分，血压100/37.5mmHg，神清、呼吸浅快。腹壁紧张，硬如木板，全腹压痛。腹部透视：双侧膈肌下积气。

临床诊断：十二指肠溃疡并穿孔。急诊手术，行胃大部切除术。

讨论：

（1）患者所患疾病的诊断依据。

（2）若十二指肠溃疡处做一组织切片，镜下可见哪些病理变化？

（3）用所学病理学知识解释本疾病发展过程中出现的症状、体征及并发症。

（文：韦新荣 刘志艳 图：韩 博 甄军晖）

实验八 泌尿系统疾病

【目的要求】

（1）掌握肾小球肾炎的概念、基本病理变化特点及临床病理联系。

（2）掌握慢性肾小球肾炎的概念、分类、基本病理变化特点及临床病理联系。

（3）掌握急性、慢性肾盂肾炎的病变特点、发生发展过程及临床病理联系。

（4）了解泌尿系统常见肿瘤的形态特征。

【实习内容】

1. 大体标本观察

（1）急性弥漫性增生性肾小球肾炎

1）病史：女，12岁，3天前出现眼睑水肿，并有尿量减少和尿色变红。以前有多次扁桃体发炎病史,查体:面色苍白,有水肿,心率快,血压150/90mmHg。实验室检查:尿中蛋白(+++)。

2)病理改变:肾脏体积肿大,包膜紧张,表面光滑,充血,亦称"大红肾"。有的表面或切面可见散在出血点,称"蚤咬肾"。皮质增厚,皮、髓质分界清楚。

(2)慢性硬化性肾小球肾炎

1)病史:男,20岁。反复水肿2年,发现血压升高1年,近因昏迷入院。查体:呈浅昏迷状态,口有尿气味,心界扩大,有心包摩擦音,眼睑及下肢水肿,血压170/100mmHg。化验:尿中蛋白(+++),有管型白少量红细胞和及细胞。血液非蛋白氮(NPN)286mg/ml(正常为25~35mg/ml)。临床诊断:慢性肾小球肾炎,尿毒症。

2)病理改变:肾体积显著缩小,质地变硬,表面凹凸不平,呈弥漫细颗粒状(亦称颗粒型固缩肾)。切面皮质变薄,皮、髓质分界不清,肾盂周围脂肪增多。

(3)新月体性肾小球肾炎

1)病史:男,26岁,因水肿、血尿、蛋白尿20天,恶心、呕吐3天入院。查体:血压165/100mmHg,面色苍白,颜面部及双下肢水肿。化验检查:24小时尿量150ml,尿色洗肉水样,尿蛋白(++),红细胞(+++),红细胞管型1~3个/HP;肌酐426μmol/L,明显高于正常值。B超示双肾增大。

2)病理改变:肾脏体积增大,表面呈苍白色,切面皮质常有出血点。

(4)急性肾盂肾炎

1)病史:女,30岁,因畏寒、发热伴尿频、尿急、尿痛3天入院。查体:体温39℃,双肾区明显叩击痛,膀胱区压痛。尿液检查:白细胞(+++),脓细胞(++),尿蛋白(++),白细胞管型0~3个/HP;尿培养大肠杆菌生长。

2)病理改变:肾脏体积增大、充血,表面见多个散在不规则化脓性病灶,切面见肾盂、肾盏扩张,黏膜粗糙,肾皮质变薄,皮、髓质分界不清。肾盂黏膜充血水肿,有散在出血点,黏膜表面有脓性渗出物。

(5)慢性肾盂肾炎:肾脏表面有不规则凹陷性瘢痕,双侧不对称,肾实质变薄,皮、髓质分界不清,肾盂因瘢痕收缩变形。若尿路阻塞可见肾盂积水、肾实质变薄或伴肾结石。

(6)肾透明细胞癌

1)病史:男,65岁,因发热乏力,体重减轻半年,右侧腰痛、血尿5天入院。有吸烟史。查体:体温38.5℃,肾区可触及一质硬不活动肿块,直径约5cm。B超示:肿块位于右肾上极。

2)病理改变:肾脏中极有一结节状肿物,向外呈膨胀性生长,与周围分界较清楚,有假包膜形成,切面瘤组织有出血、坏死,呈灰黄色、灰白色或红棕色多彩状。

(7)肾母细胞瘤

1)病史:女,3岁,因右腹部巨大肿块3个月,腹痛、血尿2天入院。查体:体温38℃,腹部明显膨隆,以右腹侧明显,可触及10.9cm×10cm质硬不活动的球形肿块。B超示:肿块位于右肾下极。

2)病理改变:肾脏下极有一圆形肿物,表面光滑,界限清楚,有假包膜。切面呈淡红色,有灶状出血或囊性变。

(8)膀胱移行细胞癌

1)病史:男,65岁,印染厂工人,因无痛性血尿伴尿频、尿急、尿痛10天入院。查体:体温38℃,肾区无叩击痛。膀胱镜示:膀胱腔内有突出新生物。

2)病理改变:膀胱腔内黏膜面有一菜花状肿块突起,呈灰白色,表面粗糙,质脆。

(9) 膀胱乳头状癌：肾盂肾盏黏膜面有一巨大肿物，表面呈乳头状及细小绒毛状。肾盂肾盏扩张，肾实质受压萎缩，肿瘤已破坏肾组织。

2. 切片标本观察

(1) 急性弥漫性增生性肾小球肾炎

1) 低倍镜：肾小球体积增大，肾小球内细胞数目显著增多，球囊腔变窄。病变呈弥漫性分布(图 1-3-43)。

2) 高倍镜：肾小球内系膜细胞及内皮细胞增生及炎细胞浸润(中性粒细胞为主)，毛细血管腔狭窄，可见毛细血管壁节段性纤维素样坏死。肾小管上皮细胞水肿、变性。间质充血，肾小球周围有少量炎细胞浸润(图 1-3-44)。

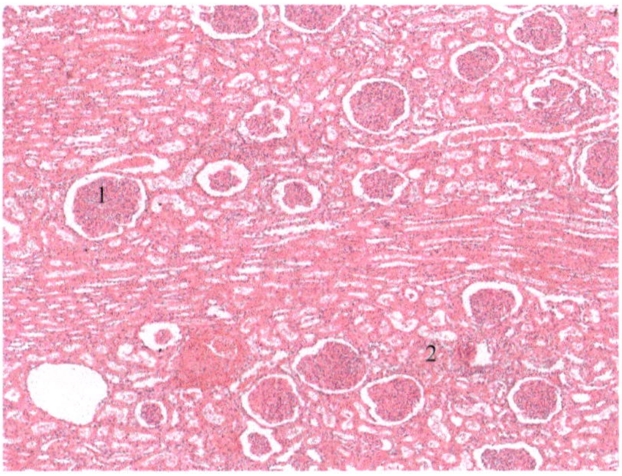

图 1-3-43　急性弥漫性增生性肾小球肾炎(HE 染色　低倍)
1. 肾小球；2. 肾小管

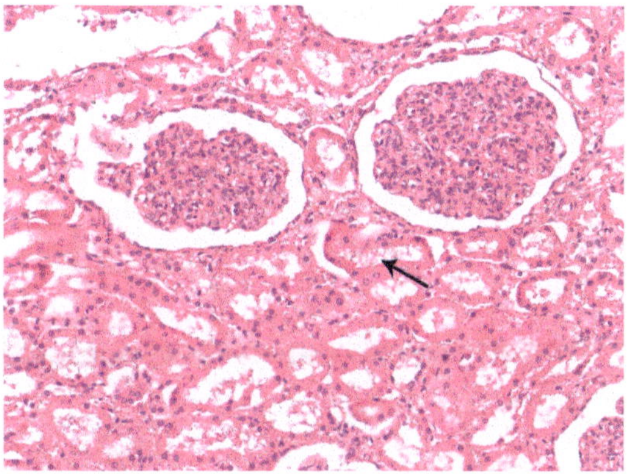

图 1-3-44　急性弥漫性增生性肾小球肾炎(HE 染色　高倍)
↖ 蛋白性物质

(2) 慢性硬化性肾小球肾炎

1) 低倍镜：大多数肾小球、肾小管萎缩，部分残留肾小球代偿性肥大、肾小管扩张，管腔内可见各种管型。间质较广泛纤维化(图 1-3-45)。

2) 高倍镜：肾小球纤维化或透明变性，相应的肾小管萎缩，肾间质大量纤维组织增生，伴淋巴细胞、浆细胞弥漫浸润，常出现“肾小球集中现象”(图 1-3-46)。

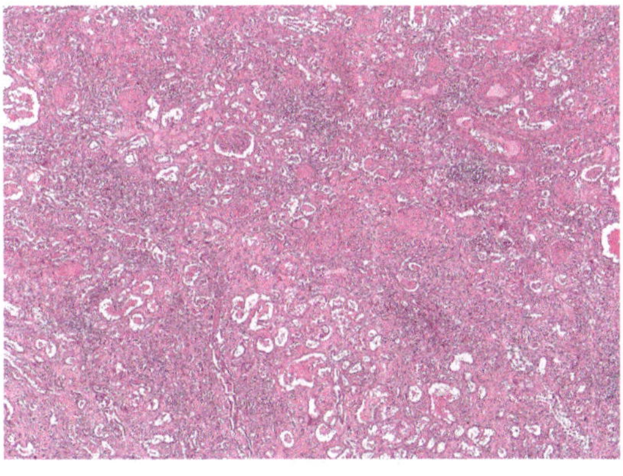

图 1-3-45　慢性硬化性肾小球肾炎(HE 染色　低倍)

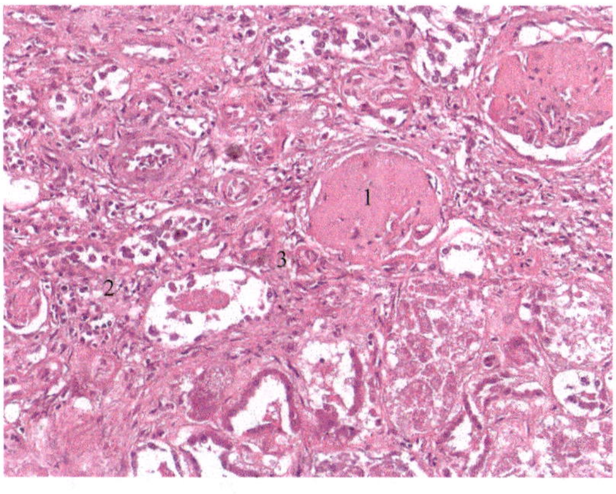

图 1-3-46　慢性硬化性肾小球肾炎(HE 染色　高倍)
1. 纤维化肾小球；2. 淋巴细胞；3. 纤维组织

（3）新月体性肾小球肾炎

1）低倍镜：肾小球囊壁上皮细胞增生，单核细胞浸润，形成新月体或环形体，肾小管萎缩，间质纤维组织增生及淋巴细胞浸润。

2）高倍镜：肾小球囊壁上皮增生形成新月体或环状体（分为细胞性新月体和纤维性新月体），肾小管毛细血管丛受压塌陷。部分肾小管萎缩，上皮细胞肿胀变性或可见细胞内玻璃样变性，间质水肿，腔内可见颗粒管型和蛋白管型。

（4）急性肾盂肾炎

1）低倍镜：肾组织内见片状化脓性炎性病灶或肾脓肿形成。肾间质血管扩张、充血，大量中性粒细胞浸润。

2）高倍镜：有些肾小管管腔内积有大量脓细胞和坏死组织碎片，有的管腔内有细胞菌落。肾间质血管扩张、充血，并可见大量中性粒细胞浸润。

（5）慢性肾盂肾炎

1）低倍镜：病灶分布不规则，肾小管萎缩、消失，间质纤维化，伴炎细胞浸润。

2）高倍镜：纤维组织增生，大量炎细胞（淋巴细胞、浆细胞、中性粒细胞）浸润，大多肾小管萎缩消失。肾小球玻璃样变性，肾小管内可见胶样管型。

（6）肾透明细胞癌

1）低倍镜：瘤细胞排列不规则，呈团块或条索状，以血窦为间质，结缔组织少。可见出血、坏死（图 1-3-47）。

2）高倍镜：瘤细胞体积大。胞质丰富、透亮（糖原）或淡嗜酸，包膜清楚，核大、圆形、卵圆形或不规则形。核仁明显，可见少数病理性核分裂（图 1-3-48）。

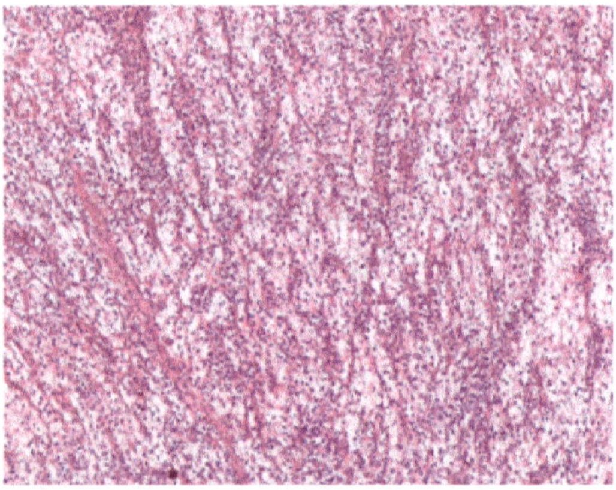

图 1-3-47　肾透明细胞癌（HE 染色　低倍）

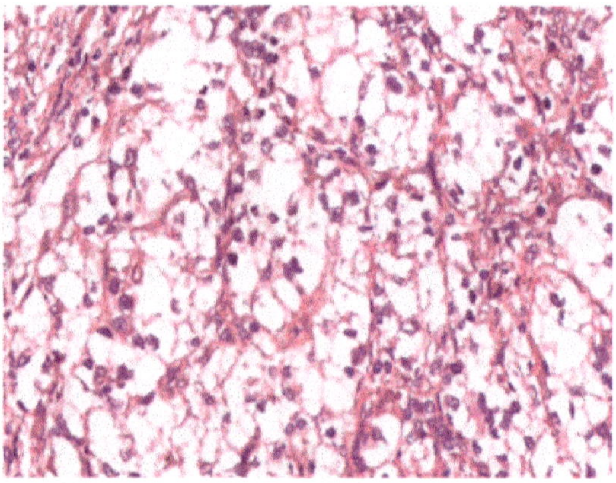

图 1-3-48　肾透明细胞癌（HE 染色　高倍）

（7）肾母细胞瘤：镜下观察：肿瘤由不同阶段的幼稚肾小球或肾小管样结构组成，瘤细胞分为间叶性梭形纤维细胞、上皮样细胞和小圆形胚基幼稚细胞。

（8）膀胱移行细胞癌：镜下观察：多呈乳头状分支结构，癌细胞排列呈乳头状，细胞层次明显增多，乳头中轴为血管及纤维结缔组织。根据瘤细胞分化程度分为 3 级。Ⅰ级：细胞层次较多，细胞轻度不典型增生，核分裂少见；Ⅱ级：细胞中度不典型增生，可见核分裂象；Ⅲ级：细胞不典型增生，伴极性紊乱，异型性明显，核染色深，常见核分裂象。

3. 病案讨论

病史：男，29 岁，反复水肿、蛋白尿近 1 年，近期伴血压升高、头晕、恶心呕吐，近因昏迷入院。患者于1年前偶出现全身水肿,伴蛋白尿,曾对症治疗后缓解。近5个月开始出现恶心、呕吐、纳差、精神不振,睡眠差,小便次数增多,且尿量夜间多于白天。既往无传染病及高血压病史。查体:患者呈浅昏迷状态,口有尿气味。心界扩大,有心包摩擦音,眼睑及双下肢水肿。血压170/100mmHg,体温37.5℃,呼吸17次/分,心率85次/分。实验室检查:血红蛋白62g/L,尿蛋白(+++),有管型及少量红细胞、白细胞,血液非蛋白氮(NPN)286mg/ml(正常为25~35mg/ml)。24小时尿量大于3500ml,尿比重为1.013,尿肌酐623μmol/L。B超显示:双侧肾脏缩小。

病检(肾穿组织):镜下观察:肾小球纤维化或玻璃样变,肾小管萎缩、减少,间质纤维组织增生、淋巴细胞浸润,部分肾小球及相应的肾小管代偿性肥大。管腔内有管型及少量的红细胞、白细胞。

讨论:

(1) 根据患者临床表现及所观察到的病理改变,做出诊断。

(2) 以病理知识解释本例患者的临床表现及肾脏缩小的原因。

(3) 结合临床症状讨论其产生的病变基础。

(文:韦新荣　刘志艳　图:韩　博　甄军晖)

实验九　生殖系统和乳腺疾病

【目的要求】

(1) 掌握子宫颈癌、葡萄胎、绒毛膜癌、乳腺癌的病理变化及特点。

(2) 掌握生殖系统疾病的临床病理联系。

(3) 了解生殖系统肿瘤的扩散和转移。

(4) 了解常见卵巢肿瘤的肉眼形态特征。

【实习内容】

1. 大体标本观察

(1) 子宫平滑肌瘤

1) 病史:女,38岁,月经紊乱,经期延长,流血量增多2年。妇科检查:子宫增大如孕3个月,表面可触及结节。

2) 病理改变:标本为全切子宫,切面可有一圆形肿物,位于肌壁间,与周围组织界限清楚,呈灰白色或粉红色,肌纤维纵横交错呈编织状。

(2) 子宫颈癌

1) 病史:女,40岁,足月顺产5胎,近1年阴道不规则流血,下腹部疼痛,近4个月白带增多,黄白色、腥味。妇科检查:子宫颈增大,在宫颈后唇见一突起的菜花状肿物,表面高低不平,触之易出血。

2) 病理改变

a. 手术切除的子宫及附件,宫颈肥大,向阴道腔突出,表面高低不平,切面呈灰白色,向宫颈管呈浸润性生长。

b. 子宫及附件,宫颈后唇见一菜花状肿物,质硬,切面呈灰白色,向宫颈管浸润性生长,表面破溃,形成溃疡。

c. 手术切除子宫，宫颈外口不规则，表面呈糜烂状，质硬，癌组织向宫颈管肌层浸润性生长，宫腔扩大，内膜粗糙，灰白色。

d. 子宫体腺癌：标本为手术全切子宫及附件，宫腔左侧壁可见一菜花状肿物，向宫腔突起。

（3）卵巢浆液性囊腺瘤：卵巢均被乳头状肿物取代，表面光滑，囊内充满淡黄色液体，囊壁内可见大小不等的乳头状突起，灰白色，质脆。

（4）卵巢黏液性囊腺瘤：肿瘤为囊性，表面光滑，灰红色，有完整包膜。切面可见肿物由大小不等的囊腔构成，囊壁较薄，囊腔内充满灰红色半透明胶冻样黏液。

（5）葡萄胎

1）病史：女，25 岁，已婚。停经 3 个月，子宫迅速长大超过妊娠月份，阴道不规则流血 20 天。妊娠反应明显。妇科检查：子宫增大如孕 6 个月，无胎心。

2）病理改变：标本为手术切除子宫，子宫体积明显增大，宫腔内充满半透明、成串的水泡状物，大小为 0.1 ~ 1.0cm，壁厚，水泡有蒂相连，似葡萄。子宫肌层无明显破坏。

（6）绒毛膜癌

1）病史：女，26 岁，葡萄胎刮宫术后 5 个月。近 2 个多月有不规则的阴道流血，随后出现咳嗽，X 线检查发现双肺有散在絮团状阴影。尿妊娠试验强阳性。

2）病理改变：标本为手术切除子宫及双侧附件，子宫体积增大，子宫后壁可见出血性结节，暗红色，质地较脆，侵袭子宫肌层。

（7）乳腺癌

1）病史：女，45 岁，半年前右乳外上象限发现一无痛性包块，逐渐长大。近 2 个月生长迅速。局部皮肤呈橘皮样改变，乳头内陷，时有血性分泌物溢出。近来出现右侧腋下淋巴结肿大。乳腺 X 线检查显示：右乳外上方有一不规则肿块。

2）病理改变：标本为手术切除乳腺组织，其外上象限有一 2 ~ 5cm 肿块，乳头下陷，周围皮肤呈橘皮样改变。切面瘤组织灰白色，无包膜，与下方脂肪组织无明显界限，呈树根状浸润性生长。深部可见 3 个圆形灰白色均匀的病灶（癌组织转移肿大的淋巴结）。

2. 切片标本观察

（1）子宫平滑肌瘤

1）低倍镜：瘤组织呈束状、纵横交错排列。

2）高倍镜：瘤细胞呈梭形，似平滑肌细胞。注意与纤维肉瘤的区别。

（2）子宫颈癌

1）低倍镜：瘤细胞排列不规则，呈团块状或条索状，形成癌巢，癌巢中央有成团的角化物（角化珠）。

2）高倍镜：癌细胞大小不等，排列层次紊乱，核染色深，可见不典型核分裂。

（3）卵巢浆液性囊腺瘤

1）低倍镜：肿瘤囊壁被覆单层上皮细胞，可见乳头状结构。细胞大小均一致，无明显异型性。

2）高倍镜：囊壁为立方或柱状上皮细胞，可见纤毛，核细长，位于细胞中央，胞质红染，无病理性核分裂。

（4）卵巢黏液性囊腺瘤

1）低倍镜：肿瘤囊壁被覆单层上皮细胞，囊内可见淡红色的蛋白性物质蓄积。部分囊腔内有黏液。

2）高倍镜：囊壁被覆高柱状黏液上皮，无纤毛，核位于细胞基底部，细胞形态较一致，无病理性核分裂象。

（5）葡萄胎

1）低倍镜：绒毛大小不等，间质水肿（图 1-3-49）。

2）高倍镜：绒毛合体细胞及细胞滋养层细胞增生，绒毛间质水肿，间质血管减少或消失（图 1-3-50）。

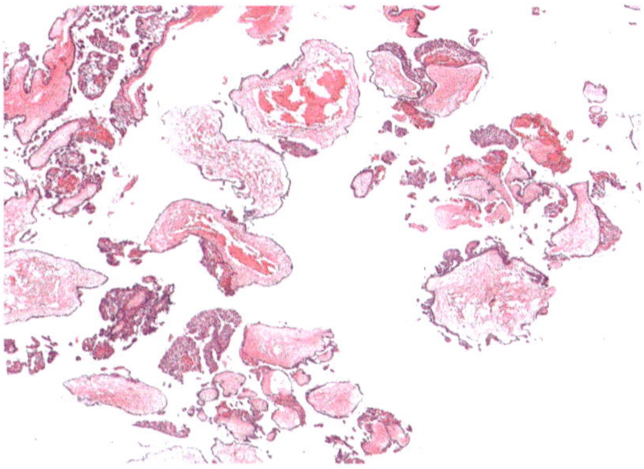

图 1-3-49　葡萄胎（HE 染色　低倍）

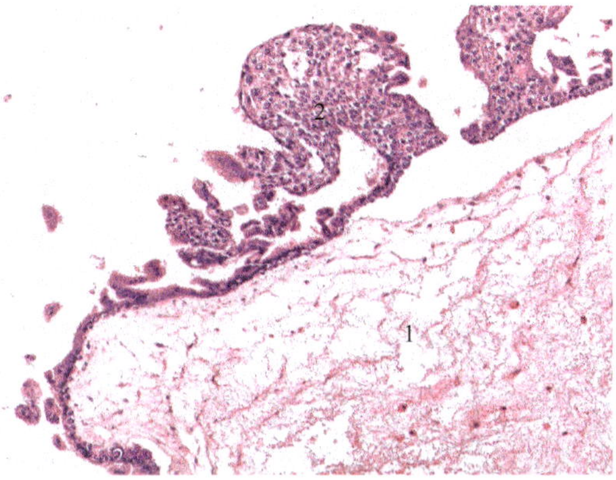

图 1-3-50　葡萄胎（HE 染色　高倍）
1. 绒毛间质高度水肿，间质血管减少、消失；2. 滋养层细胞增生

（6）绒毛膜癌

1）低倍镜：子宫平滑肌间有大量异性滋养层细胞，成片分布，无绒毛结构（图 1-3-51）。

2）高倍镜：癌组织由细胞滋养层细胞、合体滋养层细胞构成，呈不规则的条索状或巢状，癌细胞异型性明显，无间质及血管，癌组织周围有明显出血坏死（图 1-3-52）。

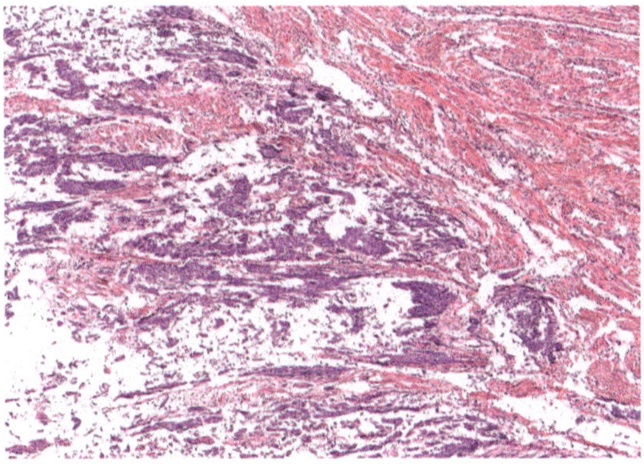

图 1-3-51　绒毛膜癌（HE 染色　低倍）

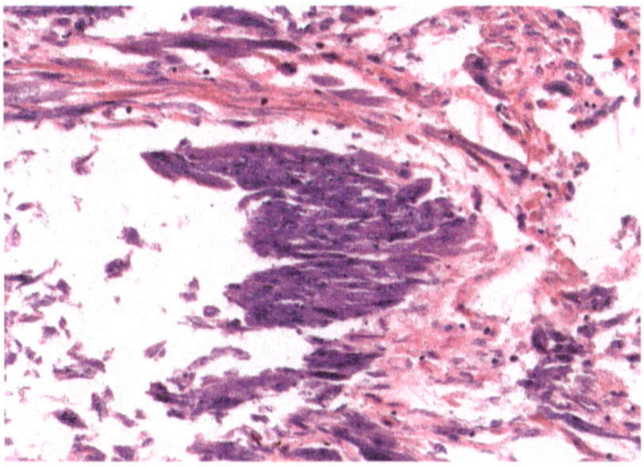

图 1-3-52　绒毛膜癌（HE 染色　高倍）

（7）乳腺癌

1）低倍镜：癌细胞呈片状、条索状或巢状排列，可见少量腺样结构，部分区域癌细胞排列成管状（图 1-3-53）。

2）高倍镜：癌细胞异型性明显，核分裂象多见（图 1-3-54）。

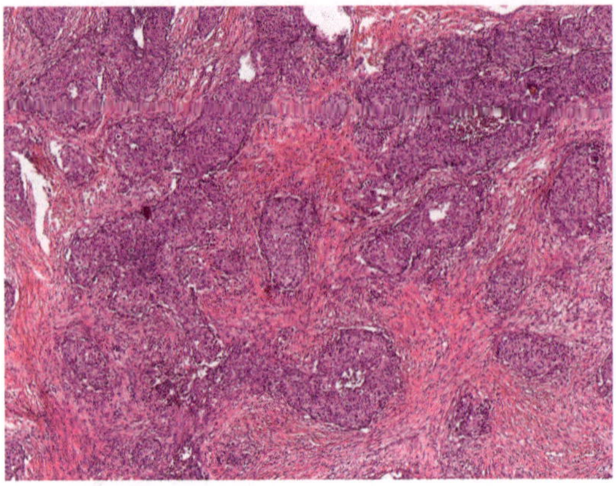

图 1-3-53 乳腺癌(HE 染色 低倍)

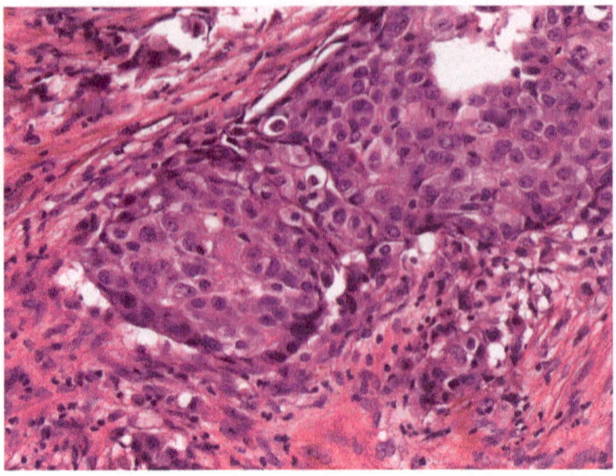

图 1-3-54 乳腺癌(HE 染色 高倍)

3. 病案讨论

病史:女,43 岁,入院前 9 个月生小孩后阴道一直不规则流血,白带多而臭,伴下腹痛及排便疼痛,日渐消瘦。查体:全身明显消瘦,宫颈凹凸不平,变硬,表面坏死,阴道穹隆消失。入院后行放射治疗,但病情呈进行性恶化,于入院后 4 个月余死亡。

尸检:恶病质,瘤组织向下侵及阴道穹隆,向上侵及整个子宫,向前侵及膀胱后壁,向后侵及直肠,并向两侧侵及阔韧带,与子宫穿通。子宫、直肠、膀胱、输尿管紧密粘连成团,固定于盆腔壁,左髂及主动脉旁淋巴结肿大,质硬呈灰白色。肝及双肺均有大小不等、界限清楚的灰白色球形结节。镜检:子宫颈、肝、肺病灶见肿瘤组织,呈条索状及团块状排列,瘤细胞核大、深染,常见病理性核分裂象,肿瘤组织团块内偶见角化珠。

讨论:

(1) 死者患的是什么病?

(2) 本疾病的发展过程及相互关系。

(文:韦新荣 刘志艳 图:韩 博 甄军晖)

实验十 淋巴造血系统疾病

【目的要求】

(1) 掌握霍奇金淋巴瘤的病变特点。

(2) 了解非霍奇金淋巴瘤及白血病的概念及基本病变。

【实习内容】

1. 大体标本观察

(1) 霍奇金淋巴瘤:淋巴结(肠系膜)肿大,如鱼肉状,切面呈灰白色,小灶性坏死,多处可见出血坏死。受累脾脏体积增大,切面见大小不等灰白色结节,似"水磨石"状。

(2) 非霍奇金淋巴瘤

1) 病史:男,5 岁,1 个月前在玩耍中腹部受压,疼痛难忍,其母亲在按摩腹部时发现脐下偏左有一鸡蛋大小包块,稍硬,腹痛渐止。2 周后出现腹胀,并伴发 2 次呕吐,食欲不佳,日渐消瘦,腹胀日益明显。入院查体:一般情况欠佳,消瘦,恶病质面容,腹部明显膨隆,可扪及数个大小不等的包块，中等硬度，无囊性感，移动性浊音(++)，下肢及阴囊水肿。入院后经支持疗法无效。腹胀剧增，呼吸急促，腹穿抽出血性液体后稍好转。入院第三天突然心跳呼吸停止，死亡时自口内涌出黄绿色液体约30ml。

2）尸检：腹腔内有少量血性液体，有1个27cm×25cm×10cm的不规则形包块充填腹腔，盆腔壁腹膜上有少数种植性瘤结节，回肠和结肠成段地被包裹在瘤块中，不能分离，肿块起自肠系膜腹壁后淋巴结，胃周围及各组淋巴结均被累及，为融合之淋巴结，如核桃或鸡蛋大小，切面呈淡红色，质较软、细腻，有明显的出血坏死。

3）病理诊断：非霍奇金淋巴瘤（肠系膜淋巴结及主动脉旁、胰十二指肠、胃小弯部、肝门等处淋巴结），侵袭胃、小肠、结肠、胰、脾及膀胱。

肠系膜融合肿大淋巴结，呈大小不等的团块状，质软，细腻均匀一致，切面呈灰白色（新鲜时为灰红色），多处可见出血坏死，瘤块中可见被包裹的部分肠管。

表面可见尚未完全融合被瘤组织所代替肿大的淋巴结，有的如核桃大或鸡蛋大小。

（3）白血病：病史：男，15岁，发热1个月。体格检查：肝脾大、浅表淋巴结肿大，血常规：红细胞数量减少，血中查见大量原始粒细胞。

1）白血病主要累及所有胚胎期造血器官（肝、脾、骨髓）及其他器官。

2）骨髓：长骨骨髓呈灰红色、泥膏状，骨皮质可变薄。

3）肝、脾、淋巴结肿大，切面呈灰白色。

2. 切片标本观察

（1）霍奇金淋巴瘤

1）低倍镜：淋巴结结构完全破坏，被瘤细胞取代，纤维组织及小血管增生（图1-3-55，图1-3-56）。

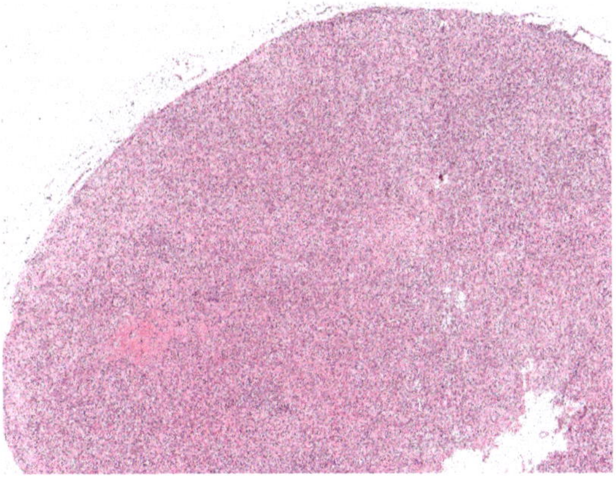

图1-3-55　霍奇金淋巴瘤（HE染色　低倍1）

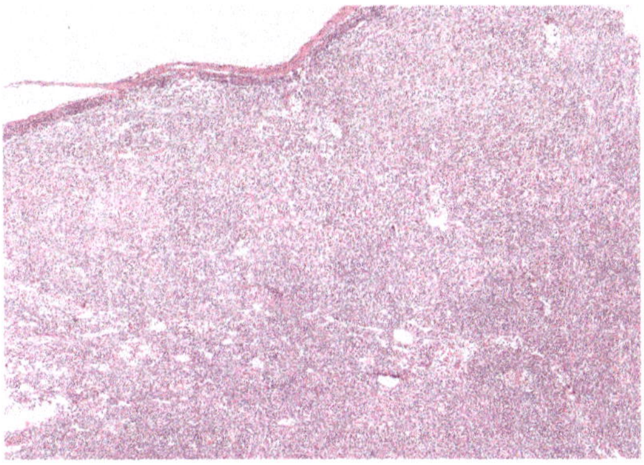

图1-3-56　霍奇金淋巴瘤（HE染色　低倍2）

2）高倍镜：瘤细胞为多种R-S细胞（霍奇金细胞、镜影细胞、“爆米花细胞”、纤窝细胞等）。细胞体积大，胞质呈弱碱性，核大、核膜厚，染色质成块状，集中于核膜，核仁大，嗜酸性，周围有透明的晕。瘤细胞间有较多嗜酸性细胞、浆细胞及淋巴细胞浸润（图1-3-57，图1-3-58）。

（2）非霍奇金淋巴瘤

1）低倍镜：淋巴结正常结构完全被瘤组织取代，瘤细胞呈弥漫性分布，细胞较单一，大小均一致（图1-3-59）。

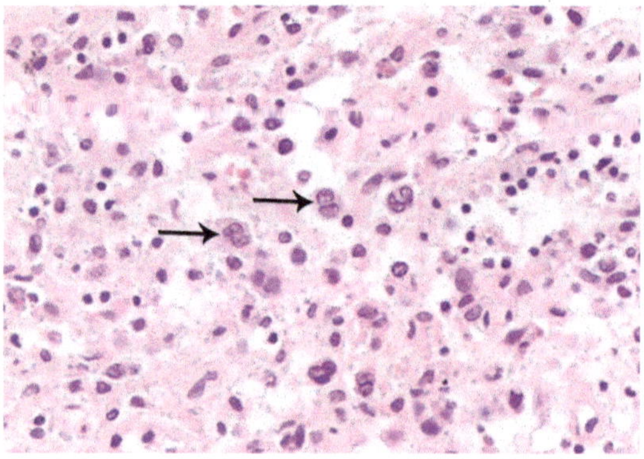

图 1-3-57　霍奇金淋巴瘤（HE 染色　高倍 1）
→镜影细胞

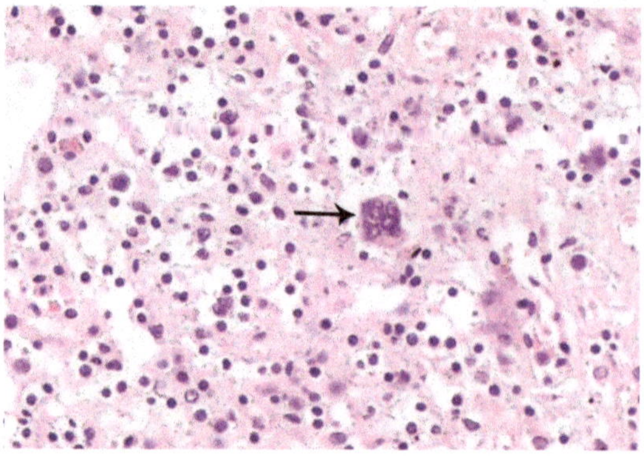

图 1-3-58　霍奇金淋巴瘤（HE 染色　高倍 2）
→爆米花细胞

2）高倍镜：胞质少或消失，核多，呈多角形或不规则形，染色质较深，核膜较厚，核分裂象较少见（图 1-3-60）。

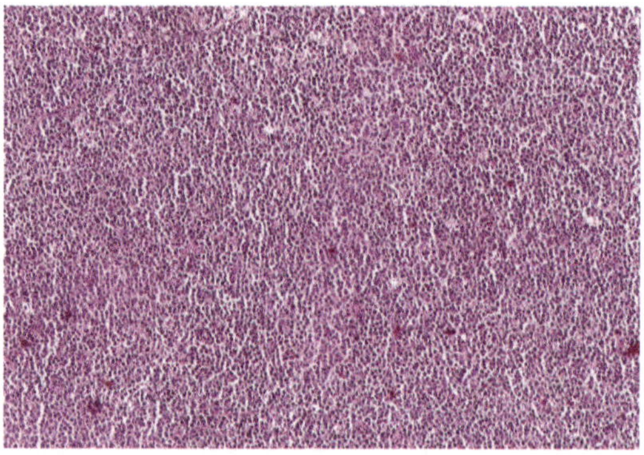

图 1-3-59　非霍奇金淋巴瘤（HE 染色　低倍）

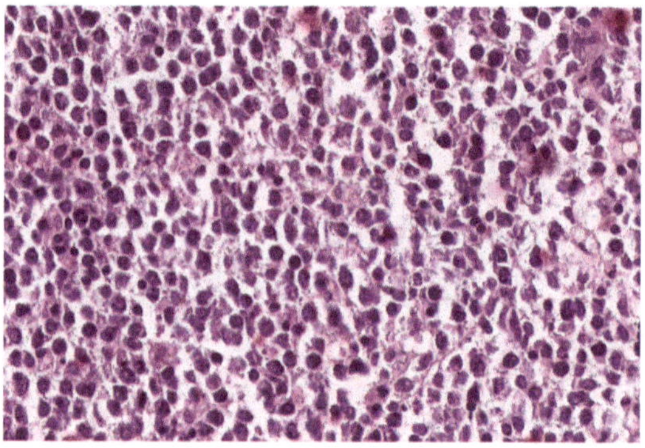

图 1-3-60　非霍奇金淋巴瘤（HE 染色　高倍）
瘤细胞大小一致，胞质少，胞核染色深

（3）白血病：镜下观察：

1）骨髓内异常增生和分化程度不同的粒细胞取代正常造血细胞（血小板系统和红细胞系统成分减少）。

2）肝、脾、淋巴结内有白血病细胞（即肿瘤细胞）浸润。

3. 病案讨论

病史：男，27 岁，汉族，以周期性反复发热和颈部淋巴结肿大之主诉入院。7 个月前开始出现低热，于 10 天左右自退，以后每 15 天或 1 个月发作 1 次，退热时有出汗现象。5 个月后发现右颈部淋巴结肿大，感觉疲乏无力，食欲减退，但无咳嗽、胸痛。入院时查体：右颈部淋巴结肿大，10 多个连成一串，质中等，无压痛，无炎症现象。肝大，肋下 2 指。脾大，肋下 3 指，质较硬。血象：红细胞 $32.5\times10^{12}/L$，血红蛋白 90g/L，白细胞 $5.6\times10^{9}/L$（中性粒细胞 0.68，嗜酸粒细胞 0.01）。入院后，经抗肿瘤治疗后病情好转出院。不久又因病情恶化、发热持续不退并出现腹泻再次入院。患者消瘦，并有明显贫血。胸透见纵隔淋巴结肿大，又给予抗肿瘤化疗，其效果远不如前，继而病情不断加重，最后出现腹水、黄疸，继而导致全身衰竭死亡。

尸检：

（1）肝脏：明显肿大（2350g），切面呈棕黄色，可见一些大小不等、形状不规则的病灶，呈灰白色，部分相互融合。

（2）脾脏：明显肿大（700g），表面粗糙，切面呈暗红色，可见多数散在分布均匀、形状不规则的灰白色病灶，形似岩石断面，有“斑岩脾”之称。

讨论：

（1）病理诊断。

（2）恶性淋巴瘤包括哪些类型？各常发生于什么部位。

（3）霍奇金淋巴瘤在临床病理方面有哪些特点。

（文：李劲松　刘志艳　图：韩　博）

实验十一　内分泌疾病

【目的要求】

（1）了解单纯性甲状腺肿和甲状腺功能亢进的发病机制及病理特点。

（2）掌握甲状腺腺瘤及甲状腺癌的病理特点。

【实习内容】

1. 大体标本观察

（1）毒性甲状腺肿：甲状腺对称性弥漫性肿大，表面光滑、无结节，质地软。

（2）单纯性甲状腺肿：甲状腺组织呈弥漫性肿大，切面棕红色，半透明状。

（3）结节性甲状腺肿：肿大的甲状腺组织切面呈灰黄色，由纤维组织分割成大小不等的多个结节。

（4）甲状腺腺瘤：肿瘤呈圆形结节，表面光滑，有完整包膜。切面肿瘤与周围组织分界清楚，肿瘤内外结构不同，瘤内可有出血、囊性变、纤维化和钙化，肿瘤周围组织受压。

（5）甲状腺乳头状癌：甲状腺被膜灰白色、粗糙，部分可与周围组织粘连。肿瘤切面白色、灰色或灰棕色，质脆，无包膜或包膜不完整，向周围浸润。常可见囊腔形成，囊内可见乳头状结构。

（6）肾上腺皮质增生：肾上腺均匀增大，被膜紧张，边缘变钝，切面呈脑回状，肾皮质增厚。

2. 切片标本观察

（1）毒性甲状腺肿

1）低倍镜：间质血管丰富、充血，淋巴细胞增生（图1-3-61）。

2）高倍镜：滤泡上皮增生呈高柱状，有的呈乳头状增生，并有小滤泡形成；滤泡腔内胶质稀薄，周边有大小不一的吸收空泡（图1-3-62）。

（2）单纯性甲状腺肿：镜下：甲状腺滤泡弥漫增生，滤泡大小一致，腔内含有多量胶质，上皮细胞立方形或扁平（图1-3-63，图1-3-64）。

（3）甲状腺腺瘤

1）肉眼：切片一侧为界限清楚的结缔组织包膜。

2）镜下：包膜外尚有正常甲状腺组织。包膜内为增生的滤泡，滤泡大小颇不一致，滤泡上皮细胞多呈立方形，异型性不明显，腔内多充满胶质。

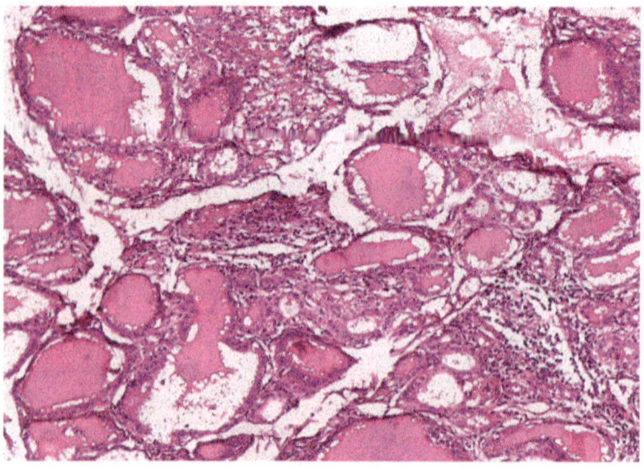

图 1-3-61　毒性甲状腺肿(HE 染色　低倍)

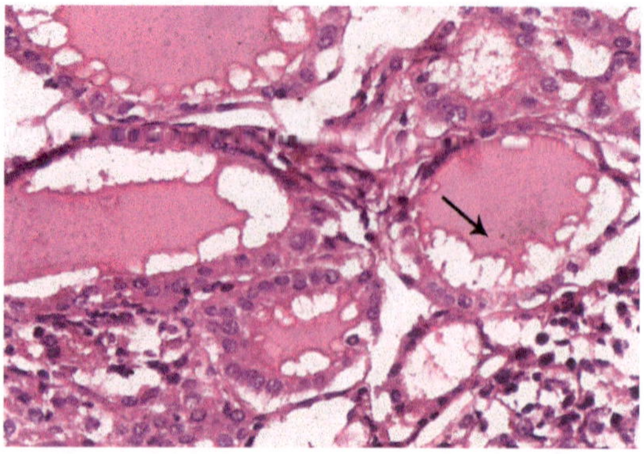

图 1-3-62　毒性甲状腺肿(HE 染色　高倍)
↘吸收空泡

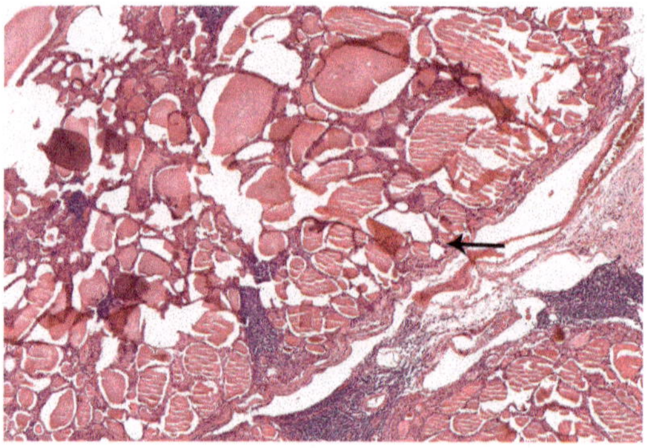

图 1-3-63　单纯性甲状腺肿(HE 染色　低倍)
←甲状腺呈大小不等的结节状

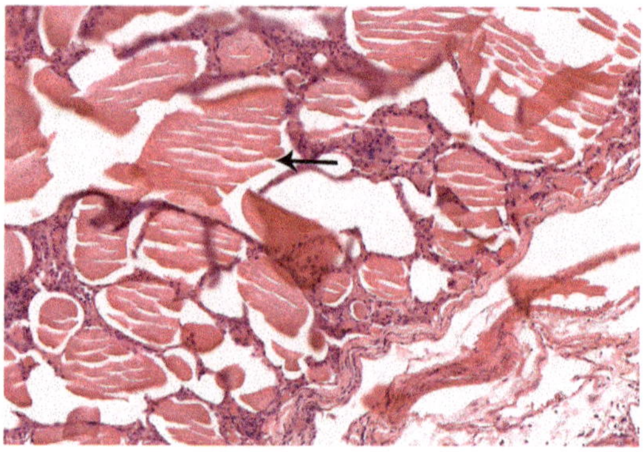

图 1-3-64　单纯性甲状腺肿(HE 染色　高倍)
←滤泡腔大,角质多,上皮扁平

(4) 甲状腺乳头状癌

1) 低倍镜:可见正常甲状腺组织一侧为大片癌组织,呈乳头状排列,乳头分支较多(图 1-3-65)。

2) 高倍镜:癌细胞被覆纤维血管轴而形成乳头,乳头突向滤泡腔或囊腔,乳头细长、分支。被覆乳头的癌细胞呈单层或多层,多为立方形,核较大,圆形或卵圆形,无核仁,其特征为呈淡染的毛玻璃样。肿瘤间质中可见砂砾体(图 1-3-66)。

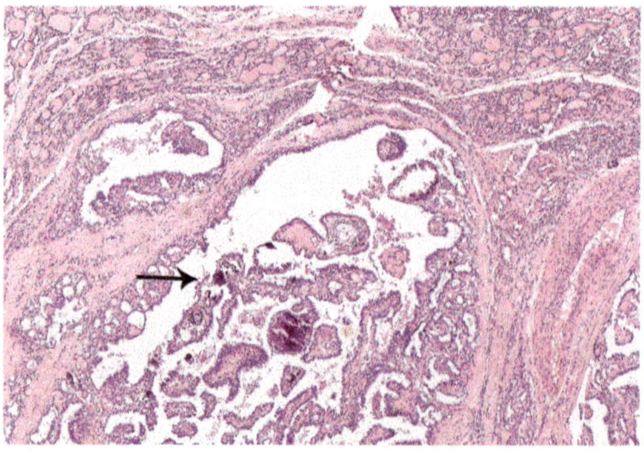

图 1-3-65　甲状腺乳头状癌(HE 染色　低倍)
→肿瘤呈复杂的乳头状结构

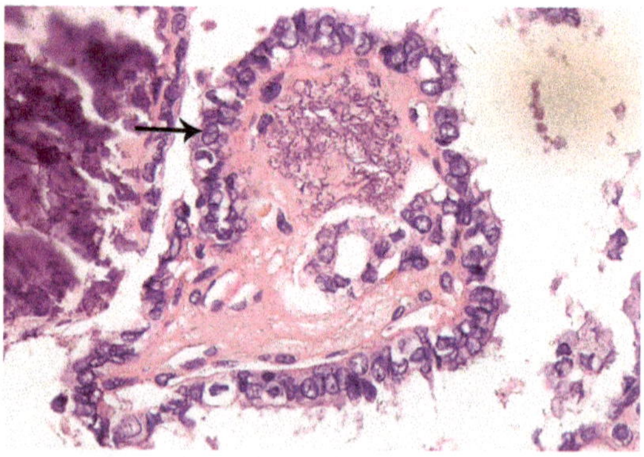

图 1-3-66　甲状腺乳头状癌(HE 染色　高倍)
→癌细胞核毛玻璃状,可见核沟

3. 病案讨论

病史：女，51 岁，因心悸，怕热多汗，食欲亢进，消瘦无力，体重迅速减轻来院就诊。查体：体温 37℃，脉搏 98 次/分，呼吸 20 次/分，血压 150/70mmHg。双眼球突出，睑裂增宽。双侧甲状腺弥漫性对称性肿大，听诊有血管杂音。心率 92 次/分，心尖部可闻及 1 级收缩期杂音。肺部未见明显异常。腹平软，肝脾未触及。实验室检查：T_3、T_4 水平明显升高，甲状腺摄^{131}I 率增高。入院后行甲状腺次全切术。

病检：

(1) 肉眼检查：甲状腺弥漫性肿大，表面光滑。切面结构致密，略呈分叶状，质实，色灰红，呈新鲜牛肉状外观。

(2) 切片检查：镜下可见甲状腺滤泡弥漫增生，滤泡上皮高柱状，部分上皮增生形成乳头，突向腔内。滤泡腔内胶质稀薄，边缘可见大小不等空泡。间质血管丰富、充血，并有淋巴细胞浸润，可见淋巴滤泡形成。

讨论：

(1) 该患者的病理诊断是什么？

(2) 该病变与地方性甲状腺肿有何不同？

（文：李劲松　刘志艳　图：韩　博）

实验十二　神经系统疾病

【目的要求】

(1) 掌握流行性脑脊髓膜炎与流行性乙型脑炎的病理改变及临床病理联系。

(2) 了解神经系统常见的良、恶性肿瘤的病变特点。

(3) 了解神经系统变性疾病的特点。

【实习内容】

1. 大体标本观察

(1) 急性化脓性脑膜炎：蛛网膜血管高度扩张充血，蛛网膜下腔充满灰黄色脓性渗出物，覆盖脑沟、脑回，使其结构模糊不清。

(2) 流行性乙型脑炎：脑膜血管充血水肿致使脑回变宽、脑沟变窄。切面大脑皮质可见散在粟粒大小的软化灶。

(3) 神经鞘瘤：肿瘤为结节状，包膜菲薄，境界清楚。切面灰白色，半透明，质实。

(4) 脑膜瘤：肿瘤呈半球形，分叶状，表面光滑。切面灰白色，质地均匀呈粗颗粒状，部分区域质地较硬，为钙化区。

(5) 星形胶质细胞瘤：肿瘤一侧脑半球较对侧宽，瘤组织与正常脑组织分界不清，无包膜，可见多处小的囊性变。切面灰白或灰黄色，大脑皮质结构破坏，灰质与白质分界不明显。

(6) 多形性胶质母细胞瘤：病变侧大脑半球变宽，脑沟变浅。肿瘤切面呈灰白色、结节状，可见出血及坏死灶。

(7) 神经纤维瘤

1) 病史：女，47 岁，右颈部包块 2 年，体积 6cm×4cm×4cm。

2) 病理改变：结节状肿物一个，体积 5cm×3cm×3.5cm，灰红色，质较韧，有完整包膜。

3）切面：质细腻，灰红色，可见多数夹杂的灰白色条纹，呈漩涡状。

2. 切片标本观察

（1）急性化脓性脑膜炎

1）肉眼：切片取自脑组织。注意蛛网膜下腔的改变。

2）低倍镜：蛛网膜下腔间隙加大，充满大量的脓性渗出物，其中有大量的炎细胞；蛛网膜下腔内血管高度扩张、充血。脑实质炎症反应不明显（图 1-3-67）。

3）高倍镜：可见蛛网膜中渗出的炎细胞主要为分叶的中性粒细胞和脓细胞，软脑膜可见炎细胞浸润，并可见散在的灰白色软化灶。大脑皮质无明显病变（图 1-3-68）。

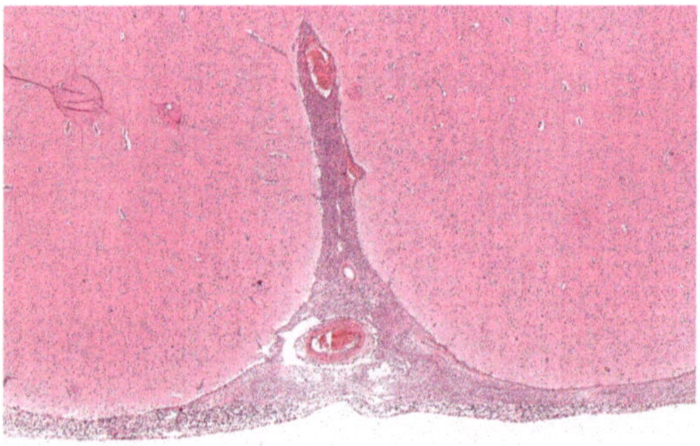

图 1-3-67　急性化脓性脑膜炎（HE 染色　低倍）

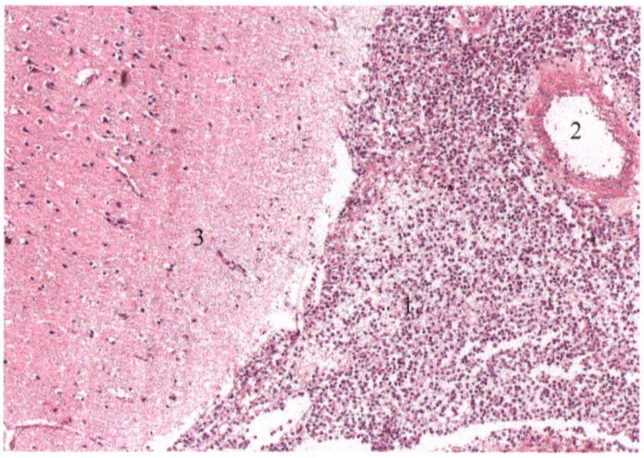

图 1-3-68　急性化脓性脑膜炎（HE 染色　高倍）
1. 炎性渗出物，主要为大量中性粒细胞和纤维蛋白；2. 血管扩张充血；3. 脑组织

（2）流行性乙型脑炎

1）低倍镜：脑组织内血管高度扩张、充血，血管周围间隙增宽，淋巴细胞、单核细胞围绕血管周围形成套袖状浸润（图 1-3-69）。

2）高倍镜：神经细胞变性、肿胀，尼氏小体消失，核偏位，中间的神经细胞可见少突胶质细胞围绕，形成神经细胞卫星现象。其两旁的神经细胞胞质内可见小胶质细胞侵入，形成嗜神经细胞现象。此处还可见到坏死软化灶。脑组织内胶质细胞增生（图 1-3-70）。

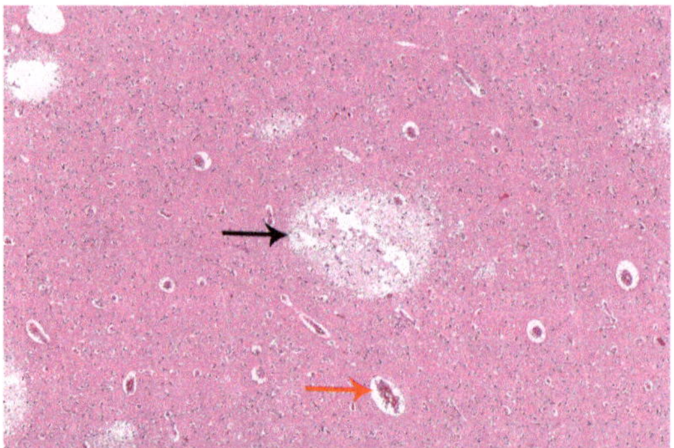

图 1-3-69　流行性乙型脑炎（HE 染色　低倍）
→软化灶　→血管淋巴套

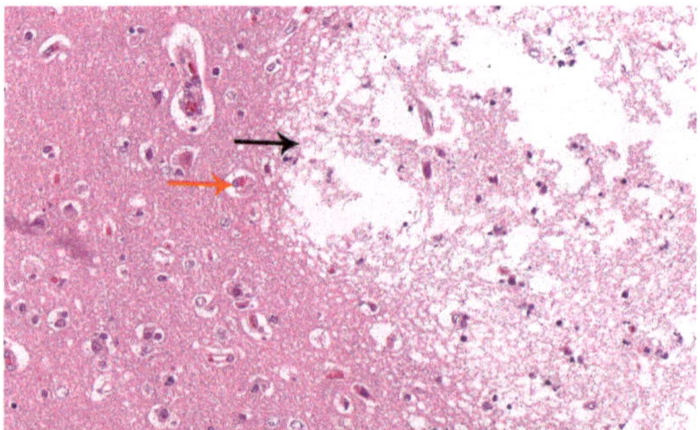

图 1-3-70　流行性乙型脑炎（HE 染色　高倍）
→软化灶，呈筛孔状　→噬神经现象

（3）流行性脑脊髓膜炎

1）肉眼：认出脊髓组织，并与脑炎对比观察。首先找到前正中裂以判断脊髓的前后，病变主要发生在脊髓前角。

2）镜下：脊髓前角神经细胞变性坏死，并见卫星现象及嗜神经细胞现象。前角小胶质细胞增生，血管扩张充血，并有炎细胞浸润。偶见软化灶。

（4）神经鞘瘤

1）低倍镜：肿瘤可见 2 种组织结构（网状结构和束状结构）（图 1-3-71）。

2）高倍镜：束状型（Antoni A 型）：细胞梭形，境界不清，核呈梭形或卵圆形，互相紧密排列成栅栏状或不完全的旋涡状。网状型（Antoni B 型）：细胞稀少，排列成稀疏的网状结构，常有小囊腔形成。以上两种结构往往同时存在于同一肿瘤中，其间有过渡形式，以其中一型为主（图 1-3-72）。

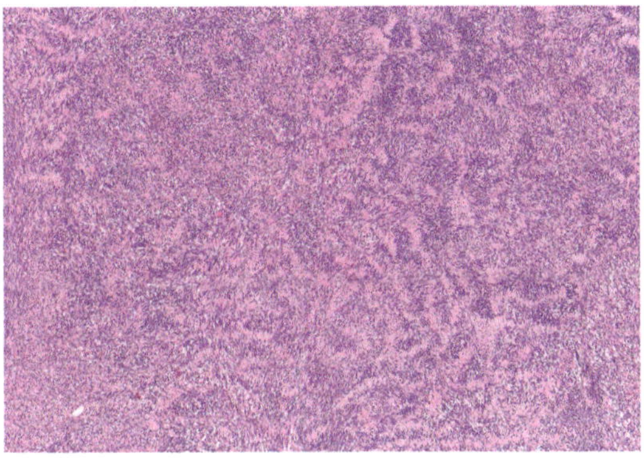

图 1-3-71　神经鞘瘤（HE 染色　低倍）

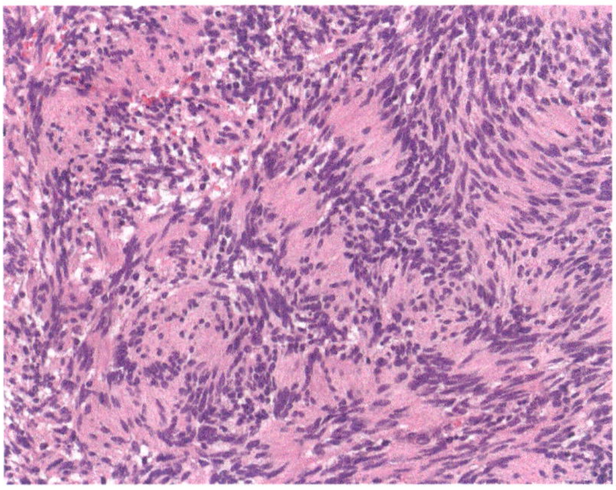

图 1-3-72　神经鞘瘤（HE 染色　高倍）
瘤细胞密集，细胞长梭形，胞核细长，平行排列呈栅栏状

（5）多形性胶质母细胞瘤

1）肉眼：标本取自脑实质肿瘤，肿瘤组织与正常脑组织之间无明显分界。

2）镜下：切片中除一小片正常组织外，其余均为肿瘤组织，瘤细胞绝大部为分化不成熟的星形细胞，瘤细胞密度明显增加，大小形态不一，染色质丰富深染，呈圆形、卵圆形、梭形、多角形，并见多核瘤巨细胞。间质血管丰富，血管内皮细胞高度增生，管壁增厚。

（6）星形细胞瘤：镜下：切片大部分为正常脑组织。肿瘤与周围脑组织界限不清，由正常脑组织至肿瘤组织细胞密集度逐渐增加。肿瘤由胶质细胞组成，排列密集，细胞大小较一致，核稍大深染，具有轻度异型性。瘤组织内血管较丰富。

（7）脑膜瘤：镜下：瘤细胞为梭形或多边形，呈束状、同心圆状或漩涡状排列，瘤细胞大小较一致，无明显异型性，在某些漩涡状排列的中央可见均质性或同心圆的钙化小体（砂粒体）。

3. 病案讨论

病史：男，37 岁，于半年前无明显原因出现头疼，去当地卫生室诊治，血压不高，不发热，未做处理。3 月后，头疼逐渐加重，服止痛药无效来我院就诊。查体：体温 37℃，脉搏 98 次/分，呼吸 20 次/分，血压 150/70mmHg。头 MRI 示左额叶占位性病变，行手术治疗，术中见肿瘤位于左额叶，侵入大脑皮质，与周围组织分界不清。

病检：灰白色肿物一个，体积 4cm×3cm×3cm，肿瘤无明显包膜。切面呈灰白色，无出血，有多数小的囊性变，质地软、脆。

讨论：

（1）患者为何会出现头痛并逐渐加重？

（2）该病例的诊断可能为哪些病变？

（3）其病理学特点如何？

（文：李劲松　刘志艳　图：韩　博）

实验十三　传　染　病

【目的要求】

（1）掌握各种传染病特殊的病理改变，并能以病理改变解释各种传染病的主要临床表现。

（2）掌握结核结节的典型结构及原发性肺结核与继发性肺结核的特点。

【实习内容】

1. 大体标本观察

（1）肺结核原发复合征：切面可见一侧肺野中部近胸膜处有一实变灶，灰黄色，质地致密干燥，相应肺门淋巴结明显肿大，可相互粘连，切面见到有干酪样坏死。

（2）慢性纤维空洞性肺结核：肺切面可见一个或多个空洞，空洞壁较厚，为纤维组织所包绕，空洞壁内尚可有干酪样坏死物质及残剩梁柱状组织。周围肺组织从上到下有大小不等、新老不一的病灶，有的为急性空洞，有的为渗出、干酪样坏死灶，有的伴有纤维化，有的已钙化。

（3）肺结核球：肺组织一块，切面有球形干酪样病灶，直径约 3cm，周围有纤维组织包绕，境界分明。

（4）肺粟粒性结核：肺组织一块，胸膜肥厚。切面见许多粟粒大小（直径 0.1 ~ 0.2cm）、灰白色或灰黄色小结节弥漫分布于双肺。

（5）干酪样肺炎：左肺组织一块，上叶全部变实，表面覆盖大量纤维素渗出物。切面：肺上叶全部为灰白色干酪样坏死物取代，在中外侧胸膜处有两个不规则形空洞，其大者面积 3.5cm×2cm。肺门淋巴结有少量干酪样坏死灶。

（6）溃疡性肠结核：肠管一段，沿长轴剖开，见黏膜面有 2 个半环形的溃疡，溃疡的长轴与肠管的长轴垂直。溃疡底部粗糙不平，边缘高起，其他部位的肠黏膜尚正常，在这些黏膜表面可见多个散在高起的淋巴滤泡（非结核结节）。浆膜面有纤维素及结缔组织增生，并有少量粟粒大小结节。

（7）肾结核：肾表面呈结节状，体积增大，切面见肾实质内多个干酪样坏死灶，有的坏死物破溃排出，形成大小不等的空洞。输尿管变粗，壁增厚，腔变狭窄，腔内充有干酪样物质。

（8）结核性脑膜炎

1）病史：女，1 岁，发热 3 天，抽搐 4 小时，眼球上翻，四肢持续性抽搐，喷射性呕吐，1 日 3 ~ 4 次（过去常发热，其父母有咳嗽、咯血史），身体瘦小，营养不良，意识不清，表浅淋巴结肿大，前囟未闭 1cm×1cm，颈强直，四肢轻度强直，膝腱反射（+），脑脊液淡黄色，稍混浊，细胞数 818 个/mm^3，中性多核 8%，淋巴细胞 92%，Pandy test（+ + + +）。血液细胞分类：中性粒细胞 81%，淋巴细胞 1.9%，红细胞 3.33×10^6/L，白细胞 7.70×10^6/L，体温 39.9℃。患儿于昏迷中渐停止呼吸，心跳停止。

2）病理改变：脑：蛛网膜略增厚，蛛网膜下腔内散布无数针尖大小及米粒大小的灰白色结节。

（9）肠伤寒：小肠一段，黏膜面集合淋巴小结及孤立淋巴小结肿胀，似脑回状隆起于黏膜表面，外形呈圆形或椭圆形，其长轴与肠的长轴平行。

（10）细菌性痢疾：大肠一段，肠壁水肿增厚，黏膜表面见灰白色糠皮样假膜覆盖，以黏膜皱襞顶端最多，部分假膜脱落后，可在肠黏膜表面形成多个散在不规则的浅、小溃疡，溃疡之间黏膜充血水肿。

2. 切片标本观察

（1）肺结核：镜下：肺组织中散在大小不等的结核结节。典型结核结节中央为干酪样坏死，周围绕以呈放射状排列的类上皮细胞和朗汉斯巨细胞（图 1-3-73，图 1-3-74）。

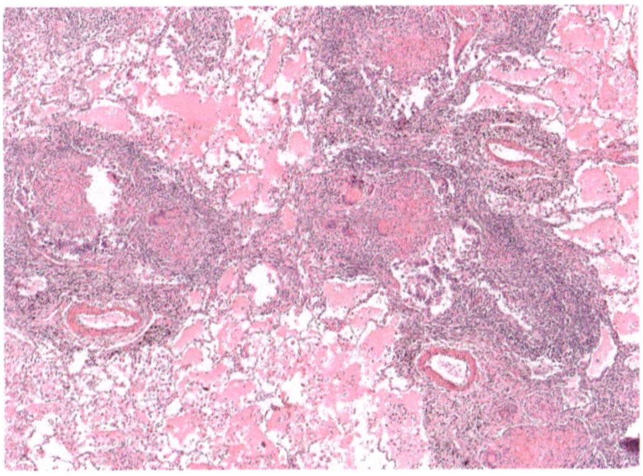

图 1-3-73　肺结核（HE 染色　低倍）

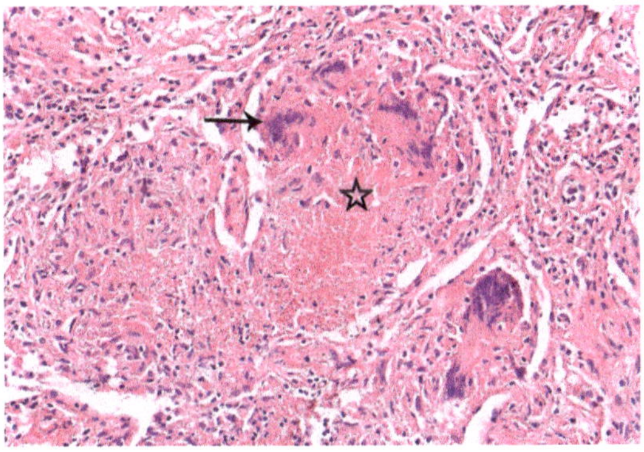

图 1-3-74　肺结核（HE 染色　高倍）
→朗汉斯巨细胞　☆中央干酪样坏死灶

（2）肺的粟粒性结核

1）肉眼：疏松的肺组织内有许多散在的粟粒大小的实变灶均匀分布。

2）低倍镜：实变灶由结核结节构成，境界清晰，常见 2～3 个结节融合在一起。周围为正常含气的肺泡组织（图 1-3-75）。

3）高倍镜：结核结节由上皮样细胞组成（细胞呈梭形或多角形，胞质丰富淡红染，境界不清，核圆或椭圆形，染色质稀疏淡染），其中可见朗汉斯巨细胞（胞体巨大，胞质丰富，多核，核形态与上皮样细胞一致，核可呈环状、马蹄状排列或密集于细胞的一端），外围淋巴细胞及少量成纤维细胞。有的结节中央发生干酪样坏死，呈红染碎屑状，其内细胞核消失（图 1-3-76）。

（3）细菌性痢疾

1）低倍镜：肠壁黏膜层充血水肿，炎细胞浸润，结肠黏膜浅表部分发生坏死，其内有多量细胞碎屑，与渗出物混合在一起，形成假膜（图 1-3-77）。

2）高倍镜：假膜由坏死的表层黏膜、渗出的红染纤维蛋白与大量炎细胞组成，其内还可见红细胞及细菌。炎细胞以中性粒细胞为主，伴有巨噬细胞及淋巴细胞（图 1-3-78）

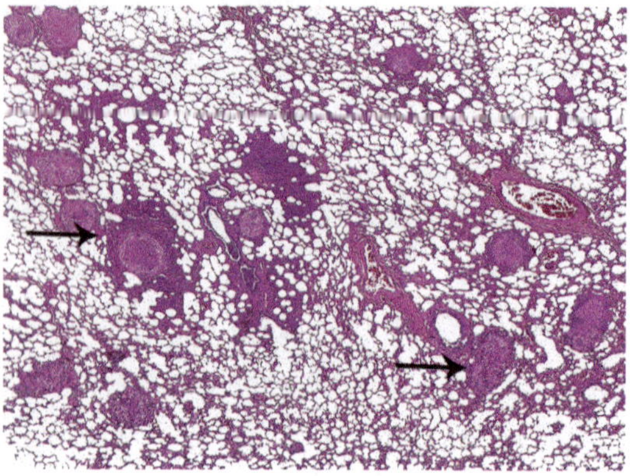

图 1-3-75　粟粒性结核(HE 染色　低倍)
→粟粒结色

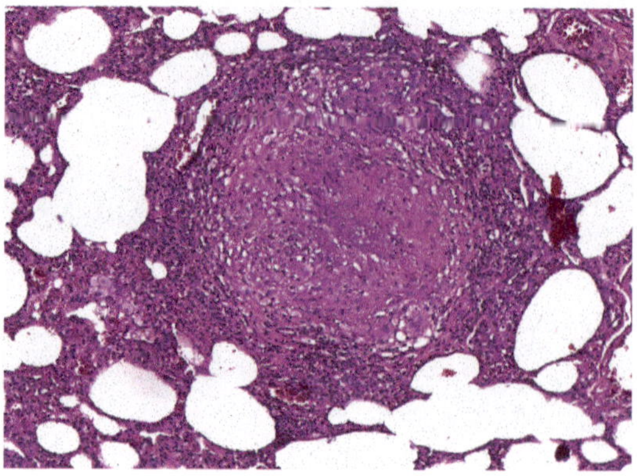

图 1-3-76　粟粒性结核(HE 染色　高倍)

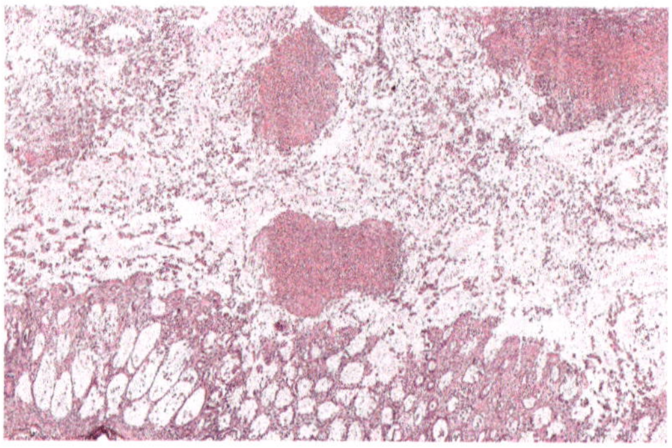

图 1-3-77　细菌性痢疾(HE 染色　低倍)

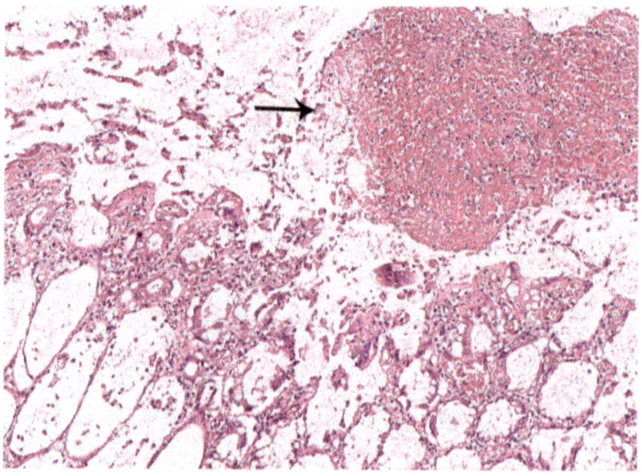

图 1-3-78　细菌性痢疾(HE 染色　高倍)
→假膜

3. 病案讨论

病史:男,1 岁半,于 1965 年 10 月 5 日因拒食及嗜睡 4 天,抽搐半天入院。患儿嗜睡,精神不振,有时哭闹,晚上加剧。病后第二、三天呕吐数次,喷射性,发热,咳嗽,来院前一天意识不清,不啼哭,来院途中曾抽搐 3 ~ 4 次,抽时四肢紧张眼上翻或斜视。颈部强直。

查体:入院时体温 37.5℃,呈半昏迷状态,颈有抵抗感,两肺未闻及啰音,心音规律,无杂音,肝在肋下刚触及,神经病理反射阳性。

化验:白细胞 9006/mm^3,中性粒细胞 0.28,淋巴细胞 0.72,氯化物 720mg/dl,糖(-),结核菌素试验阳性。

患儿在急诊室治疗,共观察 2 天半,体温为 37.7 ~ 40.2℃,入院后第二天完全昏迷,偶有小抽动,呼吸时有痰响,曾呕吐数次,病情渐恶化,于 10 月 7 日呼吸、心跳停止,死亡。

尸检:

(1) 肺:左肺下叶的上部有一灰黄色实变区,体积 2cm×2.5cm×2cm ,肺门淋巴结肿大,体积 2cm×1cm×1cm,切面呈干酪样坏死,两肺表面及切面均有多数散在米粒样灰白色结节。病灶镜检:中央为干酪样坏死,周围为类上皮细胞,少数朗汉斯巨细胞及较多的淋巴细胞浸润,有的结节互相融合,病灶以外的肺组织充血水肿。

(2) 肝:肝窦扩张充血,汇管区少数结核结节。脾、肾及肠系膜淋巴结:均有散在的结核结节。

(3) 脑:脑膜充血、水肿,查见少数散在的结核结节。

病理诊断:肺原发综合征,合并粟粒性结核(肝、脾、肾及肠系膜淋巴结)及结核性脑膜炎。

讨论:

(1) 患者为何诊断为原发性肺结核,有何特点?

(2) 粟粒性结核是如何发生的?死因是什么?

(文:李劲松　刘志艳　图:韩　博)

实验十四　寄生虫病

【目的要求】

(1) 掌握阿米巴病的病变性质及特点;熟悉肠外阿米巴病的形态特征。

(2) 掌握肝、肠血吸虫病的病理变化特征。

【实习内容】

1. 大体标本观察

(1) 结肠阿米巴痢疾:大肠一段,肠黏膜皱襞消失,轻度水肿,弥漫分布着许多大小不等、口小底大的溃疡。溃疡底有坏死物覆盖,溃疡与溃疡之间黏膜完好。

(2) 阿米巴肝脓肿:肝右叶有一巨大的坏死灶,切开时有液化性坏死物溢出,病灶内壁呈破棉絮状,为未彻底坏死的结缔组织、胆管和血管等。

(3) 结肠急性血吸虫病:结肠一段,已沿肠轴剖开。肠黏膜肿胀充血,并可见多数小溃疡形成。

(4) 结肠慢性血吸虫病:结肠一段,已沿肠轴剖开。肠壁增厚变硬,肠黏膜粗糙不平、萎缩,黏膜皱襞消失,可见小溃疡,并有多处肠黏膜呈小息肉样增生。

(5) 干线性肝硬化:肝脏体积缩小、变硬,表面可见不规则浅沟纹和粗大不一的结节状隆起,切面上可见大量增生的结缔组织呈树枝状沿门静脉分支分布。

2. 切片标本观察

(1) 肠阿米巴痢疾

1) 肉眼:标本取自结肠。

2) 低倍镜:可见 2 个口小底大的烧瓶状溃疡,溃疡中央为大量坏死组织,其周围组织充血、水肿及单核细胞浸润。溃疡边缘呈潜掘状,在溃疡表面可见游离的黏膜组织(图 1-3-79,图 1-3-80)。

3) 高倍镜:在坏死组织及周围组织中均可见圆形或椭圆形阿米巴滋养体,比单核细胞稍大,胞膜清楚,核小而圆,胞质呈紫色,其中可含有空泡。阿米巴滋养体也可见于肠壁的小静脉内(图 1-3-81,图 1-3-82)。

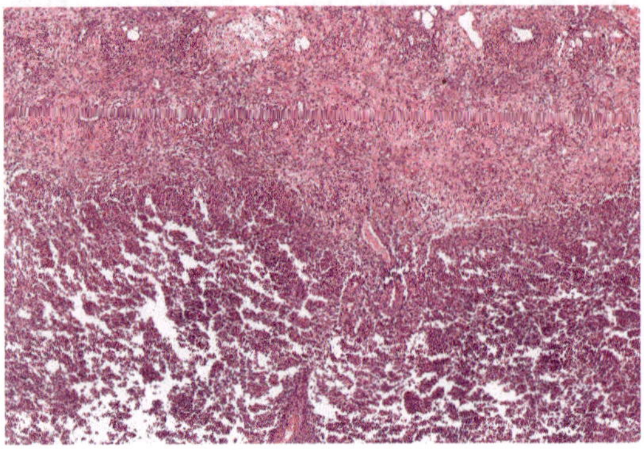

图 1-3-79 结肠阿米巴痢疾(HE 染色 低倍 1)

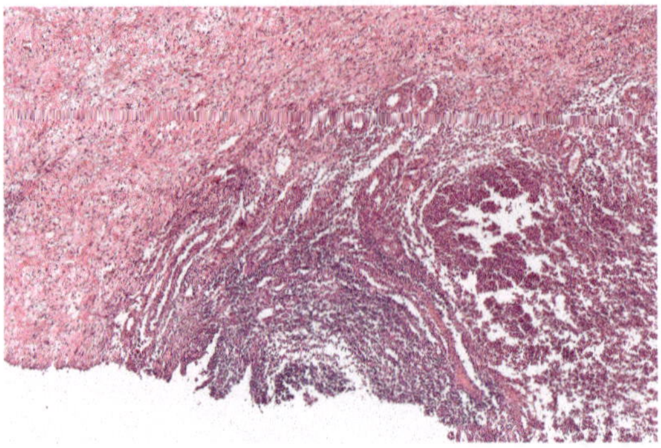

图 1-3-80 结肠阿米巴痢疾(HE 染色 低倍 2)

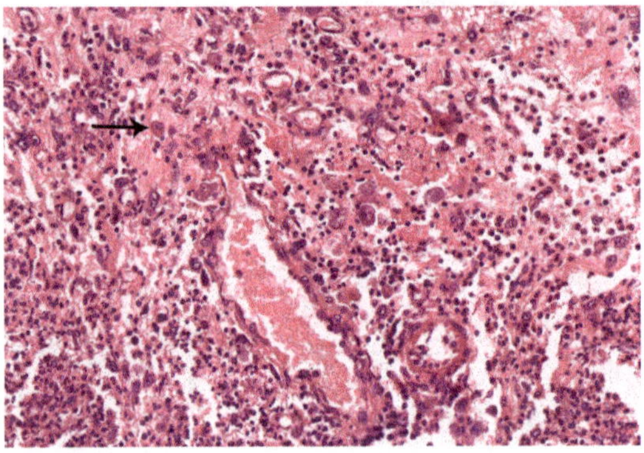

图 1-3-81 结肠阿米巴痢疾(HE 染色 高倍 1)
→阿米巴滋养体

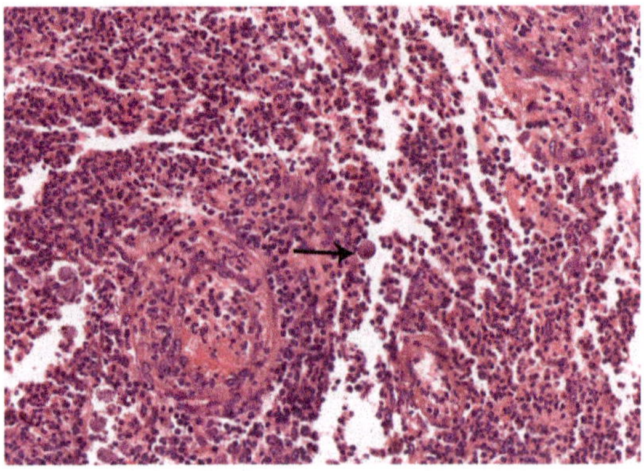

图 1-3-82 结肠阿米巴痢疾(HE 染色 高倍 2)
→阿米巴滋养体

(2) 肝慢性血吸虫病

1) 肉眼:标本取自肝脏。

2) 镜下:可见慢性虫卵结节,中央有一个或多个已变形、破裂或钙化的血吸虫卵附着,其周围有类上皮细胞、异物巨细胞和淋巴细胞等包绕,形似结核结节,故称为假结核结节(图 1-3-83,图 1-3-84)。

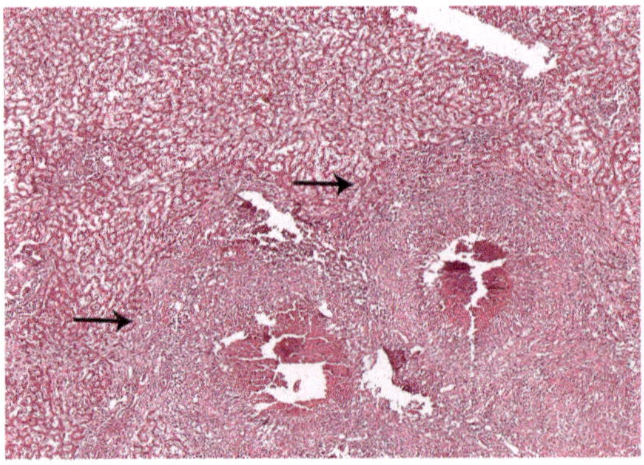

图 1-3-83 肝慢性血吸虫病(HE 染色 低倍)
→假结核结节

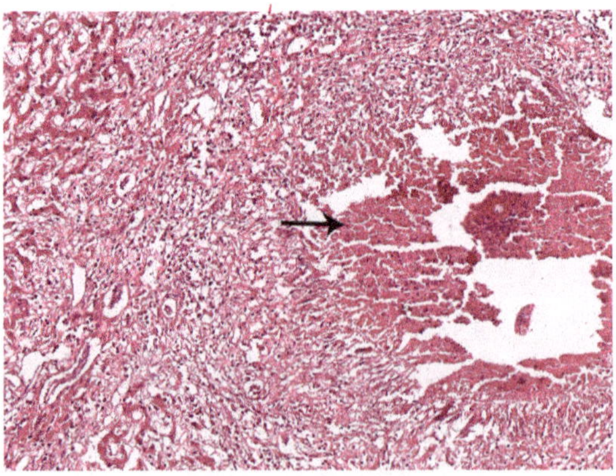

图 1-3-84 肝慢性血吸虫病(HE 染色 高倍)
→虫卵(已变形、破裂或钙化)

（3）血吸虫性肝硬化

1）肉眼：标本取自肝脏。

2）低倍镜：可于肝脏汇管区附近查见深红色或深蓝色虫卵结节及嗜酸性脓肿，肝细胞受压萎缩，门静脉分支可见静脉炎，可见急性、慢性虫卵结节。

3）高倍镜：可见急性、慢性虫卵结节成分及嗜酸性脓肿，周围可见肉芽组织和纤维结缔组织增生。

（4）结肠慢性血吸虫病

1）肉眼：标本取自肠。

2）低倍镜：可见肠黏膜及黏膜下层有成堆的血吸虫卵，主要为未成熟及钙化虫卵，偶见成熟虫卵，以黏膜下层更为明显。未成熟虫卵内无成熟毛蚴，因而无毒性分泌物，故虫卵只引起一般炎症反应，而不形成典型的虫卵结节。黏膜层可见数个表浅溃疡，深达黏膜肌层或黏膜下层。黏膜下层除明显充血水肿外，还可见慢性虫卵结节形成，并伴有结缔组织增生。

3. 病案讨论

病史：女，8 岁，大便带血 40 多天，近 10 余天来大便中血液增多，有时为脓血，有时为柏油样大便，每日大便 20 多次，有里急后重。上腹部疼痛，发热，腹胀有压痛，右上腹特别紧张，肝浊音界消失，两下肢水肿。镜下可见活动的阿米巴原虫，并有红细胞及脓细胞。入院第 3 天患儿气促，昏迷，心音极弱，无脉，四肢冷，腹胀，肝浊音界 4 ~ 5 肋间存在，以下皆为鼓音，抢救无效死亡。

病理改变：肝组织一块，上面附有部分膈肌。切面呈灰黄色，于肝顶部中央处有一面积 4. 5cm×2. 7cm 灰红色病变区，病灶上半部分溃烂，与膈肌粘连，病灶与周围组织界限清楚。

讨论：

（1）从病理学角度分析本病例的发生、发展及死亡原因。

（2）本病例的病理诊断及依据是什么？

（3）总结本病的病理特点与临床症状的联系。

（文：李劲松　刘志艳　图：韩　博）

第二篇　融合实验

实验一　人体内的“化工厂”和“物流中心”——肝脏

【概述】　肝脏是人体的一个重要器官,其结构复杂,功能多样。肝脏的主要功能是合成、转化和储存多种营养物质,制造和分泌胆汁,降解和解毒多种有害物质。因此有人将肝脏比喻为人体内的一座化工厂。肝脏位于右上腹部,分右、左、方 3 个叶,下方有肝门,为肝动脉、门静脉和胆管出入的部位。肝内主要由 50 万个左右的肝小叶构成,小叶之间有汇管区。肝小叶是一六面形的棱柱体,中轴线上有中央静脉,以中央静脉为中心,向四周呈放射状排列着肝细胞索、肝窦和胆小管。肝窦内皮与肝细胞索之间有窦周隙,又称狄氏腔。肝细胞是肝脏的主质细胞、功能细胞,具有合成转化某些化学物质、降解和解毒某些有毒物质、合成和分泌胆汁等功能。肝动脉从肝门入肝,反复分支,最终开口于肝窦,将富含氧的动脉血注入肝窦,供应肝细胞氧气和营养物质。门静脉由来自胃肠道的静脉汇集而成,运载着由胃肠吸收来的各种营养物质和部分有害物质。门静脉从肝门入肝,经反复分支,最后也开口于肝窦。肝窦中的血液与肝细胞之间通过窦周隙进行物质交换,肝细胞除了从中获得氧气和营养物质外,还吸收了来自消化道的一些有待降解的有毒物质、有待转化的物质和合成某些物质的原料。肝细胞代谢所产生的代谢产物、合成产物和转化产物、解毒降解产物等进入肝窦中的血液。经过物质交换后的血液从肝窦进入中央静脉,经小叶间静脉等,最终汇成肝静脉,注入下腔静脉。肝细胞制造的胆汁首先排入肝细胞之间的胆小管,经各级胆管最后汇成胆总管出肝。从上述可见,肝脏的输入管道有 2 套,即肝动脉系和门静脉系;肝脏的输出管道也有 2 套,即肝静脉系和胆管系。这 4 套管道系统在肝内纵横交错,形成复杂的管道网。所以,有人将肝脏比喻为人体的一个物流中心。

【实验内容和实验步骤】

(1) 借助多媒体课件,讲述肝脏的大体解剖。

(2) 借助多媒体课件,讲述肝脏的微细结构。

(3) 肉眼观察肝脏的大体标本、灌注腐蚀标本、肝脏模型。

(4) 显微镜观察人肝切片、猪肝切片。

(5) 师生互动式讨论肝脏的大体解剖和微细结构,深刻理解肝脏结构的复杂性及其与功能的完美统一。联系临床常见肝病如黄疸、肝硬化、肝炎等分析肝内相应的病理变化。

【实验准备】

(1) 肝脏大体解剖的多媒体课件。

(2) 肝脏微细结构的多媒体课件。

(3) 人肝标本。

(4) 人肝灌注腐蚀标本。

(5) 肝脏模型。

(6) 人肝切片(HE)。

（7）猪肝切片（HE）。

（高英茂）

实验二 淋巴循环的构成及其生理和病理意义

【概述】 淋巴管道和淋巴结的淋巴窦内含有淋巴液，简称淋巴。作为心血管系统的一个辅助部分，淋巴系统能输送和过滤组织液。当血液经动脉运行至毛细血管动脉端时，其中部分成分经毛细血管壁滤出进入组织间隙，形成了组织液。组织液与细胞之间进行物质交换后，大部分在毛细管静脉端被吸收入静脉，少部分（主要是水和大分子物质）进入淋巴毛细管形成淋巴。淋巴液沿着淋巴管道向心流动，最后汇入静脉。

淋巴组织和淋巴器官具有产生淋巴细胞、过滤淋巴和进行免疫应答的功能。淋巴管在行程中与淋巴结相通连，当机体受到病毒、细菌和其他微生物侵袭时，淋巴结不仅有滤过淋巴的功能，还能与机体其他系统协同，抵抗微生物的感染，构成人体重要的防御屏障。通过本实验使学生掌握淋巴管道的组成和生理功能。通过动手观察淋巴注射示踪实验，理解淋巴循环的临床意义，进一步熟悉淋巴水肿、淋巴细胞再循环、癌的淋巴转移途径，理解其结构与生理功能的关系。

【实验内容和实验步骤】 本实验选取大鼠10只。备用无菌注射器、手术刀、剪和解剖镊等器械以及10%亚甲蓝溶液。

1. 淋巴管的示踪 取小鼠在其第1、2趾蹼间隙皮下注射亚甲蓝颜料，在腹股沟部解剖观察显示的淋巴管走行途径。

2. 淋巴水肿模型的建立 在腹股沟部结扎，切除显色的淋巴管和淋巴结，阻断其下肢淋巴引流，观察淋巴水肿的形成。（注：待第二次实验课时观察结果）。

3. 淋巴管的活体观察 学生制作小鼠肠系膜铺片，观察小鼠肠系膜淋巴管。注意观察其瓣膜和运动。

【实验观察】

1. 淋巴管的示踪 趾蹼间隙皮下注射亚甲蓝染料5分钟后，同学们可以沿鼠足背和小腿内侧至腹股沟纵行切开皮肤，寻找和观察已经蓝染了的淋巴管及淋巴结（如腹股沟淋巴结、腘淋巴结）。下肢浅淋巴管位于浅筋膜内，主要与小隐静脉和大隐静脉伴行。

2. 淋巴水肿模型 淋巴管阻断侧下肢可见明显肿胀，用排水法可以定量肿胀体积。

3. 淋巴管的活体观察 在光镜下，可见肠系膜内淋巴管多与血管伴行。管壁较清楚，管腔内容物（淋巴）透明。淋巴管呈节段性和节律性舒缩，淋巴管瓣膜随淋巴管舒缩同步开放和关闭，同时可见淋巴的向心流动。

【思考题】

（1）免疫与淋巴循环的意义。

（2）简述淋巴管道的组成。

（3）淋巴系统在体液循环和肿瘤转移中的意义。

（丁兆习 孟海伟）

实验三　下丘脑-垂体-性腺轴

【概述】

1. 脑垂体　位于颅底垂体窝内，由垂体柄、腺垂体、神经垂体和中间叶构成。垂体柄连于间脑腹侧，与丘脑下部相接；腺垂体和中间叶来自胚胎时期原始口腔顶部的拉斯克囊，由多种内分泌细胞构成。其中有一种分泌细胞可合成和分泌促性腺激素，这类激素可促进性腺（睾丸和卵巢）的发育、维持其正常功能。神经垂体来自胚胎时期第三脑室腹侧的垂体漏斗，与脑组织同源，主要由来自丘脑下部神经内分泌细胞的无髓神经纤维和神经胶质细胞构成，丘脑下部神经内分泌细胞产生的多种激素在此储存和释放。脑垂体是人体内的一个重要内分泌腺体，可分泌多种激素，对多种代谢过程和生命运动有调节功能。

2. 下丘脑　是间脑的一部分，含有多个神经核团，其中视上核、室旁核和结节核等核团由神经内分泌细胞构成，可合成和分泌某些激素。其中的室旁核可分泌血管升压素，又称抗利尿激素，视上核可分泌催产素。这些激素沿其所在的神经内分泌细胞的轴突进入神经垂体，形成神经垂体内的赫令小体，并随机体的需要而不断释放。下丘脑结节核内的神经内分泌细胞可分泌多种促进腺垂体内分泌细胞分泌的释放激素和抑制其分泌的抑制激素。这些激素通过垂体门脉系统进入腺垂体而发挥调节腺垂体分泌的作用。其中有一种激素可促进或抑制腺垂体中促性腺激素的分泌，称促腺激素释放激素和促性腺激素抑制激素。

3. 性腺　包括睾丸和卵巢。睾丸为椭圆形球体，位于阴囊内，外有鞘膜包绕，内含多个锥体形小叶，小叶内有生精小管，是产生精子的部位。生精小管之间为结缔组织的间质，间质内有间质细胞，可分泌男性激素——睾酮。卵巢也是椭圆形小体，由表层的皮质和深层的髓质构成。皮质内主要有发育不同时期的卵泡和黄体构成，卵泡是产生卵子的结构，并分泌女性激素。黄体可分泌黄体酮。

4. 下丘脑-垂体-性腺轴　生殖是人类得以繁衍生息的重要生理功能，也是一个极其复杂的生理过程。在这一过程中，存在着多个器官、多种功能的协同和制约关系，其中下丘脑、脑垂体和性腺三者之间的协同和制约关系对生殖过程的正常进行至关重要。生殖过程的这一调控机制被称为下丘脑-垂体-性腺轴。这一生殖调控机制的调控载体是激素，调控方式是反馈，调控过程概述如下：下丘脑分泌的促性腺激素释放激素和促性腺激素抑制激素，通过垂体门脉系统进入腺垂体，调节腺垂体中促性腺激素的分泌活动；又可通过血液反馈性地调节下丘脑释放激素和抑制激素的分泌。腺垂体可分泌两种促性腺激素，一是促卵泡激素，二是促黄体激素。前者在女性可促进卵泡的生长，在男性可促进精子的发生；后者在女性可促进黄体的形成、存在和分泌，在男性可促进间质细胞的分泌。腺垂体分泌的这些促性腺激素通过血液至性腺发挥调节作用。睾丸间质细胞分泌的男性激素、卵巢分泌的女性激素和黄体激素除了促进男性和女性生殖器官的发育、维持正常的性功能和正常的生殖过程外，还可通过血液反馈性地调节腺垂体分泌促性腺激素的活动和调节下丘脑分泌释放激素及抑制激素的活动。

【实验内容和实验步骤】

（1）借助多媒体课件，讲述脑垂体、下丘脑、睾丸、卵巢的大体解剖。

（2）借助多媒体课件，讲述下丘脑、脑垂体、睾丸和卵巢的微细结构。

(3) 借助多媒体课件,讲述下丘脑-垂体-性腺轴对生殖过程的调控机制。

(4) 肉眼观察下丘脑、脑垂体、睾丸和卵巢的尸体标本。

(5) 显微镜观察脑垂体、睾丸和卵巢的组织切片。

(6) 教师学生互动式讨论下丘脑-垂体-性腺轴的组成和调控机制。

【实验准备】

(1) 关于脑垂体、下丘脑、睾丸、卵巢大体解剖的多媒体课件。

(2) 关于脑垂体、睾丸、卵巢微细结构的多媒体课件。

(3) 关于下丘脑-垂体-性腺轴对生殖过程调控机制的多媒体课件。

(4) 显示下丘脑、脑垂体、睾丸和卵巢的尸体标本。

(5) 脑垂体切片。

(6) 睾丸切片。

(7) 卵巢切片。

(高英茂)

实验四 脊髓损伤与下肢感觉、运动功能的改变

【概述】 脊髓位于椎管内,经脊神经连于躯干四肢的感受器和效应器。躯干四肢感受器接受的各种感觉,经脊神经、脊髓传导到脑,脑发出的各种运动信号经脊髓、脊神经传导至躯干四肢的效应器,因此,脊髓起到上传感觉、下传运动的功能,另外一些简单反射也可由脊髓完成。一旦脊髓损伤,上不能传导感觉、下不能传导运动,便出现脊髓损伤平面以下感觉和运动障碍、反射活动异常等。在人们的日常生活中,因外伤、肿瘤、结核、骨质增生等病因,导致脊髓一侧某一节段或几个节段的损伤,造成患者损伤平面以下的同侧肢体运动障碍、深感觉障碍和对侧浅感觉障碍的临床表现。为什么会出现这些临床症状?这是因为:①损伤了脊髓一侧外侧索中的皮质脊髓侧束,使其不能支配损伤平面以下脊髓前角运动细胞。脊髓前角运动细胞也就不能通过脊神经中的运动纤维支配损伤平面以下的同侧肢体骨骼肌运动,造成患者损伤平面以下的同侧肢体运动障碍。②损伤了脊髓一侧后索中的薄束和楔束,使其不能传导损伤平面以下的同侧肢体深感觉至丘脑和大脑皮质的躯体感觉中枢,造成患者损伤平面以下的同侧肢体深感觉丧失。③损伤了脊髓一侧外侧索中的脊髓丘脑侧束和前索中的脊髓丘脑前束,使其不能传导损伤平面以下1 ~2 个脊髓节段平面以下的对侧肢体浅感觉至丘脑和大脑皮质的躯体感觉中枢,造成患者损伤平面以下的同侧肢体浅感觉丧失。本实验使同学们更好掌握脊髓的结构和功能以及损伤后的临床表现。本次实验为大鼠的脊髓半切损伤,损伤后应该出现哪些表现,分析脊髓半横断损伤的临床表现并讨论为什么会出现这些临床症状和体征,有助于临床诊断脊髓损伤的范围,做出正确诊断。

【实验内容和实验步骤】 本实验选取成年大鼠 6 只,雌雄不限。备用无菌注射器,28 号手术刀,手术剪,咬骨钳,洞巾,纱布、缝合针线,大头针,听诊器以及 10% 水合氯醛,碘附和乙醇。

取鼠称量体重。抽取 10% 水合氯醛按每 100g 体重 0. 2ml,腹膜腔注射。用棉絮刺激兔角膜,无角膜反射时,家兔已进入麻醉状态;并用听诊器听兔心音,确认家兔处于正常生理

状态。置麻醉大鼠于手术台上,俯卧位,固定大鼠四肢;剪去背前部鼠毛,先用碘酊消毒,后用75%的乙醇溶液脱碘,铺盖洞巾,显露大鼠第5~9胸椎之间的皮肤,手术刀依次切开皮肤、棘上韧带,分离背肌、显露椎弓板;用咬骨钳去除5~9胸椎之间的椎弓板,暴露椎管和硬脊膜;手术刀依次切开硬脊膜和蛛网膜,显露脊髓;在显露脊髓的中部(平第7胸椎处)用10号手术剪剪断脊髓一侧。手术毕,将鼠从手术台上小心平放到地板上,待观察。

【实验观察】

(1) 在麻醉后1.5~2h大鼠逐渐清醒并开始本能活动,可见实验鼠脊髓损伤侧下肢瘫痪,不能运动。对侧下肢则可正常运动。

(2) 按住大鼠,屈伸伤侧下肢的膝关节,可感知肌张力升高,对侧下肢则肌张力正常。

(3) 用大头针刺激伤侧下肢皮肤,可见鼠全身有反应。针刺激对侧下肢皮肤,可见兔无任何反应。

【思考题】

(1) 简述运动传导路和感觉传导路。

(2) 同学们观察到的上述临床病理症状,请你解释其发生机制。

(李振华　邢子英)

实验五　长管状骨的结构特点与骨的愈合和改建

【概述】 骨骼是人体重要的组织和器官,不仅对机体起着支持和保护作用,而且还是机体钙磷的储存库。在临床上,骨折是很常见的损伤(特指外伤性骨折),因此深入了解正常骨组织的结构、骨组织的发生以及骨折损伤修复的病理过程,对指导正确处理和治疗骨折具有十分重要的意义。

骨由骨组织、骨膜和骨髓等构成,骨的内部结构应符合生物力学原理,在骨的形成和损伤修复方面可进行适应性的更新和改建。长骨可分成骨干、骨骺和骨膜三部分。骨干呈管状,主要由骨密质构成,在靠近骨髓腔一侧有少量骨松质形成的骨小梁。骨密质的内外表层形成环状骨板,两层环状骨板之间为哈弗氏系统和间质骨组成,穿通管与骨干长轴垂直横穿于骨干,内含血管、神经和少量结缔组织,结缔组织中有很多骨祖细胞,穿通管在骨表面开口部称为滋养孔。哈弗氏系统为多层同心圆状排列的骨板围绕中央管形成,骨板内有骨陷窝和骨细胞,中央管与穿通管相通,内有血管、神经和结缔组织以及骨祖细胞。骨间板为形状不规则的平行骨板,填充于哈弗氏系统之间。骨板之间由一层骨盐较多的骨质黏合,形成镜下所见的黏合线。

骨骺位于长骨的两端,主要由骨松质构成,表面被覆一层薄的骨密质并与骨干骨密质相延续。骨骺关节面有关节软骨,骨松质的小腔隙与骨干中央的腔相通,共同构成骨髓腔。

在长管状骨除关节面外,骨的内外表面都有骨膜覆盖,称骨外膜和骨内膜。骨外膜有2层,外层较厚为致密结缔组织,并生出许多粗大胶原束穿入骨质,起固定骨膜的作用。内层为疏松结缔组织,含有较多的骨祖细胞。骨内膜只有一薄层结缔组织,并穿入骨穿通管和中央管。骨膜的主要作用在于营养骨组织,在骨损伤时产生成骨细胞修复骨组织。

骨的形成和修复离不开骨的发生。骨发生有膜内成骨和软骨内成骨两种形式。膜内成骨是指在骨发生的部位由原始结缔组织形成一薄膜,间充质细胞分化成成骨细胞,进而分化成骨细胞,产生骨基质,逐渐形成骨小梁。软骨内成骨是指在成骨的部位原始间充质细胞形成骨祖细胞,进而分化成软骨母细胞和软骨细胞并形成软骨雏形,表面形成软骨膜。之后,软骨膜内层的骨祖细胞增殖分化为成骨细胞,在软骨表面的软骨膜下形成原始骨组织,这层薄的骨壳称为骨领。骨膜中的血管、结缔组织随同破骨细胞、骨祖细胞和间充质细胞穿过骨领进入软骨岛。破骨细胞分解退化的软骨并形成与软骨雏形长轴一致的隧道,成骨细胞在隧道内成骨。在破骨细胞的作用下,形成骨髓腔,在腔的两端逐渐形成骨骺,在骨骺和骨干之间形成软骨性骺板。在骺端保留软骨形成关节软骨。长骨的纵向增长依靠骺板的不断增长并将软骨替换为骨组织而实现,17 ~20 岁时骺板增生趋缓并停止,骨不再纵向生长。骨的增粗靠骨外膜中的骨祖细胞分化成骨细胞在骨的表面不断成骨而成,并配合破骨细胞使骨髓腔横向扩大。30 岁以后,骨的形成与吸收同步,骨不再增粗。

在外力的作用下,如果局部发生骨折,除骨组织本身被破坏以外,骨内膜和骨外膜也发生损伤和破裂。骨膜与骨组织之间被撕开,血管断裂,骨组织以及骨髓腔的血管亦破裂出血,即可在骨折处形成一个血肿。血肿将骨折的两个断端初步相连。以后,从骨膜和周围骨组织纤维母细胞增生而形成肉芽组织,逐渐取代血肿而完成机化,形成所谓的纤维性骨痂。在肉芽组织取代血肿的同时,骨膜内层的原始间充质细胞、骨祖细胞也同时进入血肿和肉芽组织内,逐渐分化为软骨母细胞和成骨细胞,形成软骨组织和骨组织,软骨组织也经软骨化骨演变为骨组织,从而形成骨性骨痂。骨性骨痂使两侧断端连接更加牢固,但骨痂内骨小梁的排列杂乱无章,断端两侧的骨髓腔也不能完全相通,功能远不能达到正常要求。需经过应力性适应,在骨形成和骨吸收方面对骨进行改建,使骨痂的组织结构逐渐恢复到正常结构。纤维性骨痂期在骨形成后 1 ~2 周形成,从骨性骨痂形成到骨改建的初步完成需 4 ~5 个月时间。

【实验内容和实验步骤】 该实验课内容要分 2 次完成,相隔 1 个月。

1. 第一次课

(1) 多媒体介绍骨的结构特点(组胚、解剖)。

(2) 多媒体介绍骨的发生(组胚、解剖)。

(3) 多媒体介绍骨的生物力学(解剖、组胚)。

(4) 多媒体课件讲解骨的愈合过程(病理)。

(5) 10 人一组,无菌条件下在大鼠胫骨前部、胫骨结节下 1cm 处造成长 2mm、深达骨髓腔的骨缺损。

1) 成年大鼠用速眠灵 2 号 1ml/kg 臀部肌内注射麻醉,3 分钟后起效,固定于手术台上。

2) 无菌条件下选在胫骨处纵行切开 2cm 长的皮肤切口,沿胫骨骨膜分离胫前动脉和相应的神经,注意不要损伤隐动脉。在胫骨结节下 1. 2cm 处用锯横切胫骨,深达骨髓腔,造成局部骨缺损,缝合各层皮肤后精心饲养。每组派人饲养观察大鼠。其间,取手术后 1 ~2 周的大鼠做 X 线照片,观察修复情况。

2. 第二次课

(1) 取手术后 1 月的大鼠再照 X 线后处死,手术部位局部解剖,在断端上下各 5mm 处截取正常骨及骨痂组织。

(2) 对骨痂周围组织进行清理,观察两次 X 线照片,并对照大体标本观察。观察记录骨折骨痂处标本的大体状态与正常骨有何不同。将标本沿长轴纵向锯开,观察其切面形态、质地以及连接牢固程度、与周围正常骨的关系等,将标本固定于 10% 的甲醛中。

(3) 观察显微镜下骨组织的正常切片。

(4) 观察骨性骨痂的病理切片。

(5) 讨论：比较正常组织、病理切片、大体标本及 X 线照片（互动讨论）。

(6) 写出实验报告。

【实验准备】

(1) 大鼠、实验手术台、手术器械（形态实验室）。

(2) 骨结构特点的多媒体课件（组胚、解剖）。

(3) 骨发生的多媒体课件（组胚）。

(4) 骨生物力学多媒体课件（解剖）。

(5) 骨折愈合多媒体课件（病理）。

(6) 长管状骨的大体标本（解剖）。

(7) 骨痂大体标本（病理）。

(8) 骨组织正常切片（组胚）。

(9) 骨痂组织切片（病理）。

（李劲松）

实验六　巨噬细胞与硅沉着病、肺尘埃沉着病的发生

【概述】 肺泡腔和肺泡隔内均含有肺内巨噬细胞，是特异性免疫和非特异性免疫的主要成员，参与多种病理过程，如硅沉着病、肺尘埃沉着病、动脉粥样硬化等。硅沉着病和肺尘埃沉着病是由于长期吸入大量粉尘，特别是含硅酸盐的粉尘而引起的一种职业性疾病。吸入的粉尘颗粒被肺内的巨噬细胞吞噬，吞噬了粉尘颗粒的巨噬细胞称尘细胞，细胞死亡并沉积在肺间质中。尘细胞刺激肺间质中的结缔组织增生，肺泡被挤压变实，肺纤维化，称硅沉着病或肺尘埃沉着病，造成呼吸困难等临床症状。

【实验内容和实验步骤】

(1) 借助多媒体课件，讲述巨噬细胞的形态结构和生理功能。

(2) 借助多媒体课件，讲述硅沉着病、肺尘埃沉着病的发生过程和病理变化。

(3) 肉眼观察肺的尸体标本。

(4) 观察肺的腐蚀标本。

(5) 肉眼观察硅沉着病、肺尘埃沉着病的病理标本。

(6) 显微镜观察活体染色的疏松结缔组织铺片，重点观察吞噬了染料颗粒的巨噬细胞，成纤维细胞和胶原纤维。

(7) 显微镜观察正常肺切片，熟悉肺组织的正常结构，观察肺间质中的尘细胞。

(8) 显微镜观察硅沉着病、肺尘埃沉着病的病理切片，与正常肺切片对照比较，以理解巨噬细胞与硅沉着病、肺尘埃沉着病发病的关系。

(9) 学生自己动手，给小鼠腹腔注射或皮下注射台盼蓝，2 小时后取腹腔液制作涂片，或取皮下组织制作铺片，伊红染色，显微镜下观察吞噬了染料颗粒的巨噬细胞。

(10) 教师和学生互动式讨论巨噬细胞的形态结构和生理功能，硅沉着病、肺尘埃沉着病的病理过程，巨噬细胞与硅沉着病、肺尘埃沉着病病理过程的相关关系及吸烟的危害。

(11) 教师和学生互动式讨论巨噬细胞在特异性免疫和非特异性免疫中的作用，讨论巨噬细

胞在硅沉着病、肺尘埃沉着病、结核病、动脉粥样硬化等疾病发生、发展和归宿中的意义。

(12) 撰写实验报告。

【实验准备】

(1) 巨噬细胞的多媒体课件。

(2) 硅沉着病、肺尘埃沉着病的多媒体课件。

(3) 正常肺的大体标本。

(4) 肺的腐蚀标本。

(5) 硅沉着病、肺尘埃沉着病的病理标本。

(6) 活体染色的疏松结缔组织铺片。

(7) 正常肺切片。

(8) 硅沉着病、肺尘埃沉着病的病理切片。

(9) 注射器、台盼蓝、小白鼠、剪刀、镊子、载玻片、亚甲蓝染液。

(刘志艳)

实验七 结缔组织增生与肝硬化的发生

【概述】 结缔组织是构成人体的四大基本组织之一,其分布非常广泛,生理功能复杂,形式多样,包括固有结缔组织、软骨和骨、血液、淋巴。但在医学上所说的结缔组织,通常是指固有结缔组织。结缔组织由细胞、纤维和基质构成。成纤维细胞是固有结缔组织中数量最多的一种细胞,可产生纤维和基质,在伤口愈合、创伤修复中发挥重要作用。在某些疾病的发生中,结缔组织的过度增生,是病理过程的重要环节,如肝硬化、瘢痕疙瘩等。

肝脏是人体最大的一个消化腺,可分泌胆汁。肝脏又可对消化道吸收来的物质进行合成、转化、蓄存和解毒。肝脏位于右上腹部,上有膈肌,下有胆囊,外包结缔组织被膜,内有50万个左右的肝小叶,小叶之间有结缔组织构成的间质,间质内有小叶间动脉、小叶间静脉和小叶间胆管组成的汇管区。肝小叶为六面形的棱柱体,中央静脉纵贯其中央,以此为中轴,放射状排布着肝细胞构成的肝板、肝窦和胆小管。肝窦内流动着来自门静脉和肝动脉的血液,胆小管输出肝细胞产生的胆汁。有三条管道从肝门进出肝脏,即肝动脉、门静脉和胆总管;肝静脉从肝背侧出肝脏。

肝硬化是发病率很高且难以治愈的疾病,其发病原因很多,发病机制很复杂。其主要病理变化是肝小叶破坏,结缔组织增生,肝实质硬化,肝功能下降。在硬化肝的病理切片上,可见肝小叶的数目减少,面积变小,小叶内有结缔组织长入,正常结构模糊,结缔组织大量增生,胶原纤维粗大,汇管区仍然可见。

【实验内容和实验步骤】

(1) 借助多媒体课件,讲述固有结缔组织的构成,即细胞、纤维和基质。

(2) 借助多媒体课件,讲述正常肝脏的大体形态、位置、毗邻和肝脏的正常组织结构。

(3) 借助多媒体课件,讲述硬化肝脏的器官特征和病理组织学特征。

(4) 肉眼观察正常肝脏和硬化肝脏。

(5) 显微镜观察疏松结缔组织的切片、铺片和肝脏网状纤维银染片,重点观察结缔组织中的纤维成分。

(6) 显微镜观察正常人肝和猪肝切片,熟悉肝脏的正常微细胞结构。

(7) 显微镜观察硬化肝脏的病理切片,对照肝脏的正常结构,找出肝硬化的病理组织学特点。

(8) 教师和学生互动式讨论:肝硬化与结缔组织增生的关系,结缔组织生理性增生和病理性增生的临床意义,肝脏的各种功能的结构基础,肝硬化时肝脏多种功能降低的结构基础,如何防止肝硬化的发生。

【实验准备】

(1) 多媒体课件:固有结缔组织,正常肝脏的大体解剖,肝硬化的病理解剖。

(2) 大体标本和模型:正常肝标本,肝血管、胆管腐蚀标本,肝硬化病理标本。

(3) 正常组织切片:疏松结缔组织切片,铺片,肝内网状纤维,人肝切片,猪肝切片。

(4) 病理组织切片:肝硬化切片。

(高英茂)

实验八　人体的性别差异和胚胎的性别分化

【概述】 由于男性个体与女性个体之间存在着不同的性染色体,因而产生了个体的性别差异,主要表现在生殖器官和与生殖功能相关的一些器官和结构上。这些器官结构的性别差异在胚胎发育的初期并不存在,是在性别差异基因开始表达后才逐渐形成的,这种性别差异的出现过程被称为性别分化。

生殖器官的性别差异最为明显。男性的生殖腺为睾丸,产生男性生殖细胞精子和男性激素,输送生殖细胞的管道为附睾、输精管和射精管,外生殖器官由阴茎、阴囊组成,还有前列腺和精囊等附属腺体。女性的生殖腺为卵巢,产生女性生殖细胞卵子和女性激素,其生殖管道包括输卵管、子宫和阴道,外生殖器官由阴道前庭、大阴唇、小阴唇和阴阜组成,还有前庭大腺等附属腺体。乳腺和骨盆也有明显的性别差异。上述器官的大体解剖、微细结构、主要生理功能及其性别差异将在实验中通过多媒体课件、标本、模型和组织切片得以理解。

胚胎发育的早期没有性别特征,所有胚胎的生殖器官原基都是相同的,无性别差异。受精后第6~7周含有不同性染色体的原始生殖细胞迁入生殖嵴,含有不同性染色体的原始生殖细胞分化为精原细胞或卵原细胞,生殖嵴细胞分化为支持细胞或卵泡细胞,于是形成了睾丸或卵巢。随着生殖腺性别分化的完成,原始生殖管道和外生殖器原其也分化成了男性生殖管道和男性外生殖器官或女性生殖管道和女性外生殖器官,骨盆和乳腺的性别差异是在青春发动期后才出现的。

【实验内容和实验步骤】

(1) 借助多媒体课件讲述人体的性别差异,重点讲述男女生殖腺、生殖管道、外生殖器官、附属腺体和乳腺的大体解剖,比较这些器官在结构和功能方面的差异。

(2) 借助多媒体课件对比讲述男性和女性各生殖器官的微细结构及其相关功能。

(3) 借助多媒体课件讲述生殖腺、生殖管道和外生殖器官的发生和性别分化过程。

(4) 肉眼观察男性生殖系统和女性生殖系统的尸体标本和模型。

(5) 显微镜观察睾丸、卵巢、附睾、输精管、输卵管和子宫的组织切片。

(6) 肉眼观察性别分化的胚胎模型。

(7) 师生互动式讨论人体的性别差异、性别分化和两性畸形的发生。

【实验准备】

(1) 讲述男性和女性生殖器官大体解剖及相关功能的多媒体课件。

(2) 讲述男性和女性生殖器官微细结构及其相关功能的多媒体课件。

(3) 讲述胚胎性别分化的多媒体课件。

(4) 睾丸切片、卵巢切片、输精管切片、前列腺切片、精囊切片、阴茎切片、输卵管切片、子宫切片、阴道切片、女性乳腺切片。

(5) 显示男性和女性生殖器官的尸体标本和模型。

(6) 显示性别分化的胚胎模型。

(高英茂)

实验九 两栖类肠系膜血管的形态学与变态反应实验

【概述】 以往学习组织学观察肠系膜血管切片都是固定静止的。本实验改变了实验方法,利用蟾蜍(或青蛙)的肠系膜制作活体标本,观察肠系膜血管内血液流动和外源组胺致肠系膜血管的应急反应,血管扩张血流变慢,轴流(血细胞流)变宽,轴流与边流(血浆流)界限消失等现象。许多组织,特别是肺和胃肠等消化管道的肥大细胞中含有大量的组胺。当组织受到损伤或发生炎症和过敏反应时,都可释放组胺。组胺有很强的舒血管作用,并能使微小血管的管壁通透性增加,导致局部组织水肿。

【实验内容和实验步骤】 本实验动物选取蟾蜍30只。备用蛙解剖台或搪瓷盘,探针,剪刀,镊子,大头针,图钉,棉球,显微镜和0.2%组胺。

取蟾蜍置于搪瓷盘或蛙解剖台,呈仰卧位。沿腹侧壁剪开腹壁,切口长约1.0cm。打开腹腔,用镊子轻轻拉出小肠袢,将肠袢连接的肠系膜展开铺在搪瓷盘上,肠系膜连带肠袢一起剪下1~1.5cm大小的组织块(图2-1)。特别注意要轻轻拉动肠袢,切忌拉的过紧或撕破肠系膜以防影响血液循环,取出肠袢组织将肠系膜轻轻展平铺在玻片上(图2-2)。另外,要注意观察时间为15~20分钟。

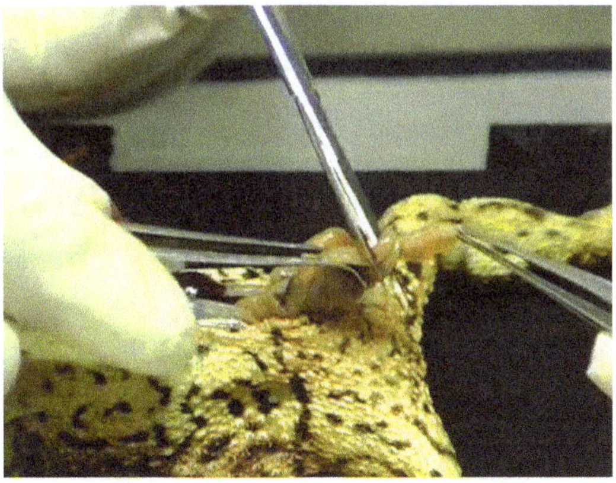

图2-1 切开腹腔取出肠袢与肠系膜

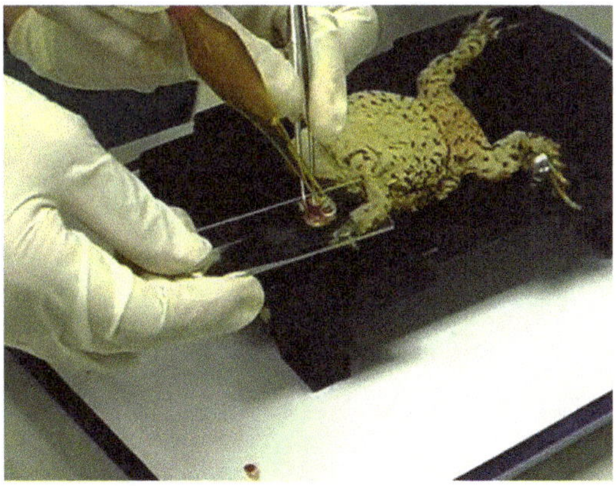

图2-2 取出肠袢组织平铺在玻片上

【实验观察】

在低倍镜下选有血管的视野，观察蟾蜍肠系膜血管的血管管径，血流速度及血流情况，可以明显区别轴流即血球层、边流即血浆层（图 2-3）现象。当在肠系膜上滴加 1～2 滴的组胺后再继续观察，可在镜下观察到蟾蜍肠系膜血管发生扩张，血流逐渐变慢，轴流与边流的界限消失（图 2-4）。

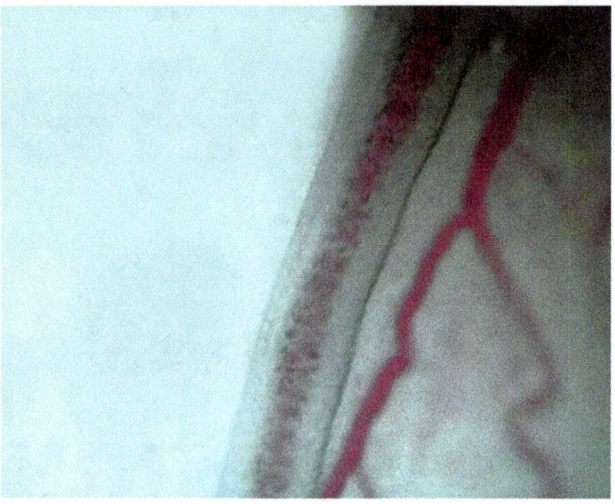

图 2-3　滴加组胺前镜下清晰区别血液的轴流和边流

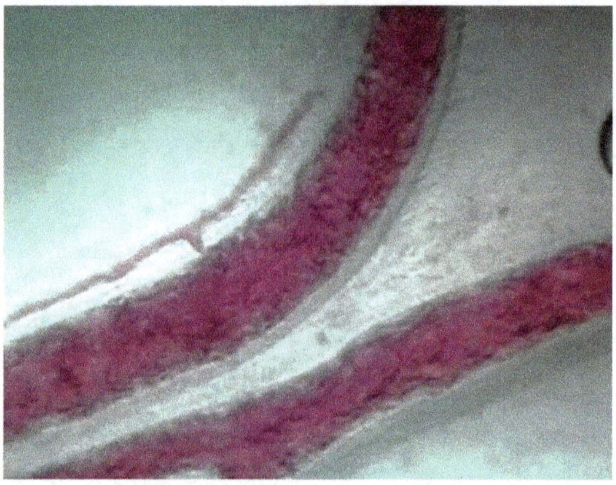

图 2-4　滴加组胺后在镜下可见轴流和边流消失

【思考题】

（1）在实验中滴加了组胺后导致肠系膜血管形态变化的机制是什么？

（2）想一想，今天的实验与荨麻疹发生有何关系？

（康　敏）

实验十　长骨离断后纤维性骨痂形成的形态学观察

【概述】　大约在骨折后的 2～3 天，从骨内膜及骨外膜增生的成纤维细胞及新生毛细血管进入血肿，继而发生纤维化，血肿开始机化。上述增生的组织逐渐弥合，填充并桥接了骨折的断端，形成纤维性骨痂，或称暂时性骨痂。肉眼观察，骨折局部呈梭形肿胀。约经 1 周左右，上述增生的肉芽组织及纤维组织部分可进一步分化，形成透明软骨。透明软骨的形成一般多见于骨外膜的骨痂区，而少见于骨髓内骨痂区，可能与前者血液供应较缺乏有关。此外，也与骨折断端的活动度及承受应力有关。但当骨痂内有过多的软骨形成时会延缓骨折的愈合时间。成骨细胞产生新生骨质逐渐取代上述纤维性骨痂。开始形成的骨质为类骨组织，以后发生钙盐沉着，形成骨性骨痂。纤维性骨痂内的软骨组织，与骨发育时的软骨成骨一样，发生钙盐沉着而演变为骨组织，参与骨性骨痂的形成。此时所形成的骨痂，由于其结构不够致密，骨小梁排列比较紊乱，故仍达不到正常功能需要，要经骨痂改建或再塑。上述骨痂建成后，使骨折的断端仅被幼稚的、排列不规则的骨痂连接起来。为了符合人体生理要求而具有更牢固的结构和功能，骨痂进一步改建成为成熟的板层骨，皮质骨和髓腔的正常关系也重新恢复。改建是在破骨细胞的骨质吸收及成骨细胞新骨质形成的协调作用下进行的。

【实验内容和实验步骤】　本实验应用成年家兔。备用兔笼、兔台、手术器械（手术刀、剪刀、镊子、弯止血钳、直止血钳）、缝合针线、无菌洞巾和 3% 戊巴比妥钠 1ml/kg，生理盐水，庆大霉素注射液。

术前家兔称重。将家兔左前肢毛剪干净,以 3% 戊巴比妥钠(1ml/kg)耳缘静脉缓慢注射麻醉。碘酒消毒手术区,铺盖无菌洞巾。在无菌条件下,沿左桡骨前外侧纵行切开皮肤,钝性分开肌肉暴露出桡骨中上 1/3 骨干,切开骨膜,注意保护两侧软组织。用电锯将桡骨干中上 1/3 处锯开成完全断离状,两断端间最好留 2mm 左右缺损。用生理盐水冲洗后,逐层缝合。无需固定及包扎,伤口表面可用庆大霉素涂擦。

术后家兔分笼喂养随机编号,按照手术小组为单位,学生参加护理小组,认真护理家兔,观察,记录。于术后 1 周后再回课堂实验取材。

取材手术过程同前。动手无菌取出骨折愈合处的纤维骨痂,固定于甲醛液瓶,待切片,染色,观察。

【实验观察】

1. 大体观察 在骨折的两断端处周围组织间形成血肿,呈梭形膨大,切面暗红色,含血液量较多。在血液凝固处可见两断端由软组织连接起来。

2. 镜下观察 可见骨内膜及骨外膜的成纤维细胞出现渐增趋势至大量增生,新生的毛细血管密度加大,组成含有成骨细胞的肉芽组织将血肿逐渐机化,可见发生了纤维化将骨折两端连接起来,质软,不牢固,此即纤维性骨痂。

因骨内膜、骨外膜和骨组织以及骨髓都富含血管,骨折后常伴有大量出血,在骨断端及其周围形成血肿。2 ~ 3 天后,骨内膜及骨外膜的成为纤维细胞增生,生成新的结缔组织纤维和结缔组织基质伴随形成的新生毛细血管与富含成骨细胞的肉芽组织长入血肿中将其机化。新生的肉芽组织填充并连接骨折断端,之后发生纤维化。

【思考题】

(1) 纤维性骨痂形成的机制。

(2) 纤维性骨痂在骨折愈合过程中作用是什么?

(3) 同龄人的骨折愈合过程一定相同吗? 为什么?

(马保华)

实验十一 心脏的大体和微细结构与其生理功能的完美统一

【概述】 心脏是血液循环的动力中心,心肌的节律性收缩是动力的源泉,心腔的分隔、瓣膜的开关使动脉血和静脉血分流,心壁的微细结构是心脏实现其功能的结构基础。可见心脏的大体构造和微细结构与其生理功能形成了完美的统一。

1. 心脏的大体解剖 心脏位于前下纵隔内,心尖朝向左前下方,心底向右后上方。心腔被房间隔和室间隔分隔为左、右心房和左、右心室,左、右心房与左、右心室之间借左房室口和右房室口相通,左、右房室口上分别有二尖瓣和三尖瓣控制其开关。右心房有下腔静脉的入口,借右房室口通往右心室,右房室口上的三尖瓣控制血液单向地从右心房流入右心室,不能回流;右心室借肺动脉口通往肺动脉,口上有半月瓣控制血液单向地从右心室流入肺动脉,不能回流;左心房有肺静脉的开口,并借左房室口通往左心室,左房室口上有二尖瓣,控制血液单向地从左心房流入左心室,不能回流;左心室的血液通过主动脉口流入主动脉,口上有半月瓣控制血液单向地从左心室流向主动脉,不能回流。

2. 心脏的微细结构 心脏是一个空腔器官,其壁很厚,由三层结构构成,即内层的心内膜、外层的心外膜和中层的心肌层,心肌层最厚。心内膜由内皮、内皮下层和内膜下层构成;心外膜由间皮和疏松结缔组织成的浆膜组成;心肌层由肌纤维构成。心壁内还有心传导系统,由窦房结、房室结、房室束和浦肯野纤维构成,是调控心脏节律性收缩的重要结构。心壁内有丰富的血液供应,心肌纤维之间有密集的毛细血管网。心房与心室之间的心肌纤维并不相连,之间由致密结缔组织构成的纤维环分隔。心肌纤维在高倍镜下呈圆柱状,有明暗相间的横纹,肌纤维内的纵纹不及骨骼肌明显,肌浆较多,肌纤维分支,相邻肌纤维之间有闰盘相接,形成肌纤维网。电镜下可见肌浆内有丰富的线粒体和成束的肌丝,肌浆网不及骨骼肌发达,粗肌丝和细胞丝规则排列形成 I 带、A 带、H 带、M 线和 Z 线,肌节明显,与肌膜相连的二联体结构位于 Z 线平面。

3. 心脏结构与功能的完美统一 全身各部的静脉血汇入上、下腔静脉,心房舒张时血流从腔静脉进入右心房,心房收缩,心室舒张,使血液从右心房通过右房室口注入右心室。右心室的收缩使三尖瓣关闭、肺动脉瓣开放,血液从右心室通过肺动脉口进入肺动脉。可见,由于心房和心室的节律性、程序性舒缩和三尖瓣、肺动脉瓣的单向开放,使静脉血从上、下腔静脉单向地流入肺动脉而不会回流。脉动脉的静脉血进入肺脏后,与肺泡内的空气进行气体交换,排出血液中的 CO_2,纳入空气中 O_2,由静脉血变成了动脉血,汇入肺静脉。心房舒张时,肺静脉的动脉血经心脏的肺静脉口进入左心房。心房的收缩,使血液从左心房通过左房室口进入左心室。心室的收缩使二尖瓣关闭、主动脉瓣开放,血液从左心室进入主动脉,再通过主动脉的各级分支而进入全身各器官组织,供应那里的氧气和营养。可见,由于心房和心室的节律性、程序性舒缩和二尖瓣、主动脉瓣的单向开放,使动脉血从肺静脉单向地流向主动脉,而不会回流。由于左、右心房及左、右心室的严格分隔,使动脉血和静脉血在心脏内严格分流,绝不相混。

【实验内容和实验步骤】

(1) 借助多媒体课件,讲述血液循环的途径,重点讲述心脏大体解剖和血液在心脏内的流动方向及体循环和肺循环、动脉血和静脉血的分流。

(2) 借助多媒体课件,讲述心壁的微细结构和心肌的超微结构。

(3) 肉眼观察人心、牛心的标本和心脏模型,重点观察心腔的分隔、瓣膜、腱索、乳头肌等结构。

(4) 显微镜观察心脏切片(HE 染色)。

(5) 动物活体观察:10 人一组,每组 1 只大白鼠。乙醚吸入麻醉或腹腔注射戊巴比妥钠麻醉。打开胸壁,暴露心脏,观察心脏的节律性、程序性舒缩。然后取心脏,纵行剖开,观察心腔的分隔和各瓣膜口的瓣膜分布情况。

(6) 师生互动式讨论心腔的分隔,体循环和肺循环在心内的流动途径,动脉血和静脉血的分流,心脏节律性跳动的组织结构基础,心脏的结构与其功能的完美统一。

【实验准备】

(1) 血液循环及心脏大体解剖的多媒体课件。

(2) 心脏组织学切片(HE)。

(3) 大白鼠、剪刀、镊子等手术器械。

(4) 人心和牛心标本。

（5）心脏模型。

（高英茂）

实验十二 胚层的形成、分化与最终演变与肿瘤分类及病理特点的关系

【概述】

1. 三胚层的发生 在第2周胚泡植入时，内细胞群的细胞也增殖分化，逐渐形成二胚层胚盘。上胚层为邻近滋养层的一层柱状细胞，下胚层是位居胚泡腔侧的一层立方细胞，两层紧贴在一起。

至第3周初，上胚层细胞增殖，在胚盘上胚层尾侧正中线上形成一条增厚区，称原条。原条的头端略膨大，为原结。继而在原条的中线出现浅沟，原结的中心出现浅凹，分别称原沟和原凹。上胚层细胞向深面迁移形成内、外胚层。中胚层在胚盘边缘与胚外中胚层续连。原结向头侧形成一条单独的细胞索，称脊索突，自后演变为脊索。脊索向头端生长，原条则相对缩短，最终消失。若原条细胞残留，在人体骶尾部可分化形成由多种组织构成的畸胎瘤。

2. 三胚层的分化

（1）外胚层的分化：脊索突和脊索诱导其背侧中线的外胚层增厚呈板状，称神经板。神经板随脊索的生长而增长，且头侧宽于尾侧。神经板中央沿长轴下隐形成神经沟，沟两侧边缘隆起称神经褶，两侧神经褶在神经沟中段首先靠拢并愈合，愈合向两端延伸，使神经沟封闭为神经管。神经管两侧的表面外胚层在管的背侧靠拢并愈合，使神经管位居于表面外胚层的深面。神经管将分化为中枢神经系统以及松果体、神经垂体和视网膜等。在神经褶愈合过程中，它的一些细胞形成两条位于神经管背外侧的神经嵴，分化为周围神经系统及肾上腺髓质等结构。位于体表的表面外胚层，将分化为皮肤的表皮及其附属器，以及牙釉质、角膜上皮、晶状体、内耳膜迷路、腺垂体、口腔和鼻腔与肛门的上皮等。

（2）中胚层的分化：中胚层在脊索两旁从内侧向外侧依次分化为轴旁中胚层、间介中胚层和侧中胚层。分散存在的中胚层细胞，称间充质，分化为结缔组织以及血管、肌组织等。脊索则大部分退化消失，仅在椎间内残留为髓核。

1）轴旁中胚层：紧邻脊索两侧的中胚层细胞迅速增殖，形成一对纵行的细胞索，即轴旁中胚层，由此形成体节。体节左右成对，从颈部向尾依次形成，第5周时，体节全部形成，为42～44对。体节将分化为皮肤的真皮、大部分中轴骨骼（如脊柱、肋骨）及骨骼肌。

2）间介中胚层：位于轴旁中胚层与侧中胚层之间，分化为泌尿生殖系统的主要器官。

3）侧中胚层：是中胚层最外侧的部分。随着胚体的发育，侧中胚层迅速裂为2层。与外胚层邻近的一层称体壁中胚层，将分化为体壁（包括肢体）的骨骼、肌肉、血管和结缔组织；与内胚层相贴的一层称脏壁中胚层，覆盖于原始消化管外面，将分化为消化和呼吸系统的肌组织和结缔组织等。两层之间的腔为原始体腔，最初呈马蹄形，继而从头端到尾端分化为心包腔、胸膜腔和腹膜腔。

(3) 内胚层的分化：随着桶状胚的形成，内胚层卷折形成原始消化管。原始消化管将分化为消化管、消化腺、呼吸道和肺的上皮组织，以及中耳、甲状腺、甲状旁腺、胸腺、膀胱和阴道等的上皮组织。

肿瘤的分类通常是以其组织发生（即来源于何种组织）为依据，每一类别又分为良性与恶性两大类。根据组织发生肿瘤大致可分为上皮组织、间叶组织、淋巴造血组织、神经组织来源的肿瘤和其他特殊类型的肿瘤五大类。其他肿瘤包括黑色素细胞、胎盘组织、性索、生殖细胞和三胚叶组织来源的肿瘤，都与组织来源有着密切的关系。

人体任何部位、任何组织、任何器官几乎都可发生肿瘤，因此肿瘤的种类繁多，命名也复杂，但一般都是根据其组织发生即组织来源来命名。良性肿瘤在其来源组织名称后加"瘤"字，例如，来源于纤维结缔组织的良性瘤称为纤维瘤，来源于腺上皮的良性瘤称为腺瘤等。有时还结合肿瘤的形态特点命名，如腺瘤呈乳头状生长并有囊腔形成者称为乳状头状囊腺瘤。恶性肿瘤一般亦根据其组织来源来命名。来源于上皮组织的统称为癌，如来源于鳞状上皮的恶性肿瘤称为鳞状细胞癌，来源于腺上皮呈腺样结构的恶性肿瘤称为腺癌等。从间叶组织（包括纤维结缔组织、脂肪、肌肉、脉管、骨、软骨组织等）发生的恶性肿瘤统称为肉瘤，如纤维肉瘤、骨肉瘤等。所以癌主要来源于肉瘤本质上来源于胚层发育时期分散存在的中胚层细胞，即间充质。恶性肿瘤的外形具有一定的特点时，则又结合形态特点而命名，如形成乳头状及囊状结构的腺癌，则称为乳头状囊腺癌。如一个肿瘤中既有癌的结构又有肉瘤的结构，则称为癌肉瘤。

有些来源于幼稚组织及神经组织的恶性肿瘤称为母细胞瘤，如神经母细胞瘤、髓母细胞瘤、肾母细胞瘤等。因此胚层的形成、分化与演变对于我们深刻理解和掌握肿瘤非常关键。

【实验内容和实验步骤】

(1) 用多媒体课件讲述胚层的形成、分化与最终演变。

(2) 用多媒体课件讲述肿瘤的命名与分类、常见肿瘤的分布特点与基本病理学特点。

(3) 教学模具演示胚层的形成与最终演变。

(4) 显微镜观察胚胎的组织形态学特点。

(5) 显微镜观察不同类型肿瘤的组织来源与形态学特点。

(6) 教师和学生互动式讨论胚层的形成、分化与最终演变与肿瘤的命名与分类、分布及基本形态学特点的关系。

(7) 学生撰写实验报告，如当堂不能完成，可在课后完成。

【实验准备】

(1) 胚层的形成、分化与最终演变的多媒体课件的制作。

(2) 肿瘤的命名与分类、常见肿瘤的分布特点与基本病理学特点的多媒体课件的制作。

(3) 胚胎正常组织学切片的准备。

(4) 常见代表性肿瘤的病理学切片的准备。

(5) 常见肿瘤的大体标本的准备。

（高英茂）

实验十三 从肝脏的大体解剖和微细结构看肝硬化的发生过程

【概述】 肝脏是人体消化系统中最大的消化腺,又是新陈代谢的重要器官,在机体的物质代谢中占有极其重要的地位。肝脏结构和功能的基本单位是肝小叶。小叶的中轴贯穿一条静脉,为中央静脉。肝细胞以中央静脉为中心呈放射状排列,形成肝细胞索。肝细胞相互吻合成网,网眼间有窦状隙和血窦。肝细胞间的管状间隙称毛细胆管。肝小叶是由肝细胞、毛细胆管、血窦和相当于毛细淋巴管的窦周隙(狄氏间隙)所组成。肝脏的血液供应主要来自门静脉,少量来自肝动脉。门静脉的终支在肝内扩大为静脉窦,它是肝小叶内血液流通的管道。肝动脉是来自心脏的动脉血,主要供给氧气,门静脉收集消化道的静脉血,把来自消化道含有营养的血液送至肝脏。门静脉还与腔静脉间存在侧支吻合,正常情况下,这些吻合支是不开放的。

肝硬化是由于肝细胞弥漫变性、坏死、结节状再生,肝内纤维组织增生,致使肝小叶结构和血液循环被改建而形成肝硬化。肝硬化是一种常见的慢性病,严重影响我国人民的健康。

【实验内容和实验步骤】

(1) 借助多媒体课件讲述肝脏的解剖结构特点和功能以及肝的解剖结构、所在位置和毗邻脏器。

(2) 借助多媒体课件讲述肝脏的组织学微细结构。

(3) 借助多媒体课件讲述肝硬化的发生过程及病理特点。

(4) 正常肝脏大体标本及周围器官毗邻关系的观察。

(5) 对比观察正常肝脏和肝硬化大体标本的形态特点。

(6) 显微镜下对比观察正常肝小叶及假小叶的组织形态学特点。

(7) 根据掌握的知识,阐述肝硬化患者门脉高压形成的机制。

(8) 互动式讨论肝硬化发生的组织学和解剖学基础及对肝功能的影响。

【实验准备】

(1) 肝脏组织学、解剖结构及肝硬化的多媒体课件。

(2) 正常肝脏标本及腹腔内毗邻脏器。

(3) 肝正常组织学切片。

(4) 肝硬化组织学切片(门脉性肝硬化及坏死后性肝硬化)。

(5) 肝硬化大体标本。

(6) 肝硬化患者门腔静脉吻合的标本(食管下端静脉曲张)。

(高英茂)

实验十四 神经通路和神经网络的构建及常见损伤

【概述】 神经调节是人体各种生命活动和生理功能的主要调控机制,其调控方式是反馈性调节,其结构基础是由神经元件构成的神经通路和神经网络。

构成神经通路和神经网络的神经元件主要有神经元、神经纤维、突触连接和神经末梢。

由这些元件构成了各种类型的感觉通路(如视觉通路、嗅觉通路、听觉通路、痛觉通路、触觉通路等)、各种类型的运动通路(如躯体运动通路、内脏运动通路等)。感觉和运动通路之间还有极为复杂的联络调节通路,这些通路相互协同、相互制约,共同构成了复杂的神经调控网络,反射性地调节各种生命活动和生理功能。

【实验内容和实验步骤】

(1) 借助多媒体课件,讲述神经通路和神经网络的基本概念和构成元件,重点讲述视觉道路、听觉通路、皮肤感觉通路、躯体运动和内脏运动通路。以偏瘫、面瘫、帕金森病、老年痴呆为例,讲述中枢和外周神经损伤。

(2) 借助多媒体课件,讲述神经元件的微细结构和生理功能,重点讲述神经元、神经纤维、化学性突触和电突触、各种感觉神经末梢和运动神经末梢等。

(3) 肉眼观察神经通路和神经网络的模型和标本,观察内囊出血的标本。

(4) 显微镜观察脊髓切片,大脑切片,小脑切片,神经纤维切片,含游离神经末梢、触觉小体、环层小体的皮肤切片,肌梭切片,运动终板切片,视网膜切片,内耳切片。

(5) 以师生互动方式,讨论神经道路和神经网络的构成及其各构成元件的形态结构和在神经通路中的位置和功能;结合本实验所学,讨论帕金森病、老年痴呆、面瘫、偏瘫等神经性疾病的发病机制和可能出现的临床表现。

【实验准备】

(1) 神经通路和神经网络的多媒体课件。

(2) 神经元件的多媒体课件。

(3) 神经通路模型、标本,内囊出血的标本。

(4) 各种神经元件的组织学切片,包括脊髓切片(HE)、大脑切片(HE)、小脑切片(HE)、神经纤维切片(HE)、神经纤维铺片(银染)、皮肤切片(HE)、肌梭切片(HE)、运动终板(氯化金浸染)、视网膜切片(HE)、内耳切片(HE)。

(高英茂)

实验十五　肺组织结构特点与急性肺淤血、肺水肿

【概述】 肺是人体最重要的器官之一,它不仅行使气血交换功能,而且也参与一些血管活性物质的产生。从组织构成方面来说,肺可分成实质和间质。实质是指从叶支气管不断分支直到末端肺泡;间质是指肺内的结缔组织、血管、淋巴管。实质部分可达24级分支,分为导气部和呼吸部两部分。导气部:呼吸性细支气管以上的支气管为导气部,管壁结构分为3层,最内层为黏膜,表面被覆假复层柱状纤毛上皮,固有层内有混合性腺体;黏膜下层为疏松结缔组织,与固有层和外膜无明显分界;外膜为环状软骨和弹力纤维膜。随分支增加,管径变细,管壁的软骨和腺体会逐渐减少,而平滑肌成分相对逐渐增加。当支气管分支到直径1mm时,管壁的软骨和腺体消失,假复层柱状纤毛上皮逐渐被单层柱状或立方上皮取代,管壁出现较多环状平滑肌时,称之为细支气管。细支气管有2 ~3级分支,至直径0.5mm时,就称为终末细支气管。肺呼吸部:终末细支气管又经2 ~3级分支,管径更加纤细,管壁上出现肺泡开口时,就称之为呼吸性细支气管。因有肺泡的出现,行使气血交换的功能,故呼吸性细支气管以下的肺结构称为肺呼吸部。呼吸性细支气管继续分支,肺泡逐

渐增多,进而形成肺泡管、肺泡囊和肺泡。

肺泡为圆球形小囊,直径约0.2mm,是气血交换的部位,构成肺的主要结构。肺泡壁很薄,主要由扁平的Ⅰ型肺泡上皮紧密连接而成,其间隔有少许立方的Ⅱ型肺泡上皮。肺泡之间有少量薄层结缔组织、毛细血管、淋巴管等相隔,称之为肺泡隔。Ⅰ型上皮细胞约占95%,Ⅱ型上皮细胞约占5%,肺泡上皮细胞之间是紧密连接,不允许肺泡隔内的液体或任何大分子物质渗入肺泡腔内,即使肺泡隔内的压力超过正常的两倍,肺泡腔内亦不出现渗液。因此,正常肺泡内不存在积液,其表面极少量的液体是由Ⅰ型上皮细胞通过胞吐释放出来的。肺泡Ⅰ型上皮细胞在缺氧、高氧、SO_2、内毒素等因素的作用下要发生肿胀变性,甚至坏死脱落,在这一病理过程中,首先出现的是细胞连接的破坏,这样,肺泡隔内的液体和部分大分子物质则可渗入肺泡腔内,形成肺泡水肿,当细胞损伤严重或破坏脱落时,甚至进入肺泡隔内的全血也可通过损伤部位进入肺泡腔。Ⅰ型上皮胞质内有许多微滤泡,负责与肺泡隔的物质交换,Ⅱ型上皮细胞胞质内含有板层小体,主要成分为磷脂,可分泌到肺泡表面,降低肺泡表面张力,故称表面活性物质。

肺泡隔内有呈蛇形弯曲的毛细血管,血管内皮细胞之间呈紧密连接,连接间有直径2.4～2.5nm大小的孔隙,细胞内微丝收缩或舒张将改变该孔隙的大小。通过这些孔隙,毛细血管内少量的液体或蛋白成分可渗入(或漏入)肺泡隔内,形成间质液。渗漏至肺泡隔内的蛋白成分,通过淋巴毛细管回流至淋巴管,保持肺泡隔内正常的胶体渗透压和正常量的液体。内皮细胞胞质很薄,核外部分仅0.04～0.2μm厚,细胞器很少,仅在核周围有少量的线粒体,内质网和高尔基器。但是,它却含有丰富的微饮泡,微饮泡通过泡饮或泡吐作用搬运血管内、外的液体或大分子物质。近来发现,微饮泡对肺水肿的消除具有重要的作用。内皮细胞外侧为血管基膜。由Ⅰ型肺泡上皮及基膜、结缔组织、血管内皮细胞及基膜共同组成气血屏障。在肺泡隔上常有小的开孔,称为肺泡孔,可均衡肺泡之间气体的含量。

肺具有双重血液循环系统。①肺循环系统,又称为机能循环系统。它是由肺动脉、肺泡毛细血管及肺静脉组成的一个致密的循环网。②支气管循环系统,又称为营养循环系统,它由支气管动脉、肋间动脉和支气管静脉组成。它属于体循环的一部分,管壁比肺循环系统厚,血流压力比肺循环系统高。其主要功能为给肺门有关的组织、气管、支气管的管壁以及肺动脉、肺静脉的外膜提供血流。

在支气管动脉与肺动脉之间有吻合结构,吻合部位的支气管动脉壁内有纵行或螺旋肌束,其收缩程度控制吻合口的大小。在正常肺循环时,吻合处不开放。当肺循环障碍时,吻合口可开放,支气管动脉的血流可通过吻合口进入肺循环系统的供血区。此外,两个循环系统的毛细血管之间亦存在吻合支,在一些病理状态下,吻合支开放,支气管循环系统的血液可进入肺泡毛细血管内,其意义在于保障肺结构细胞的血液供应,维持细胞的存活。

由于肺结构比较疏松,肺循环压力低、血流阻力低和血容量大的特点及肺静脉无瓣膜,因此肺血管也直接受左心室舒张末期压力的影响;还有多种因素,如中毒、缺氧、激素、活性因子等可直接损伤肺泡毛细血管,容易导致肺淤血及肺水肿。临床上,肺淤血和肺水肿常分为心源性和非心源性。

肺淤血即指肺组织含血量异常增多,临床上多见于左心排出量下降,左心内压力增高,肺静脉回流受阻,造成肺淤血。肺泡隔内毛细血管及小静脉高度扩张淤血,肺泡隔变宽、水肿。严重时,因为肺静脉系和毛细血管内压力明显增高,水肿液和红细胞可进入肺泡腔内形成肺水肿。加之因血气结构被改变和破坏,气血交换不充分,导致患者出现缺氧表现,如气促、发绀、可咳出大量浆液性粉红色泡沫状痰等。

【实验步骤和实验内容】

（1）多媒体课件介绍肺的组织结构特点。

（2）多媒体课件介绍肺血液循环的特点。

（3）多媒体课件介绍肺淤血的机制和形态。

（4）每 10 人一组，分 2 只大鼠称重。一只大鼠腹腔注射肾上腺素 2 ~ 2.5mg/kg，另一只大鼠腹腔注射相同量的生理盐水做对照，注射后观察记录两只大鼠的一般情况和呼吸等临床表现。15 ~ 20 分钟后对动物实行安乐死。

（5）解剖两只大鼠，注意结扎气管以免液体外溢，将肺和心脏一同取出。

（6）用滤纸吸去肺表面的液体用天平称两肺的重量，计算肺重系数（肺重量 g/体重 kg/100%），若肺重系数<1%，比较两只大鼠的肺重系数。若肺重系数>1%，表明肺水肿已形成。

（7）对比观察两只大鼠的肺的外观，记录包括大小、颜色、质地、及切面外观，将两只大鼠的肺脏用 10% 的甲醛固定。

（8）镜下观察对比和记录 2 只大鼠肺组织 HE 切片。

（9）讨论肺淤血、肺水肿形成的机制（互动讨论）及实验肺水肿标本的病理特点，同所见病变解释实验中所观察到的临床现象。

（10）写出实验报告。

【实验准备】

（1）肺组织结构特点的多媒体课件（组胚或解剖）。

（2）肺血液循环特点的多媒体课件（组胚或解剖）。

（3）肺淤血和肺水肿的多媒体课件（病理）。

（4）实验用的大鼠、药剂（盐水、肾上腺素、10% 甲醛）、注射器、固定器、天平、手术刀、剪、镊子等器材（形态实验室）；示教用大体标本、组织切片（病理或形态实验中心）。

（李劲松）

实验十六　从胃的大体解剖和胃黏膜微细结构看胃癌的发生和转移

【概述】 胃是消化管最膨大的部分，胃不仅是食物暂时停留和消化的场所，而且还具有重要的内分泌的功能。胃的形态包括贲门、幽门、胃底、胃体、胃小弯、胃大弯、角切迹、幽门窦、幽门管。胃壁的组织结构包括黏膜层、黏膜下层、肌层和浆膜层等。胃癌是消化道最常见的恶性肿瘤，胃的解剖结构、淋巴引流与胃癌的发生和转移有密切的关系。胃癌的手术方式与肿瘤存在的部位及各站淋巴结分布相关，因此，掌握胃各部分组织结构特点和淋巴引流方向，对临床治疗工作有重要的实际意义。

【实验内容和实验步骤】

（1）借助多媒体课件，讲述胃的解剖结构特点及功能。胃的解剖结构、所在位置、毗邻脏器。

（2）借助多媒体课件，讲述胃的组织学微细结构。

(3) 借助多媒体课件，讲述胃癌的发生过程及病理特点。

(4) 正常胃大体标本及周围器官毗邻关系的观察。

(5) 对比观察正常胃和胃癌大体标本的形态特点。

(6) 显微镜下对比观察正常胃组织学及胃癌的组织形态学特点。

(7) 根据掌握的知识，阐述胃癌的临床病理分期(TNM)的解剖学基础，如何确定胃大部切除手术时切口的位置。

(8) 根据胃的解剖结构及淋巴引流，解释胃癌转移的特点，胃癌手术时应该清扫哪些组淋巴结。

(9) 互动式讨论胃癌发生及肿瘤侵袭转移的组织学和解剖学基础。

【实验准备】

(1) 胃组织学、解剖结构及胃癌的多媒体课件。

(2) 正常胃标本及腹腔内毗邻脏器。

(3) 胃正常组织学切片。

(4) 胃癌组织学切片(早期胃癌及进展期胃癌)。

(5) 胃癌大体标本。

(6) 胃癌腹腔种植转移标本(大网膜转移，卵巢转移性肿瘤)。

(张庆慧)

实验十七　从子宫颈大体解剖和微细结构看子宫颈癌发生和侵袭转移过程

【概述】　子宫位于女性之盆部，是一个介于膀胱和直肠之间的中空器官。子宫颈相当于子宫的下1/3，近似柱形，上端有颈管内口与宫体分界，下端为宫颈外口与阴道相通，子宫颈管黏膜为单层柱状上皮，宫颈阴道部表面覆盖复层鳞状上皮，鳞状上皮与柱状上皮交界处相当于宫颈外口。一般均认为子宫颈癌原发部位始于鳞、柱状上皮的移行区。子宫颈可因长期受到刺激或感染而发生炎症反应；长期的慢性炎症刺激，特别是人类乳头状瘤病毒的感染与子宫颈癌的发生密切相关。在各种因素的长期作用下，正常子宫颈上皮细胞可出现不典型增生，部分可发生癌变。

【实验内容和步骤】

(1) 借助多媒体课件讲述子宫颈的解剖结构、所在位置及毗邻关系。

(2) 借助多媒体课件讲述子宫颈的组织学微细结构。

(3) 借助多媒体课件讲述子宫颈癌的发生过程及病理特点。

(4) 正常女性生殖系统大体标本及周围器官毗邻关系的观察。

(5) 观察子宫颈癌大体标本的形态特点。

(6) 显微镜下对比观察正常子宫颈组织学、子宫颈上皮内肿瘤、鳞状细胞原位癌、鳞状细胞癌及腺癌的组织学特点。

(7) 根据子宫颈的解剖结构及淋巴引流，在子宫颈癌手术时应该清扫哪些组淋巴结。

(8) 互动式讨论，以宫颈鳞状细胞癌为例，说明上皮细胞异型增生(上皮内肿瘤)、原位癌、早期浸润癌至浸润癌的发展过程。以子宫颈癌为例说明晚期子宫颈癌侵袭转移的组织学和解剖学基础。临床上有哪些表现?

【实验准备】

(1) 子宫颈组织学、解剖结构及子宫颈癌多媒体课件。

(2) 正常女性生殖器官标本,正常女性盆腔脏器标本(显示子宫颈毗邻脏器关系)。

(3) 正常子宫颈组织学切片(显示子宫颈柱状上皮和鳞状上皮交界区)。

(4) 子宫颈癌组织学切片(子宫颈 CIN Ⅰ级、Ⅱ级 、Ⅲ级切片,原位癌切片和子宫颈鳞状细胞癌、腺癌切片)。

(5) 子宫颈癌大体标本(显示不同的大体类型)。

(李振华)

实验十八　从绒毛膜的微细结构特点和演变看葡萄胎、绒毛膜癌的发生

【概述】 绒毛膜由滋养层和衬于其内面的胚外中胚层组成。植入完成后,滋养层已分化为合体滋养层和细胞滋养层 2 层,继之细胞滋养层的细胞局部增殖,形成许多伸入合体滋养层内的隆起,这时,表面有许多突起的滋养层和内面的胚外中胚层合称为绒毛膜。第 2 周末的绒毛仅由外表的合体滋养层和内部的细胞滋养层构成,称初级绒毛干。第 3 周时,胚外中胚层逐渐伸入绒毛干内,称次级绒毛干。此后,绒毛干内的间充质分化为结缔组织和血管,形成三级绒毛干。绒毛干进而发出分支,形成许多细小的绒毛。同时,绒毛干末端的细胞滋养层细胞增殖,穿出合体滋养层。伸抵蜕膜组织,将绒毛干固着于蜕膜上。这些穿出的细胞滋养层细胞还沿蜕膜扩展,彼此连接,形成一层细胞滋养层壳,使绒毛膜与子宫蜕膜牢固连接。绒毛干之间的间隙,称绒毛间隙。绒毛间隙内充以从子宫螺旋动脉来的母体血。胚胎借绒毛汲取母血中的营养物质并排出代谢产物。

在绒毛膜发育过程中,如胎盘绒毛高度水肿、滋养层细胞不同程度的增生,可形成葡萄胎;肉眼观,病变局限于宫腔内,不侵入肌层。胎盘绒毛高度水肿,形成透明或半透明的薄壁水泡,内含清亮液体,有蒂相连,形似葡萄(图 2-5)。若所有绒毛均呈葡萄状,称之为完全性葡萄胎;部分绒毛呈葡萄状,仍保留部分正常绒毛,伴有或不伴有胎儿或其附属器官者,称为不完全性或部分性葡萄胎。镜下,葡萄胎有以下三个特点:①绒毛因间质高度水肿而增大;②绒毛间质内血消失,或见少量无功能的毛细血管,内无红细胞;③滋养层细胞有不同程度增生,合体滋养层细胞和细胞滋养层细胞以不同比例混合存在,并有轻度异型性。

若滋养层细胞高度恶变,可形成绒毛膜癌。肉眼观,癌结节呈单个或多个,位于子宫的不同部位,大者可突入宫腔,常侵入深肌层,甚而穿透宫壁达浆膜外。由于明显出血坏死,癌结节质软,色暗红或紫蓝色。镜下,瘤组织由分化不良的细胞滋养层和合体细胞滋养层两种瘤细胞组成,细胞异型性明显,核分裂象易见。两种细胞混合排列成巢状或条索状。肿瘤自身无间质血管,癌细胞不形成绒毛和水泡状结构。

【实验内容和步骤】

(1) 用多媒体课件讲述绒毛膜的微细结构特点和演变(组胚)。

(2) 用多媒体课件讲述葡萄胎、绒毛膜癌的发生、发展与形态特点(病理、组胚)。

(3) 肉眼观察葡萄胎、绒毛膜癌的大体形态学特点(病理)。

(4) 显微镜观察绒毛膜的组织形态学特点(组胚)。

(5) 显微镜观察葡萄胎、绒毛膜癌的组织形态学特点(病理)。

(6) 教师和学生互动式讨论绒毛膜的微细结构特点和演变与葡萄胎、绒毛膜癌发生、发展的关系(病理、组胚)。

(7) 学生撰写实验报告,如当堂不能完成,可在课后完成。

【实验准备】

(1) 绒毛膜的微细结构特点和演变的多媒体课件的制作。

(2) 葡萄胎、绒毛膜癌的发生、发展与形态特点的多媒体课件的制作。

(3) 绒毛膜正常组织学切片的准备。

(4) 葡萄胎、绒毛膜癌的病理学切片的准备。

(5) 葡萄胎、绒毛膜癌的大体标本的准备。

(高英茂)

实验十九　大、中动脉的结构特点与动脉粥样硬化的发生

【概述】 大动脉包括主动脉、无名动脉、颈总动脉、锁骨下动脉、椎动脉和髂总动脉等。大动脉的管壁中有多层弹性膜和大量弹性纤维,平滑肌则较少,故又称弹性动脉。其结构特点如下:内膜有较厚的内皮下层,内皮下层之外为多层弹性膜组成的内弹性膜,由于内弹性膜与中膜的弹性膜相连,故内膜与中膜的分界不清楚;中膜有 40 ~ 70 层弹性膜,各层弹性膜由弹性纤维相连,弹性膜之间有环形平滑肌、少量胶原纤维和弹性纤维。中膜基质的主要成分为硫酸软骨素。外膜较薄,由结缔组织构成,没有明显的外弹性膜。外膜逐渐移行为周围的疏松结缔组织。除大动脉外,其余凡在解剖学中有名称的动脉大多属中动脉。中动脉管壁的平滑肌相当丰富,故又名肌性动脉。其结构特点如下:内膜内皮下层较薄,内弹性膜明显;中膜较厚,由 10 ~ 40 层环形排列的平滑肌组成,肌间有一些弹性纤维和胶原纤维;外膜厚度与中膜相等,多数中动脉的中膜和外膜交界处有明显的外弹性膜。

动脉粥样硬化是一种与血脂异常及血管壁成分改变有关的动脉疾病,主要累及大动脉、中动脉,病变特征是血中脂质在动脉内膜沉积、平滑肌细胞和结缔组织增生,引起内膜灶性纤维性增厚及粥样斑块形成,使动脉壁变硬,管腔狭窄;最终可引起斑块内出血、斑块破裂、血栓形成、钙化、动脉瘤形成等复合型病变。

正常动脉的内膜附有一层内皮细胞,是非常光滑的,在动脉粥样硬化发生之前,常见有内皮细胞损伤或剥脱,内膜通透性增加,少量脂质得以入侵,在动脉内膜形成数毫米大小的黄色脂点或长度达数厘米的黄色脂肪条纹,此期称脂质条纹期。这是动脉粥样硬化的早期表现,常见于青年人,其特征是内膜的平滑肌细胞呈灶性积聚,细胞内外有脂质沉积。脂质成分主要是胆固醇和胆固醇酯。由于脂质条纹属平坦或稍高出内膜的病变,故不引起临床症状,但在机体内外多种因素的作用下,脂质条纹可自然消退、稳定不变或发展为斑块。随着病情进展,单核细胞和平滑肌细胞大量增生,吞噬脂质增多,吞噬细胞或泡沫样细胞也增多,并逐渐崩解形成细胞之间脂质的较多集聚,随着脂质的不断沉积和结缔组织的大量增生,脂点、条纹逐渐融合成片,更加明显地向内膜表面隆起,形成黄色的粥样斑块,周围纤维组织也逐渐增多,并在斑块表面形成纤维帽,此期即纤维斑块期,为进行性动脉粥样硬化最

具特征性的病变。粥样斑块突入管腔可引起狭窄，脂质池内聚集的大量脂质，逐渐坏死、崩解。其中除胆固醇外，还有胆固醇结晶、中性脂肪、磷脂和崩解的细胞碎片。这些坏死物质可刺激周围组织引起结缔组织增生和炎症，使纤维膜增厚，也可向深部发展累及内弹力板及中膜，或被吸收，或为纤维组织所代替，形成纤维斑块。此期也可在一定时期内保持斑块的相对稳定。若病情进一步发展，纤维斑块发生溃疡、出血、附壁血栓形成、钙化等，此期称为复合病变期。动脉粥样硬化累及冠状动脉可引起冠心病，累及脑动脉可引起脑软化和致命脑出血，累及肾动脉可引起动脉粥样硬化性固缩肾，累及四肢动脉可引起坏疽。

【实验内容和实验步骤】

(1) 用多媒体课件讲述的大、中动脉的结构(组胚、解剖)。

(2) 用多媒体课件讲述动脉粥样硬化发病机制、形态特点与重要器官的动脉粥样硬化(病理、组胚、解剖)。

(3) 肉眼观察大、中动脉的大体形态学特点(组胚、解剖)。

(4) 肉眼观察主动脉粥样硬化、冠状动脉粥样硬化、脑动脉粥样硬化、动脉粥样硬化性固缩肾的大体标本(病理、解剖)。

(5) 显微镜观察大、中动脉的组织形态学特点(组胚)。

(6) 显微镜观察主动脉粥样硬化、冠状动脉粥样硬化的组织形态学特点(病理)。

(7) 教师和学生互动式讨论大、中动脉的结构特点与动脉粥样硬化的发生、发展的关系(病理、组胚、解剖)。

(8) 学生撰写实验报告，如当堂不能完成，可在课后完成。

【实验准备】

(1) 大、中动脉结构特点的多媒体课件的制作。

(2) 动脉粥样硬化发病机制、形态特点与重要器官的动脉粥样硬化的多媒体课件的制作。

(3) 大、中动脉正常组织学切片的准备。

(4) 主动脉粥样硬化、冠状动脉粥样硬化的病理学切片的准备。

(5) 主动脉粥样硬化、冠状动脉粥样硬化、脑动脉粥样硬化、动脉粥样硬化性固缩肾的大体标本的准备。

(高英茂)

实验二十　脑血管的走行和结构特点与脑血管病

【概述】 脑的重量仅为体重的 2%，但脑内的血量却占了全身循环血量的 18%，其耗氧量则占全身耗氧量的 20%。供应脑的动脉有 2 对，即颈内动脉和椎动脉。由于脑组织不能储存能量，也不能进行糖的无氧酵解，因此脑对氧和血供的要求特别高。如果供应脑的血流停止 15 秒，就会引起意识丧失，脑缺血 5 分钟即可造成脑组织不可挽回的损伤。脑血管病变主要包括缺血性脑病、堵塞性脑血管病和脑出血。

【实验内容和实验步骤】

(1) 借助多媒体课件，讲述脑动脉的走行和分布。

(2) 借助多媒体课件，讲述脑血管的微细结构特点和大脑皮质的微细结构。

（3）借助多媒体课件，讲述主要脑血管病变的病理变化。

（4）肉眼观察脑的动脉标本。

（5）显微镜观察大脑皮质的微细结构切片。

（6）显微镜观察缺血性脑病、堵塞性脑血管病和脑出血病理切片。

【实验准备】

（1）脑动脉走行和分布的多媒体课件。

（2）脑血管的微细结构特点和大脑皮质的微细结构的多媒体课件。

（3）脑血管病变病理变化的多媒体课件。

（4）脑动脉标本。

（5）大脑皮质的微细结构切片。

（6）缺血性脑病、堵塞性脑血管病和脑出血病理切片。

（李振华）

实验二十一　心血管的走行、结构特点与心血管病

【概述】　心的血液供应来自左、右冠状动脉，虽然心仅占体重的0.5%，但冠状动脉的血流量却占了心输出量的4%～5%，所以冠状动脉具有十分重要的地位。心血管疾病是对人类健康与生命构成威胁最大的一组疾病。最常见的心血管疾病是冠状动脉粥样硬化及冠状动脉硬化性心脏病，其主要病因是由于冠状动脉粥样硬化伴发冠状动脉痉挛，使冠状动脉管腔狭窄程度加剧，引起心肌供血不足、心肌缺氧，导致心脏病变（如心绞痛、心肌梗死等）。

【实验内容和实验步骤】

（1）借助多媒体课件，讲述左、右冠状动脉的行径、分支和分布范围。

（2）借助多媒体课件，讲述心壁的微细结构特点。

（3）借助多媒体课件，讲述心血管疾病病理变化特点。

（4）肉眼观察心脏冠状动脉标本。

（5）显微镜观察心壁微细结构切片。

（6）显微镜观察冠状动脉粥样硬化病理切片、心肌梗死病理切片、心肌纤维化病理切片。

【实验准备】

（1）左、右冠状动脉的行径、分支和分布多媒体课件。

（2）心壁的微细结构多媒体课件。

（3）心血管疾病病理变化特点多媒体课件。

（4）心脏的冠状动脉标本。

（5）心壁微细结构切片。

（6）冠状动脉粥样硬化病理切片、心肌梗死病理切片、心肌纤维化病理切片。

（张立平）

第三篇　创新实验

实验一　应用干细胞和组织工程原理修复外周神经损伤

【导言】　干细胞是一类增殖能力强、可自我复制、能分化为多种功能细胞的原始细胞,对胚胎发育、组织和器官分化、维持成体内细胞构成平衡有着极为重要的作用。根据细胞的分化潜力和分化方向的不同,通常将干细胞分为全能干细胞、胚胎干细胞和成体干细胞。胚胎干细胞能够分化为构成人体的各种细胞,取自胚泡的内细胞群和生殖嵴的原始生殖细胞,可以在体外培养、建系并定向诱导分化为某种功能细胞。成体干细胞存在于成体中,如存在于骨髓中的造血干细胞、骨髓基质干细胞,存在于神经组织中的神经干细胞,存在于肝组织内的肝干细胞。成体干细胞可以从其存在的成体组织中提取,并能进行体外培养、扩增和定向诱导分化为某种功能细胞。

组织工程是利用生物学和工程学的原理人工培育器官组织的一种综合技术,可用来修复受损或缺损的组织器官,如用组织工程制作的软骨修复受损的气管软骨,用组织工程制作的骨修复缺损的颅骨,用组织工程制作的套管桥接断裂的神经等。实施组织工程需要提取和培养种子细胞,需要构建具有一定形态的三维支架,需要将种子细胞接种到三维支架上。种子细胞可采用干细胞,并将其诱导分化为目的细胞。制作三维支架的材料需要有良好的生物相容性、内部多孔性、良好的可塑性,并能可控性降解,如胶原、壳聚糖等。

外周神经(如坐骨神经)的断裂性损伤在临床常见,且难以治疗,常常给患者留下终生残疾。外周神经损伤后的修复问题是神经科学中的一个研究热点和难点。随着干细胞技术和组织工程的出现,人们开始研究用这些新理论、新技术治疗外周神经损伤。

【实验内容】

(1) 教师讲授干细胞、组织工程、外周神经损伤及修复的基本概念和最新进展情况。

(2) 学生分组讨论下列问题

1) 干细胞的特点、种类和应用。

2) 组织工程的要素和应用。

3) 以神经干细胞作为种子细胞,壳聚糖作为三维支架材料,以大白鼠为实验动物,设计一个用组织工程方法治疗坐骨神经断裂性损伤的实验研究方案。

(3) 各组组长向全体同学汇报本组讨论情况和设计方案。

(4) 自由发言。

【教师点评】　教师对学生的讨论情况和设计方案进行点评。

【学生作业】　用干细胞和组织工程原理设计一个治疗坐骨神经离断性损伤的实验研究方案。

(高英茂)

实验二　避孕节育方法的设计

【导言】 提高人口素质、降低人口数量是我国计划生育工作的指导思想，避孕节育是实现这一指导思想的重要措施。因此，避孕节育方法的研制和不断改进便成了我国医学界的一项重要任务。胚胎学是研制避孕节育方法的理论基础，学过胚胎学之后的医学生应该具有解读现有避孕节育方法的能力，并且应该初步具备改进原有技术、研制新技术的能力。

目前实行的女性节育方法很多，如放置避孕环、避孕帽、口服避孕药、安全期避孕等。男性节育方法很少，目前常用的就是避孕套。这些避孕方法都是根据胚胎学上讲述的人类生殖过程的一些关键环节而设计出来的。你能讲出这些避孕方法的胚胎学原理吗？

随着科学技术的发展和医疗卫生事业的进步，新的、更好的避孕方法必将不断产生。

【实验内容】

（1）教师讲授现有男性和女性避孕方法的基本概念和设计避孕方法的基本原则，即有效、无毒、方便、经济。

（2）学生分组讨论下列问题，每组选出一位组长做记录。

1）目前有哪些常用女性避孕方法？有哪些常用男性避孕方法？有哪些男性和女性绝育方法？这些技术方法是根据什么原理设计出来的？有何优、缺点？

2）根据学过的胚胎学和相关科学知识，设计一个或几个男性和女性避孕的新方法。

（3）各组组长向全体同学汇报本组的讨论结果。

（4）自由发言。

【教师点评】 对学生讨论的问题和设计的避孕方法进行评论，从科学性、可行性、创新性和思维方法等方面，指出每个设计方案的优、缺点。

【学生作业】 每人写一篇实验报告，简要回顾现在常用的男性和女性避孕方法及其避孕机制，重点设计一个新的避孕方法。

（高英茂）

实验三　小鼠体外受精实验

【导言】 生殖是物种延续的重要生命特征，是人类繁衍生息的保证，也是一个极其复杂的生理过程，要经历配子受精、胚泡植入、胚层分化、胎儿发育等重要环节，最终分娩。这一复杂过程常因体内、外多种因素的干涉而发生异常，导致男性不育、女性不孕、胎儿发育异常等后果。人类辅助生殖技术正是针对这种生殖异常而产生的人工干预生殖过程的一些技术，如人工授精技术，精子冷冻和复苏技术，体外受精、胚胎移植技术（即第一代试管婴儿），卵浆内单精注射、胚胎移植技术（即第二代试管婴儿），早胚优选、胚胎移植技术（即第三代试管婴儿），克隆技术等。在这些辅助生殖技术中，体外受精是一项非常关键的技术。通过本实验可以亲手体验体外受精的全过程。

【实验内容和实验方法】 本实验选取雄性昆明小鼠8只，超排卵处理的雌性昆明小鼠16只，分为8组。备用组织剪，组织镊，眼科剪，眼科镊，托盘；1ml注射器，无刻度吸管，玻片，培养皿，15ml离心管，100ml广口瓶，酒精灯，蜡笔；所用仪器：光学显微镜、培养箱。

试剂包括：精子获能液（NaCl 液 593. 8mg/100ml，KCl 液 35. 0mg/100ml，$MgSO_4 \cdot 7H_2O$ 液 4. 9mg/100ml，KH_2PO_4 液 5. 4mg/100ml，$CaCl_2$ 液 57. 0mg/100ml，$NaHCO_3$ 液 210. 0mg/100ml，Glucose 液 50. 0mg/100ml，乳酸钠 0. 34ml，丙酮酸钠液 3. 7mg/100ml，青霉素 C 液 7. 5mg/100ml，链霉素液 5. 0mg/100ml，BSA 液 400mg/100ml，0. 5% 苯酚红液 0. 04ml），生理盐水，孕马血清（PMSG），绒毛膜促性腺激素（HCG）。

（1）精子获能：取 12～16 周龄昆明雄鼠，颈椎脱臼处死。酒精棉球消毒小鼠腹部皮肤和毛发，在腹部下方剪开腹壁，延阴囊方向用组织镊拉出两侧睾丸和附睾，剪下放在盛有生理盐水的大培养皿中，除去血迹和周围的脂肪组织；用眼科剪剪下睾丸一侧的附睾，转移到盛有 1ml 获能液的小培养皿中，用 1ml 注射器针头在附睾尾端纵向划开几道口，精子进入获能液，用眼科镊取出附睾组织块；用吸管取 1 滴精子悬液放在载玻片上，光学显微镜下（100×）观察精子的形态和运动；置培养皿于 37℃，5% CO_2 培养箱培养 1～2 小时，使精子获能；1～2 小时后，取 1 滴精子悬液放在载玻片上，显微镜下（100×）观察精子获能后的运动。

（2）采卵：6～8 周龄昆明雌鼠腹腔注射 10U/只 PMSG，间隔 48 小时后再注射 10U/只 HCG，进行超排卵处理；注射 HCG14～17 小时后，颈椎脱臼处死雌鼠；酒精棉球消毒小鼠腹部皮肤和毛发，用组织剪剪开腹壁；打开腹腔，推开肠管，找到盆腔膀胱后的 V 型双角子宫，在子宫双角末端剥离两侧输卵管和卵巢，在靠近输卵管一端剪断子宫，取出输卵管和卵巢，放在盛有生理盐水的大培养皿中除去血迹和周围的脂肪组织，而后用眼科镊移入盛有生理盐水的小培养皿中；用 1ml 注射器针头划破输卵管壶腹的膨大部，可见白色的卵子团流出，用吸管将卵子团转移到载玻片上（用蜡笔划出范围）的获能液滴中；显微镜下（100×）观察卵丘复合体的形态。

（3）受精：在卵子培养液滴中，加入 1 滴获能精子（1000～2000 个精子），显微镜下（100×）观察精子向卵细胞周围集聚。

【实验结果观察】 在油镜下观察获能前后精子的运动变化，可见精子获能后，运动明显增强，尾部呈“鞭打样”不对称运动；镜下（100×）观察卵丘复合体的形态，可见中央体积较大的卵母细胞和周围数层排列紧密的颗粒细胞（图 3-1）；镜下（100×）观察受精过程，可见多个精子向卵细胞周围集聚，有的精子穿过颗粒层，头部与卵母细胞透明带黏附（图 3-2）。

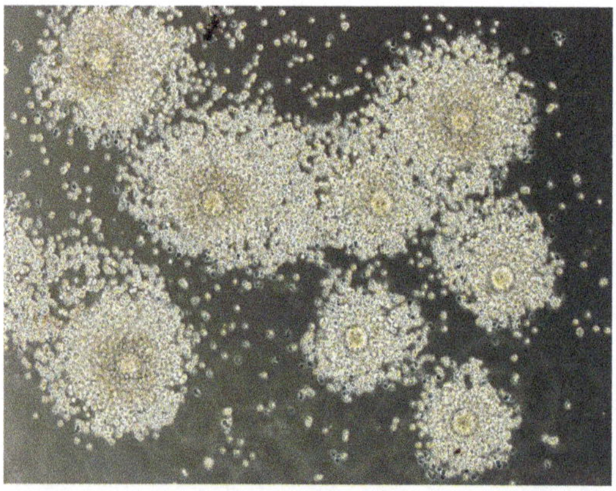

图 3-1 镜下观察卵丘复合体的形态，可见中央体积较大的卵母细胞和周围密集的颗粒细胞

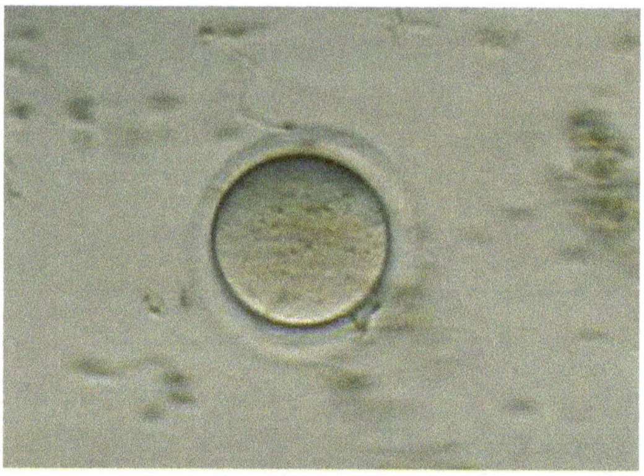

图 3-2 镜下观察受精过程，可见多个精子向卵细胞周围集聚

【学生作业】

（1）记录实验观察结果。

（2）根据实验过程，设想一下辅助生育技术体外受精-胚胎移植（IVF-ET）的过程，以及IVF成功的关键要素。

（郝　静）

实验四　冠状动脉-冠心病及其治疗技术

【导言】　冠心病是指由于冠状动脉粥样硬化狭窄导致心肌长期、慢性缺血而造成的心肌损害。

冠心病在西方国家是第一杀手，在中国40岁以上的人群冠心病发病率为2%～4%，呈逐年上升的趋势。全世界每年有1700万患者死于冠心病；中国每年有250万患者死于冠心病，平均每天超过7000人。据统计，上海每3个死亡的人中就有1个是因为冠心病而死的。因此，预防和治疗冠心病是提高国民生存质量的一项艰巨任务。

冠状动脉粥样硬化型心脏病的形成过程一般为：冠状动脉粥样硬化—冠状动脉狭窄、闭塞—心肌缺血、缺氧、坏死。患者的疾病程度各不相同，因此治疗策略也各不相同。

除了药物的保守治疗方法外，早在20世纪30年代，人们就尝试用外科手术方法治疗冠心病。1967年Favaloro用大隐静脉做主动脉-冠状动脉搭桥手术获得成功，开创了直接冠脉血运重建的新纪元。近年来，随着心内科导管技术的应用，针对解除冠状动脉的阻塞、消除冠脉狭窄、恢复冠状动脉前向血流，人们对冠状动脉粥样硬化性心脏病外科治疗的技术进行了大量的改进和创新，包括微创伤冠状动脉搭桥术、完全动脉化冠状动脉搭桥术、冠状动脉成形术、冠状动脉内支架和激光打孔心肌血运重建术等。

【实验内容】

（1）心脏的血液供应（主要讨论冠状动脉的来源、走行、分支和分布）。

（2）目前冠心病的手术治疗方法有哪些，评价其原理和优、缺点。

（3）请你设想一种新的治疗冠心病的手术方法，并解释其原理，分析其优、缺点。

【教师点评】　对学生讨论的问题和设计方法进行评论，从科学性、可行性、创新性和思维方法等方面，指出每个问题和设计方案的优、缺点。

【学生作业】　每个学生写一篇实验报告，简要论述冠心病的病理变化特点，设计一项新的治疗冠心病的方案。

（丁兆习）

实验五　肥大细胞的制作与观察

【导言】　肥大细胞是疏松结缔组织中的一种细胞，多存在于消化道、呼吸道黏膜、胸腹膜等浆膜及皮下组织等处，常沿小血管、小淋巴管分布。肥大细胞可分泌多种生物活性物质，参与炎症反应，有重要免疫防卫功能；肥大细胞又是过敏反应的主要参与者，具有重要的病理学意义。

这次实验先由同学们自己动手制作肥大细胞的显微镜标本，观察肥大细胞的形态结构特点；然后同学们分组讨论，结合理论课所学，分析肥大细胞的结构特点与其参与的免疫过程及过敏反应之间的关系，每组推选一人向全体同学报告小组讨论的结果；最后由老师总结、点评。

【实验内容】

1. 取材 取小白鼠一只，脱臼处死，沿腹中线剖开腹壁。

2. 制片 剪取皮下组织少许，放在载玻片上，用针尖拨成薄片，空气中晾干。95% 乙醇溶液固定 10 分钟，水洗。

3. 染色 0.05% 甲苯胺蓝染色 2 分钟，水洗。90%、95%、100% 乙醇溶液脱水各 3 分钟，二甲苯透明 2 分钟，树胶封片。

4. 观察 低倍镜下找到肥大细胞，用高倍镜观察。

【实验结果观察】 选取组织较薄的位置，首先在低倍镜下找到肥大细胞，然后转到高倍镜观察。镜下观察，可见 3 ~ 5 个肥大细胞沿着小血管成群分布（图 3-3），结构典型清晰，细胞形态完整，胞质中充满粗大的异染性紫红色颗粒，颗粒明显，核不着色（图 3-4）。

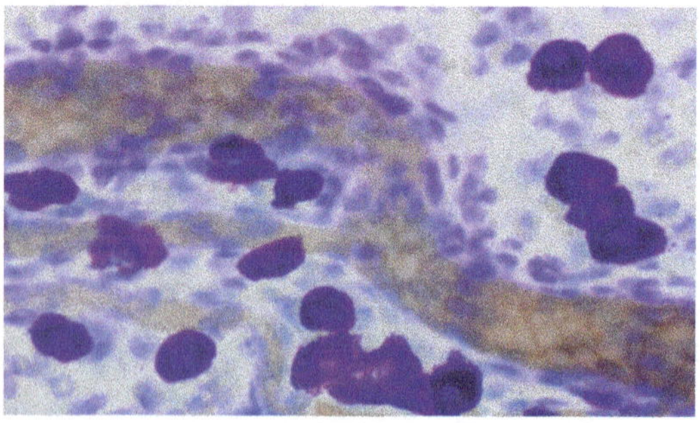

图 3-3 镜下观察肥大细胞沿着小血管成群分布

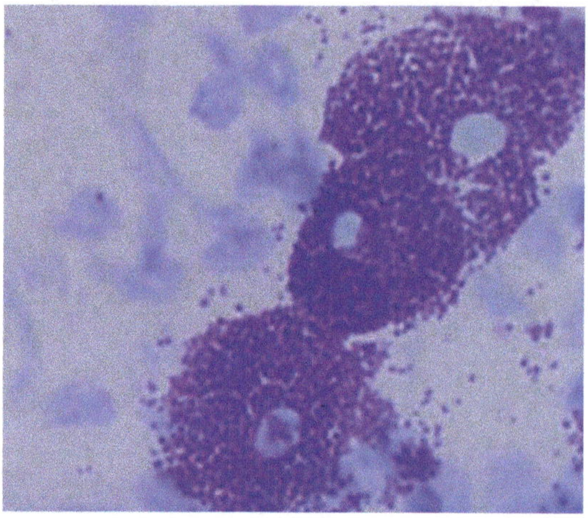

图 3-4 肥大细胞胞质中充满粗大的异染性紫红色颗粒，颗粒明显，核不着色

【分组讨论】

（1）甲苯胺蓝为纯蓝色，肥大细胞颗粒是什么颜色？为什么？

（2）分析肥大细胞的结构特点与功能及其在病理过程中的作用。

【教师点评】

（1）标本制作和显微镜观察的总结。

（2）肥大细胞结构与功能相关性分析。

（3）肥大细胞与过敏性疾病的关系。

【学生作业】 根据肥大细胞与过敏性疾病的关系，设计一个预防与治疗过敏性疾病的方案。

（张艳敏）

实验六　小鼠活精子标本的制作与干涉试验

【导言】 精子是成熟男性的生殖细胞，产生于睾丸，成熟于附睾，在女性生殖管道中获能与卵子结合生成受精卵。新生命起始，可见精子是生殖过程必不可少的重要成员。但是，有生育功能的精子在数量、形态结构和运动能力等方面必须达到一定的正常标准，否则就不能使卵子受精，就是临床上所说的"不育症"，不育症在临床上常见。不育症诊断的主要手段就是精液检测，本实验就是掌握小鼠活精子标本的制备，锻炼动手能力。掌握筛选杀精避孕药最基本的方法即"体外杀精实验"和"精子低渗肿胀试验"，以启发科研意识为将来参加科研工作打下良好的基础。

【实验内容和实验方法】 本实验选取的是动物 12～16 周龄昆明雄鼠。备用解剖剪、解剖镊、眼科剪、眼科镊、1ml 注射器、小培养皿、吸管、200μl 移液器、eppendorf 管、载玻片等。试剂采用蒸馏水（替代低渗液）、生理盐水、甲醇-冰乙酸溶液（3∶1）、0.3% 甲苯胺蓝染液和不同浓度的抑精子药液。

1. 活精子标本的制备与观察　取 12～16 周龄昆明雄鼠，颈椎脱臼处死。酒精棉球消毒小鼠腹部皮肤和毛发，在腹部下方剪开腹壁，沿阴囊方向用组织镊拉出睾丸和附睾，将其剪下，放在盛有生理盐水的大培养皿中，除去血迹和周围的脂肪组织；用眼科剪剪下两侧睾丸后方的附睾，转移到盛有 2ml 生理盐水的小培养皿中，用 1ml 注射器针头将附睾划开（或用小剪刀剪开），可见乳白色精液流出；轻轻抖动附睾组织，使精液完全流出，并与生理盐水混匀。将精子悬液倒入预先备好的青霉素小瓶或小试管中，置于试管架中（最好维持在 37℃），备用。

（1）用吸管或移液器取 1 滴精子悬液放在载玻片上，低倍镜观察精子的形态和运动。

（2）取精子悬液涂片（若精子数量少，可离心后操作此步），用 0.3% 甲苯胺蓝液染色，高倍镜观察精子的形态结构。

（3）甲苯胺蓝液染色步骤：

精子涂片空气中干燥 5min ⟶数滴甲醇-冰乙酸溶液（3∶1）室温固定 5min ⟶0.3% 甲苯胺蓝染液室温 5min ⟶水洗⟶观察。

2. 体外抑精子实验　将精液标本分为 2 组：实验组和对照组。实验组：在 37℃ 恒温条件下，将 50μl 精子悬液置于 1ml eppendorf 管中，取 0.2ml 一定浓度的抑精子药液与其充分混合，分别于混合后 30 秒、5min、10min 和 30min 取一滴置于载玻片上，显微镜下计数 10 个视野，记录活动精子百分率。对照组：将 50μl 精子悬液与 0.2ml 生理盐水混合，其余操作方法同上。比较不同时间点两组活动精子的百分率。

3. 精子低渗肿胀试验

（1）取 0.2ml 精子悬液置于 1ml eppendorf 管中，与 50μl 生理盐水混合，1 分钟后检测精子存活百分率。同时，取 0.1ml 处理后的精子混悬液于试管中与 1ml 蒸馏水（低渗液）混合，在 37℃ 下培养 30 分钟，然后在显微镜（最好是相差显微镜）下观察 100 个精子，计算精子尾肿胀（精子尾部呈泡状）百分率，以确定其低渗肿胀能力。

（2）取 0.2ml 精子悬液与 50μl 抑精子药液（浓度为上述抑精实验所用浓度的 1/2）混合，1 分钟后检测精子存活百分率。同时，按上述方法检测精子尾肿胀百分率，比较两组精子的膜功能。

【实验结果观察】

(1) 低倍镜下可见精子数量多,活动度好。高倍镜下可见小鼠精子头部呈扁椭圆形,头的顶端呈镰刀状,尾部细长。

(2) 与对照组相比,实验(精子悬液与抑精药混合)组中活动精子百分率明显减少,高倍镜下可见死亡精子尾部僵直。

(3) 在生理盐水对照组标本中,镜下可见多个尾部肿胀的精子(即精子尾部呈泡状,详见本教材视频),实验组标本中则少见这种现象。

【教师点评参考】 目前,虽然临床上实行的节育方法很多,但安全、有效、使用方便的阴道杀精剂的研究,仍是计划生育工作中避孕方法研究的一个重要课题。

精子是男性配子,由椭圆形的头部和细长的尾部构成。其尾部是运动装置,精子借助尾部的运动向前游动。

精子膜与精子的获能、顶体反应、精卵结合等生殖过程密切相关,该膜损伤可导致精子正常功能的丧失。评价精子膜生理、生化功能的完整性,对确定精子生育力是一个不可缺少的重要方面。

精子膜能选择性地转运膜内、外分子成分。研究表明,当精子暴露于低渗环境中时,细胞膜即将水泵入膜内,以保持细胞内外环境渗透压的平衡。水的流入,增加了精子体积与其表面积的比率,引起细胞膜肿胀。这一肿胀现象以精子尾部最为明显,故精子尾低渗肿胀现象是精子膜正常转运水分子的标志。

检测精子尾低渗肿胀能力可用来评价精子的膜功能是否正常。该试验可作为检测男性生育力的手段,并可应用于男性生殖的基础研究及不育的临床诊治。

近年来,常用该法评价杀精剂对精子膜功能的影响。

(武玉玲)

实验七　阑尾的解剖与阑尾炎发病和手术治疗

【导言】 阑尾炎俗称盲肠炎,是较常见的急腹症之一。常表现为急性腹痛。腹痛大多开始在脐周围、上腹部,起初并不剧烈,以后逐渐加重,且经数小时后腹痛转移至右下腹部,腹痛性质变为持续性,伴有体温升高。急性阑尾炎在临床上常用外科手术切除治疗。阑尾之所以容易发炎,是因为它在组织结构上存在很多发炎的因素:①引流不畅;②血液供应较差;③淋巴组织丰富;④阑尾腔内异物存留;⑤阑尾腔内有致病菌的存在等。以上这些发炎因素,都与解剖学结构有密切的联系。学过人体解剖学的医学生必须掌握这些发炎因素与解剖学结构的密切联系以及外科手术部位及解剖学层次结构。通过本实验可让学生认识与阑尾的解剖学结构的密切关系。了解阑尾炎外科手术时从皮肤到阑尾的解剖结构层次关系。

【实验内容】

(1) 教师讲授阑尾发炎与解剖学结构的密切联系。

(2) 教师讲授急性阑尾炎在外科手术时从皮肤到阑尾的解剖层次结构。

(3) 学生分组讨论下列问题,每组选出一位组长做记录。

1) 阑尾发炎因素与解剖学结构的关系。

2) 外科手术时从皮肤到阑尾的解剖结构层次关系。

3）目前国内外治疗急性阑尾炎最新方法。

4）根据学过的解剖学知识和相关学科知识，创新设计一个或几个治疗急性阑尾炎的方案。

5）各组长向全体同学汇报本组的讨论结果。

6）自由发言。

【教师点评】 对学生讨论的问题和设计方案进行评论，从科学性、可行性、创新性和思维方法等方面，指出每个设计方案的优、缺点。

【学生作业】 每人写一篇实验报告。

（1）简要回顾阑尾发炎因素与解剖学结构的关系。

（2）简要回顾急性阑尾炎在外科手术时从皮肤到阑尾的解剖层次结构。

（3）阑尾的正常位置及常见变异位置。

（4）阑尾动脉和静脉的起源和回流。

（李振华）

实验八 膝关节运动体系的构筑与其运动功能的完美统一

【导言】 骨和肌肉与其相应的滑膜关节构成一个相对独立的运动体系，人体内有多个这样的运动体系。其中膝关节运动体系是全身最大、最复杂的一个运动体系。股骨、胫骨和髌骨构成了这一运动体系的杠杆，膝关节为运动支点和枢纽，股四头肌、缝匠肌、半膜肌、半腱肌、股薄肌、股二头肌等骨骼肌是该运动体系的动力，膝关节的关节囊与韧带属于该运动体系的静力结构。

在进行直立、行走、跑、跳以及踢等运动时，膝关节的结构具备以下的功能特点：①适应人体从静止到快速的运动；②具有加速和减速的作用机制；③能适应运动方向的变换；④保持人体各种站姿与活动的平衡和稳定；⑤缓冲来自不同方向传导于局部的外力。

【实验内容】

（1）教师讲授膝关节运动体系的构筑，包括膝关节的骨性结构、关节囊与韧带、运动膝关节的肌肉、膝关节的血液供应和神经支配，讲解这些结构特点与其各种运动功能的适应性，并讲述由于运动不当容易造成哪些损伤。

（2）学生分组讨论下列问题，每组选出一位组长记录。

1）膝关节常见的病理损伤有哪些?

2）根据膝关节的构造特点，设计如何在体育运动中保护膝关节的方法。

（3）各组长向全体同学汇报本组的讨论结果。

（4）自由发言。

【教师点评】 对学生讨论的问题和设计保护膝关节的方法进行评论，从科学性、可行性、创新性和思维方法等方面，指出每个问题和设计方案的优、缺点。

【学生作业】 每个学生写一篇实验报告，简要论述膝关节常见的病理损伤，重点设计一个在体育运动中保护膝关节的方法。

（李振华）

实验九　眼的屈光装置及视力纠正

【导言】　眼睛是人类观察世界的重要器官,又是人类沟通外部世界的渠道,所以眼睛是心灵的窗口。外界物体的光线通过角膜、眼房水、晶状体和玻璃体的屈光调节作用而聚焦于视网膜上,从而形成清晰的影像。眼的屈光装置等异常可以引起视力障碍,尤以青少年眼屈光不正最为普遍,给人们的日常生活带来很多不便。除了正确阅读,注意眼保健卫生,从而保护视力外,现代高科技也可以为我们提供很多方法帮助我们恢复一双明亮的眼睛。根据屈光成像原理,我们可以设计出很多方法和辅助措施提高视力,如戴眼镜、博士伦和手术等。

【实验内容】

(1) 教师讲授眼球的结构。

(2) 学生分组讨论以下问题。

1) 眼的屈光装置有哪些?各有何特点?

2) 日常生活中该如何保护视力?

3) 眼的屈光装置和哪些屈光不正有关?机制是什么?

4) 目前常用的矫正视力的方法有哪些?原理如何?有何优、缺点?

5) 根据学过的解剖知识,请你设计出一个矫正视力的新方法。

(3) 各组汇报讨论结果。

(4) 自由辩论。

【教师点评】　对学生讨论的问题和设计方法进行评论,从科学性、可行性、创新性和思维方法等方面,指出每个问题和设计方案的优、缺点。

【学生作业】　实验报告:要求复习眼的屈光装置及其与视力异常(举一种)的关系、常用矫正视力的方法及原理、你设计的新方法和原理。

(丁兆习)

实验十　肿瘤转移及阻断方法的设计

【导言】　肿瘤的侵袭、转移是恶性肿瘤最显著的生物学特性,直接影响肿瘤患者的预后,也是癌症治疗失败最主要的原因。了解肿瘤转移的生物学机制对于设计有效的抗转移策略至关重要。肿瘤的侵袭转移过程十分复杂,这一过程主要包括了肿瘤细胞之间、肿瘤细胞与宿主之间、肿瘤细胞与细胞外基质之间的相互作用。肿瘤的转移基本包括以下过程:瘤细胞从原发瘤脱离后向周围组织侵袭,破坏细胞外基质穿入血管或淋巴管,在血液循环中存活并停留于靶器官的毛细血管床,穿出血管继续生长、肿瘤细胞增殖及血管化,最终导致转移瘤的形成。从理论上讲,只要能够阻止上述一个或多个过程,就能抑制肿瘤转移。目前抗肿瘤转移的研究也是针对肿瘤转移的各个环节,以达到阻止肿瘤转移灶形成的目的。

【实验内容】

(1) 教师讲授肿瘤转移的机制及当前临床上应用的抑制肿瘤转移的方法。

(2) 学生分组讨论下列问题,每组选出一位组长做记录。

1）目前有哪些常用抑制肿瘤侵袭及转移的方法？这些方法是根据什么原理设计出来的？各有何优、缺点？

2）根据学过的组织学、解剖学、病理学和相关科学知识，设计一个或几个抑制肿瘤转移的新方法。

（3）各组组长向全体同学汇报本组的讨论结果。

（4）自由发言。

【教师点评】 对学生讨论的问题和设计的抑制肿瘤转移方法进行评论，从科学性、可行性、创新性和思维方法等方面，指出每个设计方案的优、缺点。

【学生作业】 每人写一篇实验报告，简要回顾现在常用的抑制肿瘤转移的方法及其作用机制，重点设计一个新的抑制肿瘤转移的方法。

（李劲松）

实验十一　乳腺癌内分泌治疗方法设计

【导言】 乳腺癌是女性最常见的恶性肿瘤之一，且发病率呈逐年上升趋势，严重威胁着妇女的健康和生命。流行病学调查结果和临床内分泌治疗的良好效果均提示性激素特别是雌激素在乳腺癌发生、发展中起着重要的作用。雌激素是通过与靶器官细胞的雌激素受体（estrogen receptor，ER）结合而起作用的。乳腺发生癌变后，部分乳腺癌可以保留全部或部分激素受体，肿瘤细胞的生长受激素环境的影响，因此称为激素依赖性肿瘤。相反，部分肿瘤在癌变过程中，受体保留很少或完全丧失，其生长不再受激素的控制与调节，则属非激素依赖性肿瘤。现已证实有50%～60%的乳腺癌是激素依赖性的，对这些肿瘤的内分泌治疗是通过改变激素依赖性肿瘤生长所需要的内分泌环境，从而降低或消除体内及癌组织内的雌激素水平来阻止乳腺癌的生长和繁殖以达到治疗目的。

乳腺癌内分泌治疗的作用途径有：①通过阻断雌激素的合成，降低雌激素水平，绝经前可用卵巢去势，绝经后可用芳香化酶抑制剂；②通过与雌激素受体结合，竞争性抑制雌激素活性，ER拮抗剂代表药物为TAM；对于体内过多的雌激素，是否可以用药物将其中和或者直接将其灭活，这是否可以作为乳腺癌内分泌治疗药物的一个研发方向还是正在研究的问题。

【实验内容】

（1）教师讲授现有乳腺癌内分泌治疗方法的基本概念和设计乳腺癌内分泌治疗方法的基本原则，即有效、毒性低、不良反应小。

（2）学生分组讨论下列问题，每组选出一位组长做记录。

1）目前有哪些常用的乳腺癌内分泌治疗方法？这些方法是根据什么原理设计出来的？各有何优、缺点？

2）根据学过病理学和相关科学知识，设计一个或几个乳腺癌内分泌治疗的新方法。

（3）各组组长向全体同学汇报本组的讨论结果。

（4）自由发言。

【教师点评】 对学生讨论的问题和设计的乳腺癌内分泌治疗方法进行评论，从科学性、可行性、创新性和思维方法等方面，指出每个设计方案的优、缺点。

【学生作业】 每人写一篇实验报告，简要阐述乳腺癌内分泌治疗的昨天、今天和明天。

重点设计一个新的乳腺癌内分泌治疗方法。

（张庆慧）

实验十二　淋巴瘤诊断及预后判定方法的设计

【导言】 最近几年，淋巴瘤的发病率日益提高，严重威胁了人们的身心健康。淋巴瘤的种类繁多，而不同淋巴瘤从发病机制、病理学特点到临床治疗都有比较大的差异，因而正确的诊断淋巴瘤并做出分类，关系着每一个患者的身心健康，维系着每一个家庭的幸福。因此，淋巴瘤诊断方法的研制和不断改进成为病理学界一直孜孜以求的重要问题之一。本科病理学教材系统介绍了病理学的基本知识，并在最后章节添加了病理学诊断方法的内容，为每个医学生初步了解病理诊断做了铺垫。

所有的病理学诊断方法都可用于淋巴瘤的诊断。而现在常用的主要方法有：HE 切片形态学观察、免疫组织化学方法、基因重排技术等。其中以形态学观察最为重要，而免疫组织化学方法是主要的辅助诊断手段之一，因为其经济、简便而在病理诊断中得到广泛应用。免疫组织化学方法利用抗原抗体结合反应来检测和定位组织中的蛋白质或多肽类物质的表达，从而辅助形态学诊断对淋巴瘤进行分类。基因重排技术的应用，可从细胞遗传学角度对淋巴瘤进行辅助诊断，从而指导临床治疗。这些方法都是依据淋巴瘤的病理学特点和发病机制来实施的，请尝试解释淋巴瘤发病机制及病理学特点，并对其进行分类。

淋巴瘤的诊断和分类对指导临床治疗和判定预后具有相当重要的作用，进一步探索新的诊断方法成为科研工作者不断探索的新的方向。

【实验内容】

（1）教师讲授现有淋巴瘤诊断方法的基本概念和设计诊断方法的基本原则，即有效、准确、经济。

（2）学生分组讨论下列问题，每组选出一位组长做记录。

1）目前有哪些常用淋巴瘤诊断方法？这些技术方法是根据什么原理设计出来的？有何优、缺点？

2）根据学过的病理学和相关科学知识，设计一个或几个诊断淋巴瘤的新方法。

（3）各组组长向全体同学汇报本组的讨论结果。

（4）自由发言。

【教师点评】 对学生讨论的问题和设计的避孕方法进行评论，从科学性、可行性、创新性和思维方法等方面，指出每个设计方案的优缺点。

【学生作业】 每人写一篇实验报告，简要回顾现在常用的淋巴瘤诊断方法，重点设计一个新的诊断方法。

（李劲松）

实验十三　恶性肿瘤治疗方法的设计

【导言】 恶性肿瘤是一种常见病，多发病。目前，恶性肿瘤已经成为危害人类健康的最严重的疾病之一。由于肿瘤的本质尚未被完全揭示出来,以及环境污染等因素的逐渐加重,使恶性肿瘤的发病逐年增加。胃癌、肝癌、肺癌、食管癌等是我国常见的一些恶性肿瘤。目前对恶性肿瘤的治疗方法主要是手术切除和放疗、化疗相结合。但三者对人体都会产生一些负面影响。

目前已经开始有人在探索肿瘤的生物治疗,寻求能和特定性肿瘤相结合并导致肿瘤细胞死亡的生物学制剂不失为一种好方法,但同样具有一定的局限性。有人也尝试在肿瘤局部注射化疗药,从而减轻化疗药的不良反应,增加肿瘤组织内的化疗药物的浓度,从而更好地发挥治疗作用。一些恶性肿瘤还辅以特殊治疗,如乳腺癌,辅以内分泌治疗。随着科技的发展,肿瘤发病机制的研究也为恶性肿瘤的治疗提供了一些新的靶向,如针对基因的改变,尝试基因治疗等。

根据我们课本上所学过的知识,发挥个人的想象力,你能否设计出更好的治疗恶性肿瘤的方法?或者是改进以上几种治疗方法,更加快速、准确、永久地消灭肿瘤?

【实验内容】

(1)教师讲授现有恶性肿瘤治疗方法的基本概念、基本原理和设计诊断方法的基本原则,即有效、准确、经济。

(2)学生分组讨论下列问题,每组选出一位组长做记录。

1)目前有哪些常用的治疗恶性肿瘤的方法?这些技术方法是根据什么原理设计出来的?有何优、缺点?

2)根据学过的病理学和相关科学知识,设计一个或几个治疗恶性肿瘤的新方法。

(3)各组组长向全体同学汇报本组的讨论结果。

(4)自由发言。

【教师点评】 对学生讨论的问题和设计的恶性肿瘤治疗方法进行评论,从科学性、可行性、创新性和思维方法等方面,指出每个设计方案的优、缺点。

【学生作业】 每人写一篇实验报告,简要回顾现在常用的恶性肿瘤治疗方法,重点设计一个新的治疗方法。

(张庆慧)

实验十四 乳腺癌淋巴结转移与手术范围

【导言】 恶性肿瘤是危害人类健康及生活品质的一组重大疾病,其突出的生物学特点就是浸润性生长和转移。因此,临床外科手术切除恶性肿瘤时会遇到不易确定肿瘤范围或边界及肿瘤是否已发生转移或转移的范围和程度的情况,可能导致肿瘤切除不彻底而复发,或术后不久即可发现患者有严重的转移,从而达不到外科治疗肿瘤的预期效果,影响患者的预后;反之,盲目扩大手术范围(例如,截肢术和乳腺根治术)会给患者造成巨大创伤和严重的手术并发症,导致生活质量明显下降。如何才能给以患者“恰当”的治疗,既能达到完全切除肿瘤的目的,又能尽量减少手术创伤,保存组织或器官的功能,提高患者的生活质量。这一课题就摆在了医务工作者面前。淋巴结转移是恶性肿瘤最常见的转移途径,现以乳腺癌为例,讨论淋巴结转移的途径和适宜的手术范围。

【实验内容】

(1) 教师结合病理知识,全面介绍乳腺癌手术方式以及每种方式的手术适应证,并简要介绍腋窝淋巴结清扫后可能带来的并发症。

(2) 学生分组讨论如何判定是否有腋窝淋巴结转移,并结合解剖学和病理学知识,设计相应的手术方案。

【教师点评】 教师在科学性、创新性和可行性方面对每组的方案进行点评。

【学生作业】 写出实验报告,对课题相关内容和存在的问题进行综述,结合解剖学、组织学和病理学知识提出自己的观点。

(李劲松)

实验十五　提高恶性肿瘤局域淋巴结微转移检出率的对策

【导言】 恶性肿瘤的 TNM 分期在判断患者的病情、决定手术范围及放、化疗方案以及估计患者预后方面具有十分重要的意义。TNM 分期的施行基础是肿瘤的浸润范围(T)、局域淋巴结转移状况(N) 以及是否有远处转移(M) 。因此,准确地判断这三项参数是确保能进行 TNM 分期的前提条件。肿瘤的浸润范围以及局域淋巴结转移主要依赖于病理科常规外科病理检查确定。在实际工作中,具有明显淋巴结转移的标本可以较准确地得到诊断,但一些隐匿的微转移癌灶有时(甚至在多数情况下)不能明确检出,这是因为受到常规病理工作量所限,无法做到大量取材和切片。一些微小转移灶也不易在常规病理切片中被明确识别。这将导致部分患者 TNM 临床分期比实际分期降低,从而影响患者的治疗和预后。因此,如何在手术中准确判定淋巴结有无隐匿性微转移灶是提高 TNM 分期准确性的关键。

【实验内容】 以肺癌为例。

(1) 肺癌的 TNM 分期标准是什么?

(2) 在常规病理诊断中用何种办法能提高肺癌局部淋巴结微转移灶的检出率?

(3) 有哪些新技术、新方法可以用于提高局部淋巴结微转移灶的检出率?

(4) 分组讨论,每组推举一种“最好”的方案,在全班阐明其科学性、创新性和可行性。

(5) 自由讨论

【教师点评】 教师在科学性、创新性和可行性方面对每组的方案进行点评。

【学生作业】 写出实验报告,对课题相关内容和存在的问题进行综述,结合解剖学、组织学和病理学知识提出自己的观点。

(李劲松)

实验十六　活体标本观察上皮细胞纤毛运动实验

【导言】 在固定切片垂直剖面上观察假复层纤毛柱状上皮,同学们看到只有柱状细胞和杯状细胞的游离端能达到腔面。可见柱状细胞的游离面有纤毛,杯状细胞浅染呈空泡状。以往观察纤毛是静态不动,本实验把固定切片标本改成活体标本观察,学生通过简单方便的操作方法取到活蟾蜍咽喉底部的组织,观察动态的上皮细胞纤毛规律地运动。让同学们思考纤毛运动对人体健康的意义。

【实验内容和实验步骤】 本实验动物选取蟾蜍30只。备用蛙笼、手术剪、镊子、脊髓穿刺针、光学显微镜、无菌手套和生理盐水。

将活蟾蜍在温水中浸泡3～4小时，取出蟾蜍，持脊髓穿刺针从相当于其枕骨大孔处(位于颅骨与脊柱中间凹陷处)垂直刺入，然后向前通过枕骨大孔刺入颅腔，左右搅动充分刺伤脑组织，然后将探针抽回至进针处(注意不要全部拔出)，再向后刺入椎管，反复上下刺伤脊髓，直致蟾蜍四肢松软，呼吸消失后，将其固定在木板上。用镊子打开蟾蜍的空腔，充分暴露口腔咽部，取其活蟾蜍咽喉底部的组织(图3-5)从咽喉底部取出黏膜，剪成小薄片，置于载玻片上，滴加生理盐水，加盖玻片在镜下观察。

【实验结果观察】 镜下选择所取组织细胞的侧表面观察，可见许多纤毛在表面在有生理盐水的条件下，清楚地看到纤毛像麦浪似的有规律地摆动。在稍暗的视野下观察效果较好，纤毛呈现亮区，纤毛呈单向的节律性摆动(图3-6)。

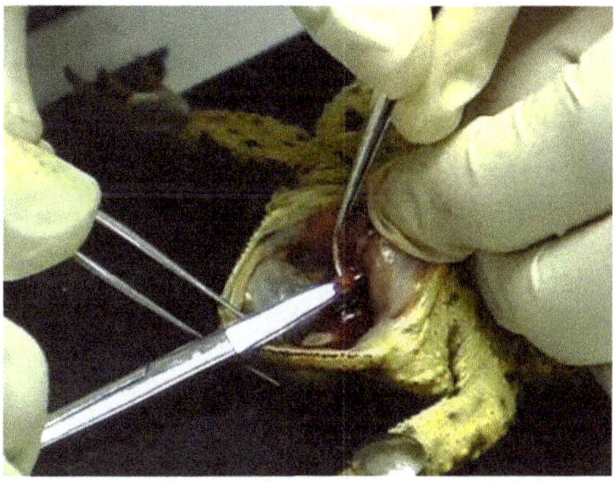

图3-5 从咽喉底部取出黏膜组织

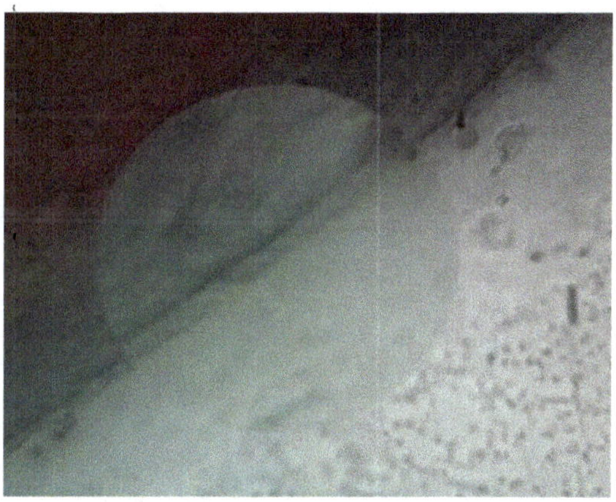

图3-6 镜下观察动态纤毛(圆亮区)

【教师点评】 对学生的操作和实验结果点评，指出每个同学制作标本和观察的优、缺点。

【学生作业】 每人写一篇实验报告，重点思考以下问题：

(1) 纤毛为什么会运动？

(2) 请举例在什么情况下纤毛易受到损伤？损伤后与哪些疾病相关？

(张庆莉)

实验十七 受精蛋孵化72小时对心血管形态学观察

【导言】 在发育生物学的研究中，鸡胚发育的过程已有较清楚的了解和认识。受精鸡蛋在体内时就已开始发育，但蛋产后由于外界环境的温度较低，受精蛋发育受阻暂处于休眠状态。本实验采用二氧化氮温箱孵化，温度和氧含量适宜，受精蛋即启动继续发育。鸡受精蛋进入温箱孵化的最初24小时即发生了若干胚胎发育过程，比如，胚胎血管与卵黄囊血管发生了连接，血液循环开始；在胚盘的边缘发生了许多红点，出现"血岛"。当心脏发育至72小时的时候，心血管系统迅速发育，可以看到心脏有规律、强有力地跳动。通过本实验实际观察,使学生思考人体胚胎学心血管发生与发育规律。

【实验内容和方法】 本实验选取受精鸡蛋60枚。备用二氧化氮温箱、唐瓷碗(内盛温水)、弯头和直头小剪刀各1把、尖头手术镊子2把、吸管3支、培养皿(中等大)1付、称量瓶数个(内盛包音氏液)、组织切片所需设备。

将受精鸡蛋注明日期和时间,置入二氧化氮温箱72小时。其温度保持在37~37.5℃,温箱内放半杯水,以保持适当湿度。取已孵化的鸡蛋,置入温水内轻轻滚动,待其自由静止时,胚盘即位于上部,在温水中用尖镊子将露出水面之蛋壳轻轻击破,用镊子剥去卵壳,使全部胚盘露出。用弯头剪刀沿圆形胚盘边缘剪一圆圈(为防止蛋白滚动,胚盘反转,可用吸管将蛋白吸出一部分),用尖镊子将胚盘移至培养皿内,生理盐水洗数次,并将胚盘下面粘连之卵黄及胚上的卵黄膜在盐水中摆脱。用吸管将盐水吸出,胚盘平贴在培养皿底上,滴包音氏液固定。

【实验观察】 受精蛋硬蛋壳去除后,可以观察到胚盘椭圆形(图3-7),呈红色,直径约2.5cm。在圆盘中央可见鲜红色区域即心脏(图3-8),为0.2~0.3cm,可见心脏形态不断地变化(心脏跳动时可见瞬间的大小变化),呈现规则的收缩和舒张。还可以看到与心脏相连的血管很细,呈现放射状红色细线状,将心脏围在中央。

图3-7 受精蛋硬蛋壳去除后观察到椭圆形呈红色的胚盘

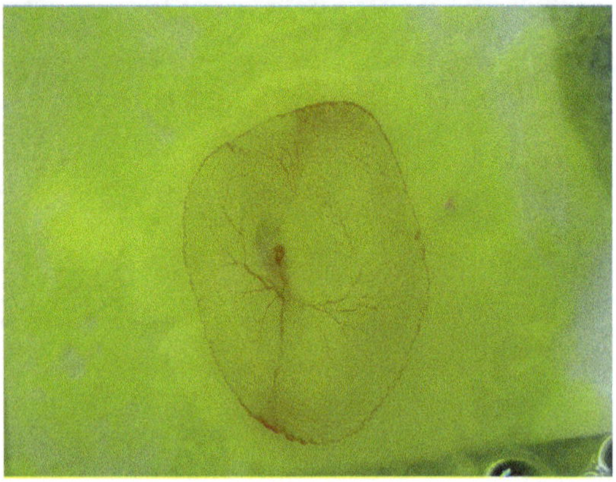

图3-8 在圆盘中央可见鲜红色区域即心脏

【教师点评】 对学生的操作和实验结果点评,指出每个同学制作标本和观察的优、缺点。

【学生作业】 每人写一篇实验报告,重点思考以下问题:

(1) 人胚的心脏是怎样发生的?

(2) 有哪些因素能导致心脏发生畸形?

(马保华)

实验十八 急性肾脏缺血的形态学观察实验

【导言】 剖开肾脏,从纵切面看到了肾实质可分内、外两层:外层呈深红色为皮质,内层颜色较浅为髓质。肾的基本组成和功能单位称为肾单位。每个肾单位由肾小体和肾小管组成。肾小体内有一个毛细血管团,称为肾小球,它由肾动脉分支形成。肾小球外有肾小囊包绕。肾小囊分两层,两层之间有囊腔与肾小管的管腔相通。肾小囊内层由足细胞构成,其相邻足细胞的次级突起之间形成的裂孔膜紧贴于毛细血管壁上,与毛细血管的内皮和基膜共同组成滤过膜。肾小管可分为三段:近端小管、远端小管和细段,肾小管汇成集合管,若干集合管汇合成乳头管,尿液由此流入肾小盏和肾大盏在汇入肾盂,然后尿液排出肾脏。肾脏尿液的形成对水-电解质的调节起到了重要作用。

【实验内容】 本实验选取家兔。兔笼 、兔台、手术器械(手术刀、小剪刀、镊子、弯和直止血钳)、动脉夹、5ml 注射器、纱布、缝合针线、20% 乌拉坦、生理盐水和制作切片的系列仪器。

术前家兔 24 小时禁食。称重,以 20% 乌拉坦 4ml/kg 静脉麻醉。将家兔固定在兔台上,剪掉腹部皮肤的毛。腹部偏左纵行切开皮肤,切口长 4 ~5cm,分离皮下软组织及肌肉,切开腹膜,进入腹腔,将腹腔脏器推向右侧,暴露左肾及左肾蒂,分离左肾动脉,将动脉夹轻轻挟住左肾动脉,持续 1 小时(期间浸透生理盐水的纱布缚在切口处)。然后将动脉夹取下,缝合腹膜、肌层及皮肤。2 ~4 小时和 6 ~8 小时后将动物处死,分别取下左右肾脏,常规固定、切片,HE 染色。

【实验观察】 大体观察发现左肾动脉血流被阻断后,肾脏颜色立即变浅失去光泽,肾脏较肿大,切面可见皮质肿胀,苍白,髓质颜色较深,充血水肿。HE 切片镜下观察肾小管上皮细胞水肿,体积增大,边界不清,胞质淡染透亮或呈颗粒状,管腔狭窄而不规则或消失。上述改变尤以近曲小管为重,肾小球变化较小。间质发生充血。

发病机制:由于血液中断或显著减少,使肾组织严重缺氧。缺氧可破坏细胞的有氧呼吸,损害线粒体的氧化磷酸化,使 ATP 产生减少,甚至停止。细胞能量的供应不足,细胞膜上的钠泵受损,而使细胞内水分增加,形成细胞水肿。

【教师点评】 对学生的操作和实验结果点评,指出每个同学制作标本和观察的优、缺点。

【学生作业】 每人写一篇实验报告,重点思考以下问题:

(1) 通过本实验思考尿液形成过程中的过滤与重吸收。

(2) 试述由于肾脏缺血的原因会对全身造成什么障碍?

(马保华 张 燕)

实验十九 急性肺淤血的形态学观察

【导言】 肺内的血液循环有两个来源:即肺动脉和支气管动脉。肺动脉从右心室发出,至肺门入肺,其分支与各级支气管伴行直至肺泡隔内形成毛细血管网。毛细血管内血液与肺泡进行气体交换后,汇成小静脉,小静脉走行于肺小叶的结缔组织内,不与肺动脉的分支伴行,汇集成较大的静脉与支气管的分支、肺动脉的分支伴行,最终汇合成肺静脉经肺门出肺入心脏的左心房。支气管动脉发自胸主动脉或肋间动脉,与支气管伴行入肺,沿途在肺内各段支气管管壁内分支形成毛细血管网,支气管动脉的终末分支主要分布在呼吸性细支气管的周围,部分分支形成肺泡隔内毛细血管网;支气管动脉在支气管管壁内的分支形成的毛细血管网,一部分汇入肺静脉,另一部分则形成支气管静脉,与支气管伴行经肺门出肺。本实验观察机体在肺静脉受压(实施肺静脉结扎术)后急性肺淤血的形态学改变。

【实验内容】 本实验选取小白鼠。备用鼠笼、注射器(1ml)、手术刀、手术钳、解剖镊、结扎线、制作切片的系列仪器和设备以及2%戊巴比妥。

将小鼠分A组与B组。2%戊巴比妥由小鼠尾静脉注入约0.5ml进行麻醉,观察小鼠反应。待小鼠失去知觉后,打开胸腔,(小鼠肺脏有5叶,左侧1叶,右侧4叶)分离出单侧肺静脉,给予结扎,注意请勿扎紧,允许少量血液通过。分别在2小时(A鼠)、24小时(B鼠)进行观察。

【实验观察】 大体观察可见肺组织肿胀、体积增大,呈暗红色,包膜紧张,重量增加,切面湿润、见有暗红色血液流出。B鼠肺组织变化更加明显。HE切片镜下观察,肺泡壁增厚,毛细血管和小静脉明显扩张淤血,肺泡腔内有少量漏出的水肿液和红细胞、巨噬细胞。在B鼠的肺泡腔内可明显地看到棕褐色的、体积较大的心力衰竭细胞。当肺静脉受压(半结扎状态)后,肺静脉输出受阻,致使大量的静脉血滞留于肺内,形成肺淤血,导致肺静脉和毛细血管内压增高,使大量液体和细胞漏出到肺泡腔内。漏出的巨噬细胞吞噬红细胞并将其分解,在胞质内形成含铁血黄素,使细胞呈棕褐色。

【学生作业】

(1) 何为心力衰竭细胞?

(2) 肺淤血时肺形态发生哪些改变?

(3) 请你想一想,肺淤血时对心脏有何影响?

(李　伟　马保华)

实验二十　小鼠胚泡获取技术与形态学观察

【导言】 小鼠的早期胚是研究哺乳动物以及人类早期发生常用的实验材料。当小鼠妊娠96小时(约受精后第4天),胚内出现一些小腔隙并逐渐汇合成一个大腔,整个胚呈现为囊泡状,即为胚泡。胚泡中心的腔称为胚泡腔,胚泡腔的壁为滋养层,由单层细胞构成。位于滋养层内一侧的一群细胞,称内细胞群。本实验选取妊娠96小时鼠,通过胚胎的获取与形态学观察,使同学们更加深刻和直观地了解胚泡的结构,掌握相关胚胎发育的知识。

【实验内容】 本实验选取妊娠4天小鼠。备用剪刀、镊子、注射器、培养皿以及生理盐水。

取妊娠第4天的供胚鼠,在腹部中央横剪一小口(0.5cm宽),将两边皮肤肌肉沿切口部剪开,暴露腹部器官;用剪刀和镊子除去卵巢、输卵管和子宫周围的脂肪组织,取出子宫(图3-9),置于盛有培养液的表面皿中。在解剖镜下找到输卵管壶腹部,用镊子撕开一小口,用冲洗法收集囊胚。方法是:在解剖镜下找到输卵管喇叭口,可以用小玻璃探针帮助,将吸有冲卵液的注射器针头对准喇叭口,右手用小镊子轻轻将喇叭口套在针头上,套进约1mm即可,并用镊子把管口轻轻夹住;左手轻推注射器冲洗即可将输卵管中的囊胚冲出。

在解剖显微镜下挑选内细胞团和胚泡腔明显的胚泡进行形态学观察。

【实验结果观察】 显微镜下可以观察到:胚泡由滋养层、胚泡腔、内细胞群三部分构成。胚泡整个胚呈现为囊泡状,即为胚泡。中央的腔称胚泡腔,位于表面的单层细胞构成胚泡壁，称滋养层。胚内部的一团细胞位于胚泡腔的一侧，称为内细胞群（图 3-10）。

图 3-9　取出子宫置于玻璃皿容器

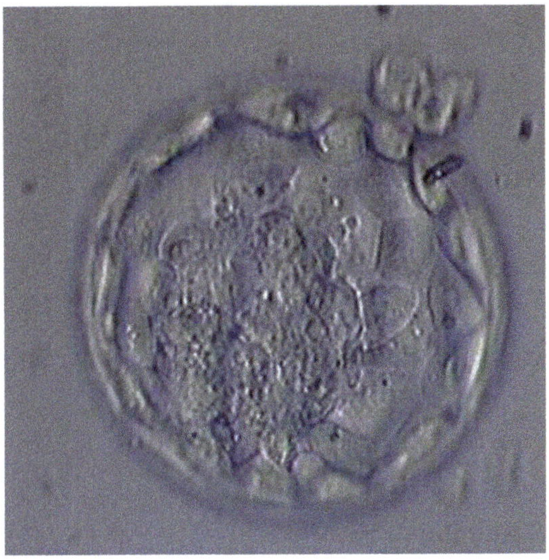

图 3-10　可见胚泡壁是单层滋养层细胞，腔内一团细胞位于胚泡腔的一侧，称为内细胞群

【教师点评】　教师对胚泡的结构、胚泡的形成、胚泡的植入过程以及子宫内膜的改变进行点评。

【学生作业】　写出实验报告，对课题相关内容和存在的问题进行综述，结合胚胎学知识提出自己的观点。

（郁鲁军）

实验二十一　结膜囊内异物清除与眼睑的解剖结构特点

【导言】　在日常生活中，有人（患者）经常会遇到沙子、小飞虫（或其他异物）误入眼结膜囊内，导致流泪、眼球奇痒甚至灼痛。如果异物进入下结膜囊内较好处理，患者自己或请他人帮助将下眼睑往下轻轻拉开，即可看到异物，用干净的卫生纸便可将异物拭出。但异物进入到上眼结膜囊内时则不易取出。这时患者经常用揉搓眼皮的方法试图将异物挤出上眼结膜囊，往往是眼睑被揉搓的红肿热痛、眼泪不停流淌，异物仍不能排出，甚至造成角膜溃疡、结膜充血，不得已去医院就医。如果患者离医院距离较近，可及早解除痛苦。但患者离医院距离较远，就要忍受长时间的痛苦。还有的患者用土办法，让他人用双手将自己的上、下眼睑翻开，用口对准眼球用力吹气，试图用气流的冲击力将眼结膜囊内的异物冲出，此种办法成功率较低且不卫生。如果患者自己或周围的人会翻上眼睑（俗称翻眼皮）就方便多了，能及时将患者的上眼结膜翻开，取出异物，患者会减少很多痛苦。有少数人或者说是极少数的人在日常生活的经历中学会了翻眼皮，但绝大多数人是不会的。学过人体解剖学的医学生应该而且必须掌握眼睑的解剖结构，学会翻眼皮的技术，为上述患者及时或尽早地解除痛苦。

【实验内容】

（1）教师讲授眼睑的解剖结构层次。

（2）教师根据眼睑的解剖结构层次讲解翻转上眼睑的技术要领。

（3）教师为同学示范翻转上眼睑的技术手法。

（4）学生分组讨论下列问题，每组选出一位组长做记录。

1）在哪些环境中容易造成异物进入眼结膜囊？有哪些预防和治疗措施？

2）你们学习小组的同学中有否异物进入眼结膜囊的经历？如何处理的？

3）根据老师传授的技术要领，每个同学现场学会翻转眼睑技术。

4）根据你掌握的眼睑解剖学知识和相关学科知识，设计一个或几个翻转眼睑的方法。

【教师点评】 对学生讨论的问题和设计方案进行评论，从科学性、可行性、创新性和思维方法等方面，指出每个设计方案的优、缺点。

【学生作业】 每人写一篇实验报告。简要回顾眼睑的解剖学结构及翻转上眼睑的基本要领，根据上眼睑的解剖学结构重点设计一个新的翻转眼睑的方法。

（张立平）